KB103110

문명의 보고寶庫

라틴아메리카를 가다

2

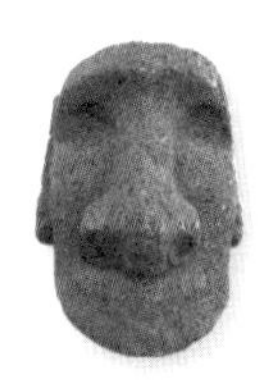

문명의 보고寶庫

라틴 아메리카를 가다

2

정수일 지음

창비

일러두기

이 책의 라틴아메리카(남미·중미)의 인명·지명과 외래어는 현지음에 가깝게 우리말로 표기하는 것을 원칙으로 했다. 단, 관용적으로 두루 쓰이는 국가명, 지명, 용어 등의 경우에는 국립국어원의 표기법에 따랐다. 용어 별로 빈도와 중요도에 따라 원어를 병기했다.

책머리에

필자는 2006년 실크로드 오아시스로(육로) 답사기 『실크로드 문명기행: 오아시스로 편』을 펴낸 데 이어 2010년 초원로 답사기 『초원 실크로드를 가다』를 펴내면서 실크로드 답사 실록의 완결판이 될 해상실크로드 답사기(총 3부)로 독자들과 다시 만날 것을 약속드린 바 있다. 독자들과의 약속은 채찍이자 불문율이다. 마침내 오늘 그 첫 부인 『문명의 보고(寶庫) 라틴아메리카를 가다』를 약속대로 내놓게 되었다.

원래 해상실크로드는 실크로드 3대 간선 가운데서 신·구대륙의 여러 해양을 두루 아우르는 범지구적 바닷길로, 그 답파는 말 그대로 세계일주다. 그만큼 노정이 길고 어렵다. 그동안 필자는 지구 동반구인 아시아와 유럽의 여러 해역에는 족적을 남겼지만, 그 대척점(對蹠點)에 있는 서반구, 특히 문자 그대로 문명의 보고인 라틴아메리카(중남미)의 모래톱은 언젠가는 밟아야 할 미답지로 남겨놓았다. 그러다가 드디어 행운의 기회가 왔다. 그런데 멀고도 녹록지 않은 길이라서 몇 번에 나누어 답파해볼까 하고 망설였지만 쇠뿔도 단김에 빼다고, 한꺼번에 마무리할 요량으로 장도에 올랐다. 만용에 가까운 결행이라 주위에선 우려가 이만저만이 아니었다.

일행(한국문명교류연구소 장석 상임이사와 필자)은 2012년 6월 13일 인천공항을 떠나 포르투갈의 리스본에서 최종 점검을 마치고, 서남쪽으로 대서양을 가로질러 브라질의 리우데자네이루에 도착했다. 거기서 티엔씨여행사 소속의 가이드 손현진 양과 합류했다. 그리고 브라질 쌍빠울루에서는 사정에 의해 장석 이사와 여인욱 군(서강대학교 대학원 사학과 원생)이 교대했다. 거기서부터 일행 3명은 라틴아메리카의 최남단 우수아이아에서부터 북단 멕시코와 쿠바에 이르기까지 동서남북의 요항(要港)들을 지그재그로 탐방하고, 미국의 쌘프란시스코와 하와이를 거쳐 8월 13일 62일간의 라틴아메리카 장정을 마치고 출항지 인천으로 돌아왔다.

그후 경상북도가 추진한 '코리아실크로드 프로젝트'의 일환으로 '해상실크로드 도록' 편찬을 위해 투어블릭 강상훈 대표와 함께 2014년 6월 4일부터 6월 21일까지의 18일간, 콜럼버스의 중미 카리브해 4차 항해(대서양 횡단항해) 현장을 탐방했다. 그리하여 전후 80일간 중남미의 해상실크로드 탐방을 마쳤다.

이와 같은 두차례의 라틴아메리카 장정은 필자가 24년간에 걸쳐 수행한 종횡 세계일주의 주요한 구간에 대한 뜻 깊은 문명탐방이다. 거리나 볼거리에 비해 기간은 빡빡했지만 계획대로 20개국, 51개 지역을 역방했다. 유적과 박물관 등 찾아간 곳만도 284개소나 된다.

책을 꾸미면서 각별히 유의한 점은 필자가 직접 찍은 생동하고, 현장감 나며, 직관성을 높이는 사진을 많이 실은 것이다. 이해력에서 한 장의 사진이 열장의 장황한 설명보다 낫다고들 한다. 더욱이 라틴아메리카 문명같이 아직은 생소한 대상에 관해 이해를 도모하는 데서 사진은 자못 중요한 기능을 한다. 그리하여 필자는 가는 곳마다에서 사진 수집에 열과 성을 다했으며, 그 결과물 556장을 이 책에 실었다.

한가지 아쉬운 것은 가끔 촬영이 불허되어 공백을 남기지 않을 수 없었다는 점이다.

나름대로 라틴아메리카에 대한 절박한 숙원을 품고 장도에 올랐기에 비록 버거웠지만 걸음걸음은 내내 가벼웠다. 곳곳마다에서 즐거움으로 어려움을 밀어낼 수가 있었다. 물론 한정된 기한 내에 숱한 해묵은 숙원과 숙제를 일거에 다 풀 수는 없었다. 돌이켜보면 그저 단서나 겨우 잡았다고 하는 것이 적절한 표현일 것이다. 파나마 출신의 지성파 가수 루벤 블라데스(Rubén Blades)가 부른 「아메리카를 찾아서」라는 노래 가사에는 이런 대목이 나온다.

> 나는 아메리카를 찾고 있네
> 그러나 그것을 찾지 못할까 걱정이네
> 그 흔적들이 어둠 속에 사라져버렸으니
> 나는 아메리카를 부르고 있네
> 그러나 그 대답은 들리지 않는다네
> 진실을 두려워하는 자들이 그것을 실종시켜버렸기에.

가사는 필자의 심정을 신통히도 그대로 담아낸 듯하다. 그 땅에 태를 묻고 지성으로 자라난 블라데스마저 아직 제대로의 아메리카를 찾지 못해 방황하고 있는데, 하물며 낯선 이방인이 주제넘게 무엇을 찾아냈다든가 알아냈다든가 하는 따위의 말부터를 아예 체념하는 것이 가당할 것이다.

그럼에도 불구하고 숙원 풀이를 과제로 삼고 이곳저곳을 누비는 과정에서 얻은 이러저러한 앎과 경험은 그것이 비록 흩어진 모래알

일망정 값진 주옥이라고 염량(念量)되어, '라틴아메리카 문명'이라는 한 광주리 안에 차곡차곡 주워담아 감히 책으로 엮어보자는 엄두를 내게 되었다. 내용은 품어오던 수수께끼와 숙원을 풀어보는 데 초점을 맞췄다. 무릇 문명과 관련된 것이라면, 그것이 지난날의 것이든 오늘날의 것이든, 빠짐없이 메모노트에 올리고 카메라에 담으려고 애썼다. 지난날의 것은 주로 유적·유물이나 박물관, 읽을거리 등에서 얻었고, 오늘날의 것은 현지 견문이나 전문에서 직접 취합했다. 사실 접해야 할 대상이 숱한 데 비해 시간이 촉박하다보니 누락되거나 소홀한 점도 적잖음을 자인하게 된다.

책에 일관된 화두는 문명이다. 해상실크로드를 통한 문명의 교류상을 밝혀내고, 라틴아메리카 문명사에서 제기되는 이러저러한 의문들을 풀어보자는 것이 답사의 주목적이자 오래된 숙원이었기 때문이다. 그러다보니 그 빼어난 자연경관이나 기기괴괴한 현상들에 관해 문명과 상관된 것 말고는 눈길을 돌릴 여유가 별로 없었으나, 일반적인 여행에도 도움을 줄 요량으로 직접 견문이나 전문이 아닌 여행안내 식 지식도 얼마쯤 퍼 담았다. 이러한 내용은 주로 관련 문헌이나 다른 여행자들의 여행기 내용을 참고했음을 밝혀둔다. 이렇게 탐방과 여행 기록을 겸행(兼行)한 것이 이 책이 갖는 서지학적 특징의 하나가 아닐까 한다. 필자는 그러는 과정에서 고행과 낭만을 함께 경험하고 싶었던 것이다.

지구는 둘이 아닌 한덩어리로 공생공영 해왔다. 지구의 동반구와 서반구는 동전의 양면과 같다. 앞뒤 면에 무슨 글이 적히고 어떤 무늬가 새겨졌는지와 상관없이 그 가치는 공유이고 균등하다. 다만 한때 인간의 미련과 편견, 아집으로 인해 그것이 무시되고 왜곡되어왔을 뿐이다. 이제 시대는 그러한 오점을 걷어내고 소통을 통해 동·서반구의 일체성을 복원해야 할 소명을 요청받고 있다. 어찌 보면 필자가 오랫동안 간직해왔던 숙원도 이러한 시대적 소명 속에 잉태되어왔다고 할 수 있다. 바야흐로 인류는 문명을 공통분모로 한 무한 교류와 소통의 시대에 접어들고 있으며, 문명의 큰 품에 세계를 껴안을 '문명대안론'과 보편문명을 찾아 탐구와 실천의 광야에 나서고 있다. 이제 우리는 세계를 품을 줄 알고, 세계에 안길 줄도 알아야 한다. 이것이 이 시대를 살아가야 할 참된 세계인의 자세다.

한가지 부언할 것은 4년 전(2012)에 마친 남미 답사 관련 집필이 그동안 실크로드 사전과 도록 편찬 등 다른 긴요한 작업 때문에 이렇게 오래 미루어졌다는 사정이다.

답사의 성공은 여러분들이 친절하게 내민 후원과 혜려의 손길과 닿아 있다. 경상북도와 출판사 창비, 그리고 장석 상임이사님과 동국약품상사 공화춘 대표님의 성심어린 물심양면의 후원에 깊은 사의를 표한다. 그리고 녹록잖은 긴 여로에서 고락을 같이한 강상훈 대표와 손현진 양, 여인욱 군과는 추억과 열매를 함께 나누고자 한다. 끝으로, 창비의 강일우 대표이사를 비롯한 여러 편집자 분들에게 고마움과 위로를 전한다.

2016년 9월
옥인학당에서
정수일

차례

책머리에 5

여는글 해상실크로드와 라틴아메리카 17

제3부 라틴아메리카의 독립을 이끈 영웅들

36 산통을 겪는 까라까스 31

37 '멍청한 바보' '해방자' 볼리바르 49

38 차베스의 21세기 사회주의, 그 실과 허 68

39 '보물을 꿈꾼 해적들'이 파괴한 도시 파나마 85

40 지구의 허파를 잇는 물길, 파나마운하 97

41 친절과 정열의 땅, 엘살바도르 113

42 '신의 선물' 옥수수, 그 엄청난 문명사적 의미 126

43 '께찰'의 나라, 과테말라 134

44 인디오의 대모, 리고베르따 멘추 149

45 인디오는 어디서 온 누구인가 158

46 문명의 보고 국립인류학박물관을 찾아서 172

47 라틴아메리카 최대의 도시유적, 떼오띠우아깐 190

48 비명에 사라진 아스떼끄문명 205

49 멕시코 예술의 르네상스, 벽화운동 223

50 마야문명의 고갱이, 치첸이차 239

51 베일이 벗겨진 마야문명 253

제4부 미국과 쿠바, 오랜 앙숙의 화해

52 반세기 만의 해후 267

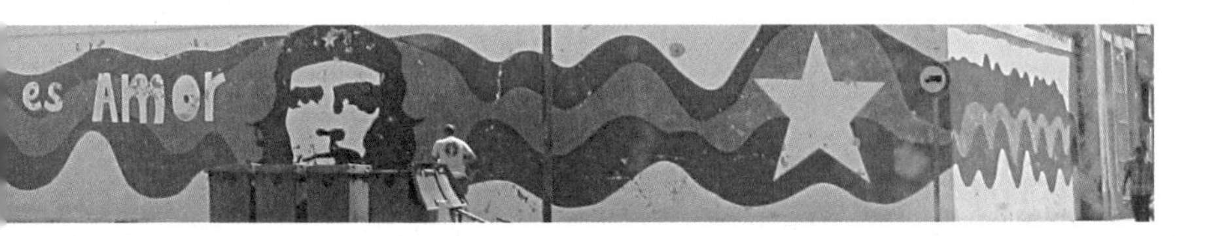

53 카리브해의 진주, 아바나 285

54 헤밍웨이박물관을 찾아서 296

55 사빠따 악어사육장이 주는 교훈 308

56 혁명의 성지, 싼따끌라라 320

57 쿠바혁명의 선구자, 호세 마르띠 335

58 골드러시와 금문교 351

59 다문화노천박물관, 쌘프란시스코 362

60 역사의 아이러니, 하와이주 376

61 "와이키키여, 안녕히!" 387

제5부 콜럼버스의 여정을 복기하다

62 라틴아메리카의 첫 식민도시, 라이사벨라 401

63 서구의 식민전초기지, 싼또도밍고 421

64 '샘의 나라', 자메이카 434

65 홍학의 고향, 바하마 456

66 해적은 '의적'인가 472

67 산명수려한 싼살바도르섬 487

68 콜럼버스의 첫 대서양 횡단항해 503

69 희세의 풍운아, 콜럼버스 518

닫는글 라틴아메리카의 정체성 538

참고문헌 548

차례(1권)

제1부 남미에서 문명의 풍요와 함께 병증을 찾다

01 리스본에서 장도의 닻을 올리다 31

02 포르투갈의 대서양항로 개척 42

03 세계적 미항, 리우데자네이루 55

04 흑인노예들의 한이 서린 땅, 쌀바도르 69

05 과거가 없는 수도, 브라질리아 85

06 남미 개발의 상징, 쌍빠울루 102

07 세계 최대의 커피수출항, 싼뚜스 113

08 자연의 신비, 이구아수폭포 126

09 자기 지킴의 강골, 파라과이 137

10 몬떼비데오, 경박한 '남미의 스위스' 153

11 '남미의 빠리' 부에노스아이레스, 그 혼란스런 정체 166

12 교류의 흔적이 오롯이 찍혀 있는 땅 181

13 '춤추는 슬픈 감정', 탱고의 원형 191

14 지구의 땅끝 마을, 우수아이아 205

15 다윈의 항적이 찍힌 비글해협 216

16 동서양 바닷길을 튼 마젤란해협 226

17 '미숙한 호랑이', 칠레 242

18 천국 같은 계곡, 발빠라이소 261

19 빠블로 네루다와 마주앉다 279

제2부 잉카문명의 흔적을 더듬다

20 모아이, 거석문화의 한떨기 꽃 295

21 모아이의 현장을 찾아서 305

22 전통이 살아 숨 쉬는 남태평양의 고도, 이스터섬 324

23 '잉카의 눈물'이 보듬는 리마 341

24 '우주의 중심', 꾸스꼬 358

25 잉카문명의 고갱이, 마추픽추 370

26 잉카문명의 영롱한 여적들 385

27 인디오문명의 발원지, 띠띠까까호 399

28 '평화'의 도시, 라빠스 410

29 자유 국민은 죽을지언정 굴하지 않는다 423

30 체 게바라의 길을 찾아서 434

31 영생하는 체 게바라의 길 450

32 적도를 낀 상춘의 나라, 에콰도르 465

33 반객위주의 단절된 역사 474

34 빛바래지 않는 영광을 지닌 보고따 490

35 문명의 지존, 황금문화 506

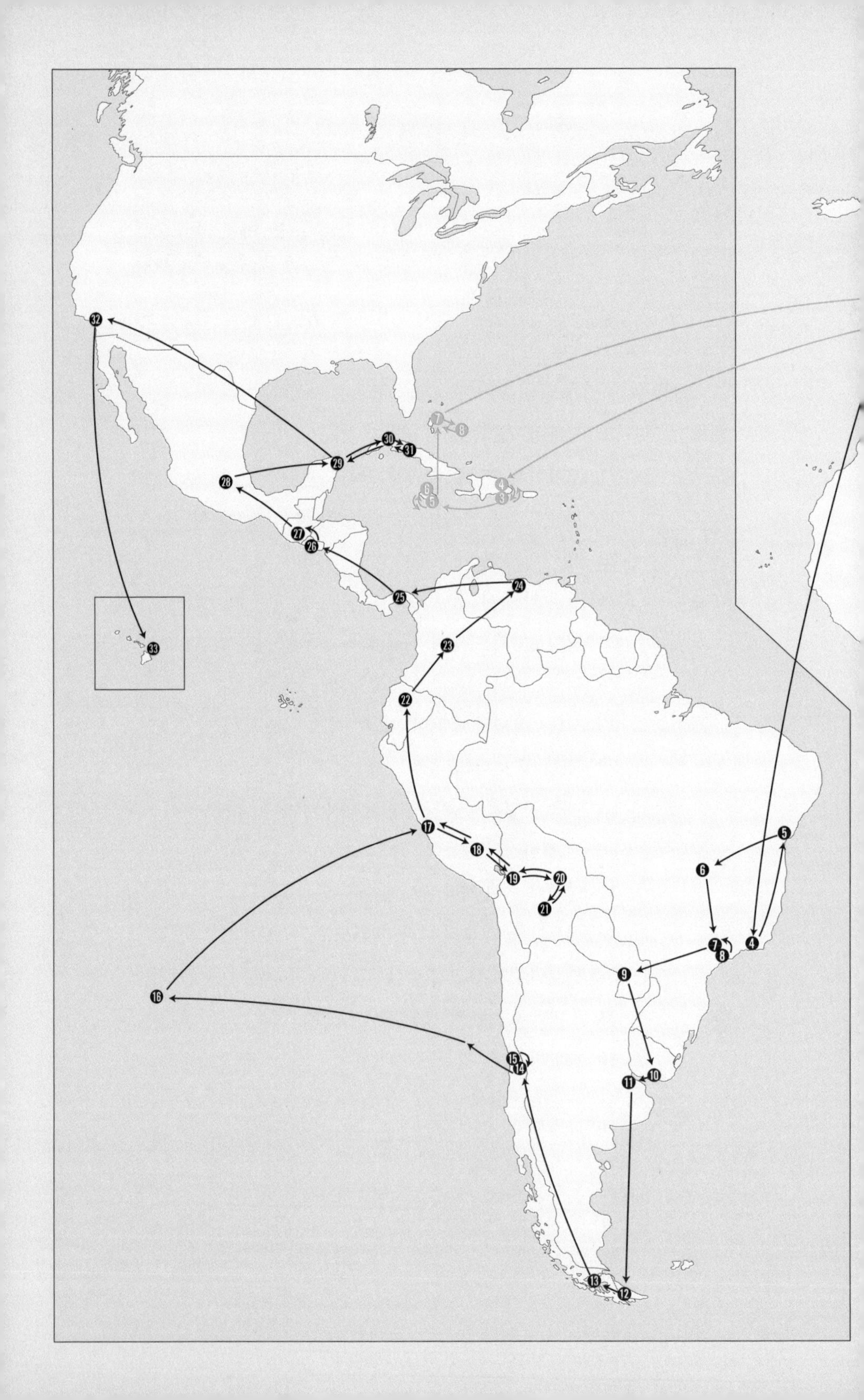

라틴아메리카 답사노정도(2012. 6. 13.~8. 13.; 2014. 6. 4.~6. 21.)

여는글

해상실크로드와 라틴아메리카

Ⅰ. 왜 라틴아메리카인가?

엄동설한이 한창인 지구의 남단 우수아이아에서부터 햇볕이 지글거리는 카리브해까지 사계절이 엇바뀌는 때, 머리에 희끗희끗 만년설을 얹은 안데스산맥이 하늘 높이 치솟고 사하라사막보다 더 메마른 아따까마(Atacama)사막을 끼고 있으며 고도 3,000~4,000m의 고산지대를 연일 넘나들어야 하는 땅, 밤나들이를 삼가야 할 정도로 치안 지수가 밑바닥을 치는 곳… 그러한 때, 지구의 서반구에 있는 그 요원한 땅, 그 험난한 곳을 팔질(八耋, 여든)의 문턱에 다가선 이 나이에 굳이 찾아간 이유가 무엇이냐고 사람들은 묻곤 한다.

한마디로 그 이유는 오래도록 응어리로 간직해온 숙원, 그것도 더 이상 미룰 수 없는 절박한 숙원 때문이었다. 물론 여기에는 인문학의 생명력은 현장(자연과 피조물, 그리고 인간)에서 돋아나고, 현장에 의해 검증되어야 한다는 명제와 더불어 '백문불여일견'이라는 평범한 통리가 눅진하게 깔려 있다. 그러나 돌이켜보면, 이러한 명제와 통리를 넘어선 그 어떤 절박한 또다른 숙원이 없었던들 결행은 결코 이루어지지 않았을 것이다.

그 숙원이란 첫째로, 학문적으로 해상실크로드의 환지구론(環地球論)을 현장에서 확인하고 고증하려는 것이다. 이 시점까지 실크로드에 관한 구태의연한 통념은 인류문명 교류 통로로서의 실크로드는 고작 유럽이나 아시아, 즉 구대륙에만 국한되었다는 것이다. 그러나 필자는 신·구대륙 간의 해로 개척과 문물교류가 일찍부터 이루어졌다는 사실(史實)을 웅변적인 근거로 삼아 빗나간 유럽중심주의나 중화천하주의를 기조에 깐 이 진부한 통념에 통렬한 도전장을 던졌다. 이를테면 해상실크로드가 늦어도 16세기 초부터는 '신대륙', 즉 아메리카대륙까지 뻗어감으로써 명실상부하게 인류문명의 환지구적 교류 통로로 자리매김했다는 사실이다. 다행히 작금 이러한 파격적 주장에 대한 공명 징조가 조금씩 나타나고는 있지만, 그 논리적 정립에 이르려면 오롯한 현장 고증과 확인이 전제되어야 한다. 필자는 그동안 이러한 고증과 확인의 기회를 학수고대해왔다.

이러한 숙원을 더더욱 절박하게 한 것은 실크로드를 통한 한반도와 라틴아메리카 간의 상관성이나 교류에 관한 구명이다. 이제 한민족과 아메리카 인디오의 체질인류학적 친족성이나, 언어학적 및 민속학적 상관성 같은 미증유의 담론은 솔깃한 풍문 따위를 넘어 국내외 학자들의 학문적 논제에까지 오르내리고 있다. 이것은 우리 민족사의 외연적 세계성을 복원하는 데서 대단히 유의미한 일이며, 따라서 그

해명은 긴절한 과제가 아닐 수 없다.

다음으로 그 숙원은, 미지의 세계에 대한 구지욕(求知慾)이다. 이것은 학창시절부터 켜켜이 쌓아온 소망으로, 그 동인(動因)은 지구의 서반구에서 '신비로운' 아메리카대륙이 던지는 숱한 수수께끼와 그에 관한 무지와 의문, 그리고 그 해답이다. 고대로 거슬러 올라가면 올라갈수록 그러한 수수께끼와 무지 및 의문은 증폭된다. 인디오의 종족 기원, 이스터섬의 거석인 상(像) 모아이나 나스까 지상화 같은 불가사의한 유물의 외계인 제작설, 마야나 잉카 문명이 남긴 갖가지 기적, 여기에 더해 문명 탄생의 통설과는 달리 자연환경이 그토록 불리한 곳에서 찬란한 고대문명이 꽃필 수 있었던 요인 등… 이 모든 것은 애당초 그 시절부터 지적 관심과 호기심을 끌기에 충분했다.

그런가 하면 서구 식민주의자들의 악의에 찬 작간으로 인해 여지없이 난도질당해온 라틴아메리카의 중세는 중세대로 혼미와 역설(逆說)의 허울을 벗어던지고 그 본연이 밝혀질 것을 절실히 요청하고 있다. 서구 식민주의자들은 '미개한' 석기시대로부터 서구의 식민화에 의한 '선진' 근대로의 전환을 이른바 '라틴아메리카 식 역사 패턴'이라고 강변한다. 과연 이런 강변이 가당한 역사주의적 논리인가? 이것은 분명 역사의 단절이고 초단계적 도약일진대, 인류사에서 이러한 단절과 도약은 과연 있을 법한 일인가? 또한 이 땅의 주인인 원주민의 참여 없이 백인에 의해, 백인만을 위해 강요된 '분가(分家)' '분조(分朝)'를 '독립'으로 둔갑시킨 근대는 또 어떻게 이해해야 할 것인가? 중세를 맞아 한결같이 원주민들의 뜻과는 상관없이 다인종사회가 된 라틴아메리카의 정체성은 도대체 무엇인가? 의문은 꼬리에 꼬리를 물고 부풀어만 갔다.

역설과 우여곡절로 점철된 전대(前代)를 근본적인 체질개선 없이 어정쩡하게 이어받은 현대에 들어와서는 다행히 가렸던 허상이 하나씩 벗겨지면서 급기야 라틴아메리카는 갈등과 모순의 도가니로 이글거리기 시작했다. 모두가 빈부 격차와 사회 불평등, 그리고 독재로 함축된 '남미병'에 걸려 모진 신음에 시달리고 있다. 아이러니하게도 그러한 응보(應報)라고나 할까, 이 땅에서는 남미병 치유를 비롯해 현대를 겨냥한 색다른 각종 이론이 우후죽순처럼 어느 곳에서보다 많이 양산되어 '이론적 고향'으로까지 불리고 있다. 한때를 떠들썩하게 만들었던 종속이론이나 민중신학, 관료적 권위주의이론 같은 그럴싸한 담론들이 다 이 고장의 특산품이다. 그래서 필자는 짐짓 관심을 불러일으킨 이 색다른 이론들을 현장에서 알아보고 검증하고픈 마음도 일찍부터 품어왔다. 아무튼 라틴아메리카는 우리와 한 하늘을 이고 사는 하나의 세계지만, 제대로 모르다보니 언필칭 별난 세계로 다가왔다. 정말로 호기심이 동하는 신비의 세계다. 작금의 여러가지 의문과 무지와 오해를 감안하면, 더 절실하게 앎이 요청되는 상대다.

끝으로 학문 외적으로는, 그 시절 인생의 표상으로 삼아왔던 '체 게바라의 길'을 직접 밟으면서 그를 기리려는 마음속 깊은 염원 한가지가 더 있었다. 체 게바라는 자기희생으로 '사건창조적 위인'으로서의 참모습을, 걷는 길마다에 오롯하게 각인함으로써 세인 특히 젊은이들의 마음을 사로잡았다. 그 길을 찾아 열사의 심원한 세계변혁사상과 숭고한 글로벌정신을 되새기려던 계획이 30년 전 중도 좌절된 이래 줄곧 절절한 미련으로 남아 있었다. 고스란히 오늘을 기다리면서.

Ⅱ. 환지구적 해상실크로드

라틴아메리카를 직접 답사한 이유는 무엇보다도 해상실크로드가 지구의 서편에 있는 그 머나먼 땅까지 어떻게 이어졌는지를 현지에서 고증하고 확인하기 위함이었다. 구체적으로 '그 이어짐은 무엇에 의해 입증되고, 또 어떻게 이어졌으며, 그 이어짐이 갖는 의미는 과연 무엇인가' 하는 것을 밝혀내기 위함이다.

130여년 전 독일의 지리학자 리흐트호펜에 의해 실크로드라는 이름이 세상에 처음 알려진 이래 문명교류 통로로서의 실크로드에 관한 연구가 꾸준히 이어져와, 2차대전 이후에는 전래의 오아시스 육로말고도 초원로와 해로(해상실크로드)가 각각 실크로드의 3대 간선으로 자리매김했다. 그 가운데서 해로만이 갖는 거대한 잠재력과 심원한 비전 때문에 해로에 관한 관심이 날로 커지고 있는 추세다. 그러나 구대륙(유라시아)으로부터 '신대륙(아메리카)'으로의 항로 확대를 비롯해 그 동·서단(東·西端) 등 일련의 근본 문제들이 진부한 통념에 가로막혀 제대로 밝혀지지 못하고 있다.

정리하자면 해상실크로드란 문명교류 통로인 실크로드의 3대 간선 중 하나로 아득한 먼 옛날부터 오늘에 이르기까지 동서교류가 진행된 환지구적 바닷길이다. 이 길은 태평양과 대서양, 인도양과 아라비아해, 지중해 등 세계를 동서로 이어주는 해역을 두루 망라한다. 포괄 범위나 길이로는 실크로드 3대 간선 중 단연 가장 넓고 길다.

일찍이 기원전 10세기부터 부분적으로 알려진 이 바닷길은 고대 문명교류의 여명기인 기원을 전후한 시기에 구간별로 작동하기 시작했다. 그러다가 중세에 이르러 15세기 초 중국 명나라의 대항해가 정화(鄭和)가 7차에 걸쳐 '하서양'(下西洋, 서양으로의 항해)을 이끌었고, 그 세기 말 포르투갈의 항해왕자 엔히끄(Henrique)가 아프리카 서해안 항로를 개척했다. 이어 다 가마의 '인도항로' 개척과 콜럼버스의 대서양 횡단, 16세기 초 마젤란과 엘까노(Juan Sebastián Elcano)의 세계일주 등을 아우른 이른바 '대항해시대'의 개막을 계기로 해로는 하나의 범세계적 문명교류의 통로로 정착되었다. 이 길을 따라 신·구대륙 간에 교역이 진행되어 유럽의 근대화가 가속화되었으며, 동서양을 망라한 세계의 '일체화'라는 개념이 싹트기 시작했다. 중세 신·구대륙 해역에서 오간 교역품의 주종에서 연유한 이른바 '도자기의 길'이나 '향료의 길' '백은의 길'은 모두 이 바닷길에 대한 상징적 별칭이다.

이 범지구적 교류 통로인 해상실크로드는 경유하는 해안마다에 촘촘한 해로망이 구축되면서 그 기능이 점차 증대되었다. 이 바닷길은 그 전개나 이용에서 오아시스육로나 초원로와 다른 일련의 특성을 지니고 있다. 신·구대륙 전체를 포괄하는 범지구성, 조선술과 항해술의 발달과 교역의 증진에 따라 부단히 변모하는 가변성, 미래에도 영원히 교류 통로로서의 기능을 수행하게 되는 항구성, 이 세가지가 바로 해상실크로드만이 지닌 특성인 동시에 중요성이다.

이러한 특성과 중요성을 지닌 해상실크로드를, 그 서단을 로마로, 동단을 중국 동남해안으로 설정함으로써 그 범위를 구대륙에만 한정해온 것이 최근까지의 통념이었다. 최근 일본에서 간행된 해상실크로드 관련 사전이 해상실크로드를 동남아시아에서 인도양을 지나 홍해에 이르는 해상루트라고 정의한 것이 그 대표적인 사례다. 지금까지 동·서양 모든 나라에서 제작된 실크로드 지도는 예외 없이 다 이런 식으로 해상실크로드를 지구의 동반구 구대륙으로만 한정해 그려넣고 있다.

구태의연한 이런 통념이 아직까지 회자되고 있는 것은 해상실크로드를 포함한 실크로드 전반에 관한 고정개념을 털어내지 못한 탓이다. 바꿔 말하면, 실크로드의 개념 확대를 제대로 이해하지 못한 것이다. 실크로드 개념 확대란, 끊임없이 확장·정비되어온 실크로드가 포괄하는 공간적 범위와 그 기능에 대한 인식의 부단한 심화를 의미한다. 실크로드 자체는 인류의 문명사와 더불어 장기간 기능해온 객관적 실체이지만, 지적 한계로 인해 인간이 처음부터 그 실재를 그대로 파악하고 인지해온 것은 아니다. 그간 학문적 탐구와 고증에 의해 실크로드의 공간적 범위와 그 기능에 대한 인지도는 점진적으로 폭을 넓혀왔다. 이른바 실크로드 개념의 확대다.

지난 130여년 동안 중국 비단 유물의 발견지와 교역루트의 확대를 감안해 실크로드의 개념은 중국 중원지대에서 인도 서북해안까지라는 최초의 '중국-인도로(路) 단계'를 거쳐 중국에서 지중해 동안까지라는 '중국-시리아 단계'로 확대되었다. 여기까지는 주로 유라시아 중앙부의 여러 사막에 점재한 오아시스들을 연결한 육로로서 일명 '오아시스로'라고도 한다. 그러다가 2차대전 후 북방 초원로와 남방 해로를 합쳐 동서를 관통하는 실크로드 3대 간선이라는 개념으로 확대되었다. 여기에 남북을 종단하는 5대 지선까지 더하면, 앞 두 단계의 단선적인 개념에서 벗어나 그물처럼 얽히고설킨 복선적이며 망상적(網狀的)인 개념으로 크게 확대된다. 그러나 개념이 이렇게 확대되어도 아직은 구대륙에만 국한된 국부적인 실크로드이며, 이것이 바로 지금까지의 통념이다. 동서양 학계는 여태껏 이 낡은 통념에 안주하고 있으며, 구대륙 밖의 문명교류 통로는 아예 무시하고 있다.

앞의 세 단계를 거쳐 형성된 통념으로서의 실크로드(해양실크로드 포함)가 구대륙의 범위를 벗어나지 못함으로써 신대륙(남북아메리카)은 인류문명의 교류권에서 소외당하고 말았다. 우스꽝스러운 역사의 아이러니다. 그러나 늦어도 15세기 말엽부터는 해로에 의한 문명교류의 통로가 구대륙에서 신대륙까지 뻗어가 명실상부한 범지구적 바닷길로 자리 잡아서 오늘에 이르고 있다. 이것이 실크로드 개념 확대의 네번째 단계인 환지구로 단계다. 필자는 일찍부터 이 4단계 확대론을 주장하면서 통념에 도전해오고 있다.

도전의 핵심인 해로가 신대륙에까지 이어졌다고 보는 근거는 크게 두가지다. 하나는 신대륙에 이르는 해로가 개척되었다는 사실이다. 주지하다시피, 1492년 콜럼버스가 카리브해에 도착한 데 이어 마젤란 선단이 1519~22년에 스페인→(대서양) 남미 남단→(태평양) 필리핀→(인도양) 아프리카 남단→(대서양) 스페인으로 이어지는 세계일주 항해를 단행함으로써 신대륙으로의 바닷길이 트이게 되었다. 다른 하나의 근거는 신·구대륙 간의 문물교류다. 16세기부터 스페인과 포르투갈이 필리핀의 마닐라를 중간기착지로 하여 중국의 비단이나 도자기를 중남미에 수출하고, 중남미의 백은을 아시아와 유럽에 수출하는 등 신·구대륙 간에는 이른바 '태평양 비단길' '백은의 길'이 트여 '대범선무역(大帆船貿易)'이 시작되었다. 이러한 무역에 의해 고구마·감자·옥수수·담배 등 신대륙의 농작물이 아시아와 유럽 각지에 유입·전파되었다. 당시 세계에 알려졌던 농산물 28종 중 무려 절반의 원산지가 라틴아메리카였으며, 그것이 이 무역로를 통해 세계 각지에 퍼져나갔고, 오늘날까지도 그 흔적이 역력하다.

Ⅲ. 문명의 보고 라틴아메리카

이른바 '선진문명'을 자처한 서구 식민주의자들의 무자비한 파괴와 약탈, 그리고 '후진문명'이라는 날조와 역사의 단절 등 작위적인 장막으로 인해 유구하고 찬란했던 라틴아메리카 문명은 왜곡과 비하, 무시 속에 그 실상이 세계에 제대로 알려지지 않았다. 그러나 작금 역사적 정체성을 복원하려는 각성과 더불어 그 문명 흔적들이 곳곳에서 발견됨으로써 라틴아메리카는 문명의 무진장한 보고(寶庫)로 인지되어가는 중이다. 필자는 그 '보고다움'을 현장에서 몸소 실감하고 확인했다.

우리가 라틴아메리카를 문명의 보고라고 하는 것은 우선, 인디오들이 남겨놓은 잉카문명이나 마야문명, 아스떼끄문명 등의 고대문명이야말로 휘황찬란하며, 그것이 곧 인류 공유의 귀중한 문화유산이기 때문이다. 이러한 문화유산에는 현장에 고스란히 남아 있는 유적·유물과 박물관이나 전시관으로 옮겨져 소장되어 있는 유물이나 모조품, 모사도 등이 속한다. 현지 답사 과정에서 느꼈지만, 대부분 나라들은 유적·유물의 발굴에 애쓰고 있을 뿐만 아니라, 박물관이나 전시관을 마련해 유물을 잘 보존하며 재현하고 있다. 그 대표적인 일례가 세계 유수의 멕시코 국립인류학박물관이다.

다음 이유는, 인류문명사에 대한 지대한 기여 때문이다. 올메까문명으로부터 시작해 잉카문명과 마야문명, 아스떼끄문명, 그리고 메소아메리카문명에 이르기까지 라틴아메리카에서 발생한 모든 문명들은 명실공히 그 높은 수준으로 인해 인류문명사에 불멸의 업적을 남겼으며, 인류에게 값진 혜택을 베풀었다. 경탄을 자아내는 황금문화와 도자(陶瓷)문화는 유라시아 구대륙의 그것을 뺨칠 정도로 월등하다. 세계 농작물 절반의 원산지가 바로 라틴아메리카라는 사실 하나만으로도 그 절대적인 혜택을 가히 짐작할 수 있다. 은을 비롯한 풍부한 부존자원은 서구 산업화의 동력으로 기능했으며, 빼어난 자연경관은 인류에게 정신적 활성소를 불어넣고 있다. 다양한 생태계는 종의 기원을 비롯한 여러가지 과학연구의 장을 제공해주었으며, 다종다기한 사상은 이곳을 여러 사회이론의 '고향'으로 주목받게 한다.

끝으로, 우리와 관련해 이유 한가지를 덧붙인다면, 우리 역사·문화의 외연사(外延史)에 놀라운 증좌를 제공해주고 있기 때문이다. 라틴아메리카 원주민인 인디오의 종족적 기원에 관해 그간 많은 논란을 거듭해오던 끝에 지금은 우리 한민족과 동종인 몽골로이드로서, 약 1만 5,000년 전에 베링해협이나 태평양을 건너 그곳에 정착했다는 것이 중론이다. 몇몇 박물관에 전시된 고대 인디오들의 이동로 지도에는 그들이 한반도를 지나간 것으로 명시되어 있다. 최근의 각종 체질인류학적 조사에 의해서도 한민족과 인디오들의 유전자 DNA가 같다는 것이 밝혀지고 있다. 우리는 답사 과정에서 두 종족 간 생활모습의 유사점을 적잖게 발견했다. 남자는 상투를 틀고, 여자는 머리칼을 땋으며 머리에 물건을 이고 다닌다. 옛날 우리네 모습 그대로이다. 쟁기를 비롯한 농기구는 우리의 것과 너무나 닮은꼴이다. 어떤 학자는 마야문명을 이은 아스떼끄문명의 언어와 한글의 상관성을 제기하면서, 미지의 한글 어원을 거기서 찾을 수 있지 않을까 하는 견해도 조심스레 피력하고 있다. 이 모든 현상은 우리 역사·문화의 글로벌 외연성을 시사한다.

우리는 값진 재보를 쌓아둔 창고 같은 라틴아메리카의 문명에서 어제의 어울림이나 상관성을 찾아낼 뿐만 아니라, 내일에 유용한 공통 가치들을 골라 건져내야 한다. 그럴 때 지금까지 격폐되어온 신·구대륙 간의 간극을 줄이고 공생공영을 함께 도모할 수 있으며, 지구는 동·서반구를 가리지 않는 일체로 영원히 남아 있게 될 것이다.

제3부

라틴아메리카의 독립을 이끈 영웅들

36
산통(産痛)을 겪는 까라까스

라틴아메리카의 일주 답사는 동남쪽 대서양 연안의 브라질 리우데자네이루에서 출발해 남단을 에돌아 남태평양 연안에서 북상, 여러 나라들을 경유해 콜롬비아 수도 보고따까지 이른 후 북동쪽으로 방향을 바꿔 37일 만인 2012년 7월 23일 북부 대서양 연안의 베네수엘라 수도 까라까스로 이어지고 있다. 북위 10도 미만이지만 워낙 지대가 높은데다 흐리기까지 해서 보고따의 새벽 기운은 자못 쌀쌀하다. 호텔에서 간단한 도시락을 챙겨들고 7시 반에 공항에 도착했다. 어쩌다 제시간에 일행을 태운 콜롬비아 항공 CM 0640편(좌석 28F)은 8시 55분에 시동을 걸고 움직이다가 9시 12분에 두 바퀴를 거둬들이더니 곧바로 기수를 북동쪽으로 돌린다. 이윽고 구름 속으로 푸릇푸릇 초원이 나타난다. 드디어 오고 싶었던 베네수엘라 땅이다. 이렇게 감격에 겨운 데는 그럴 만한 이유가 있다.

사실 이번 라틴아메리카 답사계획을 세울 때부터 베네수엘라행은 골칫거리였다. 다들 정세가 불안하고, 안전이 큰 문제라며 우려했다. 많지 않은 선행자들이지만, 그들도 모두 이구동성이다. 그래서 계획에서 지웠다 넣었다 하면서 고민을 거듭했다. 콜럼버스의 '발견' 말고는 이렇다 할 유적·유물도 별로 없는 나라여서 선뜻 엄두를 내지 못하고 며칠간 망설였다. 그러나 '험악해도 사람 사는 곳이 아니겠는가?'라는 생각을 앞세우니 상념(想念)의 불꽃은 종시 꺼지지 않는다.

라틴아메리카 '독립의 아버지' 볼리바르가 나서 자라고 묻혀 있는 땅, 오늘은 '차비스타(차베스주의자)'들이 21세기 사회주의라는 도발적인 실험을 하고 있는 땅, 빈곤·불평등·관료주의라는 라틴아메리카의 3대 고질병을 치유하기 위해 애쓰는 나라, 그래서 갈등과 불안에 시달리고 있는 곳… 어느 모로 보나 이 모든 것은 '이변'이고 '돌풍'이라서 시대의 주목을 받고 있다.

특히 문명교류라는 화두를 걸고 오늘과 내일을 조망하면서 일찍이 사회주의를 체험해본 필자에게 '21세기 사회주의'는 호기심에 앞서 하나의 절실한 연구과제로 다가왔다. 이러저러한 회상과 반추 속에 10시 43분, 기체는 활주로에 내려앉는다. 1시간 31분을 날아 까라까스의 씨몬볼리바르국제공항에 안착했다.

흉흉한 소문과는 달리 공항 입국수속이나 교통안내 같은 서비스는 다 정상이다. 붉은 모자와 붉은 상의에 카키색 하의를 받쳐 입은 포터들의 옷차림이 경찰 옷차림보다 더 깔끔하다. 택시기사도 비교적 친절하고 예의바르다. 까라까스에서 약 30km 떨어진 카리브해 연안의 마이께띠아(Maiquetia)에 자리한 공항에서 택시로 45분 걸려 까라까스시의 호텔에 도착했다. 일국 수도의 공항치고는 상당히 먼 거리다. 산

속을 누비는 꼬불꼬불한 구절양장과 비탈길이 태반이다. 그런가 하면 상등성이나 구릉지에는 허름한 슬럼가(빈민가)가 촘촘히 붙어 있다. 굽은 길 탓인지 횡단가교가 유난히 많이 눈에 띈다. 시내 어귀에 들어서자 식민시대가 남겨놓은 흉물스러운 고택들이 지저분하게 널려 있다. 더러는 반파되었거나 당장 쓰러질 듯한 폐물들이다.

예약한 숙박소는 시 중심부 알따미라(Altamira) 구역에 자리한 콘티넨털호텔 602호 방이다. 콘티넨털호텔과는 지금까지 세번의 인연이 맺어졌다. 첫번째는 1956년 1월 카이로대학 유학차 카이로에 도착했을 때다. 임시 거처로 이집트 교육부가 마련해주어 얼마간 묵은 적이 있다. 당시로서는 1급 호텔로 상당히 화려했으나, 40년 후에 가보니 세월의 풍상을 이기지 못해 무너지고 없었다. 두번째는 2011년 1월 스리랑카 수도 콜롬보에서 일행 27명과 함께 실크로드 탐방을 이어가고 있을 때로, 해변에 자리한 동명의 4성급 호텔 408호 방에 묵었다. 나름의 현대적 설비를 갖추고 풍광도 좋아 인기있는 호텔이었다. 그렇다면 세기를 두고 한 체인으로 묶여 있는 여기 대양 너머의 까라까스 콘티넨털호텔은 과연 어떨까?

외관으로 봐서는 지은 지 20~30년을 넘지 않은 성싶다. 제법 정원을 갖춘 입구는 그럴싸해 보였다. 그런데 정작 방에서 여장을 풀어놓자고 보니 실망스럽다. 말로는 3성급이라고 하지만, 이것은 억지에 지나지 않는다. 복도는 전기가 없어 어두컴컴하고, 벽은 곳곳에 칠이 떨어져 거친 시멘트가 드러난다. 침대는 야전 병영에서나 쓰는 철제 침대이고, 서비스 비품이라곤 2인실에 달랑 할당된 비누 두조각과 샴푸 두병뿐이다. 밤이 되니 이름 모를 벌레들이 땅바닥을 활보한다. 이러한 보잘 것 없는 여건인데도, 방값은 하루에 210달러나 된다. 외국인이 이러한 방이라도 하나 얻는다는 것은 하늘의 별 따기라고 한다. 안내책자에는 십여개 호텔을 소개하고 있지만, 실제로 접수하는 곳은 4~5곳밖에 안 되며, 그 값도 1박에 150에서 500~600달러로 부르는 게 값이다. 이런 각박한 사정을 알고 나니, 이만한 곳이라도 차례진 것이 감지덕지할 일이다.

인근 편의점에서 샌드위치를 사다가 늦은 점심을 때웠다. 여행사에 들러 알아보니 오늘은 일요일이라서 모든 박물관은 휴관이라고 한다. 그렇다면 시내투어 같은 관광서비스가 있느냐고 물으니, 태연하게 없다고 대답한다. 그러면서도 여직원은 저녁 6시 이후엔 외출을 삼가고, 낮에도 현지 가이드 없이는 절대로 단독 행동을 하지 말며, 외출할 경우는 꼭 호텔에 행선지를 알리라고 신신당부한다. 교통도 가급적 공공 버스나 지하철을 이용하지 말고 호텔에 부탁해 개인택시를 구하라고 한다. 총기를 든 강도나 소매치기를 경계하라는 끔찍한 포스터 앞에서는 소름이 오싹 끼친다. 관광서비스를 받으려고 찾아간 여행사에서 무시무시한 안전교육만 톡톡히 받은 셈이다. 물론 배려 차원에서 고마운 일이기는 하지만, 말대로라면 운신의 폭은 한 뼘도 되나마나 하다.

한번 그 실태를 들여다보기로 하자. 일행이 가기 1년 반 전인 2010년 정부의 공식통계에 의하면, 범죄사건 총 26만 8,720건 가운데 살인사건만 1만 3,122건인데, 그중 90%는 총격 사건이며, 20%는 수도 까라까스에서 발생했다. 1년 전 2011년에는 매일 40건의 살인사건이 발생해 악명 높은 소말리아의 수도 모가디슈를 제치고 세계 1위를 차지했다. 까라까스와 인접한 빈민촌 베가 지역에는 40여만명이 살고 있는데, 외부인은 물론 경찰도 마음대로 들어가지 못한다. 차베스 대통령

생전에도 발길을 끊은 지 오래되었다고 한다. 물론 라틴아메리카의 어느 나라나 가보면, 유사한 빈민촌이 곳곳에 있다. 그렇지만 이 나라만큼 치안문제가 심각하지는 않은 것 같다.

그렇다면 왜 이 나라만은 이렇게 치안이 심각한 사회문제로 제기되고 있는 것일까. 전문가들의 분석에 의하면, 원인은 잠재적이고 복합적이다. 우선, 최근 연간 실업률이 8%를 초과하고, 통화가 매해 30%씩 팽창하는 등의 경제 부진 내지는 쇠퇴가 가장 근본적인 원인으로 꼽힌다. 그리고 비록 국민 1인당 GNP는 6,831달러(2010)로 꽤 높지만 절대 빈민층이 인구의 31.9%(2011)나 되는 격심한 빈부격차로 인해 사회적 불만이 격증하고 있다. 석유산업을 비롯한 공업은 급속하게 발전하는 반면, 농·목촌 경제가 위축되면서 도시로의 인구이동이 폭증한 것도 한 원인이다. 그다음으로는, 민간인들이 총 1,500만정(2인당 1정)의 총기를 소지하고 있다는 점을 꼽아야 할 것이다. 끝으로, 일부이기는 하지만 저임금에 시달리는 경찰들이 수입원으로 근무 외의 비법 활동을 자행하는 데에도 그 원인이 있다고도 한다.

날로 극심해가는 치안문제를 해결하기 위해 정부는 몇가지 조치를 취했다. 2009년 관련 법규를 고쳐 범죄자에 대한 형량을 대폭 늘리고, 진압 역량을 강화하기 위해 정부 산하에 국가경찰부대와 안전대학을 신설해 모든 경찰들에 대한 재교육을 실시하고 있다. 부대와 대학의 교관들은 쿠바와 니카라과에서 초빙해 충당하고 있다. 아울러 영향을 차단하기 위해 흉악범들의 잔인한 범죄현장에 언론매체 출입을 불허하는 등 구체적 시책을 강구하고 있다.

아무튼 최대의 경각심을 가지고 시내 관광에 나섰다. 당초 부근에 있는 알따미라역에서 지하철 1호선을 타고 몇군데 들를까 하다가, 의

가운데 기둥 위에 서 있던 콜롬버스 동상이 잘려나간 탑(까라까스의 베네수엘라광장)

논 끝에 안전을 택하기로 했다. 택시를 타고 15분 만에 베네수엘라광장에 이르렀다. 시내에는 동서를 관통하는 1호선을 비롯해 네개의 지하철 노선이 1983년부터 운영되기 시작해 여객운송의 중역을 맡고 있다. 볼리바르대로를 낀 베네수엘라광장은 별다른 서비스 시설은 없이 화원으로 아늑하게 꾸며져 있다. 그 가운데서 이목을 끄는 것은 한 모퉁이 언덕바지에 세워진, 몸통이 잘려나간 콜럼버스의 동상이다. 콜럼버스는 1489년 8월 제3차 대서양 횡단항해 때 카리브해 연안에 면한 베네수엘라를 '발견'하고 빠리아(Paria)반도에 상륙했다. 그의 '발견'을 기념하기 위해 이곳에 동상을 세웠던 것이다. 그러나 이 나라 민중의 눈에는 '발견'이 아니라 정복으로 비쳤고, 급기야 2004년 동상의 본체를 끌어내렸다. 정부가 슬그머니 다시 올려놓자, 성난 시민들이 또다시 끌어내렸다. 이것은 차베스의 장기집권 초반에 일어난 일이다. 이유는 불명하나, 이 운동을 주도한 시민 대표는 재판을 받고 지금까지 구금되어 있다고 한다. 이것은 여태껏 일각에서 차베스를 미심쩍게 여기는 꼬투리로 남아 있다.

콜럼버스의 베네수엘라 '발견'과 빠리아반도 상륙은 그의 첫 '신대륙 발견'이자 상륙인데, 이것은 그의 제3차 대서양 횡단항해 과정에서 발생한 일이다. 따라서 지금 우리 일행은 콜럼버스가 상륙한 지점은 아니지만, '발견'하고 상륙한 나라에 와 그것을 기념하기 위해 세워진 동상과 동상의 조난사를 현장에서 목격하고 확인하고 있다. 그 시말을 이해하기 위해서는 콜럼버스의 제3차 항해 과정을 되짚어봐야 할 것이다.

콜럼버스의 제3차 대서양 횡단항해는 그의 비극으로 막을 내린 짧은 항해였기 때문에 그의 항해사에서 차지하는 비중은 미미하다. 그리하여 귀항을 비롯한 항해 과정이 제대로 밝혀지지 않고 있다. 여러 기록을 종합해보면, 1496년 6월 11일 제2차 대서양 횡단항해를 마치고 까디스항에 귀항한 콜럼버스는 그가 식민지 개척에 대한 공로로 얻은 여러가지 칭호와 특권을 장자가 계승할 수 있다는 이른바 '장자계승권'을 스페인 왕실로부터 보장받았다. 이에 고무된 콜럼버스는 중국이나 인도의 미발견을 이유로 다시 항해에 오를 것을 희망했으며, 왕실은 울며 겨자 먹기로 이를 윤허했다.

왕실은 비록 콜럼버스에게 이러한 특전을 베풀기는 했지만, 그의

2차 항해 결과에 대해 만족한 것은 아니었다. 그토록 호언장담하던 황금을 찾은 것도 아니고, 목표로 했던 중국이나 인도의 소재를 알아낸 것도 아니었다. 무역거래의 길을 튼 것도, 종교의 씨앗을 뿌려놓은 것도 아니었다. 고작 했다는 것이 원주민들을 붙잡아다가 노예로 팔아먹는 정도의 일이다. 게다가 현지에서의 각종 분란이 걷잡을 수 없이 번져가고 있었다. 급기야 콜럼버스 일가에 대한 신뢰에 금이 가기 시작했다. 그러한 가운데 이루어진 제2차 항해로부터의 귀환은 국왕에 의한 소환이나 다름없었다. 그럼에도 국왕이 다시 출해를 허용한 것은 당시 포르투갈을 비롯한 주변 국가들과의 치열한 해상패권 경쟁에서 살아남기 위해서는 '해상모험'의 끈을 놓을 수 없었기 때문이다.

이러한 진퇴양난 속에서 출항준비는 지지부진할 수밖에 없었다. 1497년 4월 23일, 왕실이 제3차 항해 준비를 공식 명령했다. 명령서의 주내용은 에스빠뇰라섬을 본격적인 식민지로 만들고, 원주민들을 기독교로 개종시키라는 것이다. 그리하여 준비에 착수는 했지만, 핵심 담당관인 후안 데 폰세까부터가 소극적 태도를 취함으로써 여러가지 난관에 부딪혔다. 우선 선원을 모집하는 것이 쉽지 않았다. 왕실이 인가한 도항(渡航) 인원은 350명이지만, 겨우 226명을 채웠다. 거기에는 기병 40명, 보병 100명, 채금(採金) 노동자 20명, 농부 50명, 채소재배인 10명, 기타 직종 종사자 20명, 그리고 여성 30명도 포함되었다. 심지어 인원이 부족하자 국왕의 사면 특명에 따라 10명의 살인자가 사면을 받고 항해에 동행하는 일까지 벌어졌다. 자체의 생계를 위해 괭이·삽·도끼·망치·지렛대 같은 도구와 소·말·당나귀 같은 가축도 실었다. 수행자들의 운명에 관해서는 전하는 바가 없다.

드디어 귀환한 지 근 2년이나 지난 1498년 5월 30일, 콜럼버스가 이끄는 선박 8척으로 구성된 선단이 이베리아반도의 최남단 싼루까르(Sanlucar)항을 출항해 제3차 대서양 횡단의 장도에 올랐다. 이번 항해는 남쪽 항로를 택했기 때문에 일명 '남쪽 항해'(rumbo austral)라고도 한다. 남쪽 항로를 택한 이유는, 첫째로 태양의 볕이 가장 강한 적도 부근이 황금의 주산지라는 속설을 믿은 탓이었고, 둘째는 포르투갈 국왕 주앙 2세가 제기한 '남방대륙설'의 실체를 확인하기 위해서였다. 그래서 적도까지 내려가려고 했지만, 실제로는 가지 못하고 까보베르데제도(베르데곶 군도, Cabo Verde)에서 남서쪽으로 120리그(1리그는 약 3마일)쯤 되는 지점에서 서쪽으로 방향을 틀었다. 이곳에서 선단은 8일 동안이나 지옥 같은 무풍지대에 갇히고 말았다. 선단은 한치도 전진할 수가 없었다. 찌는듯한 열기에 포도주가 식초로 변하고, 물은 몽땅 증발해버렸다. 밀은 가루가 되고 베이컨은 부패·변질했다. 그러다 어느 순간 불어온 남동풍이 그들의 목숨을 가까스로 구해주었다. 선단은 까보베르데제도를 지나 7월 31일 자그마한 산 세개가 동남해안에 나란히 서 있는 작은 섬 하나를 발견했다. 그 섬에 '뜨리니다드 섬'이라는 이름을 붙였다. 스페인어에서 '뜨리니다드'는 성부·성자·성령의 삼위일체를 뜻한다. 콜럼버스는 이 섬의 '발견'을 기적이라고 하면서 크게 감탄했다.

선단은 이 섬 남쪽 해안을 따라 내려가다가 오늘날의 베네수엘라령 빠리아반도를 발견했다. 콜럼버스는 이 반도를 섬으로 착각해, 그 서쪽에는 바다가 펼쳐질 것이라고 믿었다. 8월 5일, 이 반도에 상륙해 부녀자들이 구슬목걸이를 하고 있는 것을 보고는 그들이 꿈꾸던 동방의 문화고국에 왔다고 또 한번 착각한다. 이곳을 떠나 8월 30일에는 콜럼버스의 동생이 건설하고 총독으로 있는 도미니카의 싼또도밍고에 도착한다. 오래간만에 형제가 해우한 자리에서 콜럼버스는 '신대륙' 개발 확대의 임무를 동생에게 맡긴다. 그러나 동생은 얼굴에 수심 가득한 채로 그간에 일어난 다음과 같은 이상기류를 실토한다.

1496년 3월 콜럼버스가 라이사벨라를 떠난 후 황금을 비롯한 재보(財寶)가 발견되지 않고 식량도 부족해 불만을 품어오던 일부 식민지 이주자들이 스페인 내의 불만세력과 결탁해 콜럼버스 형제가 사리사욕에 사로잡혀 재물을 착복하는 비리를 저질렀을 뿐 아니라, 무능한 '모기제독'(Admiral Mosquitoes)에 불과하다는 누명을 씌워 왕실에 고소했다는 것이다. '모기제독'이란 콜럼버스가 금은보화나 향료는커녕 모기만 있는 곳을 발견하고 다닌다는 뜻으로, 야유하고 조롱하기 위해 붙인 이름이다. 왕실은 1499년 봄에 에스빠뇰라섬의 실상을 조사하고 필요한 조치를 취하기 위해 프란시스꼬 데 보바디야를 특사로 파견한다. 1500년 8월 23일 싼또도밍고에 도착한 보바디야는 막무가내로 시 행정을 담당하고 있던 콜럼버스의 막내동생 디에고를 체포하고, 콜럼버스의 자택에 난입해 재산을 몰수하고 동생 바르똘로메오는 유배시킨다. 10월 초에는 모두 쇠사슬에 묶인 채 콜럼버스와 디에고는 라고르다호에, 바르똘로메오는 다른 배에 실려 강제 소환된다.

형제들은 묶인 채로 10월 말경에 까디스항에 도착한 후 쎄비야 라스꾸에바스수도원 신부의 초대를 받아 역시 묶인 채로 그곳에 머문다. 그후 왕실이나 보바디야에게 어떤 상황이 벌어졌는지는 지금도 미상이나, 12월 12일 왕실은 세 형제를 즉각 석방하고 궁정에 출두하라는 명을 내리는 한편, 2,000두카도(중세의 금화 또는 은화)를 보내왔다. 그리곤 닷새 후에 국왕은 그라나다의 알함브라궁전에서 세 형제를 접견한다. 이 자리에서 국왕은 상냥한 표정으로 정답게 맞이한 뒤

"쇠사슬로 묶게 한 것은 짐의 명령에 따른 것이 아니고, 그럴 의도도 없었다. 그러기는커녕 그 소식을 듣고 정말로 유감스럽게 생각했다. 곧 책임자를 처벌하도록 하겠다"라고 말한 것으로 전해진다.

이러한 호의 속에서 콜럼버스의 경제적 특권이나 제독 칭호는 회복되었지만, 총독 호칭만은 끝내 돌아오지 않았다. 왕실은 1502년 2월 13일 니꼴라스 데 오반도를 에스빠뇰라섬의 총독으로 임명해 보내고 이 섬에 대한 식민지화를 적극 추진토록 했다. 그로부터 한달쯤 지난 3월 14일 두 국왕은 콜럼버스가 신청한 제4차 대서양 횡단 계획을 인가하면서, 지난번 항해 때 체포된 것을 유감으로 생각하며, 칭호와 특권(총독 제외)을 다시 회복시켜주겠다는 내용의 서한을 보낸다. 그렇지만 더불어, 가는 도중에 에스빠뇰라섬에 기항하는 것은 삼가라는 명령도 내린다. 세상만사는 실로 무상타 할지어다.

이렇게 이곳에 들른 콜럼버스의 제3차 항해사를 반추하고 나서 발길을 옮긴 곳은 주변의 한 달동네다. 험악한 곳이라는 말만 들어서는 별로 감이 잡히지 않아 한번 직접 가보고 싶었다. 동네에서 얼마간 떨어진 곳에서부터 폭주족들이 난동을 부린다. 모터사이클을 탄 일군의 젊은이들이 굉음을 울리며 이리저리 앞길을 막아선다. 교통경찰은 아예 자취를 감췄다. 택시기사는 지레 겁을 먹고 자꾸만 차를 돌려세우려고 한다. 할 수 없이 접근은 포기하고 나지막한 산등성이에 올라가 먼 발치에서 동네 구경을 했다. 새장 같은 판잣집들이 다닥다닥 붙어 있고, 고불고불한 골목길은 행인들로 발 디딜 틈 없으며, 구석마다 쓰레기가 산더미처럼 쌓여 있다. 시가지 시민들과는 다른 세상에서 사는 빈민들이다. 돌아올 때는 몇몇 번화가를 지났다. 까라까스는 해안도시답게 녹화와 조림사업이 잘 된 도시다. 시민들이 '오아시스'라고 부르는 크고 작은 도심공원이 곳곳에 조성되어 휴식공간을 제공해주고 있다. 휴관이라 들러보지 못해서 그렇지, 박물관·미술관·갤러리·대학 등 현대적 문화·교육 시설은 대체로 다 갖추고 있다.

거리를 활보하는 사람들은 일반적으로 명랑하고 준수한 편이다. 미녀국(美女國)이라는 선입견에서인지는 몰라도 여인들은 더더욱 그러하다. 베네수엘라는 '미스유니버스국'이라는 영예를 갖고 있는 나라다. 이 대목에서 택시기사는 어깨를 으쓱거리며 엄지손가락을 내보인다. 해마다 9월 초에는 '미스베네수엘라' 선발대회가 연중 가장 중요한 행사의 하나로 치러진다고 한다. 그날이면 거리는 텅 비어 자가용은 물론, 택시도 자취를 감춘다. 다들 집에서 그 대회 실황을 정신없이 지켜본다. 2008년과 2009년 연거푸 2년간 미스유니버스 타이틀은 베네수엘라 몫이었다. 현지 가이드는 이것은 인구의 6할 이상이 스페인인과 인디오의 혼혈이라는 체질인류학적 특성에서 기인할 것이라고 말한다. 이 나라 인구 3,062만(2015) 중 66%가 스페인인과 인디오의 혼혈이고, 22%가 유럽계 백인이며, 약 10%가 아프리카계 흑인이다. 원주민인 인디오는 2%에 불과하다. 주민 절대다수(98%)가 가톨릭을 신봉한다.

거리 표정에서 두드러진 것은 벽화의 물결이다. 공항에서 시내로 진입하는 산간마을 길에서부터 시내의 2차선 거리 어디서나 색조가 선명하고 층차가 뚜렷한 라틴 식 포스터 벽화가 좌우 시야를 가릴 정도로 넘쳐난다. 풍자나 전기(傳記), 사실과 추상 등 각이한 장르로 다양한 주제를 담고 있다. 얼핏 봐도 10월(2012)에 치러질 대선을 앞두고 차베스 정권의 치적을 홍보하고 비전을 그려내는 것이 주제의 고갱이다. 2차대전 후 멕시코 어촌에서 발흥된 이 거리벽화 화풍은 라

거리의 벽을 메우고 있는 다양한 주제의 벽화.

틴아메리카 전역에 들판의 불길처럼 번졌다. 오늘날은 그 어디서든 많고 적음의 차이는 있더라도, 하나의 도시 풍경으로 확고하게 자리 잡았다. 베네수엘라에서는 그 불길이 유달리 거세며, 그 호소력과 전투성은 추종을 불허하는 수준이다.

이러한 거리벽화와 더불어 또 하나의 물결을 이루고 있는 것은 차베스의 초상화다. 공공기관은 말할 나위 없거니와 웬만한 길이란 길에는 차베스의 초상화가 이중삼중으로 걸려 있다. 일국의 국민이 국가수장을 진심으로 흠모하고 존경해서 초상화를 높이 모시는 것을 나무랄 리는 없지만, 문제는 그 수장이 진정 그 국민으로부터 모심과 존경을 받을 만한 일을 했는가 하는 것이다. 21세기 라틴아메리카의 풍운아 차베스의 초상화 앞에서 그가 진정 그러한 인물이기를 바라고 또 바라본다.

거리의 물결을 이룬 차베스 초상화.

거리 유람에서 또 하나 눈에 띄는 것은 살림집 건설이다. 도시 인구의 급증에서 오는 가장 큰 문제는 주택문제다. 안주할 집이 없으니 사회적 불안과 갈등, 치안문제가 동시에 다발한다. 이에 대비해 정부는 주택건설에 예산의 우위를 두고, 지금 막 건설을 추진하고 있는 중이다. 바야흐로 주택건설의 붐이 일고 있다고 한다. 개축이나 증축도 있지만, 신축이 주다. 새 주택은 무주택 직장인에게 우선적으로 싼 값으로 분양한다고 한다. 그러나 지금의 국가 형편으로는 한계가 있어, 중국의 원조를 적극 끌어들이고 있다. 작금 수도에 건설 중인 주택 대부분은 중국이 무상으로 지어주는 것이라고 한다. 흥미로운 것은 이런 무상원조 주택은 일견해 알아볼 수 있게끔 외벽을 붉은 색으로 칠한다는 점이다. 보기에 따라서는 생색의 소지로 비쳐질 수도 있다.

외벽을 붉은색으로 칠한 중국 무상원조 주택.

가혹한 식민사회의 배타적 풍조 속에서도 까라까스가 종교적 공생이라는 미덕을 줄곧 간직해온 것이 퍽 인상적이다. 차를 타고 어느 거리를 지나는데, 멀리서 이슬람교 사원 특유의 돔 지붕이 시야에 들어온다. 얼결에 차를 세우고 찾아갔다. 지금은 이슬람교의 금식월(라마단) 기간이라 낮에는 사원에 사람이 없고, 해질 무렵에야 신자들이 모여들어 이프타르(라마단 기간의 저녁 식사)를 하고 집단예배도 근행한다. 그래서 대문은 잠겨 있고, 불러도 인기척이라곤 감감하다. 'Mezquita Sheikh Ibrahim Bin Abdulaziz Al Ibrahim'이라는 긴 이름의 사원 명패가 대문에 걸려 있다. 라틴아메리카에서의 이슬람사원은 어떤 모양새일까 궁금했지만 들어가볼 수 없었다. 참으로 아이러니하게도, 바로 좁은 길 하나를 사이에 두고 이 이슬람사원 맞은편에 가톨릭

이슬람사원 맞은편의 가톨릭성당(좌)과 알이브라힘 이슬람 사원(우).

성당이 자리하고 있다. 택시기사도 몇번이고 손님들을 태우고 이 사원과 성당을 오갔다고 한다. 저 대양 넘어 유럽과 아시아에서는 서로 아귀다툼에 혈안이 된 두 종교가 여기서는 이렇듯 이웃으로 평화롭게 공존하고 공생공영한다.

비록 짤막한 시내투어이지만, 얻고 눈뜬 것이 적지 않다. 아직 해가 지려면 멀었으나 서둘러 호텔로 돌아왔다. 인근 슈퍼마켓에 들러 몇가지 간식거리를 장만했다. 어린아이 주먹만 한 사과 한개에 1.5달러씩 하니 물가가 상당히 비싼 편이다. 계산대에서는 신분증(여권)을 검사하고 여권번호까지 따로 기록한다. 멀리 가지 못하고 호텔과 마주하고 있는 식당의 저녁 식탁에 앉았다. 햄버거가 유명하다고 해서 각자가 하나씩 청했다. 어른 손바닥만 한 빵 속에 두툼하게 저민 쇠고기 네조각과 치즈, 토마토를 담뿍 채워 넣었는데, 양이 하도 많아 3분의 1은 남기고 말았다.

방에 돌아오니 저녁 7시가 갓 넘었다. 이윽고 요란한 우레가 울고 번개가 번쩍이더니 장대 같은 소낙비가 퍼붓는다. 일주일 전 볼리비아에서 '체 게바라의 길'을 걸을 때 한번 비의 세례를 받고는 두번째다. 베네수엘라는 일부 고원 산지를 제외하고는 열대성 초원기후에 속한다. 연간 평균기온은 26~28도이며, 강수량은 북부 연해지대에서 남쪽으로 내려올수록 500mm에서 3,000mm로 점차 증가한다. 1년은 건기와 우기의 2기뿐인데, 건기는 12~5월, 우기는 6~11월이다. 지금 바로 우기이기에 갑자기 소나기가 퍼붓는 것이다.

TV는 화면이 어른거려 영상이 제대로 잡히지 않고, 인터넷은 먹통이며, 국제전화는 불통이다. 전등이 희미해서 글자가 제대로 뜨지 않는다. 어느 것 하나 정상이 없으니, 이럴 때일수록 비정상을 정상화하는 지혜가 필요한 것이다. 요컨대, 언제 어디서나 여행 내내 행하는 일을 정상적으로 수행하는 것. 벽에 비스듬히 기대어 눈을 지그시 감은 채 오늘의 하루를 되돌아보는 일에 몰입했다. 세세한 부분을 넘어선 하나의 정체(正體)로서의 까라까스 모습이 눈앞에 떠올랐다. 오늘의 이 글은 그 시각 노트에 약기(略記)한 메모를 풀어쓴 글이다.

까라까스는 베네수엘라의 수도로 카리브해에서 내륙 쪽으로 아비야(Abya)산을 넘어 고도 약 900m의 까라까스분지에 위치하고 있다. 국토의 북부 중앙인 셈이다. 지형상 해안을 이룬 산이 방벽이 되어 외래의 공격을 피해 비교적 안전하게 마을을 형성할 수 있었다. 그러나 1567년 스페인의 침략자 로사다(Diego de Losada)가 '싼띠아고 데 레온 데 까라까스'(Santiago de León de Caracas)라는 이름으로 지금의 까라까스를 건설했다. 까라까스라는 이름은 당시 주변 계곡에 살던 한 토착민족의 이름에서 유래했다고 한다.

카카오 재배 등으로 까라까스의 경제적 가치가 커지면서 도시는 확장되었고, 급기야 1777년 베네수엘라 도독령(都督領)의 수도가 되었다. 약 300년간 스페인의 식민지로 있다가, 19세기 초 베네수엘라의 국부로 추앙받는 까라까스 출신의 씨몬 볼리바르(Simón Bolívar)는 콜롬비아·에콰도르·베네수엘라 3국으로 그란콜롬비아공화국을 세워 독립전쟁을 이끌었다. 베네수엘라는 1830년 분리 독립을 선언하고 까라까스를 수도로 정했다. 까라까스는 식민지시대뿐 아니라 19세기 독립 후에도 정치·경제·문화의 중심지로 발전해왔다. 19세기 말 빠리를 본보기로 삼아 까라까스의 근대화 및 도시 정비가 추진되었다. 20세기 초 까라까스 호수 지역에서 석유가 생산되면서 농촌에서 많은 인구가 까라까스를 비롯한 도시에 대거 유입되기 시작했다. 유입되는 인구를 충분히 수용하지 못해 까라까스 주변 구릉지에는 인구 40만을 헤아리는 슬럼가가 형성되었고, 오늘날까지도 빈곤문제 해결이 가장 큰 사회적 이슈로 부각되고 있다.

까라까스는 과거와 현재가, 부(富)와 빈(貧)이, 그리고 선과 악이 공존하고 각축하면서 무언가 새것을 잉태하고 육성하며 바야흐로 탄생시키려는 산통을 겪고 있는 도시다. 그 아픔을 투지와 지혜로 이겨낸다면 그 어느날 그토록 고대하던 신생아의 고고지성(呱呱之聲)이 볼리바르광장에 울려퍼질 것이다.

37
'멍청한 바보' '해방자' 볼리바르

까라까스는 라틴아메리카의 '해방자' 볼리바르의 고향으로, 그와 관련된 유적·유물과 기념물이 가장 많은 곳이다. 게다가 오늘(7월 24일)은 그의 탄생 229주년이 되는 날로 국가공휴일이며, 곳곳에서 기념행사가 진행되고 있다. 그래서 오늘은 집중적으로 그러한 현장을 찾아서 이 사건창조적 위인이 남긴 발자취를 더듬어보려고 한다.

일반적으로 아침 10시에 공식 행사가 진행되고, 박물관 등이 문을 열기 때문에 그 시간을 맞추어 9시 반에 호텔을 나섰다. 어제 대절했던 호텔 전속 택시가 정시에 와 기다리고 있었다. 중심가의 하나인 볼리바르대로를 지나 야트막한 언덕길을 한참 달리다가 택시는 갑자기 멈추어 선다. 기념행사 때문에 거기가 제재선이라는 것이다. 약 5분간 15도쯤 경사진 돌길을 걸어 올라가니 길 왼편에 고색창연한 볼리바르 생가와 볼리비아박물관이 나란히 나타난다. 경찰과 행사요원들이

라틴아메리카의 '해방자' 씨몬 볼리바르.

문 앞에서 행인들을 단속한다. 계속해서 약 150m 더 올라가니 볼리바르 기마동상이 지척에서 모습을 드러낸다. 그리 넓지 않은 볼리바르 광장이다. 이곳을 꼭짓점으로 해서 시내의 중요한 거리들이 사방으로 뻗어나가고 있다.

이 광장은 역사의 영욕(榮辱)으로 점철된 곳이다. 스페인의 식민통치를 반대하는 독립운동이 한창일 때는 독립투사들의 처형 장소였다가, 독립의 그날 첫 베네수엘라 헌법이 반포된 곳이기도 하다. 이어 1876년에는 여기에 볼리바르의 동상이 세워지게 되었다. 원래는 대광장(Plaza Mayor)이나 아르마스광장(Plaza de Armas)이라고 불리다가 언제부터인가 볼리바르광장으로 불리고 있다. 고목이 듬성듬성 자라고 있는 광장은 시 중심에 자리하고, 그 주위에 식민통치기구들이 배치되어 있다는 점에서는 여느 아메리카 나라들의 아르마스광장과 비교하면 별반 차이가 없다. 그러나 광장의 크기나 주위 건물의 규모 면에서는 상대적으로 작고 초라하다. 까라까스는 스페인의 초기 식민지

볼리바르광장에 세워진 볼리바르 기마동상.

개척기에 개발한 도시인데다가, 구차한 경제적 사정이 광장의 건설을 제약한 것 아닐까 추측해본다. 여기에 더해 좁은 언덕바지라는 지세와도 관련이 있었을 것이다.

광장을 둘러싼 건물 가운데서 가장 이채롭게 눈에 띄는 것은 서남쪽에 자리한 국회의사당이다. 25%의 금으로 칠해진 돔 천장을 떠받들고 있는 이 백색 건물은 1872년에 지었는데, 양쪽 측문으로 들어가면 열대 야자수를 비롯한 굵직한 나무들이 자라고 있는 정원이 나타난다. 시원한 분수가 보이는 돌계단을 올라가 돔이 있는 북쪽 건물로 향하면 쌀론엘리쁘띠꼬(Salon Elliptico)라고 하는 대회의실에 이른다. 회의실 벽에는 베네수엘라 건국과 관련된 중요한 내용을 추려서 묘사한 화려한 대형 그림들이 쭉 걸려 있다. 그림들 가운데서는 원형 천정에 그려져 있는 까라보보(Carabobo) 전투화가 단연 압권이다. 어느 모로 보나 전투의 치열성이 감지되는 독특한 구도다. 여기서는 의사당 뒤편에 대형 국기가 나부끼는 대통령궁전이 빠금히 보인다.

광장의 남쪽에는 안온한 느낌을 주는 미색의 시청사 건물들이 늘어서 있다. 광장에 면한 실외 홀에는 백여명 사람들이 줄지어 앉아 반주에 맞춰 무언가 열창하고 있다. 물어보니 볼리바르의 생일을 축하하는 노래라고 한다. 우리더러 함께 부르자고 손짓을 한다. 우리는 손사래로 답했다. 청사 내측 홀의 한 귀퉁이에는 자그마한 박물관이 있다. 열지 않아 들어가보지는 못했지만, 창문으로 들여다보니 주로 인디오를 비롯한 여러 민족들의 생활사를 반영한 유물들이 전시되어 있다. 동쪽에는 종루(鐘樓)가 달린 백색 성당이 보인다. 1595년에 지은 이 성당은 1641년의 지진으로 파괴된 것을 1674년에 콜로니얼양식으로 재건했다. 제단을 10kg의 황금으로 장식했다고 한다. 이 성당 안에 볼리바르의 가족들이 묻혀 있다.

인파가 뜸한 틈을 타서 관람하려고 볼리바르 생가와 박물관 관람은 뒤로 미루었다. 11시가 넘어서 찾아가니 인파는 좀 줄었으나 초대권 소지자만 입장이 허용되고 있었다. 평시는 누구나 입장권만 매입하면 참관할 수 있는데, 오늘은 안에서 기념행사가 진행되는 관계로 아예 입장을 제한하다 보니 그렇게 하는 것이라고 한다. 기사가 가서 사정을 얘기하고 특전을 청했으나 어렵다고 해서 그만 참관을 포기

시청사 실외 공간에서 볼리바르의 생일축하 집회를 열고 있는 시민들.

하고 돌아섰다. 내친김에 볼리바르 묘지로 향했다. 성당처럼 화려하게 지어놓은 지금의 묘지가 성에 차지 않아, 그 뒤편에 새로이 더 화려하고 웅장한 묘지를 지어놓았다. 찬연한 백색 비상(飛翔) 구조물이다. 내장공사는 다 마쳐 참관할 수 있는데도, 기념행사 때문에 일반 참관은 막혀버렸다.

동서고금을 막론하고 위인의 이름을 따서 유용한 데 쓰는 것은 나무랄 수 없는 너나의 일종 관행이다. 큰 사람일수록 크게 쓰는 것도 무리는 아니다. 격에 맞게 쓰면, 쓰는 사람이나 쓰이는 사람이 다같이 돋보인다. 그저 남용이 문제일 따름이다. 도를 넘으면 개인숭배나 신격화라는 비난을 받기가 일쑤다. 베네수엘라에서 볼리바르는 지존의 이름이다. 그와 연관된 유적·유물에 그의 이름이 붙여지는 것은 어쩌

까라까스에 있는 씨몬 볼리바르 생가.

면 당연지사라 하겠다. 베네수엘라 사람들은 정치 이념이나 사회운동에서부터 시작해 쇼핑센터에 이르기까지 무릇 상서로운 일이라면 대소사 불문하고 볼리바르라는 이름을 차용하길 주저하지 않는다. 볼리바리즘, 볼리바르혁명운동200, 볼리바르노동자역량당, 씨몬볼리바르국제공항, 볼리바르대학, 볼리바르센터, 볼리바르대로 등. 차베스시대에 와서는 1999년 정식 국호까지를 그의 이름을 따서 '베네수엘라볼리바리안공화국'이라고 명명했으니 더 말할 나위가 없다. 차베스는 자신이 추진하고 있는 급진적 개혁을 '볼리바르혁명'이라고 부르면서, 자신을 볼리바르의 계승자로 자처하고 있다.

이러한 명명은 단순한 '이름짓기' 행사나 통과의례가 아니다. 그것은 볼리바르 자신이 이 나라를 위해 쌓아놓은 불후의 치적과, 그에 대한 이 나라 국민의 내밀한 신망과 송덕의 표식이며 징표다. 사실 이것은 이 나라 국민뿐 아니라 온 라틴아메리카인들이 한결같이 볼리바르에게 품고 있는 존경과 추앙이기도 하다. 그는 조국 베네수엘라를 포함한 전체 라틴아메리카의 독립과 해방을 위해 한생을 불살랐기 때문이다. 필자도 일찍이 라틴아메리카의 현대사를 접할 때마다 볼리바르와 맞닥뜨리면서 그에 대한 이해 없이는 결코 라틴아메리카의 현대사에 제대로 접근할 수 없음을 갈파했다. 특히 이번에 볼리비아와 콜롬비아 등 중남미 여러 나라들을 순방하면서 현장의 관련 유적·유물을 통해 볼리바르에 대한 이해를 한층 심화할 수 있었다. 예컨대 콜롬비아 보고따의 볼리바르저택박물관에 전시된 여러가지 생생한 기록들과 사진들, 조형물들은 위인에 대한 존경의 정까지를 불러일으키기에 충분했다. 당장 그의 한생을 글로 묶어보고 싶은 충동이 일어났다. 위인에 대한 회고는 위인을 귀감으로 삼겠다는 마음가짐이다.

볼리바르는 죽음을 앞두고 자신의 한생을 돌아보면서 다음과 같은 두가지 유명한 유언을 남겼다. 독립 후 그를 왕으로 추대하자는 일부의 제언을 통렬히 거부하면서 자신은 스페인의 왕정 식민통치로부터 라틴아메리카를 해방시킨 해방자라고 못 박는다. "설사 저 자신에게 왕이라는 직함이 주어졌다 하더라도, 그보다는 차라리 해방자로 사람들에게 알려지고 기억되기를 바랄 것입니다. 해방자라는 칭호야말로 동료 시민들이 인간에게 부여할 수 있는 가장 숭고한 칭송이라고 생각하기 때문입니다."

그리고 자신이 소망하던 모든 것을 이루어내지 못한 것이 애석한 일이기는 하지만, 충직한 군인처럼 죽는 순간까지 원칙은 사수했다

1872년에 지어진 백색 국회의사당.

고 자부하면서 "세상에는 가장 멍청한 바보가 세명 있습니다. 첫번째는 예수 그리스도, 두번째는 돈끼호떼, 그리고 바로 나 볼리바르입니다"라고 자신을 우직하게 원칙만을 고수하면서 봉공멸사(奉公滅私)한 '멍청한 바보'에 빗댄다. 볼리바르, 그는 멍청한 바보였기에 해방자가 될 수 있었으며, 해방자였기에 멍청한 바보와 같은 짓을 감히 할 수 있었을 것이다. 이렇게 위인은 자신을 낮추고, 자신에 대해 엄격한 사람이다.

씨몬 호세 안또니오 데 라 싼띠시마 뜨리니다드 데 볼리바르 뽄떼 이 빨라시오스 블랑꼬(Simón José Antonio de la Santisima Trinidad de Bolívar Ponte y Palacios Blanco)라는 긴 이름을 가진 볼리바르는 1783년 7월 24일

당시로서는 유럽 근대화의 영향을 상당히 받은 까라까스의 한 부유한 끄리오요(criollo) 가정에서 장남으로 태어났다. 볼리바르는 1819년 혁명정부를 수립하고 나서 저술한 『오리코코의 우편』에서 자신의 민족적 정체성에 관해 "우리는 인디오도 아니고, 그렇다고 유럽인도 아니다. 우리는 원주민과 스페인 사람들 사이의 중간인종이다"라고 명쾌하게 밝히고 있다. '중간인종'이란 흔히 말하는 유럽 백인과 원주민 인디오 간의 혼혈 끄리오요를 말하는데, 베네수엘라에서 그 비중은 약 66%에 달한다. 지금껏 남아 있는 볼리바르광장 곁 생가는 외견만으로도 고대광실임을 확인할 수 있다. 3세 때 아버지가 별세하자 동생과 두 누이와 함께 할아버지와 외삼촌의 후견하에 성장했다. 9세 때 어머니마저 별세하자 초등학교 은사인 씨몬 로드리게스의 집으로 보내졌다. 그는 루소의 추종자인 로드리게스로부터 처음으로 유럽의 시민의식에 관해 배우고 눈을 뜨게 된다. 14세 어린 나이에 사관생의 신분으로 스페인의 왕정에 반대하는 알라과산(山) 백인(白人)지원단에 입단한다.

17세 때인 1799년 할아버지가 사망하자 결연히 집을 떠나 스페인으로 유학한다. 그는 부모로부터 광대한 농장과 노예를 상속받았다. 당시 프랑스대혁명과 나뽈레옹의 파죽지세로 유럽은 격랑에 휩싸여 있었다. 볼리바르에게는 물고기가 물을 만난 형국이었다. 그는 마드리드에서 유명한 학자 마르께스 데 우스따리스(Marques de Ustariz)의 집에 머물면서 외국어·수학·역사·무용·승마 등을 닥치는 대로 공부했다. 그만큼 지적 요구가 절박했다. 그는 스페인 각지는 물론, 프랑스 빠리까지 역방하면서 견문을 넓혀나갔다. 그러다가 20세(1802) 나이에 우스따리스의 조카인 마리아 떼레사와 결혼했다. 이듬해에 신부와 함께 고향 땅 까라까스를 찾았는데, 신부는 결혼 8개월 만에 갑작스레 전염병으로 병사했다. 그후 볼리바르는 평생 라틴아메리카와만 '영혼의 결혼'을 했을 뿐, 재혼하지 않았다. 그의 인간성의 한 단면이다.

평생의 반려를 졸지에 잃은 슬픔을 안고 볼리바르는 1804년 유럽으로 다시 돌아갔다. 그 슬픔으로 인해 빠리에 머무른 3년은 평생 겪어보지 못한 방황의 터널이었다. 다행히 옛 스승 로드리게스를 다시 만나 그의 계도로 루소와 볼떼르 등 서구 시민혁명의 거장들을 책으로 만나 정신을 재무장할 수 있었다. 이런 속에서 그는 빠리에 도착하자마자 나뽈레옹의 시종관(侍從官)을 자청했고, 그해 말 나뽈레옹의 대관식에도 참석했다. 그것이 과연 그의 이성적 판단에서였는지는 가늠할 길이 없다.

평소에 그는 유럽의 왕정을 무너뜨리는 나뽈레옹의 웅지에는 찬사를 보냈지만, 그의 독재라든가 황제 군림에 대해서는 저주했던 터였다. 어쨌든 볼리바르는 프랑스의 혁명에 심취해 있었으며, 거기서 적잖은 자양분을 섭취했다. 1805년 스승 로드리게스와 함께 로마를 여행하면서 그는 이런 맹세를 한다. "나 자신의 명예와 하느님의 이름으로, 그리고 내 조국의 이름으로 맹세한다. 나의 마음과 나의 팔뚝은 스페인의 권력이 우리를 속박한 그 사슬을 깨뜨릴 때까지 한시도 쉬지 않을 것이다."

볼리바르의 이러한 장엄한 맹세는 장차 라틴아메리카의 독립과 해방을 위해 자주적으로 지펴갈 불씨가 되었다. 그렇다면 청년 볼리바르는 무엇에 자극받고, 또 무엇을 깨달았기에 이런 맹세를 하고 혁명의 불씨를 지피기 시작했는가? 여기에는 크게 스페인의 식민통치라는 내적 요인과 유럽·미국과의 관련이라는 국제적 요인이 있었다. 스페인은 라틴아메리카 식민지에 대해 본토우월주의적 왕정통치를 실시하면서 식민지를 왕실의 개인금고쯤으로 여기고 경제적 수탈과 정치적 압박을 일삼았다. 본토 상품과 경쟁이 될 만한 식민지 상품은 강제로 생산을 중지시켰다. 1595년부터 라틴아메리카에서의 포도 생산을 금지한 것이 그 대표적 일례다. 정치적 차별도 심했다. 끄리오요를 비롯해 각성된 식민지 지성인들이 정치적 영향력을 발휘할 수 있는 길은 사실상 차단되었다. 제아무리 재력이 있고 지력(智力)이 있어도 늘 이등시민일 수밖에 없는 처지에서 그들의 불만이 커간 것은 당연한 일이었다. 이러한 정치적·경제적 모순은 첨예한 사회적 갈등을 야기했을 뿐 아니라, 시대의 소명을 깨달은 지성인들의 각성을 더욱 촉진시켰다.

한편, 유럽과 미국에서 일어나고 있던 변혁의 조류는 볼리바르의 시민의식이나 공화주의사상 형성에 깊은 영향을 미쳤다. 그는 '통치의 근거는 피통치자들의 동의에 있다'라는 사회계약론을 비롯한 유럽의 공화주의적 계몽사상을 일종의 복음처럼 받아들였다. 주권재민이나 인권, 식민지 국가의 독립이나 해방 같은 숭고한 정치적 개념 등은 1789년 프랑스혁명에서 배웠고, 그 혁명에 크게 고무되었다. 같은 이주민으로 동병상련의 처지에 있는 이웃 미국의 1776년 '독립선언'과 독립국가 건설 또한 라틴아메리카인들에게 큰 자극이 아닐 수 없었다.

시간이 흘러 윌슨의 '민족자결선언'도 분명 어떤 자극제가 되었을 터인데, 워낙 원주민들이 대부분 말살되고 대신 서구인들이 주인이 된, 이를테면 굴러온 돌이 박힌 돌을 빼내는 식의 라틴아메리카 사회 구성에서 민족이라는 개념은 아예 제기조차 되지 못했기에 민족자결

볼리바르 탄생 229주년(2012년 7월 24일) 기념행사 참가자들.

선언이 어떻게 받아들여졌는지는 미상이다. 라틴아메리카의 근현대사를 바로 세우는 과정에서 민족문제는 반드시 제대로 정립해야 할 부분이다.

미국은 당초 라틴아메리카의 독립운동을 지원했는데, 그것은 아메리카 대륙에서 유럽 세력을 밀어내려는 속심이었을 뿐, 일단 그것이 이행되자 곧바로 라틴아메리카를 장악하는 데 열을 올렸다. 볼리바르는 미국에 대한 환상을 품고 1808년 1월 미국을 방문해 여러 도시들을 주유한 바 있다. 세계 식민대국이었던 영국의 경우도 대동소이하다. 원래 볼리바르는 영국의 힘을 빌리면 스페인의 왕정통치에서 벗어날 수 있다는 환상을 가지고 있었는데, 이는 순전히 '환상'일 뿐이었다. 영국은 라틴아메리카에서 교활한 이간·분열정책을 꾀하고 있었다. 영국이나 미국 등 외부세력을 등에 업고 독립을 이루어보자던 순진한 꿈은 사라지고, 오로지 라틴아메리카인 자신들의 자주적 힘, 그리고 무장투쟁을 포함한 '치열한' 투쟁수단에 의해서만 독립이 가능하다는 것을 볼리바르는 점차 깨닫게 되었다.

이것은 볼리바르의 의식구조에서의 일대 혁명이었다. 이로 인해 그는 비로소 라틴아메리카 '독립의 아버지' '해방자'가 될 수 있었으며, 이러한 깨달음이 일어났기에 그는 자신의 힘을 믿고 투쟁에 능동적으로 나설 수 있었다. 한 인간의 성장에서 의식이 얼마나 중요한가를 깨우쳐준 전범이다. 또한 1808년 나뽈레옹의 침공으로 인해 혼란에 빠진 스페인의 대 식민지 지배력이 약화됨으로써 라틴아메리카 독립의 호기를 맞게 되었다는 외부적 요인도 있었다. 금과옥조 같은 깨달음에 더해 이런 호기를 포착한 열혈청년 볼리바르는 이제 주저없이 독립투쟁에 발벗고 나서게 된다.

1810년에는 혁명 선배 프란치스꼬 데 미란다와 함께 '애국의회'를 결성해 베네수엘라 주재 스페인 총독 퇴진운동을 벌여 성공을 거둔다. 이것이 바로 베네수엘라의 반스페인 독립운동의 효시다. 여세를 몰아 이듬해인 1811년 7월 5일, 드디어 베네수엘라의 독립을 만천하에 선포한다. 당시 60세의 미란다를 총사령관으로 하는 혁명군을 조직하고, 볼리바르는 대령의 신분으로 발렌시아전투에 참전해 정부군과 일전을 불사했다. 그러나 뜻하지 않은 지진으로 인해 패전의 고배를 마신다. 미란다는 체포되어 투옥되고 볼리바르는 간신히 국외로 도피했다.

그러나 그는 좌절하지 않고 이듬해에 '까르따헤나 선언'을 발표하고 흩어진 혁명군을 수습해 새롭게 독립운동을 시작했다. 그는 선언문에서 현실과 동떨어진 포용정책과 느슨한 연방제의 취약성을 통감하면서 강력한 중앙집권적 정부의 수립을 강조한다. 내부를 재정비한 독립군은 1815년부터 전개된 일련의 전투에서 값진 개가를 올렸다. 그해 8월 볼리바르가 독립군 총사령관으로 까라까스에 입성하자 사람들은 그를 '해방자'라고 부르기 시작했다.

그러나 또 한번 패전을 겪었고, 자메이카로 피신해서는 유명한『자메이카 편지』라는 책을 저술하기도 했다. 그는 이 책에서 식민지 라틴아메리카의 현실을 냉철하게 분석하고 나서 라틴아메리카가 아직 해방되지 못한 이유로 식민지인들에 대한 정치교육 부재, 끄리오요들의 수동적 태도와 정치적 무관심을 지적한다. 그러면서 통합된 라틴아메리카 건설에 관한 자신의 이상을 피력하고, 이듬해 6월에는 노예해방령을 반포했다.

1817년 볼리바르는 일부 독립군과 5,000여명의 영국 및 아일랜드 지원병으로 독립군을 새로이 꾸리고 독립투쟁을 다시 전개해 2년 후에는 베네수엘라에 혁명정부를 수립하고,『오리코코의 우편』을 저술·출간했다. 이 책의 특이한 점은 여태껏 난제로 수면 아래에서만 쉬쉬거리던 라틴아메리카인들, 특히 어느 나라에서나 다수를 차지하고 있는 끄리오요들의 정체성을 해명하려 했다는 점이다. 그들은 이제 스페인이라는 정체성을 벗고 라틴아메리카인으로 새롭게 태어났다고 주장하면서, "우리는 인디오도 아니고, 그렇다고 유럽인도 아니다. 우리는 원주민과 스페인 사람 사이의 중간인종이다"라고 자신들의 정체성을 명명백백히 밝혔다. 통쾌한 밝힘이기는 하나, 그 이론적 해명은 그리 쉽지 않아 보인다.

2012년 새로 지은 화려한 볼리바르 묘당.

그렇다면 민족론에서 '중간인종'이라는 것이 과연 존재하는가? 통념에서 보면 볼리바르가 말하는 중간인종은 혼혈인(족)이다. 역사에서, 좁혀 말하면 민족사에서, 혼혈인은 늘 소수로서 민족이라는 최대 인간공동체에 밀려 주체(주역)가 되어본 적이 거의 없다. 혼혈 아닌 순혈(純血)의 민족이란 사실상 거의 없음에도 말이다. 라틴아메리카의 특수한 현상으로만 치부할 수 없는 이 문제에 관한 학문적 연구는 일천하기 짝이 없다. 따라서 필자는 라틴아메리카의 현장 답사를 기획하면서부터 이것을 하나의 문제의식으로 상정하고, 그 풀이에 골몰하고 있다. 근현대 라틴아메리카의 독립운동 및 식민사에서 민족독립이니 민족해방이니 하는 낯익은 낱말 가운데서 '민족' 일어는 자취를 감추고 있다. 이에 대한 문제의식과 궁금증 해결의 단초는 아마도 볼리바르의 '중간인종론'에서 찾아볼 수 있을 것이다.

볼리바르는 뛰어난 군사전략가로서 독립군을 이끌고 콜롬비아(1819)와 에콰도르(1822)를 연이어 해방하고 베네수엘라와 에콰도르, 콜롬비아 세 나라로 그란콜롬비아공화국을 수립해 초대 대통령에 취임한다. 취임 후 페루(1823)와 볼리비아의 독립에도 큰 관심을 가지고 독립투쟁을 진두지휘했다. 오늘날의 볼리비아 국명은 그의 이름에서 유래된 것이다. 페루는 독립 후 볼리바르의 지도하에 헌법초안작성회를 개최하고, 회의 후에는 그를 초대 대통령으로 추대했다. 그러나 그는 사양했다. 그러자 페루 당국은 그에게 선물로 120만페소를 보냈다. 그는 묵묵히 이 선물을 받고는 지금 페루 경내에 노예가 얼마나 되느냐고 물었다. 약 3,000명가량 된다는 대답을 듣고는 노예 1인당 몸값은 얼마나 되느냐고 묻는다. 신체가 건장한 노예는 약 350페소라는 대답을 듣고 그가 한참 있다가 "당신들이 나에게 준 이 120만페소 외에 내가 가지고 있는 모든 것을 털어서 페루에 있는 전체 노예들을 매입해 자유로이 풀어주고 싶소. 만일 한 나라가 국민으로 하여금 자유를 누릴 수 있게 하지 못한다면, 우리가 이 나라를 도와 독립을 쟁취한다고 한들 무슨 의미가 있겠소"라고 말하면서 그 돈으로 노예들을 사서 해방시켰다고 하는 일화는 유명하다. 역사가들은 왕왕 볼리바르와 미국의 워싱턴을 비교하며 둘의 다른 점은 생전에 볼리바르는 노예들을 모두 해방시켰으나 워싱턴은 그렇지 못했다는 점을 든다. 그는 라틴아메리카 노예들의 대부였다.

1825년 2월 페루 의회는 감사의 또다른 표시로 볼리바르에게 훈장과 기마조각상을 수여하면서 본인에게 100만페소를, 그의 휘하에 있는 군인들 앞으로 100만페소를 기증했다. 그는 본인에게 주는 돈은 사양하고, 병사들에게 기증한 돈만 받았다. 그해 8월 볼리비아가 공화국을 선포하자 자국 최대 은 산지인 안데스 산중의 뽀또스를 방문했다. 방문 중 자연생태계의 파괴를 염려해 가장 필요한 곳에 100만그루의 식수를 명했다.

볼리바르의 이러한 일련의 노력은 통합된 라틴아메리카의 건설이라는 최종 과녁을 맞추기 위해 진행되었다. 그는 몇번의 미국 방문을 통해 같은 이주민 처지에 있는 미국이 독립전쟁을 통해 하나의 연방을 이루고 있는 사실을 목격하면서 라틴아메리카 통합(통일, 일체화)의 필요성을 절감했다. 그는 미국이 하나의 국가체제로 나갈 때 그 코앞에 있는 라틴아메리카가 분열된다면 미국에게 끌려갈 수밖에 없을 것이라고 예단했다. 역사가 증명하다시피 이것은 볼리바르의 천재적 선견지명이었다. 그래서 그는 그 첫걸음으로 그란콜롬비아공화국을 세웠고, 이어 1826년 볼리바르의 제창으로 라틴아메리카 국가들 간의 최초 모임인 '아메리카회의'를 당시 콜롬비아의 영토였던 파나마시에서 열었다. 회의는 독립을 지키기 위해 연맹을 결성해야 한다는 의제를 내걸으나 별 성과 없이 끝났다. 회의 후 각국의 상이한 혼혈인종 간의 갈등과 지역 간의 대립, 그리고 무엇보다 통합을 원치 않는 미국과 영국의 분열책동으로 인해 통합은커녕 오히려 20여개국으로 쪼개졌으며, 급기야 1830년 이 회의는 해체되고 말았다.

이 '파나마회의'의 해체를 계기로 정적들의 모해와 공격은 더욱 격심해졌다. 심지어 암살미수 사건도 발생했다. 볼리바르는 암살 주모자에 대해 엄벌을 내리는 대신 그저 국외로 추방만 하고 나머지 관련

볼리바르가 사용하던 소박한 나무침대(보고따의 볼리바르저택박물관 소장).

자들은 처벌 없이 석방하는 관대한 조치를 취했다. 폐렴이 도져 심신이 지칠 대로 지친 왕년의 열정적 혁명가 볼리바르는 모든 것을 포기하고 1830년 4월 27일 두번째(첫번째는 동년 1월 20일)로 콜롬비아의회에 대통령직과 후계자 지명권을 비롯한 모든 정치적 권한을 포기하고 거액의 연금 지불마저 거절하는 서한을 보낸다.

그러고는 카리브 해안의 벽촌 싼따마르따로 떠나 지인의 별장에 칩거한다. 12월 어느날 운명의 나날이 가까워오자 의사의 거듭되는 권유로 참회를 하고 성례(聖禮)를 받아들인다. 그러면서 그는 "이것이 도대체 웬일이란 말인가? (…) 정말로 나의 시체는 당신들이 나더러 유언을 말하고 참회를 해야 한다는 그러한 지경에 이르렀단 말인가? (…) 나는 어떻게 하면 이 미궁에서 빠져나올 수 있을까!"라는 회한에 찬 말을 남긴다.

그는 27세의 젊은 나이에 독립운동에 투신한 이래 20년간 한편으로는 전쟁터를 떠돌아다녔고, 다른 한편으로는 라틴아메리카 헌법의 기초를 세웠으나 완성하지는 못했다. 그 원인을 볼리바르는 스스로 "혁명을 위해 몸 바치는 동안 배울 시간이 없었기" 때문이라고 술회한다. 인간 볼리바르의 솔직성이다. 만년에 그는 자주 이 말을 되뇌었다고 한다. 생애 마지막으로 자신의 묘비명을 구술한 글 속에는 "아메리카는 이제 통치가 불가능하다. (…) 마치 혁명에 몸을 내던진 사람이 바다를 경작하는 것처럼"이라는 문구가 나온다. 현실에 대한 좌절과 실의, 그리고 고뇌의 표출이다. 한 끄리오요 지성인의 한계라고 말해두자. 자신을 더이상 지탱하지 못한 볼리바르는 1830년 12월 17일, 조용히, 그러나 쓸쓸하게 향년 47세로 한생을 마감한다. 입관을 준비하던 프랑스 주치의는 고인이 입고 있던 셔츠(유일한 셔츠)가 심하게 해져 있었다고 회상한다. 해진 셔츠 하나만을 남기고 라틴아메리카와 '결혼'한 풍운아는 돌아오지 못할 먼 길로 떠났다. 슬픔에 잠긴 라틴아메리카는 이제 제2 해방자의 강림을 기다려야만 했다.

더러는 이 '멍청한 바보' '해방자'의 한평생 행적을 '볼리바르주의'로 묶어보려고 하지만 신통치 않아 보인다. 볼리바르는 20년 동안 불굴의 투지로 암울한 식민통치에서 베네수엘라와 페루, 콜롬비아, 에콰도르, 볼리비아, 파나마 등 여섯 나라를 해방시킨 강성(强性)의 사건창조적 위인일 뿐만 아니라, 사랑하는 사람을 잃었을 때는 방황하기도 하고, 명예와 돈을 초개처럼 버리며, 노예를 해방하고, 헐벗은 산에 나무를 심게 하며, 하나밖에 없는 해진 셔츠를 입고 이승과 작별하는 연성(軟性)의 고매한 인도주의자다. 이 두 성품을 올곧게 갈무리하고 조화시킬 때만이 영생하는 볼리바르의 초상을 재현할 수 있을 것이다.

38
차베스의 21세기 사회주의, 그 실과 허

'갈 곳이 못 된다'고 하는 만류를 굳이 뿌리치고 와닿은 땅 까라까스, 비록 이틀이라는 짧은 기간이지만 많은 것을 보고, 듣고, 읽고, 얻고 나서 막상 떠나자니 아쉬움이 앞선다. 무언가 산통을 겪는 변화를 감지했고, 그 산통을 이겨가는 사람들의 의지와 슬기를 발견했으며, 서반구의 세기적 영웅 볼리바르를 만났다. 다시 와서 더 깊이 살펴보고 연구해보고 싶은 여운도 남는다. 이 감지와 발견, 만남, 그리고 여운만으로도 족하고 감지덕지하다. 그 가운데서 긴장감이나 불편감은 아예 잊어버리고 마지막 밤을 숙면으로 보냈다. 늦은 아침을 먹고 9시 반에 호텔을 출발해 약 35분 달리니 일망무제한 대서양 바다가 나타났다. 바닷가로 10분 더 가서 볼리바르국제공항에 도착했다. 오가는 손님들로 꽤 붐빈다. 체크인 카운터에서는 일행 3명의 손짐 무게를 달아보더니 초과비(한화 약 7,000원)를 현지 화폐(페소)로 지불해야 한다고 한다. 현지 화폐가 없어 환전을 망설이고 있는데, 바로 뒤에 섰던 30대 초반의 한 청년이 선뜻 페소를 내밀며 대리 지불한다. 어안이 벙벙했다. 청년은 달러로 갚으려고 해도 마냥 사양하면서 인사를 주고받을 겨를도 없이 어디론가 휑하니 사라져버린다. 그 청년의 고마운 소행이 두고두고 잊히지 않는다.

일행을 태운 콜롬비아 항공 CM 222y편(좌석 21A)은 정각 오후 1시에 예정대로 출발 시동을 걸고는 1시 13분에 활주로를 이륙한다. 이륙하자 곧바로 기수를 서쪽으로 돌린다. 청청백일하에 비행기가 제법 고도를 취하자, 이 나라의 동서남북 지형지세가 시야에 들어온다. 이 만고불변의 자연 속에서 새로운 비상을 꿈꾸는 그네들의 기상이 눈앞에 어른거린다.

베네수엘라라는 이름은 이탈리아어의 '작은 베네찌아'에서 유래되었다고 한다. 16세기 이탈리아의 탐험가 아메리고 베스뿌치(Amerigo Vespucci)가 마라까이보(Maracaibo)호에 사는 아메리카 인디오들의 수상고각옥(水上高脚屋)이 당시 이탈리아의 베네찌아에서 유행한 수상고각옥과 비슷하다고 해서 붙인 이름이라고 한다.

면적이 약 91만km²에 달하는 이 나라의 지세는 크게 서북부와 북부의 산간지대, 중부 평원지대, 동남부 고원지대의 세 부분으로 나뉜다. 산간지대는 안데스산맥의 북단 지역으로, 여기에는 이 나라의 최고봉 볼리바르산(표고 5,007m)을 비롯해 4,000m 이상의 고봉만도 86개나 있으며, 남미 최대 호수인 마라까이보호(면적 1만 4,000m²)가 자리하고 있다. 평원지대는 남미에서 세번째로 긴 오리노꼬강(길이 2,140km) 유역에 펼쳐진 대초원지대(국토의 35%)로 농업과 목축업이 발달했다. 까나이마(Canaima) 고원지대는 울창한 밀림지대로, 여기에는 유네스코 세계문화유산으로 등재된 까나이마국립공원이 있으며, 이 공원 안에는 세계에서 최대 낙차(979m)를 자랑하는 앙헬(Angel) 폭포가 있다.

약 3,000만(2011)의 인구 구성을 보면, 66%가 스페인인(백인)과 인디오의 혼혈이고, 22%가 다수의 스페인인에 이탈리아인과 포르투갈인이 섞인 백인이며, 10%는 흑인(아프리카)이다. 나머지 2%만이 원주민인 인디오다. 이러한 주민 구성은 스페인 식민주의자들이 자행한 천인공노할 원주민 말살정책의 결과다. 베네수엘라는 1498년 콜럼버스가 '발견'한 뒤 1567년에 스페인의 식민지로 전락, 240년간 식민지 지배를 받다가 1811년 볼리바르에 의해 독립이 선포되었다. 그러나 완전한 독립은 다시 10년이 지난 1821년에야 가능했다. 완전한 독립 2년 전인 1819년 콜롬비아·에콰도르·파나마와 함께 그란콜롬비아공화국을 건립했으나 10년만인 1829년에 탈퇴하고 1830년에 베네수엘라연방공화국을 수립했다가 1864년에 베네수엘라합중국으로 개명했다. 89년이 지난 1953년에 다시 베네수엘라공화국으로 이름을 고쳤다. 1958년에 헌정을 실시하면서 문민정부가 들어서고, 드디어 1999년 12월 개정된 헌법에 의해 베네수엘라볼리바리안공화국이라는 이름으로 오늘날까지 이어오고 있다.

길고도 복잡한 역사의 굽이굽이를 이렇게나마 간략하게 회고하는 사이, 비행기는 어느덧 마라까이보호 상공을 지나간다. 카리브해로 착각할 정도로 넓고 짙푸르다. 원래는 카리브해와 연결된 내해이지만 관행상 호수라고 한다. 면적은 1만 3,820km²이고, 둘레는 728km에 달한다. 하나의 호수인데 북부는 염수이고 남부는 담수다. 크기도 크기거니와 이 호수가 이 나라의 현대사에서 차지하는 비중은 가위 절대적이라고 할 수 있다. 베네수엘라는 세계 5대 산유국의 하나다. 이

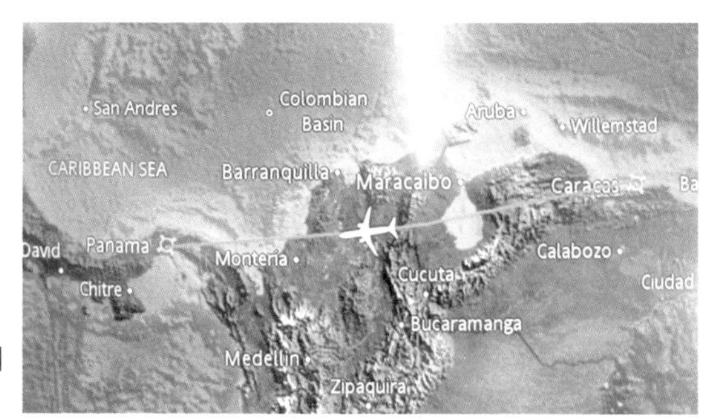

비행기 내 영상으로 내려다본 마라까이보호.

것은 석유 수출량 순서이고, 매장량도 엄청나다. 그런데 그 산유량의 3분의 2가 이 호수에서 나온다고 한다. 1917년에 처음으로 유정을 뚫고 1922년부터 정식 채굴한 이래 지금은 7,000여개의 유정에서 해마다 7만톤 이상의 원유를 캐낸다. 바닥에는 무려 4만 2,000km에 달하는 각종 관이 묻혀 있다. 그래서 이 호수를 일명 '석유호'라고 한다. 세계에서 가장 오래된, 그리고 가장 부유한 호수다. 사실 이 호수 상공을 지나면서 한가지 우려한 것은 우기인 지금에 일어나는 번개다. 이 호수 부근에서 한시간에 3,600회 번개가 일어났다는 것이 기네스북에 올라 있다. 그제 저녁 호텔에서 갑작스레 번개가 일며 폭우가 쏟아진 것도 바로 이 호수의 번개와 연관이 있다고 한다.

이 호수가 이 나라의 근대사에서 절대적인 역할을 하고 있다는 것은 이 호수에서 나오는 원유가 근대사의 변화를 이끌어낸 장본인(원인)일 뿐만 아니라, 여전히 이끌어가고 있는 원동력이며 담보이기 때문이다. 오늘날 세계가 주목하고 있는 차베스의 이른바 '21세기 사회주의'를 그 일례로 살펴보자. 먼저 결론을 말하면, 만약 마라까이보호의 석유가 없었다면, 차베스는 감히 21세기 사회주의라는 변혁을 고안해낼 수 없었을 것이고, 설혹 고안해낸들 실험하고 실천해나갈 수 없을 것이며, 더 직설적으로 표현하면 오늘날의 차베스는 없었을 것이다. 차베스는 변혁에 필수불가결한 재원을 마련하기 위해 우선적으로 외래독점자본들이 소유하고 있던 석유회사들을 국유화하고, 석유공업 경영체계를 새롭게 개편·정비했으며, 석유를 재원으로 하여 빈부격차 해소와 '로빈슨(Robinson) 계획' 같은 교육·문화 프로그램 등 40여개의 각종 사회사업을 기획·추진하고 있다. 이 점에 관해서는 그 누구도 의문을 달지 않을 것이다.

문제는 이 엄청난 재부가 제대로 쓰이고 있는가 하는 것이다. 이것은 차베스가 주창한 '21세기 사회주의'가 성과적으로 수행되고 있는가, 아니면 실패와 좌절의 늪에서 허우적거리고 있는가 하는 실(實)과 허(虛), 득(得)과 실(失), 공(功)과 과(過)의 문제로 귀결된다. 사실 필자가 말 많은 이곳을 찾아온 주 동기와 이곳에 와 머물면서 떠나가는 이 시각까지 품어온 가장 큰 관심사는 바로 이것이다. 필자 개인뿐 아니라 세계가 오늘날 베네수엘라를 주목하는 이유도 바로 여기에 있다.

특히 지난 반세기 동안 냉전시대에 세계 2대 진영의 한 축을 이루어오던 사회주의진영 내의 13개 국가 중 대부분이 사회주의를 일탈해 소수 몇개 나라만이 사회주의 명목을 간신히 유지해가고 있는 세계사의 흐름에서 새로운 대안세력으로 튀어나온 '엉뚱한' '21세기 사회주의'는 그 자체만으로도 주목을 받기에 충분하다.

사회주의진영이 붕괴된 1990년대 이후, 이 차베스의 사회주의를 비롯해 '현실사회주의'니 '과학사회주의'니 '고전사회주의'니 하는 각이한 지칭의 사회주의가 난무하고 있는데, 그 실체에 관한 이론화가 아직 이루어지지 않고 있어 참말로 혼란스럽다. 그 숱한 사회주의 이론가들은 다들 어디서 무엇을 하고 있는지? 낮에는 사회주의를 하

'21세기 사회주의' 주창자 우고 차베스.

고, 밤에는 자본주의를 하는, 그러한 이율배반적 괴현상이 묵과되는 작금의 세태를 우리는 어떻게 이해해야 하는가? 사실 이러한 세계사적 문제의 해명을 위한 단서라도 찾아보려고 차베스의 사회주의를 찾아온 것이다.

우고 라파엘 차베스 프리아스(Hugo Rafael Cháves Frías)는 1954년 7월 28일 베네수엘라의 서남부 바리나스주(州) 싸바네따 마을에서 가난한 초등학교 교사 부부의 6남 중 둘째로 태어났다. 흑인 아버지와 인디오 어머니 사이에서 태어난 혼혈이며, 어머니는 스페인 백인의 후예다. 그래서 차베스는 자신을 라틴아메리카 인디오와 아프리카 흑인, 여기에 더해 스페인 백인의 혼혈이라고 정체화했다. 부모는 저녁 6시 반에서 밤 10시 반까지만 전기를 공급하는 발전기 한대를 지닌 자그마한 마을 소학교의 교사였다. 6형제는 모두 이 소학교를 다녔다.

부모의 월급을 다 합쳐봤자 300페소밖에 안 되었다. 이것으로는 대가족을 부양하기 어려워서 형과 차베스는 할아버지와 일찍이 사별한 할머니 집에서 형은 대학에, 차베스는 군사대학에 진학(1971)할 때까지 자랐다. 할머니는 동네의 빨래를 하거나 당과류를 만들어 팔면서 가계를 유지했다.

할머니는 어린 차베스에게 영웅담 같은 전설을 많이 들려주었다. 차베스의 5학년 담임까지 맡았던 아버지의 회상에 의하면, 차베스는 어릴 적에 지리·수학·그림·노래, 특히 역사를 좋아했으며, 볼리바르를 숭상해 그에 관한 책을 많이 탐독했다. 이 작란꾸러기 아이는 골목대장으로 자주 친구들과 싸우기도 했지만, 싸우고 나면 뒤끝 없이 화해하곤 했다. 차베스는 어릴 적부터 힘센 손잡이 투수로 야구를 좋아해 친구들로부터 '왼손채찍'이라는 별명까지 얻었다. 일설에 의하면 차베스는 고등학교 성적이 좋지 않아 대학에는 진학할 수 없었으나, 뛰어난 야구 실력으로 장학금을 받고 수도 까라까스의 사관학교에 입학해 우수한 성적으로 1975년에 군사과학 및 기사 학사증을 취득하고 소위로 임관했다고 한다.

한편, 아버지는 학생과 자식들에게 엄격한 사람으로 20년간 소학교 교사로 봉직하다가 기독교사회당에 입당했다. 마침 기독교사회당 출신이 대통령에 당선되어 집권하자(1979~84) 아버지는 바리나스주 교육국장에 임명되었다. 총 30년간 봉직한 뒤 퇴직하고 나서는 기독교사회당을 탈당하고 차베스가 이끄는 제5공화국운동에 가입해 주지사 경선에서 당선되었다. 퇴임 후에는 장자(차베스의 형) 아단이 그의 뒤를 이어 주지사에 당선되었다.

차베스에게 임관은 물고기가 물을 만난 격이었다. 무력이라는 막강한 힘, 때로는 무소불위의 완력(腕力), 여기에 더해 무장으로서의 고유 기질에 의해 자신의 소신을 마음껏 펼쳐나갈 수 있었다. 임관 2년 후에 이른바 '붉은깃발당'이라는 혁명 게릴라를 소탕하는 작전에 투입된 이 젊은 장교는 무고한 농민을 게릴라로 몰아 잔인하게 고문한 뒤 처형하는 처참한 장면을 목격하면서 군대가 독재의 도구로 악용되는 현실과 군 내에 만연한 부패에 크게 절망했다. 그는 정훈장교에 자원한 후 군 내에서 동조자들을 규합해 1982년 반체제 단체인 '볼리바르혁명운동'(MBR-200)을 결성하고, 일찍이 볼리바르가 제창했던 라틴아메리카국가연맹을 주장했다. 1991년에는 공군 낙하산연대 중령 연대장으로 승진했다. 이어 이듬해에는 이른바 '2·4군사쿠데타'를 발동해 뻬레스 대통령을 체포하려 했으나 실패하고 말았다. 2년간 투옥되었다가 사면으로 풀려났다. 이렇게 왕성한 활동을 하며 동조자들을 규합했지만, 아직 군 내에서 차베스 지지자는 10%에 불과했다.

출옥 후 정부와의 교섭과 매체를 통한 홍보작업으로 점차 좌파 반체제운동의 구심점으로 부상했다. 이러한 바탕에서 차베스는 1998년 1월 '제5공화국운동'(MVR)이라는 혁명단체를 결성하고 위원장에 취임한다. 그해 5월부터 대통령 경선준비를 해오다가 8월 여론조사에서 39%가 확보되자 제5공화국운동을 중심으로 한 대선연맹인 '애국중심'의 대통령 후보로 12월 6일 대선에서 승리한다. 이듬해 2월 2일 제53대 대통령으로 정식 취임한다. 2000년 7월 30일 신헌법에 의해 치러진 대통령 선거에서 60%의 득표율로 대통령에 재선된다. 그러나 2002년 4월 11일 심야에 일어난 우익 반대파의 군사쿠데타에 의해 차베스는 체포되어 라오칠라섬에 압송되었다. 이 소식이 전해지자 20여만 군중이 대통령궁전 주위에 몰려와 차베스의 즉각 석방을 요구하며 대규모 시위를 벌였다. 14일 새벽 1시 반에는 12명의 돌격대원들이 3대의 헬리콥터에 분승, 라오칠라섬에 착륙해 차베스를 구출하는 데 성공했다. 2004년 8월 15일 우익 반대파들이 소환투표를 발동했지만, 59%의 반대표로 부결되고 차베스가 승리했다.

이렇게 차베스는 대통령 재임 기간에 우익 반대파들에 의해 한번의 쿠데타와 한번의 소환투표를 겪었지만 그때마다 오뚝이처럼 다시 일어나 승자가 되었다. 2009년 국민투표에서 대통령과 주지사, 시장 등 선거를 통해 선출된 공직자는 무한정 연임할 수 있다는 그의 제안이 54.36%의 다수표로 통과됨으로써 차베스가 앞으로 얼마든지 장기 집권할 수 있는 법적 근거가 마련되었다. 2012년 10월 대선에서 그는 네번째로 대통령에 당선되어 2019년까지 임기를 보장받았다. 그렇게 되면 그는 꼭 20년 동안 대통령으로 집권하게 되는데, 이것은 베네수엘라 역사상 전례 없는 일이다.

그렇지만 2011년 6월 쿠바에 가서 받은 암 제거 수술이 완치로 이어지지 못하고 재발해 2012년 2월 재수술을 받았다. 필자가 7월 하순 까라까스를 방문했을 때, 요양 중이던 차베스는 활동을 자제하면서 조용히 대선을 준비하고 있었다. 만나는 사람마다 건강 때문에 그가 과연 대선에 다시 도전할 수 있겠는가 하고 의문을 표했다. 그러나 그는 병고를 무릅쓰고 "남은 6년간 지난 실패를 바로잡고 더욱더 적극적으로 사회주의를 완성하겠다"는 공약을 내걸고 대선에 나서서 54%의 득표율로 다시 승자가 되었다. 그러나 암이 재발해 그는 2013년 3월 5일, 향년 58세로 한생을 마감하고야 말았다.

우고 차베스는 그의 마지막 대선 공약에서 밝힌 바와 같이, 사회주의 완성을 생의 목표로 삼아왔다. 그의 사회주의 이념은 그가 독창적으로 제시한 '21세기 사회주의'에서 잘 드러난다. 그의 '21세기 사회주의'는 상당한 흡인력을 가지고 베네수엘라뿐 아니라, 라틴아메리카의 역사적인 변혁운동에 이론적·실천적으로 상당한 영향을 미치고 있다.

차베스는 2005년 2월 25일 까라까스에서 개최된 제4차 사회채무자회의 개막식 연설에서 처음으로 '21세기 사회주의'라는 신조어를 썼다. 그는 연설에서 "베네수엘라의 혁명은 응당 사회주의 성질의 혁명이어야 한다. 그렇지 않고는 혁명이 아니다" "이 사회주의는 21세기 사회주의여야 한다"라고 지적했다.

그후 그는 여러차례에 걸쳐 "나는 21세기 사회주의자다" "21세기 사회주의는 과학사회주의와 다르며" "21세기 사회주의는 이론과 실천에서는 일정한 사회주의 특성을 갈무리하고 있으나, 절대로 기존 사회주의 모델을 따르고 있지는 않으며" "우리의 사회주의는 태생적 사회주의이고, 인디오적이며 기독교적이며 볼리바르적인 사회주의다. 그것은 또한 참신한 베네수엘라 특색의 사회주의다"라고 강조했다. 그런가 하면 그는 또한 "우리는 인디오-베네수엘라 사회주의를 제창해야 하며" 더 나아가 "우리는 반드시 우리의 현실에서 출발해 우리의 언어로 인디오-아메리카 사회주의를 창출해야 한다"라며 전통을 바탕으로 한 사회주의를 역설했다. 그래서 일부에서는 차베스의 '21세기 사회주의'는 기독교주의와 인디오주의, 볼리바르주의, 맑스주의, 까스뜨로사상, 뜨로쯔끼주의 등 각종 사상의 혼합체라고 규정짓기도 한다. 아무튼 차베스 자신도 그렇고, 객관적으로도 아직 이 '21세기 사회주의'에 관한 명백한 개념 정립은 이루어지지 않았다는 것이 중론이다. 그러나 한가지 명백한 것은 '21세기 사회주의'에서 '21세기'라는 개념은 고전사회주의가 성행한 지난 세기와는 구별되는 사회주의를 건설하겠다는 뜻을 담고 있다는 점이다. 차베스의 주장대로라면, 고전사회주의와 구별되는 사회주의가 바로 그의 사회주의인데, 그렇다면 그 '구별점'을 찾아내는 것이 '차베스사회주의' 연구의 핵심이 될 것이다. 그런데 여러 연구들을 보면, 우선 고전사회주의에 대한 철두철미한 이해 없이 두 사회주의를 얼버무려놓고 있어 혼미를 면하지 못하고 있는 성싶다.

차베스의 '21세기 사회주의'는 우연한 산물이 아니다. 그의 모국 베네수엘라의 장기간에 걸친 사회변혁운동의 필연적인 결과임은 더 말할 나위가 없거니와, 이는 또한 파도처럼 연동하여 일어나는 현대 라틴아메리카의 사회변혁운동의 결과이기도 하다. 세계가 인정하다시피, 라틴아메리카는 현대의 각종 사회 사상과 이론의 발원지이며 보고다.

차베스의 '21세기 사회주의'를 전후해 거의 동시다발적으로 일어나고 있는 여러 나라의 사회주의운동이 바로 그 일례다. 우여곡절은 있었지만, 21세기에 들어서면서 베네수엘라를 비롯한 브라질·칠레·파라과이·볼리비아·에콰도르 등 15개 나라에서 짧게 혹은 길게 좌파 진보세력이 집권해 사회주의를 추구했거나 추구하고 있는데, 그 면적이 전체 라틴아메리카의 80%이고, 인구는 70%에 해당된다. 이들 좌파정당들은 이른바 '성바울논단'을 조직했으며, 매해 60여개 좌파정당들이 모여 사회주의를 비롯한 각종 사회문제를 논의하고 있다.

이들 라틴아메리카 국가들이 추구하는 사회주의에는 일련의 공통점과 더불어 상이점도 있다. 공통점은 정치면에서 국가체제를 개혁하고 국가의 관여와 통제를 강화하며 참여민주주의를 확대하는 것, 경제면에서 사회적 소유제를 중심으로 한 각종 소유제의 공존을 실현하고 기간산업 국유화를 실시하며 신자유주의 경제를 배격하는 것, 사회면에서 사회적 공정과 평등을 실현하고 공평분배를 강조하며 빈부격차를 줄이고 저소득자와 약자의 이익을 보호하는 것, 외교 면에서 자주독립을 강조하고 패권주의를 배격하며 라틴아메리카의 연합과 자강(自强)을 제창하는 것 등이다.

그런가 하면 구체적 정책이나 조치에서는 각국의 태도가 상이하다. 정치 면에서 베네수엘라는 사회주의 정치모델을 헌법으로 규정해 국가의 의지를 과시하고, 에콰도르는 공민(公民)혁명과 민생 개선을 강조하며, 볼리비아는 지역자치와 토착문명을 선양하며, 브라질은 대의제민주주의와 참여민주주의의 병행을 강조하고 중도좌파노선을 견지한다. 경제 면에서는 베네수엘라와 볼리비아는 에너지 등 전략산업에 대한 국유화를 실시하고, 브라질과 에콰도르는 경제에 대한 국가석 통제와 조절을 강조하고 혼합경제 발전을 주장한다. 외교 면에서 베네수엘라와 볼리비아, 에콰도르는 제국주의와 패권주의에 반대하고 반미노선을 취하며, 브라질은 대국답게 공생공영을 주장하고 합작과 투쟁 병진노선을 택하고 있다. 이러한 공통점과 차이점은 각국이 처한 구체적 내외정세에 의해 발생되는데, 그것은 고정불변한 것이 아니라 정세의 변화에 따라 가변적이다.

이제 이러한 라틴아메리카 사회주의의 큰 틀 속에서 차베스의 '21세기 사회주의'가 추구한 몇가지 주요 정책과 조치들을 해부하면서 그 실과 허를 가려내보기로 하자. 이것은 어쩌면 라틴아메리카라는 '문명의 보고'에서 또 하나의 보석을 캐내는 일일 수도 있을 것이다. 왜냐하면 문명의 보고에는 값진 문화유산이나 부존자원만 포함되는 것이 아니라, 사회·정치 운동에서 산생되는 인류의 보편가치도 갈무리되어 있기 때문이다.

차베스는 그가 구상하는 베네수엘라 식 사회주의인 '21세기 사회주의'를 실현하기 위해, 우선 그 견인차인 국가권력 구조의 개편에 착수했다. 여기서 핵심은 자신의 절대적 권력 확보와 그것을 뒷받침하는 정치세력으로서의 유일당 건설이다. 그는 당선 첫 해인 1999년 11월 입헌회의를 통과한 신헌법 초안에서 대통령 임기를 5년에서 6년으로 연장한 데 이어 2007년에는 헌법 수정을 통해 다시 7년으로 연장하려고 했다. 그러나 12월에 실시한 국민투표에서 부결되었다. 그렇지만 좌절하지 않고 2년 후인 2009년에 재삼 헌법수정안을 국민투표에 부쳤는데 의외로 54.36%의 지지표를 얻어 통과되었다. 이 수정안에 의하면 대통령과 주지사, 시장 등 선거를 통해 당선된 공직자의 임기는 무한정이다. 이로써 차베스는 영구집권의 법적 근거를 마련했으며, 정적들은 이를 두고 독재자의 행패라고 비난했다. 뿐만 아니라 차베스는 1차 대선을 앞둔 1998년 1월 지지자들을 규합해 집권연맹 격인 '제5공화국운동'을 결성했고, 2008년 2월에는 20여개 정파들을 하나로 통합해 '베네수엘라통일사회주의당'으로 개편하고 자신이 당수를 맡았다.

그리고 반대파들이 소유하고 있는 선전매체들을 폐쇄하거나 국유화하고, 친형을 군 참모총장에 앉히는 등 친정체제도 강화했다. 이를 계기로 정치적 다양성은 점차 사라지고 일인일당의 독재정치가 자행될 것이라는 우려가 커졌다. 차베스의 장기집권(라틴아메리카의 민주대통령 중 최장수)과 친정체제, 그리고 사회적 감독의 약화 등으로 인해 만연된 부패는 큰 사회문제의 하나로 부각되었다. 2003년의 '반부패법' 등을 내세워 부패를 소탕한다고 외쳤지만, 소탕은커녕 오히려 악화일로를 걸었다. 형법에는 "공공관원의 명예를 훼손"할 경우는 징역 3년에 처한다고 규정하고 있다. 그리하여 사회적 감독과 반대 목소리는 일시 차단되고, '들러리 논단'만 허용하다보니 '볼리부르주아'(Boliburguesia), 즉 '21세기 사회주의 귀족'들만 양산된다는 비양조까지 일고 있다. 그 결과 관리들의 청렴도 지수는 1999년에는 세계 85개국 중 75위였으나, 2012년에는 176개국 중 165위로 꼴찌에 속한다. 라틴아메리카의 3대 악폐 중 하나인 부패만은 사회주의 베네수엘라에서 없어질 것이라는 기대가 물거품으로 돌아갈 위기다. 어쩌면 이 문제가 사회주의 베네수엘라의 운명을 판가름하는 열쇠가 될 수도 있다.

다음으로 '21세기 사회주의'를 추진하는 데서 중요한 것은, 기간산업 국유화다. 차베스는 집권하자마자 우선 석유산업 국유화를 확대하기 위해 개인회사를 국유화하는 데 집중했다. 국가가 출자해 개인회사의 지분을 매입하거나, 경우에 따라서는 강제로 국유화함으로써 석유산업에 대한 국가적 통제를 강화했다. 그렇지만 워낙 각종 기간산업에 대한 외국의 독점적 지배가 확고하고 그 영향력이 막강했기 때문에 차베스는 집권 초기에 국유화를 밀어붙일 수가 없었다. 그리하여 3선 대통령으로 정치적·경제적 지반이 어느정도 꾸려진 후인 2007년부터 기간산업 국유화를 단행했다. 1월 8일 전력회사와 전신회사에 대한 국유화를, 13일에는 에너지산업 전반에 대한 국유화를 선포했다.

그 가운데서 가장 중요한 것은 4월 25일부터 실시한 석유산업의 국유화인데, 몰수하는 형식이 아니고 합자(合資)해 운영하는 형식을 취했다. 합자 중 베네수엘라 회사의 지분은 60% 이상으로 규정했다. 베네수엘라국가석유회사와 미국·프랑스·노르웨이 등 7대 외국 석유회사 사이에 맺은 합자운영계약에 따라 베네수엘라 회사의 평균 지분은 원래(국유화 이전)의 39%에서 78%로 격증했다. 그러나 예상 밖으로 국유화가 외국자본의 투자를 위축시키는 결과를 가져왔다. 국유화 선포 후 10일도 채 안 되어 외국투자액의 3분의 1 가까이가 격감되는 진통을 겪기도 했다. 외국투자자본의 감소는 국가의 경제 사정을 여러모로 악화시키고 있다.

차베스 정부가 처음부터 추진한 중요한 사업의 하나는 새로운 토지법의 시행이다. 2001년 정부는 노는 땅이나 소유권이 불명확한 땅은 정부가 몰수하거나 재분배해 땅 없는 농민에게 공급하는 토지법을 반포했다. 법적 유효기간은 5년이다. 이것이 이른바 차베스가 경선 때 제기한 '경자유기전(耕者有其田)'법, 즉 '밭갈이하는 사람에게 땅이 차례지게 한다'는 법이다. 매우 합리적인 법이다. 이 법에 따라 정부가 몰수했거나 노는 땅을 구입한 것이 총 340만km^2에 달한다. 그밖에 정부는 약 1,300만달러를 들여 대지주의 200만km^2의 농장을 매입해 농민들에 나눠주었다. 뿐만 아니라 정부는 농민들에게 토지증서를 발급하고 차관도 제공해주며, 농민들에게 싼 가격으로 농기계를 팔거나 빌려주기도 한다. 그리고 농민들이 자체로 농업연구소나 합작사를 세우도록 도와주고 있다. 이는 농업을 안정적으로 발전시키고 농민들의 생산 의욕을 높이는 정책이다.

차베스는 빈부격차 해소 등 고질적인 사회문제를 해결하기 위한 일련의 '사회계획'을 광범위하게 수립해 전국적 규모인 것만도 40여건이나 된다고 한다. 사회의 집단적 소유제를 확립하기 위한 사업의 일환으로 '합작사'를 적극 운영하고 있다. 1998년 차베스의 집권 초기에 등록된 합작사는 877개에 불과했는데, 2003년과 2005년의 대약진을 거쳐 2007년에는 무려 18만여개로 늘어났으며, 여기에 고용된 노동력만 해도 전국 노동력의 7%를 점하고 있다. 그 핵심은 정부가 출

2012년 차베스의 대선 승리를 축하하는 현수막.

자해 밀어주는 합작사들이다. '빈민구역침투계획'을 통해 국가공공위생망을 수립하고 모든 국민의 무상치료를 실시하며, '기적(奇績)계획'이라는 이름으로 눈병 환자들에게 무료 수술을 제공한다. '식품상점계획'에 따라 정부는 전국적인 식품상점망을 꾸려 이러한 상점 내의 식품에 한해서는 일정한 보조를 제공함으로써 서민들, 특히 저소득층이 염가로 식품을 구입하도록 하고 있다. 1차 '로빈슨 계획'으로 문맹을 퇴치하고, 2차 '로빈슨 계획'으로 수십만의 문화 수준을 소학교 졸업 수준으로 끌어올리며, '리와스 계획'과 '쑤끄레 계획'으로는 수십만의 성인과 청년이 중학교와 대학교 과정을 이수하도록 하고 있다. 결과 이 나라에서는 이미 문맹이 사라져버렸다.

이러한 모든 조치 덕분에 빈곤율은 집권 첫해인 1999년의 49.4%에서 2011년 현재 29.5%로 줄어들었으며, 소득의 불평등도를 나타내는 지수인 지니계수도 1999년의 0.49에서 2012년의 0.39로 낮아졌다고 한다. 정부가 내세운 빈부격차 해소의 목표는 이 나라의 최저임금이 라틴아메리카 나라들의 최고임금 수준에 이르게 하는 것이라고 한다. 얼마나 야심찬 목표인가. 차베스가 '구차한 사람들의 희망이요 구세주'라는 찬사를 받은 이유가 바로 여기에 있다. 이 나라의 경제적 잠재력을 감안할 때, 정책만 잘 운용하면 목표 달성은 십분 가능할 것이다. 그러나 까라까스의 달동네에서 보다시피, 갑작스러운 인구집중으로 인해 발생한 슬럼문제와 그에 따르는 치안문제는 여전히 미결의 난제로 남아 있다.

외교 면에서 차베스는 '반미(反美)의 새로운 등대'라고 불리는데, 라틴아메리카가 미국의 패권주의와 신자유주의를 반대한다는 것을 '거리낌 없이 직언하는 대변인이며 상징'이라는 이 나라 사람들의 평가만 들어도 그의 외교관(觀)을 가히 짐작할 수 있다.

10여년간 3선 대통령으로서 차베스는 숱한 우여곡절을 오뚝이처럼 다시 일어서는 풍운아의 의지와 지혜로 극복하면서 '21세기 사회주의'라는 독특한 창의적 이념을 제시하고, 세계인의 관심 속에 자신의 이념을 실현하려고 고군분투했다. 그 과정에서 공(功)으로 나라의 발전과 세계의 변혁운동에 값진 기여를 했으며, 반면에 과(過)로 복거지계(覆車之戒)의 유익한 경험과 교훈을 남기기도 한다.

경계심을 잔뜩 품고 망설이면서 찾아왔던 베네수엘라, 막상 떠나자고 보니 할 말이 많아진다. 기체는 막 파나마시티국제공항에 내려앉는다. 오후 3시 5분에 착륙했으니 까라까스에서 1시간 53분 날아온 셈이다. 오늘은 2012년 7월 25일 수요일이다. 시차는 까라까스보다는 30분 늦고, 보고따와는 같다.

39
'보물을 꿈꾼 해적들'이 파괴한 도시 파나마

오늘부터는 메소아메리카(Mesoamerica), 즉 중앙아메리카('메소'는 '중앙'이라는 뜻, Middle America, 또는 Central America) 땅을 밟아본다. 보통 지리적 개념으로 아메리카 혹은 미주(美洲)라고 하면, 북미와 중미, 남미를 아우르는 통칭이다. 그중 라틴어 계통 언어를 많이 쓰는 중미와 남미를 합쳐 라틴아메리카라고 부른다. 그러나 문명사적 개념에서 메소아메리카는 남미의 고대 안데스문명에 대비되는 중미의 여러 문명 복합체로, 여기에는 대체로 멕시코와 중미 일원에서 흥성했던 문명들이 포함된다. 파나마는 이 메소아메리카의 남단(南端)에 자리한 나라다. 이제부터는 잉카문명을 비롯한, 안데스문명과는 색다른 메소아메리카문명을 체험하게 될 것이다.

메소아메리카는 태평양과 멕시코만, 카리브해에 면해 있는, 북회귀선에서 북위 13도 사이의 광활한 열대-아열대 지대에 펼쳐져 있으며, 계절은 우기와 건기로 나뉜다. 자연환경은 다양한데, 크게는 춥고 건조한 고지대와 고온다습한 저지대로 대별한다. 메소아메리카에서 가장 오래된 문명은 기원전 1200~400년의 올메까(Olmeca)문명이며, 뒤를 이어 시대와 지역에 따라 다양한 문명들이 흥망을 거듭했다. 마야 고지대와 저지대에서 개화한 마야문명(Maya, 기원전 600년~기원후 16세기)은 스페인 식민지 이전 시기 남북 아메리카대륙에서 가장 발달한 문자체계와 역법·산술·천문학을 창출했으며, 멕시코 고지 남부의 오아하까(Oaxaca) 분지에서는 메소아메리카에서 가장 오래된 도시인 몬떼알반(Monte Albán)을 중심으로 한 사뽀떼까문명(Zapoteca, 기원전 500년~기원후 750년)과 미슈떼까문명(Mixteca, 기원후 900~1522년)이 번영했다. 멕시코 중앙 고지에서는 떼오띠우아깐문명(Teotihuacán, 기원전 150년~기원후 650년)과 뚤라(Tula)를 수도로 한 똘떼까문명(Tolteca, 기원후 900~1150년), 떼노츠띠뜰란(Tenochtitlán)을 수도로 한 아스떼까문명(Azteca, 1350~1521년)이 흥망성쇠를 거듭했으며, 멕시코 서부에서는 후기 메소아메리카에서 두번째로 컸던 따라스꼬(Tarasco) 왕국이 번영을 누렸다.

중앙안데스가 잉카제국에 의해 종국적으로 통합된 데 반해, 메소아메리카가 정치적·경제적으로 통일을 이룬 적은 없었다. 그러나 역내 문명 간에 각 방면에 걸쳐 밀접한 교류가 진행되었고, 그 결과 문자체계, 260일 역법, 365일 역법, 천문학, 회화, 구기(球技), 제기(祭器), 신전피라미드, 돌조각이나 채색토기의 미술양식, 비의 신, 깃털이 난 뱀, 태양신, 흑요석(黑曜石) 칼, 비취 제품, 행정조직, 왕묘, 옥수수, 콩류, 호박 등 많은 문화요소들을 공유하고 있었다. 이러한 문화적 공통요소에서도 나타나지만, 메소아메리카문명은 다음과 같은 몇가지 특징을 지니고 라틴아메리카문명 발달에 응분의 기여를 했다.

첫째로 메소포타미아문명이나 인더스문명, 황하문명은 농경이 정착한 수천년 후에야 비로소 형성된 데 반해, 메소아메리카문명은 불과 600년이라는 짧은 기간 내에 형성되었다는 것이다. 둘째로 구대륙의 4대 문명처럼 금속 이기가 실용화되지 못했다는 것이다. 고대 안데스문명과 마찬가지로 철은 일체 사용되지 않았다. 금·은·동제 장식품이나 의례용기가 사용되기 시작한 것은 9세기 이후의 일이다. 주요 이기는 석기로, 기타 생활도구는 나무나 뼈, 뿔 등으로 만들어 썼다.

셋째로 가축은 개나 칠면조 등으로만 한하고, 유제품을 얻는다든가 땅을 경작한다든가 사람이나 무거운 물건을 운반하기 위해 대형 가축은 일체 쓰지 않았다. 구대륙의 4대 문명에 비해 문명 형성 과정에서 가축이나 동물의 역할이 적었던 것이다. 메소아메리카 사람들은 석기를 주요 이기로 해서 신석기 기술을 발달시켜 거대한 신전피라미드나 도시문명을 건설했다. 따라서 이 문명에 구대륙처럼 석기시대-청동기시대-철기시대 순으로 시대가 발달해왔다는 도식을 교조적으로 적용할 수는 없다.

넷째로 유라시아 구대륙의 문명과 교류 없이 독자적으로 발달한 몽골로이드 선주민들의 토착문명이다. 지금까지는 대체로 이러한 견해가 지배적이었지만, 근간에 고대 한국과 아스떼까문명 간의 비교에서 발견되는 복식과 언어 상의 공통적 요소 등을 감안할 때 구대륙과 메소아메리카 간에 교류가 없었다는 단정은 재고되어야 할 것이다.

이와 같은 문명의 제반 특징을 고려해, 메소아메리카문명은 나름대로 다음과 같은 5기로 구분한다. 즉 ① 인류가 출현한 때부터 수렵채집에 의존한 석기(石期, 기원전 8000년경까지), ② 농경 시작으로부터 정주 촌락이 형성될 때까지의 고기(古期, 기원전 1800년경까지), ③ 토기가 출현하고 농업을 기반으로 한 정주 촌락이 정착됨으로써 신전피라미드를 가진 도시문명이 제한된 지역에서 성립된 선고전기(先古典期, 기원후 250년경까지), ④ 신전피라미드를 가진 도시문명이 각지에서 흥망을 거듭한 고전기(古典期, 기원후 900~1000년경까지), ⑤ 16세기 스페인이 침입할 때까지의 후고전기(後古典期)의 다섯 시기다.

서구 식민주의자들의 침탈로 인해 정상적인 역사발전이 무시되고 뒤죽박죽 파행을 겪어온, 그래서 역사나 문명의 발달에 관한 우리의 일반 개념이나 상식과는 다르게 전개되어온 복잡다기한 메소아메리카문명을 개략이나마 종합적으로 설명해봤다. 이러한 이해가 앞설 때 우리는 메소아메리카를 비롯한 전반적인 라틴아메리카 내지는 전(全) 아메리카를 제대로 이해할 수 있을 것이다. 필자가 입문으로 조금은 딱딱하고 장황한 토설(吐說)을 마다하지 않은 이유가 바로 여기에 있다.

오후 네시가 조금 넘어 도착한 곳은 또레스데알바호텔(Torres de Alba Hotel, 1034호)이다. 뜻밖에도 거실이며 주방을 두루 갖추고 있는 스위트룸이다. 과분하다. 그런데 방값은 까라까스의 그 허술한 단칸방보다 싸다. 사실 이 동네(라틴아메리카)에서 낯선 과객으로 값 따위를 헤아린다는 것은 무모한 짓이다. 더위 때문에 공공기관이나 큰 상점은 오후 5시나 되어야 문을 연다. 우리 일행 셋은 관행처럼 머리를 맞대고 일정을 상의했다. 6시가 되기를 기다렸다가 인근 10분 거리에 있는 '서울식당'을 찾아갔다. 실내는 한국 전통도자기와 수예품, 산수화로 깔끔히 꾸며놓았다. 음식도 제법 맛깔스럽다. 맛과 색깔, 모양새, 그리고 놋수저까지 한국 식문화의 품격을 제대로 살리고 있다. 12달러에 구미 도는 저녁식사를 마쳤으니, 해외 한국식당치고는 상당히 싼 편이다. 훌륭한 한국문화의 전도사라는 격려사를 남기고 식당을 나섰다. 저녁 7시가 퍽 넘었는데도 열기는 식지 않고 화끈거린다. 상점에 들러 선물용으로 파나마운하 나무조각품 4점(24달러)을 구입했다. 장기 여행을 하다보면, 값이나 부피, 무게 등을 고려하지 않을 수 없어 선물 선택이 생각처럼 쉽지 않다.

화교들의 파나마 도착 150주년 기념비.

이튿날 아침 맨 처음으로 찾아간 곳은 파나마운하의 태평양 연안 쪽 입구에 놓여 있는 라스아메리카스(Las Americas)대교다. 궁형 다리를 지나 서쪽 끝에 이르니 '중국-파나마 공원(中巴公園)' 문이 나타난다. 가로쓴 한자 액자 위에는 스페인어로 '운하전망대'라고 병기하고 있다. 그 뒤에는 중국 국무원 화교판공실(華僑辦公室=僑辦)이 파나마로의 화교 도착 150주년에 즈음해 세운 기념비(華人抵達巴拿馬150周年紀念碑)가 있다. 청나라 말엽부터 주로 노역자(勞役者, 쿠리苦力)로 끌려온 화교의 후예는 현재 약 30만에 달해 전국 인구(332만, 2009)의 10분의 1이나 된다. 화교들의 출생률이 높아 인구 비율이 급증한다고 한다. 이러다가는 어느날 파나마는 화교 천지가 될 것이라고 원주민 꾸나족 기사는

파나마의 자랑인 타래식 건물.

우려를 표한다. 파나마시티 거리에서는 홍등(紅燈)을 내건 화교 가게들을 많이 만나게 된다. 화교들의 끈질긴 전통 지킴은 여기서도 변함이 없다. 이 나라는 대만과 외교관계를 유지하고 있는 탓에 베이징과는 외교관계가 아직껏 없다. 그렇지만 무역관계는 유지하고 있는데, 중국의 대 파나마 수출입 비율은 154억달러 대비 5,300만 달러로 수출이 절대적 우세다.

라스아메리카스대교를 돌아서 문화인류학박물관(Museo Antropológico)을 찾았다. 그러나 수리 중이라서 폐문이다. 이 박물관에는 고고학·지질학·생물학·민속학·문화인류학 등 다섯개 전시관에 이 나라 역사를 종합적으로 알 수 있는 유물들이 전시되어 있다. 특히 파나마는 중미와 남미의 고대문명이 만나는 접지로, 박물관 참관에 많은 관심을 품고 있었다. 무산되니 아쉽기 그지없다. 이어 근처의 미술박물관에 들렀다. 가장 유명한 화가 알프레도 씽끌레어(Alfredo Sinclair)를 비롯한 이 나라 화가들의 작품이 다수 전시되어 있다. 콜롬비아의 보떼로 화풍을 닮은 풍만한 이미지들이 눈길을 끈다. 정작 알프레도와 그의 딸 올가(Olga)의 작품은 각각 한점뿐이다. 수작이라 감상하기에는 턱없이 부족하다.

볼리바르중앙광장에 세워진 볼리바르 동상.

여기까지는 도시의 변두리다. 이제 심장부로 뚫고 들어가보자. 처음 맞닥뜨린 곳이 초리요(Chorrillo) 빈민 거리다. 이곳은 첫 파나마시티인 비에호(Viejo, 구 파나마시)가 해적들에 의해 파괴된 후 두번째로 1673년에 건설한 도시다. 300여년간의 식민지 약탈 속에서 거리는 폐허가 되다시피 했다. 금방 쓰러질 듯한 낡고 썩은 건물들이 유령처럼 안겨오는 거리, 비좁고 음침한 골목골목, 지옥이 따로 없다. 인접한 저 마천루 같은 고층건물과 휘황찬란한 고대광실에 대비되어 빈부의 양극화가 극심하다는 것을 피부로 느낄 수 있다. 이 우중충한 거리 속에 단 하나의 건물만은 화색이 돈다. 바로 싼호세교회(Iglesia de San José)다. 유명한 것은 황금제단이다. 1671년 영국의 해적 헨리 모건이 죄다 파괴하면서 교회 내의 금은보화를 몽땅 뜯어갔다. 그러나 이 황금제단만은 겉칠로 위장해서 간신히 화를 면했다고 전한다.

비좁은 골목길과 인파 속을 헤치며 10분 정도 가니 볼리바르중앙광장이 나타난다. 여기서 해변을 따라 몇 발자국 옮기자 베로깔(M. Berrocal) 대통령의 집무실인 흰색 벽돌집이 보인다. 정문에는 경호원 몇 사람이 오가는 사람들을 살필 뿐, 사람들이 건물에 접근해도 제지하지 않는다. 소박한 풍모다. 다시 광장으로 돌아와서 기대 속에 보석박물관에 들렀다. 이름만 그럴싸하지 전시품이라곤 몇가지 보석광의 채굴 과정을 소개하는 정도다. 허용해도 별로 탐나는 것이 없는데, 촬영은 따라다니며 금지시킨다.

광장 한가운데는 파나마를 스페인 식민통치에서 해방시킨 볼리바르의 기마동상이 우뚝 서 있다. 다른 곳 동상과는 달리 정교한 조각품이다. 그에 대한 파나마 사람들의 존경과 추앙을 말해주는 듯하다. 동상 정면에는 저만치에 구도시의 상징인 대성당이 자리하고 있다. 1688년부터 1794년까지 100여년 동안 지은 이 대성당에는 헨리 모건이 파나마비에호를 파괴할 때 그곳 대성당에서 옮겨온 세개의 종이 지금까지 보관되어 있다. 수리 중인 성당 내부는 상당히 소박하고, 성화 몇점만이 쓸쓸히 벽에 걸려 있다.

점심은 바닷가 어시장 내의 식당에서 생선튀김으로 때웠다. 금방 낚아온 생선이라 맛이 일품이다. 1인당 5달러로 배를 채웠다. 이 어시

구도시의 상징인 대성당 외관. 짓는 데 100여년(1688~1794)이 걸렸다.

장은 일본의 원조에 의해 지어졌다는 간판이 문가에 붙어 있다. 여기서 직행한 곳은 신시가지에 있는 파나마비에호역사박물관(Museo de Sitio Panama Viejo)이다. 'Panama Viejo'란 '구(舊) 파나마'라는 뜻이다. 새로 지은 2층 건물인데, 1층은 주로 스페인의 중미 식민시대의 역사 유물과 기록물들이 전시되어 있다. 헨리 모건을 필두로 한 해적들의 활동에 관한 기록과 사진자료는 처음 접하는 것이다. 2층은 파나마비에호의 역사와 그 폐허에서 출토된 유물들이 선을 보이고 있다. 특히 흥미로운 것은 일찍부터 신·구대륙 간의 교역을 담당해온 도시로서의 역사를 증명하는 여러점의 중국 도자기를 비롯한 구대륙 유물(교역품)들이다. 그중 중앙아시아의 코카서스(Caucasus) 산 세라믹 유물 앞

파나마비에호역사박물관 외경.

신·구대륙 간의 교역을 입증하는 중국 및 중앙아시아 산 세라믹 유물.

에서 발길을 멈췄는데, '도대체 저 유물은 무슨 길을 통해 어떻게 이곳까지 왔을까'라는 의문이 머릿속을 맴돌았다.

박물관을 관람하고 나서 곧장 구시가지에 있는 파나마비에호 현장으로 향했다. 박물관에서 접한 생생한 유물과 자료는 이 고즈넉한 폐허를 이해하는 데 큰 도움이 되었다. 이곳은 스페인이 1519년 태평양 연안에서는 최초로 건설한 식민도시였다. 잉카제국의 황금 등 태평양 연안지대에서 약탈한 숱한 재부가 이곳을 경유해 대서양 쪽의 항구도시 뽀르또벨로(Portobelo)로 운반된 후 그곳으로부터 다시 스페인으로 실려가곤 했다. 그리하여 도시는 일취월장으로 번영해나갔다. 그러던 1671년 어느날 영국의 헨리 모건이 이끄는 해적단이 내륙으로부터 불의에 습격을 가해와 도시 전체를 불바다로 만들었다. 도시는 일순간에 폐허로 변했다. 근자에 와서야 유적 복원 및 정비 사업이 진

영국 해적 헨리 모건에 의해 파괴된 파나마비에호의 폐허.

행되고 있는데, 예산 부족 등으로 인해 하는 둥 마는 둥이라고 한다. 해설원까지도 부지하세월(不知何歲月)을 개탄한다.

뼈대만 남아 있는 7층 종탑 위에 올라서니 시 사방이 한눈에 들어온다. 이 탑 4층 벽에는 누구의 소행인지는 미상이나 "보물을 꿈꾸는 해적에 의해 파괴된 도시"라는 스페인어 글자가 뚜렷이 새겨져 있다. 폐허 속에서는 여러가지 용도로 사용되던 집기들이 속속 발견된다. 'Casa de Obispato'라는 안내판이 있는 집은 주교(대사제)의 집이었음을 알려준다. 지금은 유적지가 시민들의 휴식공간으로 이용되고 있다. 어른들이 삼삼오오 모여 앉아 담소를 나누며, 조무래기들이 풍선을 좇아 이리 뛰고 저리 뛰는 모습이 마냥 평화로워 보인다.

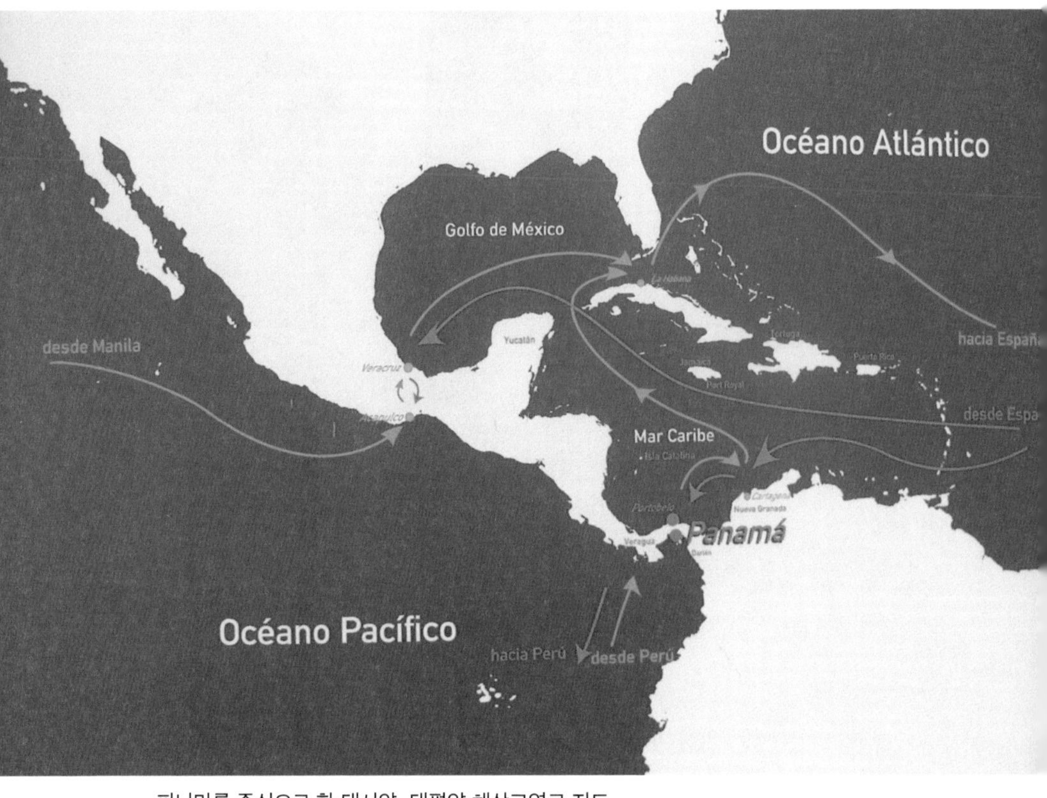

파나마를 중심으로 한 대서양-태평양 해상교역로 지도.

영국 해적 두목 헨리 모건.

40
지구의 허파를 잇는 물길, 파나마운하

'세계의 십자로'라고 불리는 파나마의 수도 파나마시티는 남북 아메리카대륙을 잇는 육지의 가장 좁은 지협(地峽)에 자리하고 있는 해안 도시로, 스페인 식민시대부터 아메리카와 유럽 간의 징검다리 역할을 해왔다. 가볼 만한 곳이 여럿이나, 파나마시티 관광에서 고갱이는 무어니 무어니 해도 파나마운하 참관이다. 많은 시간을 할애하려고 일부러 하루의 마지막 일정으로 잡았다. 그런데 이곳저곳에 들르다보니 시간 안배가 여의치 않았다. 오후 5시가 다 돼서야 서둘러 운하로 향했다. 한참 달리던 택시가 울창한 수림 속으로 접어들면서 가속페달을 밟는다. 물어보니 옛 미군기지 구역에 들어섰다는 것이다. 1999년 미국이 운하에 대한 통제권을 포기하고 철수하기 전까지 85년간 이곳에는 14개의 해군기지와 미국 대사관이 자리하고 있었다. 이 기지 안에는 국내용 비행장을 비롯해 대소 수백동의 벽돌건물과 시설들이 응집해 있어 소도시를 방불케 한다. 지금은 휑하니 빈집들이 눈에 띄기는 하지만, 식민시대의 그 등등한 기세는 여전하다. 유엔 등 몇몇 국제기구들이 여기에 자리하고 있다. 빠져나오는 데만도 10분이 걸렸다.

갑문이 있는 전망대에 이르렀다. 마침 제일 남쪽에 있는 미라플로레스 수문이 열려 물이 서서히 불어나자 집채 같은 화물선이 웅장한 자태를 드러내면서 물위를 미끄러지듯 스쳐지나간다. 관람객들로 발 디딜 틈이 없다. 먼저 지하에 있는 운하개굴박물관으로 내려갔다. 거기도 역시 붐빈다. 박물관에서는 운하의 개굴 역사와 그 과정을 보여주는 유물과 영상물을 공개하고 있다. 무려 2만 7,500여명의 원혼이 감도는 이 운하에는 물이 아니라 피와 저주가 흐르고 있다. 이 '세계 7대 기적공사(奇迹工事)의 하나'이며 '세계의 다리'라고 하는 파나마운하의 개통역사는 곧 근세 서구가 추구해온 세계 식민역사의 축도라고 해도 과언이 아니다. 그 과정을 한번쯤 짚어보는 것은 라틴아메리카를 비롯한 근대 세계식민사를 실증적으로 바로 이해하는 데 일조가 될 것이다.

15세기 초반 스페인을 비롯한 서구 식민주의자들은 라틴아메리카에 정복의 마수를 뻗치기 시작한 때부터 식민지 고혈을 더 빨리, 더 많이 짜내기 위해 대서양과 태평양을 잇는 단거리 운하 개굴에 주의를 돌렸다. 1520년 소수의 무력으로 멕시코를 정복하고 총독이 된 스페인의 바스꼬 꼬르떼스는 처음으로 운하 개굴을 제의했으나, 개굴지점은 제시하지 못했다. 이어 바스꼬 발보아가 파나마를 강점하자, 스페인 국왕 까를로스 1세는 1523년 중미 어디에 운하를 꼭 파야 한다는 주장을 내놓았다. 1534년 까를로스 1세는 미래의 운하 개굴을

태평양 측의 파나마운하.

염두에 두고 파나마 지협에 대한 지층 조사와 도로 부설을 명한다. 이 명에 따라 식민당국은 정지(整地)작업으로 산등성이를 따라 지협을 관통하는 자갈 포장도로를 부설한다.

이로부터 200여년이 지난 18세기에 이르자, 스페인 식민당국은 관원들을 각지에 파견해 운하 적지를 본격적으로 물색한다. 결과 멕시코 남부의 떼우안떼뻬끄 지협과 콜롬비아 서북부의 아뜨라또(Atrato)강 부근, 니카라과 지협, 파나마 지협 등 네곳이 물망에 올랐다. 1771년 가까스로 멕시코의 떼우안떼뻬끄(Tehuantepec) 지협에 대한 최종 조사를 마치고나서 1814년 당국은 이곳에 운하를 파기로 결정한다. 그러나 이때 마침 라틴아메리카의 독립전쟁이 일어나는 통에 이 결정은 무위로 돌아갔다. 그러다가 1823년 과테말라와 쌀바도르, 온두라스,

니카라과, 코스타리카 등 5개국이 중미연방공화국을 세우고 미국에 운하 건설에 대한 지원을 요청했다. 이듬해 라틴아메리카 독립운동의 대부인 씨몬 볼리바르가 파나마에서 열린 국제회의에서 중미의 운하 개굴을 정식 의제로 상정하고, 파나마지협을 그 적지로 선정했다. 이때부터 파나마가 세인의 주목을 끌기 시작했다. 미국의 제26대 대통령 루스벨트도 그 개굴에 찬성했다.

일단 파나마운하의 개굴이 가시권에 들어오자, 그 선점을 꾀하는 서구 식민주의자들 간의 각축과 계략이 꼬리를 물고 일어난다. 앞장은 언제나 코앞의 미국이 섰다. 19세기에 들어와서 파나마는 콜롬비아(1831~58, 신그라나다로 개명)의 관할로 들어간다. 이 작고 가난한 나라의 정부는 파나마운하의 개굴과 운영을 꿈꾸고 있었지만, 역부족임을 감안해 1843년에 미국·영국·프랑스·스페인·네덜란드 등에 합자로 운하를 개굴하고 나서는 공동으로 운하의 중립을 보장하자는 협약을 제의했으나 미국 말고는 모두 아랑곳하지 않았다.

사실 일찍이 1835년 미국과 콜롬비아 사이에 운하 개굴에 관한 한 차례 협상이 있었으나 성과 없이 끝났다. 그러던 차라서 미국은 이번 협약 제의를 흔쾌히 수락했다. 1846년 12월 1년간의 협상 끝에 '미국-신그라나다 간의 평화와 우호, 항해 및 통상에 관한 조약'(일명 '말라리노-비들락' 조약)을 체결했다. 36조로 된 유효기간 20년의 이 조약에는 미국의 치외법권적 특혜(35조)가 명문화되어 있다. 즉 미국 국민이나 선박, 상품은 운하지역에서 콜롬비아인과 꼭 같은 권리(면세 등)를 향유하고, 파나마지협을 통과하는 미국의 국민이나 우편물 및 상품도 같은 특혜를 받으며, 앞으로 파나마에 어떤 교통시설이든 건설되면 콜롬비아정부는 미국 국민으로부터 콜롬비아 국민보다 더 높은

파나마운하 관리사무소.

통행세를 징수할 수 없으며, 미국 상품에 대한 수입세도 징수할 수 없다고 규정하고 있다.

1849년 캘리포니아에서 금광이 발견되자 운하 개굴에 관한 각계의 관심이 더욱 높아졌다. 그즈음 미국은 강력한 잠재력을 가진 영국이 앞으로 '운하개굴전'에 뛰어들 가능성에 대비하기 위해 거듭 영국에 운하의 중립화를 제의한다. 드디어 1850년 4월 미국과 영국은 '대서양과 태평양을 잇는 통항운하에 관한 조약'을 체결하고 운하의 중립화에 관한 각종 규정을 신설했다. 쌍방은 운하의 요충지와 그 부근에 요새를 건설할 수 없고, 쌍방 간에 전쟁이 발생할 경우라도 상대방의 운하 이용을 봉쇄해서는 안 되며, 운하 개굴공사에 소요된 자산은 보호하고 이를 침범해서는 안 된다는 등의 내용이 바로 그것이다. 이렇게 해서 미국은 영국의 운하에 대한 무력강점 가능성을 배제하기에 이르렀다. 그러나 허점투성이인 이 조약에 대해 안심할 수 없던 미국은 1850년 일방적으로 5년간 750만달러를 들여 파나마 지협에 두 대양을 잇는 철도를 부설했다.

미국이 한창 득세를 구가하며 의기양양할 때, 1856년 미국-파나마 사이에 우연히 유혈사건이 발생했다. 그해 4월 한 미국인이 파나마 기차역에서 수박을 구입하면서 가격을 놓고 판매상과 티격태격 입씨름을 벌인 것이 발단이었다. 미국인이 값을 치르지 않자 이를 지켜보던 파나마인들은 격앙하기 시작했다. 쌍방 간에는 몇시간 동안 총격전이 벌어져 미국인 31명, 파나마인 15명이 사망했다. 사건 발생 후 미국은 특사를 파견해 배상을 강요했지만, 콜롬비아정부는 '불공평하고 무도한 짓'으로, '이런 굴욕을 용인하는 민족은 살길이 없다'라고 하면서 단호히 거부한다. 그러자 미국은 그해 7월 2척의 순양함 '독립호'와 '쎄인트마리아호'를 파견, 9월 160명의 해군육전대를 상륙시켜 파나마역을 강점했다.

이듬해 2월 두 정부는 담판을 짓기 위해 접촉했는데, 이때 미국은 고답적인 조건을 제시하면서 콜롬비아정부를 압박했다. 미국이 제시한 조건은 다음과 같다. '태평양 쪽의 파나마와 대서양 쪽의 콜론(Colon)을 자치의 자유항으로 만든다, 파나마 철도를 중심으로 한 연변 40km 지협을 양국이 공동 관리한다, 파나마만의 일부 도서를 미국에 할양한다, 유혈사건에서 미국인들이 입은 일체 손상에 대해 배상한다, 만일 콜롬비아정부가 이상의 조건을 받아들이면 미국은 200만달러의 보상금을 지불한다.' 그러나 콜롬비아 측은 배상 외에는 일체 응하지 않겠다는 의연한 태도를 표명한다. 협상은 1865년 미국의 남북전쟁 종전 후까지 지연되다가 콜롬비아 측이 41만달러를 지불하기로 합의하면서 5년간의 갈등이 막을 내렸다.

1867년 1월, 1848년의 20년짜리 조약이 만기되자 콜롬비아정부는 미국에 협상 재개를 요구하고 12월에 새로운 조약 초안을 마련, 미국에 보내 심의를 요청했다. 미국은 남북전쟁과 대통령선거를 구실로 근 2년간이나 회답을 피해오다가 1869년 1월 새 조약에 서명했다. 콜롬비아는 파나마운하 개굴권과 운하지구를 미국에 100년간 조차(租借)로 양도하고, 미국은 조차 만기 후 콜롬비아에 반환하며, 조차권을 타국에 양도할 수는 없으나 사영(私營) 회사에는 양도할 수 있다고 신조약은 규정하고 있다. 그러나 이 조약에 대한 민중의 세찬 반발로 콜롬비아의회는 부결하는 결의안을 채택한다. 이듬해 양국 간에 보충조약을 체결했는데, 중심내용이 미국 군함의 운하 자유통과와 미국이 교전국에 대한 운하봉쇄권을 행사하는 것이어서, 역시 콜롬비아 민중의 분노를 불러일으켰다. 미국은 운하 개굴에는 소극적이면서 다만 운하지구에 대한 독점만을 노렸던 것이다.

미국의 진짜 속셈을 갈파한 콜롬비아는 더이상 미국에 기대지 않고 유럽으로 눈을 돌린다. 때마침 1869년 프랑스가 주도한 수에즈운하가 개통되고 유럽 금융자본이 중남미에서 활로를 모색하고 있었다. 1876년 프랑스가 통제하는 이른바 '대양 간 운하공사를 위한 국제민간협회'가 빠리에서 발족되었고, 프랑스는 콜롬비아정부의 묵인하에 파나마운하 개굴에 대한 욕망을 표출하기 시작했다. 얼마 후 협회는 대표단을 콜롬비아에 파견해 운하지구를 현지 조사하고 1878년 3월 콜롬비아정부와 프랑스가 운하 개굴을 책임진다는 협의를 이룬다. 구체적으로 협회는 5년 내에 운하공사회사를 조직해 준비를 마친 후 12년 내에 운하 건설을 마무리하기로 했다. 운하 통행 후 콜롬비아

정부는 매해 운하회사로부터 수익 중 일정 비율을 수납한다. 첫 25년간은 5%를, 다음 세번의 25년간은 차례로 6%-7%-8%를 수납하되, 최저 수익은 매해 25만달러로 하며, 조차기한은 99년이다.

만기 후 운하는 콜롬비아정부에 귀속되며, 만기 이전에라도 조차권은 다른 회사에 양도할 수 있으나 기타 대국 정부에는 양도할 수 없다. 1879년 5월 협회는 수에즈운하 개굴에서 탁월한 솜씨를 발휘한 프랑스 외교관 페르디낭 드 레셉스(Ferdinand Marie de Lesseps)를 회장으로 추대하고 파나마운하 문제를 심의하는 국제회의를 소집했다. 영국·미국·독일 등 대국 대표들이 참석한 가운데 미국의 강력한 반대 속에서 파나마운하 개굴 결의가 채택되었다. 7월 프랑스는 '대양 간 운하공사 총회사'를 설립하고 운하 개굴 조차권을 거머쥔 다음 운하 개굴 준비에 본격적으로 착수했다.

레셉스의 주도하에 프랑스 총회사는 몇년간의 준비 끝에 8가지 시공방침을 세우고 드디어 1883년 2월 운하 개굴에 착수했다. 수에즈운하의 성공적 개굴에 도취된 레셉스는 파나마의 특수한 지형에 대한 고려와 구체적 조사도 없이 수에즈운하의 개굴 경험을 그대로 모방하려 했다. 개굴의 난망(難望)과 실패가 이미 예정되어 있었던 것이다. 파나마 지협은 열대우림지대로 고온다습하고, 밀림이 우거지며, 지형이 복잡한데다 우글거리는 독충과 무시무시한 역질(疫疾)은 숱한 인명을 앗아갔다. 55개 나라에서 모집한 4만의 시공자들에게는 문자 그대로 '인간지옥'이었다. 게다가 시공설계의 오판도 발목을 잡았다. 수에즈운하처럼 파나마 지협에 널려 있는 많은 호수들을 이용해 바다의 수면을 기준으로 하는 해평식(海平式) 운하로 설계했는데, 시공 4년만에 그 오판을 발견했다. 파나마 지협의 태평양 쪽 해면이 대서양 쪽

운하 개굴 기념 조각(운하개굴박물관 소장).

해면보다 20cm나 낮기 때문에 해평식으로는 운하를 건설할 수 없던 것이다.

이것은 프랑스 총회사의 행보에 치명적인 타격이 아닐 수 없었다. 여기에 더해 미국인들의 시기와 방해는 공사를 더더욱 어렵게 했다. 자재의 수송 편의를 위해 운하는 미국이 운영하고 있는 철도와 평행선을 달리도록 개굴하기로 설계하고 협조를 기대했다. 그러나 미국 측은 협조는커녕 곳곳에서 훼방만 놓고 방해를 일삼았다. 급기야 프랑스 총회사는 750만달러어치의 철도를 근 3.3배에 달하는 2,550만달러를 주고 몽땅 사들였다. 그럼에도 고용승계된 미국인 철도원들은 몰염치하게도 태업과 방해, 파괴를 계속해 철도는 도저히 정상적으로 운영할 수가 없었다. 설상가상으로 프랑스 총회사의 관리층 내부에서 극심한 부패가 횡행했다. 레셉스를 비롯한 고위 관리층은 공개적으로 발행한 운하의 주식자금을 착복하고 채권을 난발하며 뇌물수수와 매수 행각을 벌였다. 150명이나 되는 장관과 의원 들이 뇌물을 받은 혐의가 드러났다. 궁지에 몰릴 대로 몰린 총회사는 더이상 명맥을 이어갈 수 없게 되자 마침내 1889년 파산을 선고하고 레셉스 자신도 법정에 서게 되었다. 헛되이 보낸 10년간의 공사기간에 14억프랑을 탕진하고 2만여명의 희생자만을 내고 말았다.

이러한 난장판을 수습해보려고 프랑스정부는 1894년 9월 새로운 회사를 꾸려 운하 개굴을 이어가려고 했다. 여기서 관건은 원래의 해평식 운하 계획을 포기하고, 대신 갑문을 만들어 수위를 끌어올리는 구갑제승식(水閘提升式) 운하 계획으로 가는 것이다. 문제는 3분의 1밖에 진척이 안 된 공사에 예산의 배 이상을 탕진한 탓에, 더 험악한 나머지 3분의 2 구간의 건설을 남은 6년 안에 마무리한다는 것이 불가능하다는 것이다. 그래서 프랑스정부는 '울며 겨자 먹기'로 1898년 11월 콜롬비아정부에 공사 준공일을 1910년 10월까지로 연장하며, 그 보상으로 2,000만프랑을 지불하겠다는 제의를 한다. 프랑스정부의 처지를 가긍하게 여긴 콜롬비아정부는 대표를 빠리로 파견해 공기를 4년 더 연장하고, 보상금은 500만프랑만 받겠다는 약속을 한다. 프랑스로서는 일시 숨통이 트이는 듯했지만, 대서양 너머에서 발원된 난조(亂調)는 프랑스를 궁지에 몰아넣고 있었다.

미국은 프랑스가 그토록 쉽게 파나마운하의 조차권을 획득한 데 대해 시종 불만을 품고, 막후에서 음해활동을 하면서 호시탐탐 일격을 노려왔다. 당시 미국 대통령 러더퍼드 헤이스는 "미국은 반드시 파나마운하를 장악해야 한다. 절대로 운하가 어느 한 유럽 나라에 넘어가도록 해서는 안 된다"고 선언한 바 있다. 미국은 프랑스 총회사와 대항할 수 있도록 콜롬비아와 유럽 나라들에게 압력을 가하기 위해 '파나마운하공사임시협회'를 결성하고, 남북전쟁의 맹장이었던 전직 대통령 율리시스 그랜트를 협회장에 임명했다. 협회의 주도하에 미국은 각개격파 전술로 운하지협의 소유자인 콜롬비아의 양보를 얻어내기 위해 1880년 순양함 두 척을 콜롬비아에 파견해 위협을 가했다. 이듬해 2월 양국은 지협의 요충지에 군사기지를 구축하되, 평시에는 콜롬비아 측에서 관리하고 전시에는 미국 해군육전대가 통제한다는 내용의 협정을 맺었다. 그렇지만 콜롬비아 국회에서 부결되었다.

콜롬비아는 미국의 압력에 대항하기 위해 유럽 국가들과 공동으로 운하의 중립적 지위를 보장하는 것이 급선무라고 여겼다. 이런 기미를 알아차린 미국은 유럽 국가들 가운데서 일찍부터 개입을 시도해 온 강적 영국을 회유하고 압박해 운하에 대한 분권(分權) 요구를 철회하도록 했다. 이제 미국의 포화는 프랑스에 집중된다. 1899년 8월 미국은 기술위원회를 빠리에 보내 운하조차권의 양도 가능성을 타진한 데 이어, 이듬해 4월에는 프랑스 총회사를 아예 매입하겠다는 제안을 내놓았다. 그러나 회사 측과 정부로부터 거절당했다. 이에 화가 북받친 미국은 프랑스에 대한 압박을 일층 강화한다. 1899년 12월 뉴저지주에서 파나마운하회사를 발족하고는 프랑스 총회사를 매입한다느니, 니카라과와 합작해 파나마운하의 대항마로 새로운 운하를 개척한다느니 갖가지 여론몰이에 나선다. 그러한 여론이 한때 콜롬비아에서 상당한 혼란과 긴장을 초래했다. 그즈음 미국이 배후에서 부추긴 파나마 독립운동은 콜롬비아를 풍전등화의 궁지에 몰아넣었다.

콜롬비아는 할 수 없이 1903년 1월 미국과 '헤이-에란(Hay-Herrán) 조약'을 맺는다. 운하의 조차권이 100년간 미국에 양도되고, 미군이 운하구역에 주둔하며, 그 대가로 해마다 콜롬비아정부에 60만달러의 보상금을 지불한다는 내용을 담은 조약이다. 이 조약은 망국의 불평등조약으로 콜롬비아 여론의 일치한 지탄을 받았다. 그해 3월 이 조약은 미국 참의원에서는 비준되지만, 8월 콜롬비아 국회에서는 부결된다. 정세가 이쯤 되자 더이상 참을 수 없었던 미국은 독립파들을 매수하고 회유해 그해 11월 4일 콜롬비아로부터의 파나마 분리와 독립을 공식 선포하고 아마다를 공화국 초대 대통령으로 추대한다. 아마다는 수락 연설에서 감격에 겨워 "파나마공화국 만세! 루스벨트 대통령 만세! 미국 만세!"를 목청껏 외쳤다고 한다.

그해 11월 미국과 파나마공화국은 이른바 '미국과 파나마공화국 간의 대서양과 태평양을 연결하는 통항운하 건설에 관한 전문(專門) 조약', 일명 '헤이-뷔노바리야 조약'(Hay-Bunau Varilla Treaty)을 체결했다. 조약 내용을 간추리면 다음과 같다. '미국이 파나마의 독립을 보증하는 대신 미국은 너비 16.09km, 면적 1,432km²의 운하구역을 영구히 점령해 파나마는 이 구역 내에서 주권을 행사할 수 없으며, 파나마만에 있는 일부 도서들을 임의로 사용한다. 그 대가로 미국은 1차 연도에 파나마에 1,000만달러를, 1913년부터는 매해 25만달러씩 지불한다. 미국은 운하와 철도회사의 재산 전부를 영구히 독점하며, 프랑스는 운하회사와 철도회사의 재산과 권리 전부를 미국에 양도한다. 파나마 국내 정세에 어떠한 변동이 있어도 본 조약에 규정된 미국의 권리에 대해서 영향을 미칠 수 없으며, 미국은 파나마시와 콜론시의 공공질서 유지를 위해 임의로 간섭할 수 있다' 등이다. 보다시피, 미국에 파나마운하의 경영권을 통째로 갖다바칠 뿐 아니라, 파나마공화국의 주권도 무시한 불평등조약이다.

이제 미국은 이 조약에 근거해 운하의 개굴에 본격적으로 착수했다. 그해 미국은 시공 9년만인 1889년에 공사를 중단한 프랑스운하회사로부터 운하굴착권과 기계설비 일체를 4,000만달러에 구입하는 데 성공하고, 이듬해 5월 프랑스로부터 운하건설공사를 정식으로 인계받았다. 미국은 증기삽(steam shavel)과 준설선(浚渫船) 등 새로운 선진 공법을 도입해 운하 개굴을 진척시켜나갔다. 미국은 건설인력으로 유럽에서 1만 2,000명, 서인도제도에서 3만 1,000명 등 방대한 숫자의 노동력을 끌어들였다. 드디어 1814년 8월 15일 운하가 완공되어 8만 1,237톤의 퀸엘리자베스호가 사상 처음으로 길이 81.3km의 이 운하를 통과했다. 이후 공사를 보완해 1920년부터 정식 통항이 시작되었다. 최종적으로 운하구역은 운하 중류선(中流線)을 기준으로 좌우 너비 16.09km, 총 면적 1,432km²로 확정되었다. 이때부터 대서양과 태평양 간의 항해거리는 1만여km나 단축되었다.

미국은 운하구역을 완전한 치외법권적 식민지로 전락시켰다. 구역 내에서는 미국 국기를 게양하고, 미국법률을 적용하며, 미국 대통령이 운하구역 행정총독을 임명할 뿐만 아니라 14개의 군사기지와 각종 군사학교를 세워 운영하고 미국남방사령부를 설치했다. 파나마의 불만을 어루만지기 위해 미국은 1903년 조약 규정에 의해 보상금으로 1936년부터 1945년 사이에는 43만달러를 지불하다가 1955년부터는 193만달러로 증액했다. 그러다가 1977년에 양국 간에 맺은 '파나마운하 지위와 영구중립 조약'에 의해서는 여기에 더해 매년 통행세로 5,300만달러를, 사용비로 1,000만달러를 추가 지불했다. 더불어 운

대서양 쪽을 향해 파나마운하를 통과하는 화물선.

하관리기구 내 파나마 직원 수도 점차 늘려나갔다. 1960년 아이젠하워 대통령은 개정된 조약에 의해 운하구역 내에서의 파나마 국기 게양을 허용했으나 운하구역 내 미국인들의 저항으로 인해 무산되었다. 이것이 파나마 국민들의 반미감정을 크게 자극했다.

1964년 1월, 애국심으로 불타는 파나마의 한 열혈 학생이 운하구역에 몰래 들어가 국기를 게양하다가 미국 주둔군에게 발각되어 총살되는 사건이 발생했다. 이에 격분한 파나마 시민 3만명은 운하구역에 진출해 국기 게양을 요구하며 시위를 벌였다. 미군의 무자비한 진압으로 이틀 동안 400여명의 사상자가 나왔다. 이에 맞서 시민들은 미국 대사관을 습격하고 미국 공보관을 불태워버렸다. 시위 둘째날 파나마정부는 미국과 외교관계를 단절하고 1903년 운하조약의 폐기를 선포했다. 잇따라 전국적 범위에서 미국의 만행을 규탄하는 시위가 벌어졌다. '미제국주의를 타도하자!'라는 구호가 천지를 진감했다. 이를 계기로 파나마 국민들 속에서 운하반환운동이 본격적으로 전개되기 시작했으며, 이에 국제적인 지지여론도 가세했다.

미국은 할 수 없이 1974년 운하의 관할권 문제를 조속한 시일 안에 매듭짓겠다는 뜻을 밝힌 데 이어 1977년 9월 파나마와 워싱턴에서 새로이 '파나마운하 조약'과 '파나마운하의 영구중립에 관한 경영 조약'을 맺었다. 이 조약에 의해 1903년의 낡은 조약은 폐기하고 운하는 양국 정부의 관원들로 구성된 운하위원회가 책임지고 운영하되, 파나마는 주로 해관과 이민, 우정(郵政), 사법관리 등을 책임진다. 중요한 것은 1999년 12월 31일을 조약의 만기로 정하고 영구중립이 보장된 운하의 주권을 파나마에게 넘겨주는 것이다. 후일 조약은 지켜져서 미국은 이날을 기해 운하에서 완전히 손을 뗐다.

숱한 대가를 치르고 운하의 주권을 되찾은 파나마정부는 세계 해운발전의 추세에 걸맞게 운하의 확충사업을 적극 추진하고 있다. 현재는 운하의 수문 길이가 304.8m, 너비가 33.53m, 깊이가 12.55m에 불과해 7만 6,000톤 이하의 화물선만 통과할 수 있기 때문에 세계 화물운송량의 5%밖에 감당하지 못하고 있는 형편이다. 미국과 아시아간 화물운송량의 23%가 이 운하를 통과해야 하므로, 일찍부터 병목현상이 심하게 나타났다. 그래서 파나마정부는 2006년 4월 총투자액 52억 2,000만달러의 운하확충계획을 발표하고 국민투표에서 78%의 지지를 얻어냈다. 운하의 양쪽 끝에 새로이 3단계 수문과 부대설비를 건설해 수문의 길이를 427m로, 너비를 55m로, 깊이를 18.3m로 늘려 연간 화물통과량을 지금의 3억톤에서 두배인 6억톤으로 올리는 계획이다. 2007년 9월에 시공해 운하 개굴 100주년인 2014년에 준공하기로 했는데, 준공은 불발되고 말았다. 그밖에 미국과 일본, 파나마 3국은 1985년 파나마운하 서쪽 15~20km 지점을 지나는 멕시코-콜롬비아 간 신운하(길이 100km)를 건설하기로 합의했다. 이 신운하 건설에는 3국말고도 영국·독일·프랑스·캐나다·오스트리아 등이 참여하는데, 총투자액 200억달러 중 미국과 일본이 70%를 감당하기로 하고, 공사기간은 14년으로 잡았으나 아직 이렇다 할 성과 없이 부진 상태에 빠져 있다.

거듭 이야기하지만, 라틴아메리카의 식민사와 독립사에서 여러가지 상징성을 지닌 대표적인 일례이기 때문에 작심하고 이 파나마운하의 건설과 운영의 연혁을 지루하리만치 장황하게 늘어놓았다. 3개 갑문 중 제일 남쪽에 있는 미라플로레스 갑문이 서서히 열리면서 육중한 화물선 한채가 물위에 슬며시 떠올라 저만치 미끄러져가 시야에서 사라질 때까지 이러저러한 단상을 이어가면서 지켜봤다.

어느덧 해가 뉘엿거린다. 정말로 빈틈없이 꽉 짜인 하루다. 호졸근한 몸을 가까스로 끌고 '서울식당'으로 향했다. 매운탕 한 상이 기운을 돋운다. 대충 하루 일과를 정리하고 10시 반경에 잠을 청했다.

41
친절과 정열의 땅, 엘살바도르

여행하다보면 많은 여행 대상 가운데서 저도 모르게 마음이 끌려들어가 노독이 스르르 풀리고 가슴속에 무언가 포개지는 경우가 있다. 보고따의 황금박물관에 이어 파나마운하를 두루 거닐었던 경우가 바로 그러하다. 대저 그러한 여운의 잠복기한은 예사롭지 않게 길기도 하다. 때로는 여행기간 내내, 혹은 그 이후에도 오래 지속되기도 한다.

오늘은 2012년 7월 27일 금요일, 그러한 여운을 끊지 못한 채 엘살바도르로 날아가는 날이다. 아침 4시 반에 자리를 털고 일어나 주섬주섬 떠날 채비를 하는 새, 어느덧 먼동이 터온다. 서둘러 아침을 챙기고는 공항에 갔다. 공항에서 기념으로 가느다란 갈대로 엮은 그 유명한 유백색 파나마모자를 20달러 주고 샀다. 텁수룩한 수염에 어울린다고 한다. 소형 카메라용 8GB 칩도 20달러에 하나 구입했다. 우리를 태운 CM 410Y편(좌석 6F) 비행기는 11시 26분에 시동을 걸고는 한

참 둥싯거리다가 36분에 갑자기 굉음을 내면서 소스라치듯 창공으로 날아오른다. 이윽고 기수를 북쪽으로 돌리며 태평양 창파를 헤가르더니 이내 뭉게구름 위에 실리고 만다. 1시 14분, 그러니 이륙해서 1시간 48분 만에 엘살바도르의 꼬말라빠(Comalapa)국제공항 활주로에 사뿐히 내려앉는다.

엘살바도르는 중남미 나라들 가운데서 가장 작은 나라다. 면적은 2만 1,040km²에 불과하고, 인구는 약 637만(2015)으로 면적에 비하면 좀 많은 편이다. 인구밀도가 1km²당 303.1명으로 중남미에서는 가장 높다. 인구밀도가 높다는 것은 그만큼 살기 좋은 고장이라는 뜻이기도 하다. 인접한 더 큰 나라들을 제치고 굳이 이 작은 나라를 찾아온 이유는 과연 무얼까? 답은 간단하다. 작기 때문이다. 브라질이나 멕시코, 칠레 같은 큰 나라들은 그네들 나름대로 말해주는 것이 있지만, 작은 나라 또한 작은 나라대로 가르쳐주는 것이 있다. 그 큰 나라들의 틈바구니 속에서 어떻게 살아남았는지? 무언가 남들에게는 좀처럼 없는 현묘한 슬기가 작동했을 터다. 그럴진대, 그것을 발견하는 것이야말로 유의미한 일이 아니겠는가. 여기에 더해 이 땅은 마야문명의 남계(南界)로, 잉카문명과의 교접(交接) 지대라는 점이 흥미를 더했다.

중미의 교통요지에 자리한 싼살바도르('성스러운 구세주'라는 뜻)의 국제공항은 지은 지 얼마 되지 않는 깔끔한 현대적 건물이다. 별로 붐비지 않고 입국수속도 간편하고 빠르다. 북쪽으로 약 40km 떨어진 수도까지는 택시로 45분이 걸렸다. 태평양 해변에 자리한 공항에서 해발 682m의 수도까지 가는 길은 숲이 우거진 약간의 오르막길이다. 시내에 들어선 첫 인상은 사람의 차림에 비유하면 '수수한 옷차림새'다. 1854년 대지진을 비롯해 몇번의 지진으로 도시가 자리를 옮길 정도

일행이 투숙한 라뽀르따쁠라사호텔 외경.

호텔 사장 꼬띠 여사와 아들 마리오.

로 무참히 파괴되면, 그 폐허 위에 다시 짓곤 했다고 한다. 그래서 지진에 대비해 건물 대부분은 저층이고, 주변에 공터를 두었다.

현지시간 오후 2시 20분에 찾아간 곳은 이곳 여행사를 통해 마련한 라뽀르따쁠라사호텔(La Porta Plaza Hotel)이다. 기실 호텔이라기보다는 여인숙이나 민박에 가까운 곳이라고 하는 것이 적절한 표현이다. 방이 여남은밖에 안 되는 호텔의 6호실이 차례졌다. 우리 말고는 투숙객이 더 없다. 대문 밖에 도착하자, 우아한 모습의 60대 여사장 코띠 따마요(Cotty Tamayo)는 친절하게 환영인사를 하면서 몸소 짐을 들고 방을 안내한다. 알고 보니, 사장은 평생 은행원 생활을 하다가 7개월 전에 퇴직하고 직원 한명을 고용해 이 호텔을 운영하고 있었다. 항공학교에 재학 중인 19세의 외아들 마리오 호세 따마요(Mario Hosé Tamayo)가 어머니 일손을 도와주고 있다. 호텔이 문을 연 지 얼마 되지 않아 아직 일이 제대로 잡히지는 않았지만, 친절과 정열이 그 모자람을 상쇄하고도 남음이 있다. 손님으로서는 다행스러운 일이다.

좀 숨을 돌렸다가 사장과 마주앉아 체류 이틀간의 일정을 의논하고 나서, 시내 관광에 나서겠으니 택시를 불러달라고 부탁했다. 그러자 사장은 전 일정을 호텔 차량으로 자기와 아들이 맡아 안내하겠다고 한다. 사양했지만 막무가내다. 오후 3시경, 사장이 직접 운전하는 9인승 봉고차에 일행 3명과 아들이 합승하고 국립인류학박물관을 찾았다. 답사 내내 어머니(사장)는 운전하고 아들은 안전을 책임진다면서 밀착 경호를 해주었다. 이 나라에는 마라스라는 악명 높은 무장강도단이 무시로 출몰해 강도와 유인, 습격을 일삼는다고 한다. 박물관은 2층 건물인데, 1층에서는 마침 페루의 고대문명전이 열리고 있었다. 전시품들은 꾸스꼬 등지에서 본 유물들이 대부분이어서 별로 흥미가 일지 않았다.

현지 전시품은 인근 유적에서 발굴한 약간의 고대 마야문명과 올메까문명 유물을 제외하고는 대부분 농업을 비롯한 생태학적 유물들이다. 옥수수와 면화, 커피, 사탕수수 등 농작물의 시원과 경작 발달 과정을 설명하는 사진과 유물들이 퍽 흥미로웠다. 특히 이 나라의 주식인 옥수수에 관해서는 상세한 설명과 함께 여러가지 품종 및 옥수수를 이용한 다양한 식품과 수공예품도 소개하고 있다. 농기구와 철을 비롯한 광물자원도 전시품목에 들어 있다. 대외교역지도에서 16세기 싼살바도르의 활발했던 무역상을 엿볼 수 있었다.

2층은 종교관인데, 인신공희와 각종 제례, 제형 피라미드 등 고대 마야문명에 속하는 각종 종교유물이 지역별·문명별로 전시되어 있다. 전시된 유물과 사진자료들은 고대 마야인들의 종교관과 종교생활

국립인류학박물관 외관.

인신공희 장면 그림.

을 생생하게 보여준다. 산 사람의 심장을 도려내 태양신에게 바치는 인신공희 장면은 실로 모골이 송연해지게 한다. 겉으로는 마야인들의 이러한 신앙을 역사의 유물로 사실대로 보여주는 척 하면서, 속으로는 그 원시적 후진성을 드러냄으로써 은연중 그러한 '원시인들'을 구제한 것이 바로 서방 기독교라는 점을 암시하고 있는 성싶다. 사실 이러한 점에 대한 암시 내지 공개적인 토설(吐說)은 이곳 말고도 라틴아메리카의 도처에서 감지되거나 발견된다. 서구 식민주의자들, 특히 그 앞장에 섰던 선교사들의 이러한 야멸찬 능멸은 멸족에 가까운 무고한 마야인들의 죽음을 불러왔을 뿐 아니라, 동시에 그들의 적개심을 불러일으킴으로써 종당에는 식민주의자들의 수명도 단축시키고야 말았다. 악업(惡業)의 업보다.

한시간쯤 박물관을 돌아보고 나서 바로 맞은편에 있는 종합시장에 들렀다. 재래시장과 현대적 마켓을 뒤섞어놓은 큰 시장이다. 비록 질은 그리 좋지 않지만, 먹을거리, 입을거리, 세간… 없는 것이 없다. 한창 붐빌 늦은 오후 시간대인데도 비교적 한산하다. 불황 탓이라고 마리오는 귀띔한다. 1달러어치의 아이스크림에 타들어가는 목구멍을 잠시나마 적시면서 시장 문을 나섰다.

문밖 자그마한 광장과 이어진 길가에서는 '8월의 축제'(7월 27일~8월 6일)가 한창이다. 이 축제는 이 도시의 수호신이자 성인인 쌀바도르 데 문도(Salvador de Mundo)를 기리기 위한 것이다. 어느 가이드북은 이 축제를 전통 축제라고 소개하고 있는데, 사실은 그렇지 않고 기독교 축제다. 전통 축제로 오인할 만큼 450여년이라는 오랜 역사를 가졌을 뿐이다.

예술학원의 악대 연주에 맞춰 20여명의 학생들이 길 한복판에서 춤판을 벌이고 있다. 깔끔한 연주복을 차려입은 50여명 악대의 국악조 연주에 맞추어 산뜻한 색깔로 조화를 이룬 옷차림의 여학생들은 정열 넘치는 풍부한 춤사위를 보여준다. 그 속에 몇몇 어릿광대가 끼어 익살스러운 동작으로 웃음을 선사한다. 이윽고 한 광대가 구경꾼들을 향해 하늘높이 사탕을 뿌린다. 신의 선물이라고 한다. 구경꾼들은 남녀노소 할 것 없이 그 복된 선물을 받으려고 서로 밀치고 닥치고 한다. 그즈음 시장문 밖에서는 지방에서 상경한 한 예술단체(남녀 15명) 무용수들이 호객하면서 지방의 토속적 느낌이 듬뿍 밴 발랄한 춤을 선보인다. 바구니 춤, 남녀혼성 춤 등 다섯가지 민속춤을 진지하게 공연한다. 관중들의 박수갈채 속에 종장에는 무용수들과 관중들이 함께 어울리는, 마치 우리네 강강술래와 같은 집단무로 흥을 돋운다. 누가 끼어들어도 제법이니, 가위 '글로벌 춤'이라 일컬을 만하다.

여기서부터 시내관광에 나섰다. 주요 관광지는 바리오스광장(Plaza Barrios) 주변의 구시가지다. 바리오스광장은 여느 라틴아메리카 나라

'8월의 축제'를 맞은 학생들의 길거리 춤.

들의 시 중심에 있는 아르마스광장과 맞먹는 광장이다. 여기에는 궁전과 대성당, 국립극장 등 식민시대 건물들이 유적처럼 남아 있다. 곁에 있는 볼리바르공원에는 라틴아메리카의 '해방자' 볼리바르의 기마동상이 서 있으며, 저만치에 화려한 싼프란시스꼬대성당의 돔형 지붕이 보인다. 1950년에 바리오스광장 바로 앞에 지어진 이 성당은 1986년과 2001년에 연이어 발생한 지진으로 크게 손상을 입었으나 가까스로 복원을 마치고 지금은 정상적으로 운영되고 있다.

여기서 얼마쯤 떨어진 곳에 특이한 형태의 로사리오교회당이 자리하고 있다. 돔을 절반으로 자른 듯한 외형을 가진 이 교회는 겉보기와 달리 내부는 상당히 넓다. 강단과 좌석을 중앙부의 한켠에 몰아 배치하는 등 내부 설계도 특이하다. 채광 벽은 채색유리 성화로 아름답게 장식했다.

돔 형태의 로사리오교회당 외관.

바리오스광장을 중심으로 사방 1km 구내는 여러가지 공공 건물과 더불어 상업시설이 밀집된 구역으로 거리마다 인산인해를 이룬다. 노점상들이 빼곡히 들어선 거리는 차선이 따로 없다. 차들은 곡예하듯 이리저리 움지럭거린다. 근래에 자주 지진이 발생한데다 1980년에 일어난 내전이 12년간이나 지속되는 통에 많은 농촌인구가 도시로 몰려들다보니 도시는 붐빌 수밖에 없고, 치안은 엉망이 돼버렸으며, 빈부의 격차는 갈수록 커가고 있다. 난마(亂麻)로 뒤엉킨 난제의 악순환이다. 당장 그 악순환의 고리를 끊을 방책이 보이지 않는다고 한다. 비극이 아닐 수 없다. 이것은 적잖은 라틴아메리카 도시들이 공통적으로 안고 있는 치명적 사회문제다.

돌아오는 길에 코띠 여사는 뿌뿌사라는 전통음식을 먹어보지 않고는 싼살바도르를 다녀갔다고 말할 수 없다면서 가장 잘 만드는 뿌뿌사 공장 마르고스(Margoth)로 일행을 안내한다. 뿌뿌사는 옥수수가루 떡 속에 치즈와 검정콩가루 등 조미료를 넣어 구워내는 이곳 사람들의 주식이다. 지름이 10cm, 두께가 1.5cm 정도의 둥그스름한 빵으로, 조금은 쫀득거려서 떡이라고 불러도 가할 것 같다. 그리 크지 않은 공장 내부를 둘러보고 뿌뿌사를 만들어내는 과정도 지켜봤다. 고소한 맛에 은은한 향기가 풍긴다. 개와 총기류, 그리고 다른 음식물의 반입을 금지한다고 명시해놓은 공장 입구의 '반입금지물' 안내가 가관이다. 총기류에 의한 안전문제가 심각한 탓이라고 사장은 해명한다. 호텔에서의 저녁식사는 이 빵으로 해결하려고 했다. 그러나 허기진 탓인지, 맛있어 그랬는지, 한 사람이 두개로는 위에 기별이 제대로 닿지 않았다. 그래서 비상용으로 장만했던 햇반으로 보충하고 엘살바도르에서의 첫 밤을 보냈다.

이튿날은 날씨가 각별히 화창하다. 그만큼 기온도 한낮에는 33도로 치솟았다. 아침은 뿌뿌사 한개에 커피로 때웠다. 역시 사장님의 봉고차를 몰고, 아들의 경호를 받으면서 9시에 출발해 50분 만에 시 중심에서 서쪽으로 36km 떨어진 이름난 호야데세렌(Joya de Cerén) 마야유적지에 도착했다. 떠나서 15분 만에 옛 수도였던 떼끌라(Tecla)시를 지나갔다. 아직도 고풍이 역력한 것이 고도답다.

호야데세렌 유적은 라리베르따군(郡)의 사뽀띠딴분지(Sapotitan, 해발 450m)에 자리한 고전기 초기의 촌락유적지다. 3세기경부터 농경이 시작돼 촌락이 유지되어오다가, 640년 8월의 어느 비오는 밤 칼데라(Caldera)화산의 폭발로 두께 5m의 화산재 속에 파묻혀버려 세인의 기억 속에서 사라지고 말았다. 이로부터 1,300여년이 지난 1976년 사료

고전기 초기의 대표적 촌락 유적인 호야데세렌.

로 쓸 풀이나 곡물 등을 저장해두는 탑 모양의 창고인 싸일로(silo) 건축공사를 하다가 우연히 발견된 후 미국 콜로라도 고고학 팀에 의해 확인되였다. 1993년 유네스코 세계유산으로 등재되었으며, 지금도 발굴이 진행 중이다.

먼저 박물관에 들렀다. 박물관에는 마야문명의 초기에 해당하는 고전기를 살아온 농민들의 일상생활을 증언하는 생생한 유물들이 전시되어 있다. 이 유물들은 1~4지구로 나눠 진행되는 발굴 현장에서 건져낸 것들이다. 해설원을 따라 이 네 지구의 현장을 차례로 둘러봤다. 아도베로 지은 주택과 창고, 화덕, 취사장의 잔재가 확연하고, 옥수수밭과 옥수수와 꽃, 약초 등 작물을 재배한 텃밭 흔적도 확인된다. 주거지에서는 각종 토기와 과테말라 고지산 흑요석제 돌칼과 제분용 마제석기, 색칠한 호리병박과 바구니 등 유물이 출토되었다. 식품으

8세기에 조성된 마야 싼안드레스 유적의 중심 피라미드(높이 22m) 모습.

로는 옥수수와 콩, 호박, 고추, 구아바, 야자열매, 카카오, 용설란(龍舌蘭) 같은 농작물과 함께 사슴과 오리, 개 등 동물의 뼈가 반출되었다. 신기하게도 집안에서 살아온 쥐의 뼈도 발견되었다. 우거진 숲속에서 고무나무 몇그루도 발견했다.

이어 이곳에서 5km 떨어진 싼안드레스(San Andrés) 유적을 찾았다. 1910년 농장을 측량하다가 우연히 발견한 유적으로, 사다리형 피라미드가 특징적이다. 박물관에는 피라미드 속에서 출토된 각종 유물이 전시되어 있다. 푸른 잔디밭을 낀 저지와 고지(언덕)에는 몇기의 나지막한 피라미드가 널려 있다. 한창 발굴 중인 것도 있다. 약 500m 떨어진 인공산 중턱에서도 무덤 발굴이 진행 중인 것 같다. 중심 피라미드 주위에는 유적으로 보이는 이러한 인공 산이 15개나 널려 있다. 출토된 유물로 미루어봐서는 마야문명의 조형(祖型)이라 할 수 있는데, 아직까지도 누가 무엇 때문에 이러한 유적을 조성했는지는 수수께끼로 남아 있다. 석비에는 으레 있음직한 마야 특유의 신성문자가 새겨져 있지 않다. 이 때문에 문자를 가진 마야문명과의 상관성을 부인하는 주장도 있다. 8세기에 건설되기 시작한 이 유적의 건물들은 남하하는 멕시코문화의 영향을 받아 건축양식을 몇번이고 바꿔왔다. 높이 22m의 중심 피라미드는 1호 신전으로, 이곳 지배자를 기리기 위해 지은 것이고, 1977년에 발견된 작은 7호 신전은 인근 온두라스에 있는 꼬빤 유적과의 상관성이 논의되고 있다. 이상의 두 유적은 마야문명의 남계(南界)를 상징하는 초기 유적으로, 인신공희나 구체적 종교의제를 드러내는 흔적은 발견되지 않고 있다. 고대 라틴문명을 대표하는 잉카문명과 마야문명 간의 관계를 해명하는 것은 연구 과제로 남아 있다.

정오를 훌쩍 넘어 돌아오는 길에 민예품 시장에 들렀다. 20여채의 상점이 오밀조밀 붙어 있는 집단 상가다. 별로 눈에 띄는 것이 없어 구경만 하고 돌아섰다. 단, 한가지 유의미한 발견은 아낙네들이 머리에 무언가 이고 다니는 모습을 그린 민화(民畵)다. 머리에 물건을 이고 다니는 여성들이라니, 우리네 관습과 닮은꼴이 아닌가. 얼른 카메라에 담았다.

이러저러한 추억을 뒤로 하고, 작지만 강인하고 개성이 뚜렷한 싼살바도르를 떠나자니 한가지 유감이 남는다. 짧은 시간이라도 쪼개 가보자던 싸부로이라오공원(Parque Saburo Hirao, 平生三郎公園)을 옆을 지나면서도 들르지 못했다.

일본 이민 세대인 싸부로는 이곳에서 차린 동양방직공장의 부사장으로서 사재를 털어 이 공원을 지었다고 한다. 이 공원은 비스듬한 언덕 경사면에 일본 정원 형식으로 조성한 어린이 공원이다. 자그마

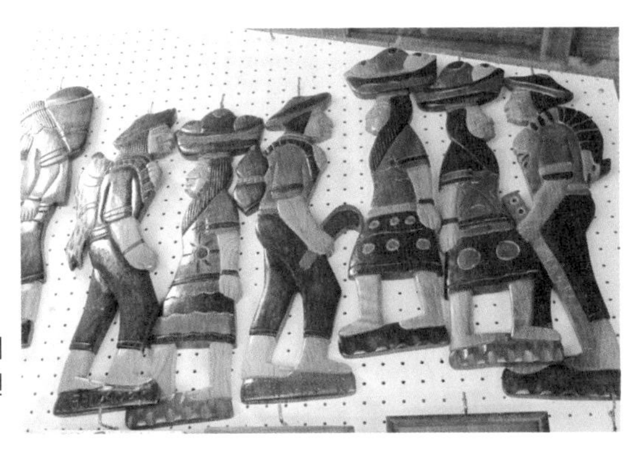
여인들이 머리에 짐을 이고 다니는 모습을 그린 민화.

한 부지 내에도 자연사박물관을 지어 동·식물실과 지질학실, 고대사실 등 12개 실을 마련해 유물과 박제품을 전시하고 있다고 한다. 필자가 굳이 여기서 이 공원을 소개하는 것은, 여행 기간 라틴아메리카의 처처에서 수천수만을 헤아리는 우리 동포들이 살아가는 모습을 전해 듣고 직접 만나보면서도 역사에 남을 만한 이러한 공원 하나 지었다는 낭보를 접하지 못했기 때문이다. 그러나 실망하지는 않는다. 왜냐하면, 언젠가는 우리 동포들 속에서도 이러한 슬기가 꽃피어나가리라는 것을 확신하기 때문이다.

2시에 호텔에 돌아와서는 호텔 측에서 특별히 마련한 비프스테이크로 점심을 먹었다. 갑자기 호텔 정원이 부산해진다. 알고 보니, 4시에 열릴 한 소녀의 15세 생일축하연을 준비하고 있었다. 사장이 직접 진두지휘를 한다. 이 나라에서는 생일을 각별히 중시한다고 한다. 세련되고 신중하며 열정적인 사장과 부드럽고 말수 적은 아들에게 거듭 감사의 인사를 드리며 섭섭한 작별인사를 나누고 3시에 공항으로 향했다. 그들 모자의 친절하고 정열적이며 진심어린 환대가 글 쓰는 이 순간 뇌리에 삼삼히 떠오른다.

42
'신의 선물' 옥수수, 그 엄청난 문명사적 의미

엘살바도르 사람들의 주식은 옥수수가루를 구워서 만든 뿌뿌사다. 국립인류학박물관 1층의 생태전시실에서도 옥수수 관련 유물이 전시품의 주종을 이루고 있다. 옥수수 종류가 그렇게 다양한 줄은 미처 몰랐다. 밭농사를 하는 농가에서 나고 자란 필자로서는 의아하지 않을 수 없다. 종류라야 고작 두세가지이고, 요리라야 부식으로 제철에 이삭째로 구워먹거나 삶아먹고, 타작해서 겨우내 죽을 쒀먹거나 가끔 엿을 만들어 먹는 정도다. 수확이 괜찮을 때는 가축의 먹이로도 쓴다. 일종의 구황작물인 셈이다. 그러나 여기 그 원산지인 라틴아메리카에서는 '신의 선물'로, 농작물의 '여왕'으로, 생활문화의 '공통분모'로 군림하고 있다. 라틴아메리카 어디를 가든 옥수수는 농작물의 주종으로 각광을 받고 있다.

신의 선물인 것만큼 당연히 신성시되고 있다. 과테말라의 서부 고지대를 터전으로 했던 끼체 마야왕국의 신화를 집대성한 문집 『포폴부』(*Popol Vuh*)는 이러한 신화를 전하고 있다. 태초에 신들은 자신들을 섬길 진정한 인간을 창조하려고 무척이나 고심했다. 아직까지 세상만사가 무조건 신의 뜻대로 되는 그러한 시대는 아니었나보다. 처음에는 동물들로 하여금 자신들을 섬기도록 하고 싶었지만 말을 못하니 소통할 수가 없었다. 그래서 인간을 창조하기로 작심하고 진흙으로 인간을 빚었는데 흐물거릴 뿐만 아니라 비가 오자 허물어지고 말았다. 다시 나무로 만들어봤으나 머리가 석두이고 몸에는 피가 흐르지 않아 고목에 불과했다. 모두 마음에 들지 않았다. 그래서 고민 끝에 제대로 된 인간을 만들어내는 물질로 찾아낸 것이 바로 옥수수다.

과테말라의 포폴부박물관에 전시되어 있는 옥수수 장식.

신들은 옥수수 반죽으로 살을, 옥수수 음료로는 피를 만들어 참 인간을 완성했다. 옥수수가 메소아메리카문명의 주역이 된 것이다. 이러한 신화가 배어 있는 곳에서 옥수수는 신성시될 수밖에 없다. 윰 까아시(Yum Kaax)라는 옥수수신이 따로 있는데, 보석으로 장식한 옥수수 자루처럼 생긴 긴 머리 모양을 하고 있으며, 고유의 상징적 문자를 가지고 있다. 그런가 하면 어떤 신전에서는 이 옥수수신을 정중히 모시기도 한다.

엘살바도르 국립인류학박물관에 전시된 각종 옥수수.

이러한 옥수수 신화는 전설로 오늘날까지 전승되고 있다. 옥수수를 술과 바꾸는 행위는 하늘에 대한 무례불경으로 가뭄을 초래하며, 길에 떨어진 옥수수를 보고도 그대로 방치하면 지옥에 가서 벌을 받는다고 믿는다. 아이가 태어날 때는 탯줄을 옥수수 위에서 자른 뒤 그 낟알을 파종해 얻은 수확의 일부를 신에게 바쳐야 한다. 그리고 나머지 낟알로는 아이에게 줄 음식을 만들고, 아이가 클 때까지의 식량도 될수록 탯줄을 자를 때 피가 묻은 낟알을 심어서 얻은 수확으로 충당한다. 인간과 신성한 옥수수와의 일체성이나 인간에 대한 옥수수의 보호와 구제를 상징하는 일종의 신앙이다. 뿐만 아니라, 옥수수는 부활의 상징으로 죽은 자의 묘비에 그려넣기도 한다. 바로 이러한 상징성 때문에 정치색의 가늠자로 등장하기도 한다. 멕시코 독립 후인 19세기 정치 무대에 오른 보수주의파는 따꼬 같은 옥수수 위주의 전통음식을, 자유주의파는 밀가루 음식을 상징으로 내세우는 희극을 벌이기도 했다.

엘살바도르를 비롯한 메소아메리카 지역에서는 다양한 방법과 맛으로 옥수수 요리를 한다. 어제 바리오스광장 곁 시장거리를 지날 때 여러 곳에서 김이 모락모락 피어오르는 대나무 소쿠리를 발견했다. 찐 옥수수를 파는 소쿠리라고 사장님은 알려준다. 어릴 적 먹던 얘기를 꺼냈더니 귀담아 듣다가 어디선가 구했는지 저녁식사 때 뿌뿌사와 함께 옥수수 두 이삭을 내놓는다. 호기심에 덥석 잡아들고 맛을 보니 웬걸 짭조름한 게 우리네 옥수수 맛과는 사뭇 다르다. 물어보니 찔 때나 먹기 전에 레몬즙과 소금으로 간을 맞추어 그런 맛이 난다는 것이다. 씹을수록 고소한 맛이 우러나온다. 멕시코를 비롯한 메소아메리카에서는 옥수수 재료를 가지고 다양한 음식을 만든다. 옥수수를 메따떼(metate)라고 하는 맷돌에 갈아서 밀가루와 함께 굽는 일종의 전병인 또르띠야(tortilla)가 그 대표적인 요리다. 또르띠야의 원류에 관해서는 전통음식이라는 설과 스페인에서 유입되었다는 두가지 설이 있다. 또르띠야에 갖가지 채소와 고기를 싸서 먹는 따꼬(taco)는 오늘날 대표적인 멕시코 음식으로 자리 잡았지만, 아랍 요리의 영향을 받은 것이라는 일설이 있다. 음식은 맛만 있으면 알려지고 확산되는 법이다. 그밖에 옥수수로 술을 빚기도 한다. 일찍부터 잉카인들은 옥수수를 발효시켜 오늘날의 맥주에 맞먹는 시큼한 음료를 만들었다.

메소아메리카인들의 주식이자 주작물인 옥수수의 기원에 관해서는 여러 설이 있지만, 멕시코 고지에서 기원했다는 설이 중론이다. 멕시코 고지나 과테말라 고지의 서부에서 자생하며 벼과에 속하는 떼오신떼라고 하는 야생식물을 채집하는 과정에서 돌연변이가 생겨 옥

옥수수로 만든 전통 음식 뿌뿌사.

마르고스 공장에서 뿌뿌사를 만드는 장면.

수수의 조상이 되었다는 것이다. 유전학 연구에 의하면, 옥수수는 멕시코 서부의 발사스강 중류지역에서 기원전 7000년경에 처음으로 재배되었을 가능성이 높다. 오아하까분지에 있는 기라 나킷 유적에서는 AMS 탄소-14 연대측정법에 의해 기원전 4300년으로 추정되는 가장 오래된 옥수수 유존체(遺存體)가 출토되었다. 초기의 옥수수는 이삭 길이가 2cm 정도에 불과한 작은 식물이었다. 수천년 동안 품종개량을 거듭하면서 이삭이라든가 낟알이 커졌다. 그 결과 오늘날 몇겹의 잎사귀에 감싸인 채 이삭에 수백개의 알이 박히는, 인간의 손길이 미치지 않으면 생존할 수 없는 식물로 변모했다. 오아하까분지에서 번영한 사포테까문명의 중심도시 몬떼알반은 기원전 500년경에 건설되었는데, 여기서 또르띠야라고 하는 얇은 원형 전병을 굽는 꼬마르(Comar, 대형 토기)가 발견되었다.

옥수수는 이렇게 당초부터 신성시된데다가 다른 작물에 비해 높은 실용성을 지녔기 때문에 깊은 관심 속에 많이, 그리고 널리 재배되었다. 그 과정에서 품종개량이 부단히 이루어지면서 생산량이 급증했다. 서구의 주작물인 밀은 18세기까지도 파종량과 수확량의 비율이 1:5에 불과했으며, 경작에 많은 노력이 필요했다. 뿐만 아니라 이포제(two-field system)나 삼포제 방식으로 윤작을 해야 한다. 이포제란 땅의 자양분이나 지력을 회복해 정상적인 경작을 하기 위해 농경지의 일부만을 경작하고 나머지는 놀리는 윤작방법을 말한다. 이에 비해 옥수수는 그 비율이 1:70, 심지어 1:150에까지 이르며, 이포제나 삼포제는커녕 1년에 이모작을 할 수 있다. 게다가 일도 편해서 7~8일에 하루 정도, 1년에 총 50일만 일하면 된다. 농민들은 숲이나 덤불을 태운 유기농 거름으로 경작하는 이른바 '밀빠'(milpa)라는 전통적 경작법을 도입해 수확률을 높여왔다.

아메리카인들이 도입한 이러한 고수확 경작법과 더불어 영양가를 높이고 부작용을 덜어주는 특유의 옥수수 조리법은 옥수수의 급속한 세계적 확산을 가져왔다. 기원전 1400~400년에 중남부 멕시코 지역에서 번영했던 올메끄족이 슬기롭게 개발한 닉스타말화(nixtamalization)라는 옥수수 조리법은 옥수수 재배지에 신속하게 퍼져 전통 조리법으로 자리잡았다. 옥수수를 백회나 숯으로 구운 달팽이 껍질과 함께 삶고 하룻밤 식힌 다음 알갱이를 싸고 있는 껍데기를 물로 씻어 골라내는 방식이다. 이렇게 하면 옥수수가 훨씬 쉽게 갈아지며, 반죽이 부드럽게 된다. 이 반죽을 나우아뜰어(아스떼끄족 언어의 일종)로 '닉스타말리'(nixtamalli)라고 한다. 이러한 조리 과정에서 아미노산이 증가한다고 한다. 인디오들의 이러한 조리법은 장기간에 걸친 실천적 체험의 결과이며, 인류 공동의 소중한 식문화 유산이다.

16세기부터 라틴아메리카의 옥수수는 환지구적 해상실크로드를 통해 대량으로 구대륙에 전파되어 식생활과 인구 증가에 일대 혁명을 가져왔다. 고수확 작물로서의 위력과 잠재력을 유감없이 발휘해 서구의 산업화에 크게 기여했다. 1700년에 1억 8,000만을 헤아리던 중국 인구는 1820년에 3억 4,000만으로 근 두배나 급증했으며, 서유럽은 같은 기간에 인구 8,100만에서 1억 3,300만명으로 늘어났다. 이러한 인구급증은 그즈음에 구대륙의 쌀과 밀과 더불어 세계 3대 주식의 하나로 자리매김한 옥수수의 유럽 등장과 무관치 않다는 데는 별 이의가 없다.

라틴아메리카는 농작물의 보고다. 세계 농작물의 절반이 이곳에 뿌리를 두고 있어 하는 말이다. 16세기부터 옥수수와 감자를 비롯한

수확을 앞둔 옥수수밭.

라틴아메리카의 농작물이 세계 각지로 퍼져나가 세계 농업사뿐 아니라 인류의 식생활에 일대 전환을 가져왔다.

이렇게 엘살바도르는 비록 작은 나라이지만, 라틴아메리카의 찬란한 역사문화를 골고루 오롯이 비쳐주는 다면(多面) 거울이다. 자연이 그러하고, 사회가 그러하며, 인간마저 그러하다. 그리하여 체류 2박 3일은 너무나도 짧은 일정이다. 아쉬움을 남긴 채 호텔을 떠나 40여 분 만에 공항에 도착했다.

43
‘께찰’의 나라, 과테말라

싼살바도르의 꼬말라빠국제공항에서 TA 588편(좌석 24A)으로 오후 7시 08분에 시동해 8분 후에 이륙, 7시 49분에 과테말라시티의 라 아우로라(La Aurora)국제공항에 착륙했으니, 비행에 고작 33분이 걸렸다. 두 나라는 가까운 이웃이다. 그러나 국력이나 인종 구성에서는 현격한 차이를 보인다. 면적은 약 5배, 인구는 2배 이상 차이가 나며, 원주민 비율은 각각 5%(엘살바도르), 52%(과테말라)이다. 혼혈(메스띠소)은 엘살바도르 85%, 과테말라 45%이며, 백인은 엘살바도르 10%, 과테말라 2%다. 라틴아메리카에서 민족구성비는 왕왕 역사적·문화적으로 유의미한 대비를 보여준다. 원주민 구성비가 높으면 그만큼 토착 전통문화가 많이 남아 있으며, 백인 구성비가 높으면 그만큼 서구화에 휩쓸려 사회적 갈등이 증폭하는 경향이 있다.

공항에서부터 과테말라가 지니고 있는 이러한 특색을 포착하면서 야음 속에 하디손호텔(Hotel Radisson)에 도착, 404호실에 여장을 풀었다. 공항에서부터는 같은 호텔에 투숙하는 손님 다섯분과 함께 호텔 전속 차를 타고 오면서 이러저러한 여행담을 나눴다. 9시에 호텔에서 저녁식사를 하고 나서는 변동이 예상되는 이곳에서의 일정을 토의 조정했다.

본래 일정은 8월 5일 복학수속을 위해 앞당겨 귀국하는 여인욱 군의 일정에 맞춰 내일(7월 29일) 아침 6시 30분 비행기로 북쪽 한시간 거리에 있는 플로레스(Flores)로 날아가 거기서 60km쯤 떨어져 있는 띠깔(Tikal) 유적지를 돌아보고, 30일 다시 이곳에 와서 이틀을 지낸 다음 8월 1일 멕시코에 가서 여 군과 헤어지는 다소 복잡한 일정이었다. 그런데 공항에서 호텔 차를 함께 탄 손님들 중에 멕시코에서 방금 도착한 독일인 부부가 있었다. 그들 말에 의하면, 요즘 멕시코는 태풍 계절로 비행기 결항이 잦아서 그들도 공항에서 8시간이나 기다린 끝에 겨우 오는 행운을 잡았다고 한다.

덩달아 여기 과테말라시티와 플로레스 지방 역시 우기라서 변덕이 심해 하루 한두번 다니는 플로레스행 비행기도 결항이 다반사라고 호텔 직원이 알려준다. 그래서 토의 끝에 아쉽지만 띠깔행은 포기하고, 안전장치로 하루 앞당겨 멕시코로 가는 데 합의했다. 문제는 일곱시간 뒤인 플로레스행 비행예약을 취소하는 것이다. 알아보니 새벽 3시부터 공항 업무가 시작된다고 하기에 여행사 가이드 손 양과 여 군이 부랴부랴 2시에 공항에 달려가 가까스로 플로레스행 예약을 취소하고, 30일 오후 6시 멕시코행 비행기를 재예약한 뒤 5시 넘어서야 돌아왔다. 뜬눈으로 그들을 기다리다가 그제야 걱정을 덜었다. 묵묵히 따라주는 그들이 너무나도 고마웠다. 한 고비 넘기고 다들 잠깐 눈을 붙였다.

이 대목에서 비록 답사는 무위로 돌아갔지만 띠깔 유적에 관해 소략하게나마 소개하는 것이 독자들에 대한 의무이고 예의이며, 지식의 사회 환원이라고 생각한다. 띠깔 유적은 과테말라 북부 뻬뗀(Petén) 지방의 정글 속에 묻혀 있는 마야 최대의 신전도시 유적이다. 키가 20~30m나 되는 울창한 수림으로 뒤덮인 이 정글에는 선고전기 중기부터 고전기 말기까지 약 2,000년 동안 33명의 왕이 다스린 신전왕국이 자리하고 있었다. 전성기인 고전기 말기(기원후 300~800년)에 전성기를 구가했는데, 이때는 123km²의 부지에 약 6만 2,000명이 살고 있었으며, 3,000여개의 각종 구조물이 지어졌다. 아직까지 원인은 제대로 밝혀지지 않고 있지만, 10세기에 접어들면서 갑자기 다른 마야의 신전도시들과 함께 사라졌다. 주민들은 어디론가 가버리고, 신전들은 숲속에 수세기 동안 그대로 묻혀버렸다.

그러다가 1696년 플로레스(Flores)의 일족에게 쫓겨 도망치던 스페인 선교사들에게 우연히 발견된다. 1979년 마야 유물로는 처음으로 유네스코 세계문화유산으로 등재된 후 지금까지도 복원이 진행 중이다. 남아 있는 대표적인 유물로는 대광장(Gran Plaza)을 중심으로 분포된 5개의 대형 신전군(1~5호 신전)을 비롯해 7개의 신전광장, 대피라미드, 쌍둥이피라미드, 아크로폴리스, 5개의 경기장과 공공저수지 등이 있다. 4호 신전은 높이가 무려 70m로 콜럼버스 이전의 아메리카대륙에 세워진 가장 높은 구조물이다. 띠깔박물관에는 지하 분묘에서 발굴된 각종 유물(보석, 도지 등)과 박물관이 소장하고 있는 마야시대의 석비와 석상들이 전시되어 있다. 띠깔 유적 주변에는 숱한 마야 유적이 흩어져 있다. 띠깔 유적은 멕시코 유까딴반도의 치첸이차

과테말라 국립고고학민족학박물관 외관.

(Chichen Itzá) 유적과 쌍벽을 이루는 대표적 마야 유적이다.

글이라도 써서 소개하니 직접 가보지 못한 아쉬움이 약간이나마 사그라지는 기분이다. 간밤의 설친 잠을 툭툭 털고 시내 관광에 나섰다. 과테말라는 국토의 3분 2는 해발고도가 높은 산간지대인데다 남북으로 바다에 면하고 있어, 열대지역에 속해 있긴 하지만 별로 무덥지 않다. 1년은 우기(5~10월)와 건기(11~4월)의 두 계절로 나뉘며 강수량도 비교적 고른 편이어서 일년 내내 꽃이 피고 나무가 푸르싱싱해 '상춘지국(常春之國, 늘 봄 같은 나라)'이라는 미명을 갖고 있다. 그래서인지 한창 우기인데도 과테말라시티의 아침 공기는 맑고 시원하다. 일행이 찾은 7월의 기온은 최고가 24도, 최저가 15도로 무척 쾌적하다. '작은 빠리'라는 별명을 얻게 된 이유의 하나가 바로 여기에 있다. 이 도시

과테말라의 유명 화가 까리오스 메리다(1891~1989).

는 해발 1,493m의 고지에 자리하고 있는데, 면적은 1,905km²(전국은 약 11만km²), 인구는 약 107만(2009, 전국은 2015년에 1,618만)에 달한다.

도시명의 어원에 관해서는 인디오 아스떼끄어의 '꽈떼멜란'(quauhtemellan), 즉 '응족(鷹族, 매족)의 땅'에서 유래되었다는 설과 토착민인 '꾸아 떼말란'(Cuah temallan)의 이름이 와전되어 생겨났다는 등 여러 설이 있다. 중미에서 가장 큰 도시인 과테말라시티는 1524년 스페인 침략자들에 의해 '싼싼띠아고(성산디아고)'라는 이름으로 건설된 이래 수차례의 화산폭발로 파괴와 복원을 거듭해오다가 1776년에 지금의 자리에 정착되면서 지금의 이름을 얻게 되었다. 1779년에 이 나라의 수도가 된 데 이어 1823~38년에는 중미연방의 수도가 되기도 했다. 지금은 중미공동시장 총부가 여기에 자리잡고 있다. 교통의 요지로 전국 공업생산량의 절반 이상이 여기에 집중되어 있다.

9시가 갓 넘어서 고대 마야문명의 제반 요소가 응축된 공간일 거라는 큰 기대 속에 우선 국립고고학민족학박물관을 찾아갔다. 그런데

국조 께찰을 앞세운
자연사박물관 외경.

웬걸 금요일만 개관한다면서 문가에 접근도 못하게 한다. 어디에도 정식이건 임시건 휴관 안내 한장 없다. 말 걸 사람도 없다. 세계적으로 박물관은 1주일에 하루 휴관하는 것이 관행이다. 이렇게 일요일(오늘)을 포함해 6일간 휴관하는 박물관은 없을 것이다. 황당한 일이다. 발길을 돌리려는데 정문 경비원이 한 울타리 안에 다른 박물관들이 있다고 알려준다. 다행히 계획에 없던 국립현대미술관에 들렀다. 이 나라 미술에 전혀 문외한인 필자로서는 어떻게 감상할까가 문제였다. 무턱대고 돌아볼 수는 없고 해서 미술관 큐레이터에게 이 나라의 유명한 화백 몇명의 작품을 소개해달라고 솔직히 청을 드렸다. 그랬더니 참 친절하게도 유명 화가 세명의 이름을 적어주면서 그들의 작품을 일일이 안내하는 것이었다.

그 세명은 까리오스 메리다(Carios Merida, 1891~1984)와 에프라인 레시노스(Efrain Recinos, 1928~2011), 로돌포 갈레오띠(Rodolfo Galeotti, 1912~65)다. 특히 거장 메리다의 몇 안 되는 작품(대부분 외부 여러 곳에서 전시 중)에 관해 상세히 설명해준다. 그는 멕시코에서 리베라 등 거장들과 벽화운동을 벌이면서 전통적이면서도 범아메리카적인 작품들을 많이 남겼다고 한다. 그의 대표적 작품이 시청사에 걸려 있다고 한다. 그밖에 여러 화가들의 작품도 선보인다. 총체적으로 높은 수준은 아니지만 나름대로 미술의 현대화와 생활화, 전통화에 부심한 흔적이 역력히 보인다. 개중에는 현실을 폭로하는 사실주의 작품과 반전·평화 걸개그림 같은 것들도 눈에 띈다. 그런가 하면 추상주의 작품도 여러점 보인다.

문을 나서는데 저만치에서 이 나라의 국조(國鳥)인 께찰 조각상이 시야에 들어온다. 금방 비상하려는 자태다. 신기해서 가까이 가보니 자연사박물관의 심벌로 문 앞에 세워져 있다. 아름다운 천연색의 깃을 가진 께찰은 과테말라에서 자유와 애국, 우정의 상징으로 '자유의 새'라고도 부른다. 그런가 하면 암수 쌍쌍이 절대로 떨어지는 법 없이 어울려 사는 진조(珍鳥)로, 애정의 상징으로도 진중한다. 께찰은 이유는 모르겠으나 '삼림의 의사'라는 별명도 갖고 있다. 그래서 정부는 이 새를 국조로 정식 선포하고 국기와 국장, 화폐에도 새겨넣으며, 법적으로 포획을 금한다.

2층으로 된 건물의 1층은 주로 진화론적 견지에서 우주의 형성 과정이나 생물의 진화 과정을 그림이나 도표를 섞어 생동하게 설명하는 전시 내용으로 채우고, 2층에는 이 나라와 라틴아메리카 여러 곳에서 채집한 동식물의 그림과 일부 박제품들을 전시하고 있다. 다분히 학생들을 상대로 하는 박물관으로, 이만큼의 정성과 관심을 보인다는 것은 흐뭇한 일이 아닐 수 없다.

이어 찾아간 곳은 시 서남부의 주택가에 자리하고 있는 고대 마야

자연사박물관 소장 박제품들. 희귀조(좌)와 사자(우).

도시 까미날후유(Kaminal Juyu) 유적지로, 지금은 국립유적공원으로 운영되고 있다. '사자(死者)의 언덕'이라는 뜻의 이 유적은 선고전기 중기부터 고전기 말기까지 마야 고지의 최대 도시였다. 전성기는 선고전기 후기인 기원전 200년부터 기원후 100년까지이며, 11세기에 붕괴된 것으로 추정된다. 일본 기업들의 후원에 의해 1991~93년에 집중적으로 발굴 작업을 진행한 결과 귀중한 유물들이 많이 모습을 드러냈다. 영내에 수로 흔적이 있는 것으로 보아 관개농업이 진행되고 있었으며, 흑요석 산지가 코앞(20m)에 있어 흑요석 돌칼 등을 제작해 주위에 유통시켰다. 면적 5km²의 부지에 약 200기의 구조물이 들어섰다. 그중에는 아도베로 지은 높이 20m의 신전피라미드와 12개의 경기장, 두꺼비형 기단이나 옥좌(玉座)가 달린 300여기의 석비가 포함되어 있다. 그러나 개발로 인해 그 90% 이상이 파괴되어 형체를 잃고 말았다. 예컨대 현무암에 인물상이 새겨진 일급 마야미술인 석비 10호의 경우는 원래의 높이 3m에서 그 3분의 1인 1.3m밖에 남아 있지 않다.

선고전기 후기의 마야 도시유적인 까미날후유 유적 발굴 현장.

무료로 개방되는 유적공원 정문에 들어서자 웅대한 유적 모습이 한눈에 안겨온다. 좌측 발굴현장으로 가는 약 5m 너비의 잔디밭 길 양 변에는 배구공 크기의 둥그스레한 돌을 묻어 길을 안내하고 있다. 좌측은 4개, 우측은 5개씩 나란히 한 조로 묶어 배열해두었는데, 그 개수의 의미는 아직까지 수수께끼라고 한다. 그리고 길 주변에는 우리네 성황당처럼 돌무지가 군데군데 널려 있다. 발굴현장은 크게 두 곳인데, 한 곳은 대형 신전 터다. 지하에는 모래를 섞은 진흙과 벽돌로 지은 묘실이 있다. 다른 한 곳은 마당과 집회장으로 추측되는 2개의 공간을 서로 이은 유적인데, 한창 발굴 중이다.

불을 지펴 액을 쫓는 전통적 주술 행위 장면.

돌아오는 길에 널따란 잔디밭을 지나는데, 그 한가운데서 남녀노소 여남은 명이 인디오의 전통의식을 치르고 있었다. 호기심이 동해 가까이에 가보니, 지펴놓은 불을 중심으로 빙 둘러서서 입속으로 주문을 외우다가는 인디오 복장을 한 사제의 노랫소리에 맞춰 말린 생선이나 과일 같은 것을 불 속에 던진다. 액을 쫓는 일종의 주술행위다.

여기서 약 500m쯤 가니 나지막한 지붕을 쳐놓은 발굴현장이 나타난다. 때마침 점심시간이라서 발굴 도구만 이리저리 놔둔 채 사람은 보이지 않는다. 발굴된 석비 여러기가 복원 중에 있다. 일본이 후원한다는 것을 알리는 표시판(일본 국기가 부착)이 구석구석에 붙어 있다.

답사를 마치고 정문에 돌아오자, 안내원이 곁에 있는 박물관으로 안내한다. 영내 유적에서 발굴된 유물들이 전시되어 있다. 정교한 도기(세라믹) 몇점이 각별히 주목을 끈다. 2,000년 전 마야인들이 가꿔온 도기제작술의 높은 수준을 보여주고 있다. 마야 후예들의 자기 문화에 대한 사랑이라고나 할까, 도시 한가운데에서 무료로 개방하는 유적 치고는 상당히 잘 보존되어 있다.

호텔에 돌아와서 전통뷔페로 늦점심을 해결했다. 호떡과 바싹과자를 곁들인 옥수수 음식이 주종이다. 조그마한 손잡이 단지에 담아주는 옥수수죽은 부드럽고 달콤한 일품 맛이다. 연일 강행군을 한데다가 간밤에 잠도 설치고 해서 오후에는 휴식을 취하기로 했다. 휴식 참에 가볍게 호텔 주변을 거닐었다. 이 '상춘의 나라'에서도 공해는 어쩔 수 없는 모양이다. 매캐한 냄새가 숨통을 찌른다. 지진대가 서부와 남부를 지나가는 이 나라에는 30여개의 화산이 번갈아 분출하다보니 고층건물은 별로 없고, 2~3층짜리가 태반이다. 풍상(風霜)이 켜켜이 쌓인 고택들도 가끔 눈에 띈다.

지도에서 보니 시가지는 바둑판처럼 모두 25개의 소나(zona, 지구)로 나뉘어 있다. 구시가에 속하는 소나1에는 중앙공원을 중심으로 대성당과 국립문화궁전, 중앙시장, 국립도서관이 배치되어 있으며, 약간 떨어진 곳에 대통령관저가 있다. 원주민 인디오들이 가장 많이 살고 있는 과테말라시티의 거리는 형형색색의 의상 전시장을 방불케 한다. 100여개 부족들의 의상은 제각기 특색이 있어 양식과 색조, 입는 방법이 서로 다르다. 그들은 이것을 자랑스럽게 생각하며, 전통으로 오늘날까지 꿋꿋이 이어오고 있다.

저녁에는 인근 5분 거리에 있는 한국식당 '호돌이'를 찾았다. 40대

프란시스꼬말로낀대학 안에 있는 이스첼민족의상박물관 외관.

후반의 주인아주머니는 친절하게 메뉴를 안내한다. 한화 7,500원어치의 육개장을 골랐다. 반찬도 깔끔하고 육개장도 제맛이다. 아주머니의 말에 의하면, 시내에 한국식당이 무려 30곳이나 있다고 한다. 도저히 믿어지지 않아 재차 물었으나 대답은 여전하다. 이렇게 자그마한 도시에 많은 한국식당이 있는 원인을 물으니, 주인은 "생겼으니 생겼지"라고 무덤덤하게 대답한다. 우리 동포가 많아서인지, 아니면 이곳 사람들이 한국음식을 즐겨서인지, 궁금하지만 더이상 캐묻지는 않았다. 다들 성업을 이루기를 바랄 뿐이다.

이튿날(7월 30일, 월)도 유적 답사가 이어졌다. 아침 일찍 프란시스꼬말로낀대학 내에 있는 이스첼민족의상박물관(Museo Ixchel del Traje Indígena)을 찾았다. 2층으로 된 건물에는 약 120점의 과테말라 선주민들의 전통의상을 전시하고 있다. 의상과 함께 스페인 식민화 이전의 전통 직물과 이후의 혼란기와 산업혁명을 걸친 직물의 발전 과정을 보여주는 유물들이 다수 전시되어 있다. 흥미로운 것은 우리네와 유사한 의상이나 직물, 생활관습 등을 보여준다는 점이다. 16세기의 누

포폴부박물관에서 토기 제작 실습을 하는 학생들.

에고치, 직선 재단의 저고리, 비녀, 연지, 상투, 뒷머리 땋기, 여인들의 머리에 이기와 아이 업기, 색동무늬 등이 바로 그러한 것들이다.

참관을 마치고 바로 옆에 있는 대학 부속의 포폴부박물관(Museo Popol Vuh)을 찾아가는 길에 뜨락에서 교사의 지도하에 일군의 남녀 중학생들이 토기 빚는 실습을 하는 장면을 목격했다. 다들 사뭇 진지한 모습이다. 일행을 보고는 서툰 영어로 인사를 건네고 말을 걸어온다. 그 순진한 눈망울들이 지금도 눈앞에 선히 떠오른다. 이 박물관에는 주로 태평양 연안에서 내륙 고지까지의 지역에서 출토된 도기를 비롯한 각종 마야유물들을 전시하고 있다. 특히 서부의 까미날후유호 부근에서 출토된 특색있는 유물들이 많이 선을 보인다. 도기는 실용적인 기물(그릇)의 개념을 벗어나 이미 상당한 수준으로 승화된 예술

주로 태평양 연안에서 출토된 마야유물을 전시하는 프란시스꼬말로낀 대학 부속 포폴부박물관 입구.

품이다.

이곳 참관을 마치고는, 도기가 많이 소장되어 있다는 말에 한 시멘트공장의 박물관을 찾아갔다. 시멘트 먼지가 자욱한 공장의 끄트머리에 자리한 박물관은 소문과는 달리 시멘트와 관련된 몇점의 도기(세라믹)가 복도에 아무렇게나 전시되어 있을 뿐, 눈에 드는 유물은 한점도 없다. 실망이 이만저만이 아니었다. 이 덧없는 공장 행각에서 시멘트 가루 때문에 얻은 악성기침이 그후 여행 기간 내내 필자를 괴롭혔다.

갑자기 변동된 일정에 어쩐지 마음이 놓이지 않는다. 그래서 오후 4시가 좀 지나서 일찌감치 공항에 도착했다. 짐 수속을 하려고 하는데, 탑승객 명단에 일행 세명은 빠져 있다는 것이다. 청천 하늘에 날벼락, 이럴 경우를 두고 하는 말이다. 그제 새벽에 손 양과 여 군이 직접 와서 플로레스행 비행기 예약은 취소하고 오후 6시 20분 멕시코행 비행기를 예약하고 예약표를 받았다. 추가비용까지 포함한 비행기표 값을 치르려고 하니, 공항 직원은 제시간에 나오기만 하면 된다고 능청스레 확답했다고 한다. 그래서 재확인 없이 안심하고 공항에 왔더니 이꼴이다. 따져봐야 '명단에 없다' '예약해준 직원이 누구인가 대라'라는 말만 퉁명스럽게 반복한다. 두루 인상착의를 말했으나 막무가내다. 경찰을 포함해 몇몇 직원들에게 구원을 요청했으나 한결같이 시큰둥해 하면서 얼굴을 돌린다. 출발 30분을 앞두고 승객들은 다 빠져나가고 짐 카운터는 텅 빈 상태다. 피 말리는 시간이 흘러만 간다. 안절부절 못하고 서성대고만 있는데, 웬 직원이 허겁지겁 달려오더니 사무실에 갔다오겠으니 좀 기다리라고 한다. 한 오리 희망의 불빛이다. 그나마도 이 순간까지 포기하지 않고 기다린 것은 경험의 힘이다. 보통 항공회사들은 항선마다 비상용으로 좌석 몇개씩은 남겨놓는다. 더구나 멕시코 쪽이 태풍철이라 공석이 있음직하다.

그러나 운에 맡길 수밖에 없다. 이윽고 그 직원이 표 세장을 가지고 달려왔다. 행운의 신은 예상을 적중시켰다. 자초지종을 물을 겨를도 없이 그의 도움으로 모든 출국수속을 단숨에 대충 마치고 허겁지겁 탑승하니 출발 정각 3분 전이다. 우리 탓인지 AM 679편(좌석 25A)은 10분 늦게 시동을 걸더니 9분(현지시각 18시 39분)만에 이 초심(焦心)에 속태우던 승객 세명까지를 마저 태우고 굉음을 내면서 단숨에 대지를 박차고 떠오른다.

44
인디오의 대모, 리고베르따 멘추

공항에서 애태운 시간은 비록 두시간 남짓한 짧은 시간이지만, 그 긴장도는 사뭇 높았다. 몸을 실은 비행기가 이륙하자 그제야 긴장했던 육신이 호졸근해지면서 과테말라에서 보낸 이러저러한 생활정경이 눈앞에 환영처럼 어른거린다. 그 가운데에 머릿속에서 희미하게 떠도는 한 영상이 있었으니, 바로 리고베르따 멘추(Rigoberta Menchú)다. 원래 계획에는 오늘 오후쯤 이 '인디오의 대모'이자 '마야의 여왕'인 멘추의 고향을 방문해 그 진면모를 밝혀보려고 했으나, 일정을 하루 앞당기는 바람에 그만 무산되고 말았다. 여행에서 가끔 맞닥뜨리는 낭패의 고배를 또 한번 마시게 된 셈이다. 그 현장은 아니지만, 그녀가 자란 땅 위를 지나간다는 상념에 정신이 바싹 들면서 단 하나, 인디오라는 인종적 숙명 때문에 그녀가 겪어야 했던 파란만장한 일생이 주마등처럼 뇌리에 떠오른다. 그 일생을 한번 엮어보려는 충동과 함께.

멘추는 1959년 1월 과테말라의 서북부, 수도 과테말라시티에서 90km 떨어진 끼체주(州) 치멜 마을의 한 몰락한 족장의 아홉 자식 중 여섯째로 태어났다. 고원지대에 자리한 이 마을은 이 나라 22개 토착민(인디오)의 일족인 끼체족이 모여살고 있는 집성촌이다. 요컨대 멘추는 순수 원주민인 끼체 인디오 집안에서 태어나 자랐다. 워낙 메마른 고원지대라서 땅이 척박한데다가 인종차별로 인해 끼체족 사람들은 가진 것이 없었다. 해마다 6개월씩 온가족이 남부 해안에 몰려 있는 커피농장이나 목화농장에 가서 갖은 고역과 착취에 시달리면서 겨우 연명해나갔다. 멘추의 일가도 예외는 아니었다.

멘추는 태어날 때부터 온갖 사회악과 고난, 그리고 비통 속에서 나날을 보내면서 육체적·정신적으로 성장해갔다. 그가 태어난 이듬해인 1960년에 미국의 사촉을 받는 정부군과 원주민들의 저항운동을 이끄는 게릴라 간에 내전이 발발했다. 과테말라 사회를 파괴와 분란, 저주와 상잔의 도가니로 몰아넣은 이 내전은 장장 36년 동안이나 지속되었다. 멘추의 유년기와 청년기는 이 전쟁의 소용돌이에 휘말려 숱한 불운과 고초를 겪었지만, 아니러니하게도 그 소용돌이가 그녀를 눈뜨게 했다. 전쟁과 그 후과는 그녀의 평생 동반자였다. 그것은 역설적으로 그녀로 하여금 전쟁을 반대하고 평화를 수호하는 데 삶을 바쳐 노벨평화상 수상이라는 영예의 전당에 서게 한 동인이 되었다.

정부군의 방화로 고향 마을은 몽땅 불타버렸고, 고향사람들은 생활 터전을 잃고 뿔뿔이 흩어졌다. 30여년간의 내전으로 20만명이 살해되고, 100만명이 유랑의 길에서 헤마다 종적을 감췄다. 이것은 아메리카의 원주민에 대해 서구 식민주의자들이 저지른 '인류역사상 최

'인디오의 대모' 리고베르따 멘추.

대 인종학살'의 축소판이다. 1500년대 초 식민주의자들이 아메리카대륙에 침략의 마수를 뻗칠 때 세계인구는 약 4억명이었으며, 그중 아메리카의 원주민은 약 8,000만이었다. 그로부터 50년이 지난 1500년대 중반에는 이 원주민 인구가 1,000만으로 급감했고, 다시 50년이 지난 1600년경에는 그 수가 800만에 불과했다. 요컨대, 식민통치가 시작된 지 100년만에 인구가 10분의 1로 줄어든 것이다. 역사상 전무후무한 인구 격감이다. 이런 격감의 원인을 두고 서구 식민주의의 나팔수들은 전염병 등을 거론하지만, 과테말라 내전에서 보다시피 그 첫째도 둘째도 원인은 식민통치자들의 잔인무도한 인종학살이다.

이러한 천추에 용서 못할 비행은 멘추의 비참한 가족사에 그대로 반영되어 있다. 아버지 비센떼 멘추는 몰락한 마을 족장으로 게릴라에 연루되어 농장주를 납치·살해했다는 혐의를 받고 14년 동안이나 무고한 옥살이를 한다. 그동안 어린 멘추는 고역에 시달렸다. 5세가 되자 커피농장에 들어가 일했다. 커피콩을 따다가 실수로 가지를 꺾으면 손찌검을 당하고 임금이 깎였고, 비싼 값으로 농장의 생산물을 사야만 했다. 8세 때는 어머니와 함께 두살짜리 남동생이 영양실조로 해변가에서 눈을 감는 모습을 지켜봐야 했다. 동생을 종이에 대충 둘둘 감싸 파묻는 광경 앞에서 목놓아 운다. 그 1년 전에는 농장에서 일하던 큰오빠가 비행기가 살포한 맹독성 농약을 들이마시고 질식사했다. 그런가 하면 10세 때는 태평양 해안의 한 면화농장에서 함께 일하던 수백명 노동자들이 하룻밤 사이에 농약에 중독되고 독충에 물려 사경을 헤매는 참상을 겪었다.

아버지 비센떼는 출옥 후 정당한 임금과 자기 땅 수호 등 인디오들의 기본권을 되찾는 것을 목표로 투쟁하는 단체인 '농민연합위원회'(CUC)에 가담해 적극 활동한다. 그는 어린 멘추로부터 자기 일을 물려받을 수 있는 지혜와 용기가 샘솟고 있음을 발견하고 부녀상승(父女相承)의 기대 속에 그녀를 키워나간다. 딸을 데리고 다니면서 사회적 견문을 넓혀주고 농민연합위원회의 운동에 관해 여러가지 가르침을 주었다. 멘추가 약관 21세가 되던 날(1980년 1월 31일) 아버지는 동료들과 함께 과테말라시티 주재 스페인대사관을 찾아가 "농민에게 살아갈 길을 달라!"면서 평화시위를 벌였는데, 갑자기 경찰들이 들이닥치며 방화제를 마구 뿌리는 통에 비센떼와 부녀 5명을 포함해 모두 37명 시위자들이 화염 속에 타죽고 말았다.

사건 후 적반하장 격으로 스페인은 과테말라와 절교하고, 괴뢰 정부는 탄압과 박해를 일층 강화했다. 그 과녁은 당연히 멘추 일가에 맞춰졌다. 세달도 채 안 된 4월 19일, 평범한 신자이자 전통 치료사였던 어머니 유아나 툼은 영문 없이 체포되어 군관들의 윤간 끝에 살해된다. 시신은 남몰래 들에 버려져 조장(鳥葬)이란 참사로 생을 마감한다. 그것도 모자라 멘추를 유인하기 위해 그녀의 옷을 마을 동구에 걸어놓는 추태까지 부린다. 그 무렵 남동생도 군 특수부대에 끌려가 고문 끝에 화형을 당한다. 멘추는 몇년 사이에 부모와 남형제 둘, 올케, 여조카 셋, 남조카 하나, 모두 9명의 친족을 눈앞에서 억울하게 잃어버린 것이다. 그녀는 체포와 암살 위협이 그림자처럼 따라다니는 천만 위험 속에서도 슬픔과 분노를 힘과 용기로 바꿔 지하에서 활동을 계속해나갔다. 때로는 복잡한 시장골목을 이리저리 누비기도 하고, 때로는 여종으로 변장해 교회에 잠입하기도 하면서 추적을 피해갔다.

학교 문턱에도 가본 적 없는 멘추는 스무살이 되어서야 원주민 인권운동에 정식으로 뛰어들어 활동하면서 독학으로 스페인어를 공부하기 시작했다. 남미에서 해방신학이 한창 인기를 끌어모을 때, 그녀는 가톨릭교회의 사회운동프로그램에 적극 참여해 신자로서의 자세를 가다듬기도 하면서 인권이나 평화 같은 이념에 매력을 느꼈다. 이와 같은 의식의 싹틈과 더불어 날로 격심해지는 탄압 위협은 그녀로 하여금 국외망명을 꿈꾸고 실행에 옮기도록 만들었다. 드디어 1981년 삼엄한 경계망을 뚫고 멕시코로의 탈출에 성공한다.

멕시코에 정착한 이듬해에 멘추는 '반과테말라 연대대표부'(RUPG)를 조직하는 등 고국 과테말라뿐 아니라 멕시코를 포함한 전 아메리카대륙의 3,000만 원주민들의 전통과 인권, 특히 천대받는 여성들의 인권을 위한 투쟁의 행보를 거침없이 펴나간다. 그 과정에서도 그녀를 일약 세계인으로 부각시키고, 과테말라를 비롯한 라틴아메리카 원주민들의 참상을 세계에 알리는 계기가 된 것은 정착 2년 후인 1983년에 출간한 저서 『나, 리고베르따 멘추』다. 책의 내용은 앞에서 이야기한 멘추의 비참한 가족사를 사실대로 기술한 것이다. 자서전이지만, 세계 양심을 향한 일종의 고발서이기도 하다. 출간되자마자 세계적인 베스트셀러가 되어 11개 언어로 번역·출간되었으며(한국에서는 미출간), 폭풍우 같은 반향을 불러일으켰다. 이것을 계기로 멘추는 일약 라틴아메리카 원주민 인권운동의 대표주자로 부상했으며, 그 여파를 타고 10년도 채 안 되어 노벨평화상 수상자의 반열에 올랐다. 멘추는 역대 최연소(33세) 평화상 수상자이자, 최초의 원주민 노벨상 수상자다. 그녀는 1986년에 인디오들의 고난과 고통을 다룬 다큐멘터리 「산이 떨릴 때」의 해설을 맡아 또 한번 인기를 모았다.

이 책의 출간에 관해서는 간과할 수 없는 에피소드가 하나 있다. 스페인어로 씌어진 이 책은 인터뷰 형식으로 멘추가 구술한 것을 베네수엘라 출신의 프랑스 인류학자 엘리자베스 부르고스(Elisabeth Burgos)가 저자의 이름으로 고스란히 채록해 출간한 것이다. 저작권이 부르고스에게 있기 때문에 출간 후 멘추는 인세 한푼 받지 못했다. 10년이 지나서 멘추가 부르고스에게 인세를 50%씩 나누는 것이 어떠냐고 제의했더니, 부르고스는 유엔이 규정한 저작재산권을 운운하면서 일언지하에 거부했다고 한다. 멘추는 인세를 사용(私用)하자는 것이 아니라, 재단기금으로 공용(公用)하자는 의도로 제안한 것이었다고 한다. 이 대목에서 멘추는 이와는 상반되는 실례 하나를 든다. 즉 이탈리아의 세계적 테너 루치아노 빠바로띠는 세상을 떠나기 전에 상당한 재산을 멘추재단에 기부하면서 원주민들의 인격과 영성을 세계에 전파하는 데 써달라고 했다. 이상은 그녀가 2009년 한국을 방문했을 때 어느 한국 지인과의 대담에서 한 얘기다. 멘추는 정말로 평화상 수상자답게, 만난을 극복해온 철인답게 대범하고 늠름하다. 부르고스가 진정 원주민들의 인권에 마음으로부터의 애착을 느껴 멘추의 말을 채록해 책으로 만들었다면, 과연 이렇듯 인색하고 야비할 수 있겠는가 하는 생각이 들어 쓴소리 한마디를 해본다.

『나, 리고베르따 멘추』는 세계 지성인들에게 깊은 감명을 주었다. 그들은 도처에서 인디오 원주민에 대한 인권침해와 박해 및 차별 시도를 즉각 중단하라고 촉구하면서, 멘추를 '평화의 천사'로 부르며 찬사와 경의를 아끼지 않는다. 그녀는 1990년 유네스코 평화교육상, 1991년 프랑스 자유인권옹호위원회상을 받은 데 이어 마침내 1992년 10월에는 노벨평화상을 수상하기에 이른다. 노벨평화위원회 프란시스 쎄예르스타트 위원장은 그녀에게 평화상을 수여한 이유에 관해 이렇게 말한다. "가장 잔인한 탄압과 박해를 받은 가정에서 태어났음에도 그녀는 사회 및 정치 활동을 함에 있어서 항상 투쟁의 최종목표가 평화라는 점을 잊지 않아왔으며 (…) 사회적 정의와 인종·문화 간 화합을 위해 노력한 공로"가 인정되기 때문이다. 이렇게 멘추는 사사로운 원한을 뛰어넘어 오로지 인디오의 권리와 인류의 평화와 화합을 위해 헌신하는 투사이며 선구자다.

수상 이후 한때 그녀의 전력과 저서에 관해 이러쿵저러쿵 논란이 있었는데, 핵심은 게릴라단체에 가담해 폭력적 활동을 해온 그녀가 평화상 수상에 적격자인가 하는 문제다. 그러나 그녀의 아버지나 멘추 자신은 무모한 폭력이나 전쟁에 극구 반대해왔으며, 평화적 비폭력주의를 추구해왔기 때문에 논란은 더이상 확산되지 않고 사그러들었다. 멘추의 조정과 개입이 36년간의 유혈내전을 종식하고 조국 과테말라의 평화를 회복하는 데 큰 역할을 한 것은 자타가 인정하는 주지의 사실이다. 그녀는 원주민들의 열렬한 추앙과 유네스코의 두터운 신임 속에 줄곧 유네스코 친선대사로 활동하고 있다. 그녀가 평화상을 수상할 때 과테말라 당국은 게릴라 출신에게 상을 준다고 하면서 불편한 심기를 드러냈을 뿐만 아니라, 당치않은 제약조건을 내걸고 그녀의 귀국이나 출입에 제동을 걸었다. 그러나 지금은 자유인이 되어 국내외를 활보하고 있다. 1998년에는 스페인의 아스뚜리아스왕자상을 수상하기도 했다.

이제 멘추는 인디오들의 실제적 생활 및 환경 개선에도 눈을 돌리고 있다. 그래서 만들어낸 것이 이른바 '멘추재단'이다. 그녀의 노벨평화상 수상 상금으로 발족된 이 재단은 멕시코·과테말라·뉴욕·마드리드에 지부를 두고 있는데, 기술교육과 조직화를 통한 원주민 공동체의 자립에 활동의 초점을 맞추고 있다. 기술교육은 현장 중심으로 이루어지고 있으며, 각 마을의 중·고등학교에서 학생들에게 농업기술을 가르치고, 원주민 지도자들에게는 리더십 교육을 진행하고 있다. 그러면서 경제적 자립에 성공한 마을을 모델로 하는, 다른 공동체에 적용 가능한 교육프로그램을 운영하고 있다. 아주 실용적인 프로그램들이기 때문에 원주민들로부터 큰 호응을 얻고 있다. 그밖에 원주민 언어 보존활동과 의료환경 개선사업도 펼치고 있다.

멘추가 사회복지나 경제·문화 사업에 관심을 쏟고 있다고 해서 정치적 야망을 버린 것은 결코 아니다. 어쩌면 모든 것은 정치적 야망을 실현하기 위한 징검다리일 수 있다. 그녀는 2007년 2월 대선을 몇달 앞두고 원주민 정당인 '엔꾸엔뜨로뽀르과테말라'('과테말라와 함께')라는 정당을 급조해 그해 대선에 출마했다. 그러나 득표율이 3%에 불과해 라틴아메리카에서 네번째 원주민 대통령이 되려던 꿈은 접어야 했다. 그러나 그녀는 "나는 내 나라의 대통령이 될 것이다. 그것이 언제인지는 모르지만, 그렇게 될 것이다"라는 확신을 가지고 오늘도 동분서주하고 있다.

이 모든 요인들이 하나로 묶여 그녀는 '인디오의 대모' '마야의 여왕'으로 불리고 있는 것이다. 그것이 언제까지, 혹은 영원하게 이어질 것인지는 아무도 장담할 수 없을 것이다. 오로지 멘추 자신만이 자신하고 장담할 수 있을 것이다. 우리는 그러한 그녀를 굳게 믿고 응원하며 성원할 것이다. 그녀가 정녕 과테말라 한 곳에서라도 200여년간 라틴아메리카가 공유하고 있는 3대 병폐, 즉 빈곤과 불평등, 부패를 척결해낸다고만 하면 대통령의 꿈은 실현 가능할 것이다. 필자는 갖가지 오점으로 점철된 라틴아메리카의 역사에 그러한 기라성이 나타나 만고의 청사를 빛내주기를 간절히 기대해 마지않는 바다.

멘추는 이러한 꿈을 안은 채 2009년 11월 이화여대 평화학연구소가 주관하고 교육부가 지원하는 세계 수준의 연구중심대학(WCU) 프로그램의 일환으로 4박 5일간 우리나라를 찾아왔다. 방문 기간 몇차례의 강연과 기자 인터뷰 등을 가졌다. 그녀는 여성인권운동에서 중요한 것은 생각에 그치지 말고 실천하며, 기회의 균등을 보장하는 것이라고 지적하면서, 한국과 같은 다문화 사회에서는 상호존중이 중요하다는 점을 강조했다.

45
인디오는 어디서 온 누구인가

과테말라시티 공항에서 겪었던 불의의 사고를 뒤로 하고 비행기가 상공에서 정상항로를 따라 순항하자 마음이 진정되면서 과테말라에서 겪었던 일들이 추억으로 하나하나 떠오른다. 그 가운데서도 가장 강력한 추억은 이 땅의 원주민이자 주인인 인디오에게서 받은 충격이다. 이 나라는 고대 마야문명의 중심지이고, 오늘날은 라틴아메리카에서 볼리비아 다음으로 인디오들이 가장 많이 살고 있으며(볼리비아 53%, 과테말라 52%), 그제 직접 답사한 까미날후유 유적을 비롯한 숱한 마야문명 유적이 남아 있어 필자에게 깊은 인상을 남겼다. 여기에 더해, 리고베르따 멘추의 비참한 가족사와 그녀의 활동상은 이 고장이야말로 인디오의 실체를 논할 최적지임을 시사해준다. 어차피 라틴아메리카의 실체를 밝히자면 그 주인인 인디오의 모습을 제대로 드러내야 할 것이다. 무엇을 어떻게 드러낼 것인가에 관해 줄곧 고민해왔다. 여기가 바로 인디오와의 만남에서 큰 충격파에 휩싸인 곳일진대, '쇠뿔도 단김에 빼다'고, 여기서 생각의 얼거리라도 당장 엮어야만 했다. 가장 먼저 떠오르는 것이 인디오는 '어디서 온 누구인가'라는 문제다. 새벽 두시까지 이 문제를 놓고 씨름하면서 입론의 대강(大綱)을 세웠다. 그때부터 3년이라는 세월이 지나서 눅진하던 현장감이 좀 얕아지기는 했지만, 그래도 촘촘히 써두었던 대강을 들춰보니 기억이 새록새록 하다. 이제 그 대강을 글로 풀어보기로 한다.

라틴아메리카에 인간들이 언제부터 살았는가? 그 원주민은 누구인가? 자생한 사람들인가 아니면 이주해온 사람들인가? 이것은 서구 식민주의자들이 이 땅에 발을 붙인 그 시각부터 지난 500여년 동안 줄기차게 제기돼온 해묵은 물음이다. 그러나 아직 제대로 된 해답을 얻지 못한 채, 미제의 수수께끼로 남아 있다. 초학자로서 그 수수께끼를 풀어보자고 엄두를 내는 것부터가 무모한 도전일 수 있다. 그래서 여기서 선불리 정답이랍시고 내놓을 것은 없고, 그저 설왕설래하는 답 몇가지를 소개하려고 한다.

그동안 해답을 찾기 위한 긴 연구 과정을 돌이켜보면, 크게는 전설과 실증이라는 상이한 두 시각과 방법론을 발견하게 된다. 전설은 주로 역사학이나 고고학, 문화인류학, 언어학, 지리학, 민속학, 생물학, 유전학 등 현대 학문이 발달하기 이전에 다분히 구전에 의한 전설이나 신화를 어렴풋한 가정으로 삼고 있으며, 실증은 현대 학문을 바탕으로 한 고증과 추정을 내용으로 삼고 있다. 그렇다고 전설을 마냥 일고의 가치도 없는 황당한 허상으로만 치부할 수는 없다. 신화나 전설도 역사에 대한 '인간 기억'의 전승이며, 간혹 전설이 사실로 밝혀지는 경우도 있기 때문이다.

마야시대의 여러 인디오 상.

한때 전설로 입에 오르내린 것은 태평양 속으로 사라져버린 대륙(국가 혹은 섬) 아틀란티스의 후예들이 바로 라틴아메리카의 원주민(인디오)이라는 이른바 아틀란티스설이다. 아틀란티스(Atlantis)는 플라톤의 저서 『티마이오스』(*Timaios*)와 『크리티아스』(*Kritias*)에 나오는 국가의 이름이다. 그에 따르면, 아틀란티스는 해상국가로 기원전 9600년경에 서유럽과 아프리카의 여러 나라를 정복하고, 아테네를 침공하다가 실패한 후 하룻밤 사이에 일어난 모종의 재난으로 대양(대서양) 속에 가라앉아 '잃어버린 대륙'이 되고 만다. 즉 아틀란티스설이란, 원래 빙하기에는 대서양 한가운데 남북으로 뻗어 있는 해령(海嶺)에 의해 아프리카와 라틴아메리카가 육지로 연결되어 있었는데, 해빙기를 맞아 해면이 상승하면서 해령에 자리했던 아틀란티스는 수몰되고 사람들은 동서 두 대륙으로 뿔뿔이 흩어져 원주민의 조상이 되었다는 가설에서 비롯된 일설이다. 이는 아메리카문명이 고산지대에서 발달한 원인을 설명하는 데 이용되기도 한다. 문제는 아프리카와는 달리 아직까지 아메리카에서는 고인류 유골이나 구석기시대 유물이 별로 발견되지 않고 있다는 사실이다. 전설에는 아틀란티스설과 비슷한 맥락을 가진 이른바 뮤(Mu)대륙설이 있다. 이 설에 의하면, 기원전 7만 년경에 남태평양에서 갑자기 사라진 뮤대륙 사람들이 해류를 타고 동쪽으로 아메리카대륙에 이르렀다는 것이다. 가상이나 전설로만 전해온 이 대륙의 규모는 동서로 오늘날 칠레의 이스터섬에서 일본 동해안까지, 남북으로 뉴질랜드 북쪽 해안에서 하와이까지의 광활한 남태평양 해역에 상당했다고 한다.

이러한 불가지 전설과 더불어 가톨릭교가 미지의 세계 '개척'에 앞장섰던 초기에 성경에 나오는 이스라엘의 잃어버린 10개 지파(支派)가 이 땅에 와서 시조가 되고 문명을 개척했다는 이른바 '잃어버린 지파설'이 나돌았다. 이것은 선교에는 유용할 망정 역사를 설명하기에는 황당 그 자체일 뿐만 아니라, 여기에는 인디오에 대한 참을 수 없는 모멸이 깔려 있다. 콜럼버스는 첫 대서양 횡단항해를 마치고 나서 원주민 6명을 데리고 스페인으로 돌아왔다. 당시 스페인인들은 그들을 '말하는 원숭이'라고 천대했으며, 국왕을 비롯한 고관대작들은 그들을 동물 취급하면서 귀를 당기기도 하고 꼬집어보기도 한다. 신학계에서는 원주민이 과연 동물인가 아니면 인간인가를 놓고 격론이 벌어졌다. 이것을 지켜보던 교황 훌리오(Hulio) 2세는 무모한 논쟁을

인디오들이 사용한 각종 악기.

막기 위해 1512년 원주민도 아담의 후예라는 교지를 반포한다. 덕분에 인디오는 비로소 인간이 된다. 그렇다면 인간의 어느 종족에 속하는가가 문제시된다. 신학자들은 그 답을 구약성서에 나오는 이스라엘의 '잃어버린 10개 부족(지파)'이라고 강변한다. 신성한 경서에 나오는 얘기라서 누구 하나 감히 거역할 수 없는 전설로 묵시되어왔다.

그러나 이러한 전설과 더불어 실증을 시도한 다양한 주장들이 제기되었다. 가장 주목을 끈 것은 라틴아메리카대륙의 여러 고대문명

지역을 현장 답사한 호세 데 아꼬스따(José de Acosta, 1540~1600) 신부이다. 그는 저서 『원주민들의 자연과 인간의 역사』에서 "유럽이나 아시아 혹은 아프리카대륙을 거쳐 이미 수만년 전에 유목생활을 하던 사람들이 아메리카대륙에 들어와 살기 시작했으며, 이들은 바다보다는 육로를 통해 들어왔을 확률이 더 높다"고 주장했다. 그밖에 아프리카와 이집트의 일부 부족이 대서양을 건너 아메리카대륙으로 이동했다는 설, 아메리카원주민이 페니키아나 팔레스타인, 소아시아인이라고 하는 주장 등 실로 다양한 설과 주장이 혼재해왔다.

신빙성이 결여된 이러한 전설은 사실에 대한 실증 앞에서 입지를 잃게 마련이다. 19세기 초반에 동시다발적으로 독립을 쟁취한 라틴아메리카 나라들은 물론, 종전의 종주국들마저 20세기에 들어와서 라틴아메리카의 정체성 확립에 주목하기 시작했다. 그런데 그 단초가 바로 원주민 인디오의 기원, 즉 자생인인가 이주인인가, 이주인이라면 언제 어디서 어떻게 이주해왔는가 하는 문제를 밝혀내는 것이다. 지난 100여년 동안 관련 연구에서 괄목할 만한 성과가 이루어졌지만, 아직은 각인각설로 갈 길이 만만찮아 보인다. 그나마 정설의 개연성을 예시(豫示)하는 설들이 점차 좌표를 굳혀가고 있어 다행스럽다.

20세기에 접어들면서 라틴아메리카에 관한 연구가 활성화되자, 인디오의 기원에 관한 논쟁이 다시 불붙었다. 이제 구태의연한 전설적인 요소들은 논쟁에서 제거되고, 역사적 사실에 입각한 실증론이 중론으로 부상하기 시작했다. 실증론의 내용은 크게 북방유입설과 남방유입설로 나뉘는데, 북방유입설이 우세를 점하는 추세다. 1926~38년에 열 차례나 알래스카 지역을 탐사한 미국 인류학자 알레스 흐르들리츠카(Alěs Hrdlička, 1869~1943)를 비롯한 북방유입설 주장자들은 수만

아마존강 유역의 인디오들이 사용한 각종 생활용품.

년 전 위스콘신빙하기(Wisconsin Glacial Stage, 마지막 빙하기)에 깜차뜨까 반도 근방에서 유목 및 채집 생활을 하던 몽골로이드 계통의 북방인류가 베링해협을 건넌 다음 알래스카를 걸쳐 수천년간 남하해 라틴아메리카 남단까지 이른 것이라는 견해를 내세웠다. 그러나 이 설이 안고 있는 허점과 남방이주설 등 일련의 여타 지역으로부터의 이주설이 제기되면서 일시 흔들리는 듯했다.

그러다가 1960년대에 접어들면서 새로운 지질학 연구의 성과에 의해 이 북방유입설은 소생의 동력을 얻게 되었다. 영국의 생물화학자 홉킨스(F.G. Hopkins, 1861~1947)는 위스콘신빙하기에 낮은 기온으로 인해 베링해협이 얼어붙어 해수면이 지금보다 120m나 낮아졌다는 이론을 발표했다. 이에 따라 유목생활을 하던 몽골로이드 일부가 시베리아에서 베링해협을 건너 빙하로 뒤덮인 거대한 평원인 알래스카에 이르렀다가 해빙기가 되자 살길을 찾아 남하했다는 일설이 설득력을 얻게 되었다. 그들의 활동 흔적에 의해 정착연대를 추정해보면, 지금으로부터 알래스카는 3만년, 캘리포니아는 2만 7,000년, 멕시코는 3만 1,000~2만 2,000년, 베네수엘라는 1만 4,000년, 페루는 1만 4,000년, 칠레 빠따고니아는 1만 2,000년 전으로 거슬러올라간다.

비록 이러한 지질학 연구의 성과에 의해 북방이주설이 인디오의 기원을 밝혀내는 데서 타의 추종을 불허할 만큼의 입지를 굳혀가고 있는 것 같지만, 아직은 시베리아와 북미 간의 문화적 상관성이나 원주민들의 다양한 유전자 유포, 언어학적 기원 등이 명확히 드러나지 않아 이 북방이주설에 대한 의문의 여지는 남아 있었다. 그러다가 결정타를 날린 것은 1980년대 유전자 연구의 성과다. 미국의 유전학자 더그 월리스(Doug Wallace)와 안토니오 토로니(Antonio Torroni)는 1992년에 아메리카원주민과 동북아시아인들의 생명진화의 열쇠인 미토콘드리아가 멀지 않은 과거까지 동일한 계열에 속해 있었으며, 아메리카로의 이동시기는 대략 3만 4,000년 전에서 6,000년 전까지라는 놀라운 주장을 내놓아 학계에 큰 파문을 일으켰다.

이후에도 동북아시아인과 인디오 간의 유전자 공통성과 그에 따르는 북방이주설이 간단없이 제기되었다. 안토니오 토로니가 속한 미국 에모리대학연구소는 '세계 종족별 유전자(DNA) 분석'을 발표하면서 바이칼호 부근의 야쿠트인과 부랴트인, 아메리카 인디오, 그리고 한국인의 DNA가 거의 같다고 발표했으며, 일본 오사카의과대학의 마쯔모또 히데오(松本秀雄)는 바이칼호 부근의 위 부족들과 인디오들이 몽골로이드 고유의 감마유전자(GM) ab3st를 공유하고 있다고 밝혔다.

인디오의 복식(옷과 장식품).

그런가 하면 한국 고려대학교 의과대학 법의학교실에서는 미토콘드리아 DNA를 구성하는 총 735개의 염기서열을 비교해보니 부랴트인을 100으로 할 때 한국인은 98.91(가장 가까움), 울치족은 98.76, 속치족은 98.65, 멕시코 인디오는 98.43, 북미 인디오는 98.39으로, 이상 8개 종족이 유전적으로 매우 가깝다는 분석 결과를 발표했다. 역설적으로 아메리카인디오들이 남방이나 유럽 등 기타 지역으로부터 이주했다는 유전자적 증거는 아직 발견되지 않고 있다.

일부 문화인류학자들과 민속학자들은 유전자적 공통성에서 오는

인디오들이 재배하던 각종 농작물.

체질인류학적 상사성을 들어 북방유입설에 신빙성을 보태주고 있다. 이를테면 몽골로이드와 아메리카인디오들은 검은색 직모, 황색 피부, 적은 털(안면과 신체부위), 검은 눈동자, 찢어진 눈, 눈꺼풀 모양, 광대뼈, 막대형 치아, 몽고점 등에서 서로 닮은꼴이라는 것이다. 그 가운데서도 한국인과의 유사성은 비단 체질인류학 면에서뿐만 아니라, 생활관습이나 언어에서까지도 그 상사성을 발견할 수 있다. 복식에서 두루마기, 갓, 색동옷, 가연(加緣, 옷단 두루기), 상투, 봉잠, 비녀, 머리 땋기, 수건, 연지, 가체(加髢, 쪽진 머리 위에 얹는 큰머리나 어여머리) 등

인디오들이 사용하던 농기구.

의 관습으로부터 윷놀이, 머리에 이기, 등에 업기, 고수레, 생선회, 옹관 등과 그밖에 쟁기나 낫 같은 농기구에 이르기까지 상사성이 두루 나타난다.

한국인과 인디오 간의 이러한 상관성에 관해서는 일부 한국인 학자들과 여행객들에 의해 간헐적으로 소개된 바가 있다. 그러나 언어적 상관성에 관해서는 거의 언급이 없었다. 이러한 적막을 깬 한국 계명대학 송성태의 다음과 같은 토설(吐說)은 실로 충격적이다. 즉 멕시코 문헌에 의하면 북만주 일대에서 살던 부여의 고리족 등 여러 부족들이 기원후 50년경에 알류샨열도와 베링해협을 거쳐 남하해 멕시코의 아스떼끄에 도착, 여기서 여러가지 방언적 요소들을 전파하면서 아스떼끄족과 함께 나우아뜰어를 만들어냈다. 후에 스페인어 알파벳에서 차음해 나우아뜰어 문자를 창제했다. 그래서 '아스떼끄의 나우아뜰어는 아메리카의 우리말'이다. 한편, 한민족의 고인돌과 여러 문화적·고고학적 상관요소들이 발견되고 있는 점으로 미루어 고리인들이 기원전 수백년경에 건너왔을 개연성이 없지 않다.

인디오의 북방유입설에 대비해 유력한 상대로 부상한 것이 남방유입설이다. 프랑스의 인류학자 뽈 리베(Paul Rivet)는 남미의 띠에라델푸에고(Tierra del Fuego) 지역의 원주민 언어가 오스트레일리아 원주민 언어와 비슷하며, 두 지역의 문화도 유사하다는 사실을 근거로 1926년에 남아메리카 원주민은 오스트레일리아와 말레이-폴리네시아, 그리고 아시아 등지의 원주민에게서 유래되었다는 견해를 내놓았다. 그런데 리베는 베링해협을 통한 아시아계 인종의 아메리카로의 이주 가능성을 부정하지는 않는다. 그에 1년 앞서 멘데스 꼬레아(Mendes Correa)도 아메리카의 역사는 오스트레일리아 원주민이 남아메리카로 이주하면서 시작되었다는 가설을 내놓은 바 있다. 칠레에서 3,700km나 떨어져 있는 태평양 상의 고도 이스터섬에서 '라빠누이 예술의 집' 주인 로도또 씨는 필자와의 담화에서 5,000년 전부터 이곳에서 살아온 원주민 라빠누이는 원래 폴리네시아에서 이주해온 사람들로서 인디오들과는 문화나 언어가 다르다고 하면서, 그는 지금 그 문화를 복원하는 데 진력하고 있다고 말했다. 사실 태평양과 접한 라틴아메리카의 안데스산맥 서해안 일대를 다니다보면, 태평양 해양문화의 흔적이 역력하다.

이 남·북방유입설 말고도 일찍이 서구인유입설이나 아프리카인유입설도 나돌았다. 1920년대 북미 지역과 프랑스나 스페인 지역에서 후기 구석기시대에 속하는 찌르개 석기가 출토되고, 초기 인간의 거주

인디오 무속인의 복식과 무구(巫具).

흔적이 발견됨에 따라 그린먼(Greenman)은 1963년에 서유럽 사람들이 구석기시대에 배를 타고 아메리카대륙에 이르렀다는 주장을 내놓았다. 그러나 별 주목을 끌지 못했다. 이에 비해 아프리카유입설은 좀더 구체성을 띤다. 이 설에서는 피라미드 같은 건축양식의 유사성을 들어 아프리카와 이집트의 일부 부족이 대서양을 건너 아메리카대륙에 유입되었다고 주장한다. 그 증거로 '아메리카의 그리스문명'이라고 불리는 올메까문명에 속하는 멕시코 라벤따(La Venta) 유적에서 발견된 한 두상을 제시하고 있는데, 큰 쌍꺼풀과 넓은 코, 두툼한 입술은 영락없이 아프리카인 두상이라는 것이다. 기원전 1400년경에 발생한 이 문명은 아메리카대륙에서 가장 먼저 발달한 문명으로 간주된다.

인디오 전사들.

이상에서 아메리카의 원주민 인디오의 기원에 관한 몇가지 설을 살펴봤다. 지금으로는 북방유입설이 정설에 가장 근접한 일설로 보이지만, 결코 단정할 수는 없다. 아메리카의 고생인류에 관한 연구가 상대적으로 미흡하며, 아직까지도 관련 유물이 나오지 않고 있어 속단은 폐단이 될 수 있다. 여기에 더해 다른 설들도 일리가 없지 않은 주장들을 개진하고 있어 고려할 여지가 있다. 요컨대 인디오의 기원에 한해서는 단선설(單線說)만 좇지 말고, 복선설(複線說), 즉 각이한 시대에 다양한 인종이 서로 다른 루트를 통해 몇번의 파고를 타고 이주할 수도 있었다는 시각을 동시에 갖춰야 할 것이다. 여기에는 거의 무시되어온 자생설도 포함된다. 브라질 리우데자네이루의 국립역사박물관과 칠레 우수아이아의 야마나박물관, 멕시코시티의 국립인류학박물관에 전시된 고대 인디오들의 이동로 지도는 이러한 복선설을 반영해 북방유입설을 위주로 하고 있지만, 남방유입설도 곁들이고 있어 주목된다. 문제는 신빙성 있는 전거(기록이나 유물)를 내세워 과학적인 논리를 전개하는 것이다.

46
문명의 보고 국립인류학박물관을 찾아서

인디오의 정체를 비롯해 과테말라에서 받은 인상과 추억을 되새기는 사이 과테말라시티를 떠난 비행기는 어느새 멕시코시티의 베니또 후아레스(Benito Juarez)국제공항에 미끄러지듯 내려앉는다. 49분이라는 짧은 시간이 걸렸다. 때는 2012년 7월 30일(월), 현지시각 저녁 8시 28분이다. 공항은 어지간히 붐비는 편이다. 그렇지만 큰 공항치고는 그나마 질서가 있어 보인다. 택시를 타고 공항을 빠져나오니 어스레한 빛이 대지를 감싸기 시작한다. 날씨도 한결 서늘하다. 그도 그럴 것이 멕시코시티는 해발 2,240m의 고원지대에 자리하고 있어 연평균 기온이 10도에서 26도 사이로 일년 내내 온화한 편이기 때문이다. 우기와 건기의 두 계절로 나뉘는 이 나라 대부분 지역에서 모진 추위나 더위는 찾아볼 수가 없으며, 늘 하늘은 맑고 땅은 푸르싱싱해서 '고원의 맑은 구슬'이라는 미명을 갖고 있다.

미명이란 사람을 유혹시키기에 충분하지만, 따지고 보면 거기에도 하자는 있기 마련이다. 세상만사에는 진선진미란 애당초 있을 수 없으니까. 면적으로 보아 남미의 세번째 대국인 멕시코는 한반도의 9배에 달하는 약 197만km²에 남북 길이가 자그마치 3,000km에 달한다. 그만큼 다양한 기후대를 갖고 있다는 뜻이다. 고원지대와 중부 일대는 사시장철 온화하지만, 북쪽에는 스텝성 찬 공기가 흐르는가 하면, 남쪽은 수림과 정글이 우거진 아열대성 기후로 '맑은 구슬'이라는 미명과는 좀처럼 어울리지 않는다. 사실 이 나라는 이 미명 말고도 여러가지 별칭이 전해오고 있다. 역사의 유구성에서 오는 '옥수수의 고향', 남북미를 잇는 '육교', 국화인 선인장을 기리는 '선인장의 나라', 풍부한 지하자원을 상징하는 '백운의 왕국'과 '기름바다 위에 떠 있는 나라' 등 이 나라를 시공(時空)으로, 종횡(縱橫)으로 꿰뚫는 대용어가 수두룩하다. 이제 그 실체를 체험하고 확인하게 될 것이라고 생각하니 가슴이 설렌다.

30여분을 달려 현지시간(과테말라시티보다 한시간 빠름)으로 밤 9시 40분경에 예약해둔 꼬르떼스호텔(Hotel de Cortes)에 도착했다. 택시기사가 육중한 대문을 가리키며 내리라고 하지만 믿기질 않아 망설였다. 거듭 재촉하기에 내려서는, 우람한 성벽문과 마주섰다. 이 호텔은 식민시대에 지은 고풍의 성보를 연상케 하는 건물로, 안전을 위해 사위를 높이 5~6m 되는 벽으로 에워싸고 사람이나 드나들 수 있는 두툼한 쪽문 하나만을 빼놓았다. 문 안에 들어서니 한 변이 15m쯤 되는 정방형 안마당이 나타나는데, 주위에 30여개의 방이 2층으로 배치되어 있다. 필자에게는 1층 107호실이 차례졌다. 가구며 시설이 후지고 낡아서 제대로 작동이 되지 않는다. 주인에게 불편을 호소했더니 당장 2층 209호실로 방을 옮겨주었다. 간식으로 저녁을 대충 때웠다. 그것도 정찬(正餐)이라고 식곤증이 엄습해왔다. 아침에 일어나보니 메모노트와 볼펜이 머리맡에 그대로 놓여 있었다. 오매에도 그리던 멕시코의 첫 밤을 이렇게 허무하게 보내고 말았다.

어둠이 채 가시기 전(5시경)에 기상해 거리에 나서려고 했다. 호텔 직원이 의아한 눈초리로 시계를 가리키면서 한시간 후에 나가라고 만류한다. 안전이 우려된다는 눈치다. 고맙기는 하지만, 한시 바삐 이 나라를 알고픈 마음에 적이 초조해진다. 뜨락의 벤치에 걸터앉아 메모노트를 정리하는 척하다가 문이 열려 있는 틈을 타서 출타에 성공했다. 6시가 가까워오자 거리는 사람과 차량으로 붐비기 시작한다. 라틴아메리카 여느 도시의 일상과 별반 차이가 없어 보인다. 한시간쯤 호텔 주위를 거닐다가 돌아왔다.

첫날의 첫 답사 코스는 단연 국립인류학박물관이다. 여기서 '단연'이란 말에는 두가지 의미가 있다. 하나는 어느 나라에 가든 처음으로 찾아가는 당연지소(當然之所)가 박물관이라는 당위성이고, 다른 하나는 그곳이 세계 굴지의 박물관이므로 답사의 선수(先手)에 놓는 것이 당연지사라는 뜻이다. 박물관은 시내의 옛 성터 차풀테펙공원 안의 연건평 4만 4,000m²의 넓은 대지에 2층 건물로 자리하고 있다. 1964년에 준공되었으니 명성에 비하면 그리 오래되지는 않은 박물관이다. 그래서인지 칙칙한 느낌을 주는 여느 역사박물관과는 달리 웅장하면서도 산뜻한 외관으로 현대감을 자아낸다.

성인 1인당 입장권은 50멕시코페소(한화 약 4,400원)다. 플래시만 터뜨리지 않으면 촬영은 자유라니, 상당히 너그러운 편이다. 문 안으로 들어서자 높이 10여 미터의 원통기둥에 얹혀 있는 대형 사각지붕 조

멕시코시티의 국립인류학박물관 정문.

형물이 눈길을 끈다. 기둥에는 멕시코의 역사를 함축하는 조각이 오롯이 새겨져 있다. 전시실은 'ㄷ'자형 정원을 사이에 두고 대칭으로 배치되어 있다. 이러한 구조는 치첸이차 유적과 자웅을 겨루는 마야 문명의 대표 유적인 우슈말(Uxmal) 유적의 승방(僧房) 구조를 본뜬 것이라고 한다. 전시실은 1층에 12개실, 2층에 10개실이 역사의 흐름에 따라 배치되어 있다. 그 흐름은 통상 자국의 역사 과정에만 한하는 데 반해, 이 박물관은 진화론에 입각해 수백만년 전 인류의 진화로부터 멕시코를 비롯한 라틴아메리카 전사(前史)시대의 흐름을 서막이자 첫 실로 앉히고, 그 흐름을 계승한 멕시코와 주변의 수천년 역사를 일체 속에서 일목요연하게 정리하고 있다. 반객위주(反客爲主)의 역사인식

제1실에 전시된 원시인간들의 생활 모습.

이나 역사의 단절상 같은 반역사주의적 폐단에서 탈피하려는 가상한 노력이 역력히 보인다. 이것이 이 박물관이 지니고 있는 가장 뚜렷한 특징이다.

이 실에서는 고대 인디오들이 아프리카로부터 라틴아메리카까지 이동해온 경로가 지도로 뚜렷이 표시되어 있어 특히 눈길을 끌었다. 이 지도는 한달 전 라틴아메리카의 남단 우수아이아의 한 민간 박물관에서 발견한 지도와 신통히도 같다. 이 세계적인 권위를 자랑하는 박물관에 고대 인디오의 이동로가 지도로 각인되어 있다는 사실은 인디오의 조상이나 그들의 이동경로에 관한 지금까지의 오만가지 낭설들을 잠재울 수 있는 유력한 전거가 마련되었음을 시사한다. 이제 오랫동안 의문시되어오던 인디오의 뿌리에 관해서 마음의 기둥을 세울 수 있게 되었다. 사실 이것만으로도 이번 라틴아메리카 답사에서 기대 이상의 성과를 얻었다고 할 수 있다. 그밖에 이 실에서는 각종 구석기 유물과 인골, 암각화, 농작물 씨앗 등 라틴아메리카의 고대사 연구에 절실히 필요한 유물들을 선보이고 있다.

제2실은 인류학입문실(Introducción)로, 멕시코뿐 아니라 아메리카대륙을 비롯한 세계 각 지역의 유적·유물과 고고학 재료가 입문실답게 종합적으로 전시되어 있다. 그 가운데서 지금까지도 인상 깊게 남아 있는 것은 가축으로서의 말의 진화 과정이다. 다섯쪽 발가락을 지닌 조상 말이 어떻게 한쪽짜리 현대 말로 진화되어왔는지를 잘 보여준다. 제3실은 아메리카기원실(Poblamiento de América)로, 멕시코를 비롯한 아메리카대륙의 기원을 유물과 함께 다양한 도표와 지도로 설명하고 있다. 특별히 흥미로운 것은, 기원전 5000년경 멕시코에서 처음으로 재배한 옥수수의 연혁에 관한 소개다. 마야인들의 창세신화에 의하면, 인류는 옥수수에서 진화했다. 모든 행사의 제주(祭酒)는 옥수수로 빚은 술이다. 그만큼 마야인들과 옥수수는 운명적 관계에 있다.

이에 이은 제4실은 선고전기(先古典期, Preclásico) 전시실로, 주로 농경의 발생과 농경으로 인한 촌락공동체와 도시의 형성, 그리고 토기의 출현에까지 이르는 시기의 문명사를 다루고 있다. 한가운데에는 1936년 뜰라떨꼬(Tlatilco)에서 발견된 촌락 유적을 옛 모습대로 재현해두었다. 채도를 비롯한 각종 도자기가 가관이다. 제5실은 떼오띠우아깐 전시실로, 그 유명한 떼오띠우아깐의 '해의 피라미드' '달의 피라미드' '비의 신상' 등 굉장한 유적·유물을 선보이고 있다. 제6실 똘떼까 전시실에는 똘떼까문명의 중심지인 토우라 유적에서 출토된 높이 4.6m의 '전사상(戰士像)'이 옮겨져 있다. 그 조각술은 멀리 치첸이차 유적에까지 전해졌다. 그곳에 남아 있는 유사한 전사상 유물이 그

제1실에 전시된 고대 인디오들의 이동로 지도.

제4실에 전시된 선고전기의 각종 토기(세라믹).

제7실에 전시된 아스떼끄력을 도형화한 태양석.

것을 말해준다. 이 실에는 중앙고원지역의 유적·유물이 다수 소개되고 있다.

다음 제7실은 이 박물관의 핵심이라고 할 수 있는 아스떼끄문명의 메히까(Mexica) 전시실이다. 중심에는 그 유명한 아스떼끄력(曆)을 도형화한 거대한 '태양석'(Calumna)이 자리하고 있다. 지름 3.6m, 무게 25톤의 현무암 원형 석판 중앙에 새겨진 태양신 주위에는 네개의 사각형에 에워싸인 문양이 있는데, 이것은 우주가 지금까지 겪어온 네개의 시대를 상징한다. 각 시대에는 새로운 태양이 생겼다가 없어지곤 했는데, 지금은 다섯번째인 '태양 또나띠우' 시대다. 한가운데에 가장 크게 새겨진 이 태양은 지쳐서인지 혀를 쑥 빼물고 있다. 역법에 따르면, 20일이 1개월이고, 18개월이 1년이며, 여기에 '빈 5일간'을 더하면 바로 1년 365일이 된다. 260일을 한 사이클로 한 점성술용 역법도 있다. 이 정확한 농경력(農耕曆)에 따라 농사를 짓고 제를 올린다. 이 태양석은 1479년 아스떼끄조의 6대 황제 악사야까뜰이 마요르신전에 세운 '아스떼끄 달력'이다. 아스떼끄제국이 멸망한 후 멕시코시티 중앙광장 부근에 버려져 있었는데, 인디오들이 성석(聖石)으로 삼고 예배를 하자 멕시코 대사교의 명령에 의해 매몰되었다가 1790년에 다시 발견되었다. 실의 좌측에는 아스떼끄인들이 경배하던 여러 신상들이 진열되어 있는데, 그 가운데는 대지의 신이자 죽음의 신이라고 하는 모든 신들의 어머니신인 꼬아뜰리꾸에 신상이 있다. 문화와 농경의 상징인 깃이 달린 뱀의 신도 보인다. 스페인 식민주의자들이 침입하기 전, 호수에 떠 있던 도시 떼노츠띠뜰란의 생생한 조감도도 눈길을 끈다.

제8실은 오아하까 전시실로, 오아하까 지역에서 번영했던 몬떼알반과 미뜰라 두 유적에서 출토된 유물들이 전시되어 있다. 웅대한 도시국가를 건설한 사뽀떼까인들은 섬세한 모자이크 신전들을 짓고, 믹스떼까(Mixteca)인들은 아름다운 금·은세공품을 만들어냈다는 것이 유물로 증명되고 있다. 제9실 멕시코만(Golfo de México) 전시실에는 라틴아메리카에서 가장 오래된 올메까문명이 남긴 유물들이 여러점 선을 보인다. 그중 가장 대표적인 것이 흑인의 모습을 한 대형 인두상이다. 도대체 왜 이렇게 큰 두상을 만들었는지는 아직 수수께끼다. 올메까(나우아뜰어로 '고무 인간'이라는 뜻)문명은 기원전 12세기부터 기원전 2세기 사이에 멕시코 중남부 열대우림지대에서 번영했다가 멕시코만 일대(오늘의 베라끄루스Veracruz와 따바스꼬Tabasco 지역)로 자리를 옮긴 초기

문명이다. 이 문명의 소실 원인에 관해서는 아직 미상이지만, 이 문명의 특징이던 피라미드나 궁전, 옥기, 깃털 뱀신 신앙 등이 중미 여러 문명에 영향을 끼친 것만은 틀림이 없다. 그래서 올메까문명은 마야나 떼오띠우아깐 문명 등 메소아메리카문명의 모태라는 것이 중론이다. 대형 현무암 두상(무게는 6~14톤)이 있는가 하면, 웃는 얼굴의 토용(土俑)도 더러 보인다.

세계의 고대문명 지역을 두루 탐방할 때마다 필자의 머릿속에 늘 떠오르는 의문이 하나 있는데, 그것은 특정 문명의 발생요인 문제다. 지금까지의 통설은 자연환경이 유리한 곳에서 문명이 발생했다는 것이다. 과연 그럴까? 이곳 라틴아메리카에 와서도 그러한 의문점이 뇌리를 떠나지 않는다. 올메까문명이 메소아메리카문명의 모태로 탄생할 수 있었던 요인은 과연 무엇이었을까? 숱한 현장 전시품들을 목격하면서 무언가 예시(豫示)는 받았지만, 사색할 겨를이 없어 저녁에 호텔방에 돌아와 자료를 뒤져가면서 사색의 끈을 이어갔다. 드디어 일말의 단서를 찾아냈다. 올메까 지역은 일년 내내 기온이 30도를 오르내리는 정글 습지대이고, 호우로 홍수 피해가 비일비재하며, 땅에는 늪지가 많아 가경지가 적고 교통이 불편하다. 한마디로 말하면, 인간이 살기에 불리하고 어려운 지역이다. 이런 속에서 올메까인들은 그 어느 지역보다 앞서 돌제단과 비석을 세우고 거대한 두상을 조각하며, 피라미드를 축조하고, 문자와 달력을 쓰기 시작하고, 재규어를 숭앙하고, 옥을 수출하며 분업을 실시하는 등 모태문명으로서의 선도역할을 해왔다.

불리한 자연환경 속에서 이렇듯 선진문명을 창조할 수 있었던 원인은 영국의 문명사가 토인비의 이른바 '도전-반도전'에 의한 문명

제10실 마야전시실에 전시된 아름다운 세라믹과 토용.

탄생설을 대입하면 설명이 가능하다. 즉 불리한 자연의 도전에 대해 인간이 지혜를 발휘해 반도전으로 대응하고 극복함으로써 문명이 탄생하고 성장한다는 것이다. 필자는 이곳 라틴아메리카를 비롯해 지구상의 여러 문명지대를 탐방하며 토인비의 이 문명탄생론을 실증적으로 검토하면서 그 합리성에 동조해가고 있다. 이 문명발생설은 이곳 마야문명에도 적용할 법하다.

다음으로 커다란 호기심을 품고 제10실 마야 전시실에 들렀다. 놀랍고 황홀한 유물들로 전시실은 꽉 차 있다. 마야문명을 비롯한 여러 문명의 편년표(編年表)가 한 벽 가득 메우고 있는데, 일목요연하게 잘 정리되어 있다. 원근을 조절하면서 신나게 카메라 셔터를 눌러댔다. 마야인들은 일찍부터 발달된 문자와 숫자를 사용해왔다. 특히 '0'의 개념을 터득할 정도로 수학이 발달했고, 그에 따라 천문학이 앞섰다. 마야 숫자를 해독하는 표 앞에 멈춰섰다. 몇 자 해독하고 나니 까막눈이 퍼뜩 뜨이는 것 같았다. 이 또한 뜻밖의 소득이다. 마야문자는 상형문자인데, 상형문자치고는 매우 복잡하다. 아직까지 해독이 계속되

제10실 마야 전시실에 전시된 각종 가면.

고 있다고 한다. 마야력도 소개되고 있는데, 그 정확도는 놀라울 정도다. 그레고리력보다 훨씬 전에 만들어졌음에도 1년을 365.2420일로 계산해 지금의 태양력과 오차가 0.0002일밖에 안 난다고 하니 실로 놀랍고도 신기한 일이 아닐 수 없다. 마야력에서는 다섯번째 태양이 끝장나는 날, 즉 지구의 종말을 양력 2012년 12월 21일이라고 명시하고 있다. 오늘이 2012년 7월 31일이니, 종말의 날을 불과 140일 남기고 마야력 앞에 선 셈이다. 본디 종말론자들은 '종말'이라는 공포로 사람들을 혼비백산시키려 했지만, 단 한번도 그렇게 되어본 적은 없었다. 오늘도 그 마야력 앞에서 읍소(泣訴)하거나 허둥대는 사람은 아무도 없다. 모든 종말론이 그러하듯, 그것은 일종의 허구다. 그 허구를 갈파한 마야인들이 만들어낸 각종 문양과 채색의 도자기는 실로 일품이다. 잘 다듬은 옥기에도 슬기가 묻어난다. 지하실의 팔렌케 왕묘에서 나온 보물들과 실 밖의 외실에 걸려 있는 보남빡(Bonampak)의 채색벽화는 그야말로 수작이다.

제11실은 서부(Occidente) 전시실인데, 여기에는 나무나 토기로 만든 몇가지 악기(현안기 등)와 절구를 비롯한 우리와 비슷한 용기들이 전시되어 있어 흥미로웠다. 한가지 특이한 것은 묘제인데, 중앙 고원지대와는 달리 깊이 파는 종혈식(縱穴式)이다. 이와 유사한 묘제는 여기서 멀리 떨어져 있는 콜롬비아나 에콰도르, 페루의 태평양 연안지대에서도 발견되어 학계의 주목을 받고 있다. 마지막 제12실은 북부(Norte) 전시실로, 북부 국경지대 원주민들의 토속문화가 소개되고 있다. 남부와는 달리 그들은 아도베로 지은 집에 살면서 수렵과 채집으로 생계를 유지한다. 중앙 고원지대의 휘황한 문명과는 동떨어진, 북아메리카 원주민들과 동질의 문명권에서 살고 있음이 분명하다.

쉴 틈도 없이 여기까지 보는 데 두시간 반이 걸렸다. 선 채로 물 한 모금을 꿀꺽 마시고는 2층으로 질주했다. 2층 10개 실은 민족학 전시실이다. 지금까지 살아 있는 각지 원주민들의 의식주와 생활관습, 종교 등 제반 생활 양상을 부족별로 소개하고 있다. 주로 각종 민예품으로 전시장을 꾸며두었다. 의상과 장식품을 비롯한 멕시코의 민예품이 워낙 유명하다는 것을 익히 알고는 있었지만, 이렇듯 다양하고 현란할 줄은 미처 예상치 못했다. 대단한 지혜의 소산이라고밖에 달리 표현할 길이 없다. 생활용기나 농경도구 및 민예품 가운데 어떤 것은 형태나 문양, 색깔 등에서 어딘가 모르게 우리의 것과 닮았다는 느낌이

들었다.

멕시코는 라틴아메리카 내에서도 문명의 보고 중 보고다. 세계문화유산으로 유네스코에 등재된 고적 유물만도 31개소(2010년 10월 기준)나 된다. 세계에서 여섯번째로 문화유산을 많이 보유하고 있는 나라이며, 아메리카대륙에서는 단연 첫째다. 이 유적들은 멕시코시티를 중심으로 한 중앙 고원지대에 많지만, 동서남북 변방지대에까지 골고루 분포되어 있다. 이 국립인류학박물관에는 유네스코 등재 유물 말고도 기타 여러 유적지에서 발굴된 유물들이 적잖게 전시되어 있다. 그만큼 크고 포괄적이다. 그리고 박물관 조직이라든가 운영 면에서도 가위 1급 수준이다.

사실 며칠을 두고 봐야 '봤다'고 할 수 있을 이 60만점 소장의 박물관을 3시간 동안(10시 반~13시 반)밖에 둘러보지 못했으니, 달리는 말을 타고 꽃구경한 셈이다. 그저 들르는 것이 아니라, 탐구하는 기회가 다시 차례지기를 기대하면서 박물관 문을 나섰다.

이어 발길을 소깔로, 즉 중앙광장으로 옮겼다. 앞에서도 누누이 설명했지만, 식민지시대의 각국 수도 한복판에는 꼭 아르마스광장, 즉 중앙광장을 설계하고는 그 주위에 대성당과 대통령궁, 정부청사, 의회 등 중앙 통치기관들을 거의 도식적으로 배치해두었다. 멕시코시티도 마찬가지인데, 다만 이름을 '소깔로'(Zócalo, '조각한 대좌'라는 뜻)라고 달리 부를 뿐이다. 한 변의 길이가 240m인 정사각형 광장으로 모스끄바의 붉은광장을 제외하고 세계에서 가장 큰 광장이라고 한다. 아스떼끄제국의 마지막 황제인 목떼수마 2세가 마지막까지 목숨을 걸고 스페인 침략자들과 일전을 벌였던 이곳에 오늘은 시장을 방불케 할 정도로 다양한 사람들이 모이고 어울리며 붐빈다.

겨우 비집고 소깔로의 한 변을 차지한 3층짜리 긴 건물인 국립궁전(Palacio Nacional)에 이르렀다. 이곳은 원래 아스떼끄제국 마지막 황제의 거성이었으나, 스페인 정복자 꼬르떼스가 허물고 그 자리에 궁전을 지어 오늘에 이르고 있다. 지금은 대통령 집무실과 정부청사로 쓰이고 있다. 궁전의 2층으로 오르는 계단의 세 면에는 멕시코 벽화운동의 3대 거장 중 한 사람인 디에고 리베라(Diego Rivera)가 1929년에 그린 장대한 프레스코 벽화 「멕시코의 역사」가 펼쳐져 있다. 벽화의 오른편에는 멕시코 역사의 여명을 밝히는 그림이, 중앙에는 스페인의 정복에서 현재까지의 격동의 역사를 알리는 그림이, 왼편에는 사회주의를 표방하는 미래의 사회상이 예술적으로 생동하게 묘사되어 있다.

완벽한 하나의 통시적(通時的) 역사 서술이다. 흥분 속에 한창 감상하고 있는데 궁전 측이 행사를 이유로 참관을 제한하는 바람에, 다 둘러보지 못한 채 꼭 그 벽화와 다시 마주할 것을 약속하면서 아쉬움 속에 청사를 나섰다. 해마다 9월 15일 독립기념일 전야에는 대통령이 소깔로광장에 면한 궁전 베란다에 나타나 "멕시코 만세! 독립 만세!"를 외친다. 그러면 광장에 모여 있는 수많은 군중들이 일제히 합창한다. 1810년 바로 이곳에서 「독립선언」이 선포되었다. 궁전은 17세기에 지금의 모습대로 대대적인 개축을 했다.

오후 2시 반에 한 전통식당을 찾았다. 멕시코의 대표적인 전통요리 따꼬로 유명한 집이라고 한다. 점심치고는 늦은 시간인데도 식객들로 붐빈다. 지름 10cm 정도의 얇게 구운 전병 속에 고기(돼지고기나 소고기)와 파, 양념 등을 한데 싸서 음료수와 함께 먹는다. 멕시코 식 샌드위치인 셈으로, 간편하다. 배가 출출했지만, 네장을 먹으니 그만이다. 식후에는 인근의 혁명기념탑(Monumento a la Revolución)을 둘러봤다. 외

1910년대의 혁명을 기리기 위해 세운 혁명기념탑.

형은 탑이기보다는 대형 돔 형식이다. 본래 이곳에는 법무부 청사를 한참 짓다가 1910년 혁명이 일어나자 건설이 중단되었다. 혁명 승리 후 그 자리에 이 혁명기념탑을 세웠다. 건물의 외부에는 혁명운동의 영웅과 독립, 농민과 노동자를 각각 상징하는 리얼한 조각들이 새겨져 있으며, 내부에는 혁명 지도자 마데로(Francisco Bernabé Madero)와 까란사(Venustiano Carranza), 비야(Pancho Villa)가 묻혀 있다. 곁에 국민혁명 박물관이 병설되어 있다.

레온뜨로쯔끼박물관

낫과 망치가 새겨진 뜨락의 묘비(상), 집무실(하).

이어 발길을 옮긴 곳은 레온뜨로쯔끼박물관(Museo Casa de León Trotsky)이다. 그가 만년에 망명해와서 살던 집으로, 침실과 서가, 주방과 회의실 등을 공개하고 있다. 망명객 신세치고는 유복한 편이다. 박물관은 그의 딸에 의해 운영된다고 한다. 꽤 넓은 뜨락의 한복판, 붉은 깃발과 함께 낫과 망치가 새겨진 묘비 밑에 20세기 풍운아 뜨로쯔끼가 묻혀 있다. 죽어서도 낫과 망치가 새겨진 붉은 깃발의 기수가 되고 싶다는 그의 의지를 표현한 것일까. 집은 총구가 뚫린 감시망을 얹은 높은 담으로 에워싸여 있다. 기습을 막기 위해서였겠지만, 결국 망명 12년 만에(1940) 태연하게 찾아온 자객의 얼음 깨는 도끼에 뒤통수를 맞고 절명했다. 박물관 입구의 오른편 전시실에는 레닌과 함께 찍은 사진을 비롯해 고인의 활동상을 전해주는 여러가지 사진과 기록자료들이 소개되어 있다. 필자가 이곳을 찾아온 것은 한 인간의 영욕에 찬 한생의 구경(究竟)을 파헤쳐보고 싶어서였다. 같은 시각에 20여명의 현지인 말고도 100여명의 일본 관광객이 몰려왔다. 대부분이 노년층인 일본 관객들은, 세심하게 살펴보니 끼리끼리 대화를 나누고 더러는 심각한 표정으로 무언가 논쟁하는 듯도 하다. 젊은 그 시절 뜨로쯔끼에 관심을 가졌던 이들일 것이라고 추측해본다. 그들이라면 논쟁하는 것이 가히 이해된다.

본래 이 박물관 참관을 마치고는 미술박물관에 갈 계획이었으나, 택시(1일 대절) 기사가 부주의로 그만 차를 주차장 차벽에 박는 바람에 기름통이 터져서 그것을 두시간 걸려 수리하다보니 미술관 참관은 무위로 돌아가고 말았다. 불의의 사고 덕분에 호텔에 돌아와 저녁식사와 식후의 일상을 앞당겨 마치고 일찌감치 자리에 들었다.

47
라틴아메리카 최대의 도시유적, 떼오띠우아깐

어제 국립인류학박물관에 이어 멕시코에서 라틴아메리카문명의 보고를 찾는 행각은 오늘(2012년 8월 1일)도 계속된다. 많은 대상 가운데서 오늘 택한 행선지는 멕시코시티 북방 50km 지점에 있는 라틴아메리카 최대의 도시유적지 떼오띠우아깐이다. 출발 15분 후에 택시는 '3문화광장'(Plaza de las Tres Culturas) 대로 옆에 멎는다. 이 광장은 멕시코의 다문화 상을 보여주는 곳으로 필수 참관코스의 하나다. 원래는 아스떼끄시대의 뜰라뗄롤꼬(Tlatelolco) 유적 자리였는데, 16세기에 그 폐허에서 파낸 석재로 그 위에 싼띠아고교회를 지었으며, 오늘에 와서는 그 주위에 현대적 고층건물 단지가 조성되었다. 이렇게 고대와 중세, 그리고 현대의 세 시대 문화가 한곳에 어울려 있다는 의미에서 이곳을 '3문화광장'이라고 명명했다고 한다. 멕시코 다문화의 상징이다.

그 다문화의 주역은 대별하면 순원주민(인디오) 혈통의 피온, 순백

멕시코 다문화 상의 상징인 '3문화광장'.

인 혈통의 끄리오요, 백인과 인디오의 혼혈인 메스띠소, 백인과 흑인의 혼혈인 물라또의 4대 부류다. 인구 약 1억 1,800만명(2013) 가운데서 메스띠소가 약 60%, 인디오가 30%, 백인이 9%를 차지한다. 인구수로는 세계에서 열한번째이며, 라틴아메리카에서는 브라질 버금간다. 지금 추세라면 2050년에 가서는 인구가 약 1억 5,000만으로 증가할 것으로 예측된다. 국어가 아닌 공용어는 스페인어지만, 62개의 인디오 종족들은 무려 360여종의 언어를 사용한다. 그래서 멕시코를 '인종의 대용광로'라고 하는 것이다.

멕시코의 다문화 및 그 접변 현상에 관해 차제에 한가지 언급하고자 하는 것은 문명교류사 차원에서 보면, 오늘날의 멕시코문화는 전형적인 융화(融化, deliquescence)문화라는 점이다. 즉 전통적인 인디오문명과 유럽문명(주로 스페인)이 만나서 접변을 일으킨 결과 인디오문명도 아니고 유럽문명도 아닌 제3의 '멕시코문명'이 나타난 것이다. 흔히 이질적인 두 문명이 만나서 일어나는 접변현상에는 이 융화 말고도 두 문명이 건설적·순기능적으로 결합해 접변문명의 발전을 이루는 융합(融合, fusion)과 일방적 흡수인 동화(同化, assimilation)가 있다. 그러나 이틀밖에 안 되는 짧은 기간으로도 발견할 수 있다시피, 융화 문명이라고 해서 피차의 것과 완전히 다른 제3의 문명이 탄생하는 것은 아니다. 인디오문명과 스페인문명의 융합으로 생겨난 이른바 '멕시코문명'을 세심히 살펴보면, 두 문명의 요소들이 깡그리 사라지는 것이 아니라 어딘가에 그 잔재가 조금이라도 남아 있다는 걸 알게 된다. 오늘날 멕시코인의 언어를 비롯한 의식주문화에서 수백년 전 융화에 의해 사라져버린 아스떼끄문명의 잔재를 발견하게 되는 것이다.

'3문화광장'에서 다시 15분쯤 달리니 이 나라 최대 성지라고 하는 과달루뻬성당(Basilica de Guadalupe)에 도착했다. 원래 이곳은 인디오들의 신전이었으나, 검은 머리카락에 갈색 피부를 한 이색적인 성모 과달루뻬가 1531년 가톨릭으로 개종한 지 얼마 되지 않은 원주민 주앙 디에고에게 기적같이 발현하면서부터 숭고한 성지로 널리 알려지기 시작했다. 사실 이색적인 성모상, 이를테면 '검은 성모상'은 14세기 비잔틴 그림에 나타난 바 있다. '과달루뻬'란 '뱀을 물리친 여성'이라는 뜻으로, 성모가 뱀으로부터 인디오들을 구원했다는 데서 유래했다. 로마교황청은 이 성당을 세계 3대 성모발현 성지로 공식 인정했다. 원주민들과 같은 갈색 피부의 성모가 나타났다는 것은 선교에 큰 날개를 달아주고 대단한 활력을 불어넣었다. 당시 8년 동안에 800만

세계 3대 성모 발현 성지의 하나인 과달루뻬성당의 외관(상)과 화려한 내부(하).

인디오들이 가톨릭으로 개종했다고 하니, 그 위력을 감히 짐작할 수 있다. 1709년에 지은 구성당이 지반 침하로 인해 붕괴 위험에 처하자, 1970년 일본인의 설계로 동시에 1만명을 수용할 수 있는 어마어마한 크기의 새 성당(뉴바실리까)을 곁에 지었다. 내부 장식도 화려의 극치다. 성당 안팎은 멕시코뿐만 아니라 라틴아메리카 각지에서 오는 순례객들로 늘 붐빈다. 어디서 오는지는 몰라도, 일군의 순례자들은 무릎으로 기어서 오고 있었다. 다들 지칠 대로 지치고 땀투성이다. 과달루뻬를 향한, 과달루뻬에 의한 신앙의 힘으로 버티고 있다.

성당에서 나왔을 때 시간은 10시를 재촉한다. 길가에 차량들이 늘면서 시간은 자꾸만 지체된다. 저만치 떨어진 길 좌측 나지막한 산비탈에는 빈민가들이 벌집처럼 붙어 있는 달동네가 빼곡히 들어섰다. 그 수가 자꾸 늘어만 간다고 기사는 하소연한다. 띄엄띄엄 옥수수밭이 산자락까지 눈이 모자라게 펼쳐져 있다. 옥수수의 고향답게 튼실한 포기마다에서는 마른 수염이 나부끼면서 탐스러운 이삭이 패기 시작한다.

약 50분간 달려 목적지 떼오띠우아깐에 도착했다. 드넓은 평지에 자리한 유적지에는 범상찮은 서기(瑞氣)가 감돌고 있었다. 정문 밖 잔디밭에서는 장대 쇼가 한창이다. 높이가 50m는 실히 될 아스라한 장대 끝에서 색동 복장을 한 두 남자가 서로 어깨를 맞대고 빙글빙글 돌면서 손과 발 재주를 선사한다. 간담이 서늘해진다. 고난도의 서커스다. 분명 서비스는 아닐 텐데 관람료는 따로 없다.

정문에 들어서자 약속한 현지 가이드 루이스(Luis) 씨가 대기하고 있다가 반갑게 맞이한다. 30대 후반인 그는 회계를 공부하다가 마음에 들지 않아 5년 전부터 영어 가이드로 일하고 있다고 자신을 소개했다. 안내 내내 열성을 다하던 모습이 지금도 눈앞에 선하다. 유적지 안내문은 모두가 스페인어와 영어, 현지 방언인 나우아뜰어로 씌어 있다. 방언(각 민족어)에 대한 당국의 배려를 감지할 수 있다.

메소아메리카에서 올메까문명 다음으로 기원전 10세기에 탄생한 떼오띠우아깐문명은 350~650년 사이에 전성기를 누리다가 750년경에 갑자기 자취를 감춘다. 그로부터 근 600년 후에 이곳을 찾아간 아스떼끄인들의 눈앞에는 몇몇 거대한 석조 유물만 덩그러니 남아 있고, 사방팔방은 온통 폐허뿐이었다. 이렇게 일시에 유령도시가 된 원인에 관해서는 화산폭발설, 인위적 파괴설, 전염병설, 수질오염이나 가뭄에 의한 농지 황폐화설 등 여러 가설들만 구구할 뿐, 아직 수수께끼는 풀리지 않고 있다. 역사는 물론 이름도 알려지지 않은 격세(隔世)의 무명지였기에, 전해오는 단편적인 전설에 의해 그 면모를 추적할 수밖에 없다. 대홍수로 인해 네번째 태양이 사라지자 신들은 황급히 '신들의 도시'에 모여 어둠을 밝혀줄 다섯번째 태양에 관해 의논했다. 논의 끝에 신들 중 누군가가 불꽃 속에 뛰어들어 희생해야 새로운 태양이 생길 것이라는 결론에 이르렀다. 문제는 '누가 그렇게 할 것인가'였다. 결국 나나우아신과 떼꾸시스떼까뜰 두 신이 선정되었다. 투신한 나나우아신은 태양이 되고, 떼꾸시스떼까뜰은 달이 되어 세상을 밝히게 되었다. 신들은 이곳에 전자를 기려 '태양의 피라미드'를, 후자를 기려 '달의 피라미드'를 지었다. 그것이 오늘날까지 이곳의 주요 유물로 남아 있다.

이 전설에 연유해 '신들의 집회지'라는 뜻의 '떼오띠우아깐'이라는 대도시 이름이 생겨났다. 도시 면적은 약 21㎢에 달하며, 여기에는 600여개의 피라미드와 대형 광장, 큰 통로 등이 마련되었다. 지금

께찰꼬아뜰신전 외경.

께찰꼬아뜰신전 벽면
에 새겨진 쌍어문.

까지 발굴된 면적은 전체 면적의 10%도 채 안 된다고 한다. 이 일부의 발굴에 의해 유령도시의 면모가 조금씩 밝혀지고 있다. 전성기의 인구는 12만~20만명으로, 당시로 말하면 세계에서 여섯번째로 큰 도시였다. 정연한 행정체제하에 특정 종족이나 집단의 전제정치가 아니라, 각 종족과 집단의 대표들이 참여하는 귀족협의제 정치를 표방했다. 한 면의 길이가 61m에 달하는 사각형 모양의 복합주거단지가 무려 2,000여가나 있었으며, 500여개의 공방에서 도자기와 보석, 흑요석 공예품을 제작해 수출하기도 했다. 특기할 만한 것은 독특한 건축기법이다. 이른바 '딸루드 따블레로'(Talud-tablero), 즉 피라미드와 같은 대형 건물을 지을 때 평평한 토대와 경사면을 번갈아가며 쌓아올리는 특수한 건축기법으로, 후일 마야인들에 의해 전승되었다.

이러한 개략적인 지식을 갖고 유적을 하나씩 둘러봤다. 처음 이른 곳은 이곳에서 세번째로 큰 구조물인 께찰꼬아뜰신전(Templo de Quetzalcoatl)이다. 장식미를 놓고 보면 떼오띠우아깐 유적에서 가장 화려한 구조물로, 정면에는 물과 농경의 신인 깃털이 난 뱀 께찰꼬아뜰과 비의 신인 토라꼬가 생동하게 돋을새김되어 있다. 놀란 것은 벽면에 조개를 사이에 두고 쌍어문(雙魚紋)이 그려져 있다는 사실이다. 우리네 수로왕릉에서 보이는 쌍어문과 진배가 없다. 지금까지 쌍어문은 처음으로 메소포타미아문명에서 나타나 인도에 전해진 후 가야시대 허왕옥의 도래와 더불어 가야에 전래된 것으로 알고 있는데, 이렇게 멕시코의 고대유적에서도 발견됨으로써 이 유물의 발원지나 전파 과정에 관한 기존 이론의 재고가 필요하게 되었다. 또 한가지, 현지 가이드 루이스 씨가 현지산 식물이라면서 가지고 온 자주색 꽃잎과 유적 계단에서 자생하는 풀잎을 종이에 대고 문지르니 투명한 분홍색 물감이 되었다. 그것을 손가락에 찍어 종이에 대고 그림을 그리니 제법 수채화가 된다. 그는 이채로운 이 '수채화'를 기념으로 주었다.

다음으로 찾은 곳은 '태양의 피라미드'(Pirámide del Sol)다. 세계에서 세번째로 큰 인공구조물인 이 피라미드는 제사나 기우제를 올리던 신전이다. 기단은 길이가 각각 220m, 230m로 정사각형에 가깝다. 벽은 층층이 쌓아올린 작은 돌들 사이에 석회를 넣고, 다시 돌들을 채우면서 4단으로 경사벽과 수직벽을 교대로 쌓아올렸다. 높이 65m의 이 피라미드를 쌓는 데 들어간 돌과 흙은 자그마치 250만톤에 달한다고 한다. 이 큰 구조물을 짓는 데는 하루 1만명을 동원하면 20년이 걸렸을 것이라고 전문가들은 계산한다. 피라미드가 정면에 있는 248개의 계단을 걸어 올라가니, 정상은 지름 3~4m의 원형 평지이며, 집터 흔적이 있다. 이곳에 바로 신전이 자리하고 있었다.

신기하게도 태양은 일년에 두번씩 피라미드 위에 오는데, 그날이 바로 춘분과 추분이다. 그리고 흔히들 피라미드 하면 이집트의 피라미드만을 상기하지만, 사실은 라틴아메리카의 잉카나 마야 문명 지역에 수없이 많은 피라미드가 널려 있으며, 건축공학이나 미술 면에서 훨씬 뛰어난 것들이 수두룩하다. 세계에 가장 큰 피라미드는 이집트가 아니라 멕시코의 촐룰라(Cholula)에 있다. 가끔 사람들은 이 '태양의 피라미드'와 세계에서 두번째로 큰 이집트 기자의 쿠푸왕 피라미드를 비교하는데, 밑변의 길이는 비슷하지만 높이는 쿠푸왕 피라미드가 139m로 훨씬 더 높다. 서로 다른 점은, '태양의 피라미드'는 신전인 반면 쿠푸왕 피라미드는 왕의 무덤이며, 전자의 외벽은 붉은색 바탕 위에 재규어와 별, 뱀 등이 그려진 벽화로 화려하게 장식되어 있으나, 후자의 외벽은 밋밋한 돌뿐 장식이라곤 없다는 점이다.

세계에서 세번째로 큰 인공구조물(기단 220×230m, 높이 65m)인 '태양의 피라미드'.

'태양의 피라미드'는 오랜 세월의 풍상지변을 겪었지만, 그에 못지 않게 인재(人災)에도 시달려왔다. 1905년 독재권력의 사촉하에 복원에 나선 고고학자 바뜨레스(Leopoldo Batres)가 피라미드의 3면을 둘러싼 외벽을 3.6m의 깊이로 파내는 바람에 외관을 장식했던 벽화는 파손되고, 외벽을 지탱해오던 아도베 점토가 비에 씻겨내려가 피라미드 전체가 붕괴될 위험에 처했다. 응급처치로 외벽에 시멘트콘크리트를 바르고 나니, 피라미드는 만신창이가 되고 말았다. 그 몰골 앞에 서니 같은 상처를 입은 동병상련의 우리네 불국사 석굴암이 눈앞에서 어른거린다. 무모한 발굴, 서투른 개축 모두가 유물 보존에는 치명적이다.

'태양의 피라미드' 정상에서 북쪽으로 얼굴을 돌리니 저만치 떨어

신관들의 주거지인 께찰빠빨로뜰궁전 유적.

진 산기슭에 한쌍을 이루고 있는 '달의 피라미드' 모습이 아련히 시야에 들어온다. 시원한 산들바람에 땀을 식히고 나서 천천히 정상에서 내려갔다. '사자(死者)의 거리'(La Calle de los Muertos)를 건너서 께찰빠빨로뜰궁전(Palacio de Quetzalpapálotl)으로 향했다. 이 궁전은 '달의 피라미드'에서 제례를 관장하던 신관들의 주거지다. 유적들은 많이 복원되어 욕조와 샤워시설, 변기 등이 제 모습을 드러냈고, 배수로도 확연하다. 궁전에 딸려 있는 재규어 정원에는 이 나라 국화인 선인장이 만개하고 있다. 근 2,000종에 달하는 선인장으로 빚어낸 것이 멕시코의 이름난 용설란주(龍舌蘭酒) 떼낄라(Tequila)다. 가이드가 하는 대로

'달의 피라미드'에서 바라본 '사자의 거리' 모습.

기단 150×140m, 높이 43m의 '달의 피라미드' 전경.

선인장에 기생하는 벌레 알을 나무꼬챙이에 묻혀 종이에 찍으니 금세 붉은 점이 생긴다. 여기서 립스틱의 원료를 채집했다고 한다.

께찰빠빨로뜰궁전을 둘러보고 나서 사자의 거리 북쪽 끄트머리에 있는 '달의 피라미드'(Pirámide de la Luna)를 찾았다. 도시의 북쪽에 병풍처럼 늘어선 세로고르도(Cerro Gordo)산을 본떠 만들었다고 하는 이 피라미드는 높이가 43m로 '태양의 피라미드'보다 낮지만, 언덕 위에 지어졌기 때문에 정상의 높이는 두 피라미드가 거의 같다. 밑변 150×140m의 4층 구조물인 이 피라미드를 짓는 데는 100만톤 이상의 돌과 흙이 들어갔다고 한다. 고증에 따르면, 꼭대기에 생명수를 관장하는 '위대한 여신'을 형상화한 무게 22톤의 조각상이 세워져 있었다고 한다. 발굴 때 사람·동물의 뼈와 함께 멕시코의 국석인 흑요석으로 만든 의식용 칼이 발견되었다. 이것은 '위대한 여신'을 경배하기 위한 희생의식이 이곳에서 진행되었음 말해준다. '달의 피라미드' 앞에는 가로세로 길이 130m의 '달의 광장'이 조성되어 있으며, 광장의 주변을 10개의 제단이 둘러싸고 있다. 광장의 한가운데에는 중앙 제단이 마련되어 있는데, 여기에 사람들이 모여 제의나 축제를 거행했을 것으로 짐작된다. 이런 점으로 미루어 '달의 피라미드'는 도시의 중심에서 모든 의식이 행해지던 곳으로 추정된다. 원래는 '달의 피라미드' 정상까지 올라갈 수 있었으나, 붕괴 위험이 있다는 경고로 2010년 7월부터는 중간까지 오르는 것만 허용되고 있다.

중간쯤에서도 떼오띠우아깐 도시 유적이 한눈에 내려다보인다. 북쪽에 있는 '달의 피라미드'를 기점으로 남북 5.5km에 너비 40여m의 대로가 펼쳐져 있는데, '사자의 거리'라고 부른다. 이 거리 주변에 52개의 피라미드가 널려 있는데, 이곳에 처음 온 아스떼끄인들이 이 피라미드들이 사람의 묘(사실은 신전)인 줄로 잘못 알고 이런 이름을 붙인 것이라고 한다. 흥미로운 것은, 이 거리의 북쪽은 지리학에서 말하는 진북(眞北)이 아니라 천문학에서 말하는 자북(磁北, 동쪽으로 15도 30분 기울어짐)이라는 점이다. 그리고 원래는 남북 거리만이 아니라 동서 교차로가 하나 더 있었는데, 그 배치는 성좌(星座)를 따랐다고 한다. 거리는 북에서 남으로 완만하게 경사를 이루고 있는데, 그 낙차(落差)는 2.7m이다. 이 거리의 용도에 관해서, 바닥에 사각형 웅덩이들이 연이어 있는 점으로 미루어보아 저장용 '수로 씨스템'이었을 것이라는 설(A.E. Schlemmer, 슐레머설)이 제기되고 있다.

전설 속의 떼오띠우아깐 도시유적은 그동안 세번에 걸쳐 발견과 발굴이 거듭되었다. 아스떼끄인들에 의한 발견이 그 첫째이고, 두번째는 스페인 식민자들에 의한 약탈적 발굴이다. 세번째로 19세기 중엽 서구 고고학자들에 의해 부분적으로 발굴이 진행되었다. 그렇지만 아직까지 그 발굴 공정은 10%정도밖에 이루어지지 않은 형편이다. 앞으로 지속적인 발굴과 더불어 복원이 기대된다.

오후 2시에 탐방을 마치고 차 안에서 샌드위치로 대충 점심을 때우고 3시 10분에 호텔에 돌아와 2시간 동안 휴식을 취했다. 저녁에는 '이조갈비집'에 찾아가 오래간만에 뜨끈한 소고기국밥으로 허기를 채웠다.

48
비명에 사라진 아스떼끄문명

8월 5일 전에 복학 등록을 마쳐야 해서 앞당겨 귀국하는 여인욱 군을 새벽 4시에 호텔 문밖에서 전송하고 다시 자리에 누웠으나, 말똥말똥 잠은 저만치 밀려나버렸다. 어둠이 가시기를 기다렸다가 거리 구경에 나섰다. 상쾌한 새벽 분위기도 잠시, 매캐한 스모그 냄새가 코를 찌르기 시작한다. 천만을 헤아리는 멕시코시티 역시 공해로 몸살을 앓고 있다.

식후 첫 행선지는 국립궁전이다. 어제 이곳에 있는 대통령궁전에서 2층 복도에 걸린 리베라의 대형 프레스코 벽화를 둘러보다가 그만 중단당해서 마저 보려고 찾아간 것이다. 9시 20분에 도착했는데, 건물 주변을 무장 군경들이 삼엄한 경계망을 둘러친 상태다. 어느새 모여든 시민들도 진을 치고 무언가 기다리고 있다. 불길한 생각이 든다. 아니나 다를까, 대통령 특별행사가 있어 궁전 출입이 막혔다는 것이다.

멕시코시티 소깔로광장(중앙광장)에 위치한 국립궁전 외관.

얼마나 기다려야 하는지는 아무도 모른다. 군경들에게 물어보니 의아한 눈초리로 묵묵부답, 쏘아보기만 한다. 할 수 없이 포기하고 소깔로광장 북쪽에 있는 메뜨로뽈리따나대성당에 들렀다.

한창 수리 중이라서 대충 둘러봤다. 내부는 온통 성화들로 장식되어 있어 대단히 화려하다. 한가지 의아한 것은 예수님의 얼굴이 검다는 점이다. 가톨릭의 현지화를 꾀한 발상이라고 추측해본다. 이 성당은 정복자들이 인접한 아스떼끄의 떼노츠띠뜰란 신전을 허물어버리고 그 석재로 1563년 시공해 100년이 넘은 1681년에 완공했다. 이 성당은 멕시코 가톨릭교회의 총본산 역할을 해왔다. 원래의 신전 유적지는 한 변의 길이가 약 500m에 달하는 대형 신전으로, 그 안에 78개

메뜨로뽈리따나대성당 외관.

의 소형 신전들이 밀집해 있었다. 습지 위에 지어진 이 성당은 지금 조금씩 침하되어가고 있다고 한다.

이어 떼노츠띠뜰란 신전 유적의 발굴 현장을 둘러봤다. 1913년 메뜨로뽈리따나대성당 구내에서 아스떼끄 유적으로 보이는 지하계단이 발견된 데 이어 1979년에는 무게가 8톤이나 되는 석판(石板)이 출토되었는데, 이 석판은 아스떼끄 신화에 나오는 '달의 신' 석상으로 1450~1500년경에 제작된 것으로 판명되었다. 이것이 계기가 되어 발굴이 시작되었다. 유적은 아스떼끄제국의 수도 떼노츠띠뜰란의 중앙 신전임이 밝혀졌다. 지금은 견학용으로 유적 사이사이에 길이 나 있다. 유적 가운데는 '붉은 신전'(Templo Rojo)을 비롯해 '물의 신전', 제단, 뱀 두상, 등신(等身) 석상 같은 유물들이 포함되어 있다. 유적의 북측 광장에도 세채의 신전과 제단 등이 남아 있다. 이와 같이 아스떼끄문명의 전모를 볼 수 있는 숱한 유물들이 출토되었는데, 그 일부는 국립인류학박물관으로 보내지고, 대부분은 곁에 붙어 있는 뗌쁠로마요르박물관(Museo Templo Mayor)에 전시되어 있다.

아스떼끄문명 박물관 가운데 가장 완벽한 박물관이라고 평가받는 뗌쁠로마요르박물관은 4층 건물로 그리 크지는 않지만, 아스떼끄문명을 포괄적으로 이해할 수 있게끔 전시실마다 유물로 꽉 차 있다. 일목요연한 유물 배치와 간명한 설명문은 아스떼끄의 역사와 문화를 이해하는 데 큰 도움을 주었다. 확실히 이 나라는 박물관 운영이나 유적·유물 관리에서 노하우가 켜켜이 쌓여 있음을 재삼 느꼈다.

아스떼끄문명은 멕시코문명의 종막(終幕)일 뿐 아니라, 전체 라틴아메리카 인디오문명의 꼭짓점이다. 이를테면 아스떼끄문명까지가 라틴아메리카 인디오들이 수천년간 땀과 슬기로 쌓아올린 문명의 고층탑이다. 그후로는 스페인을 비롯한 서구 식민주자들의 난도질에 의해 인디오문명은 역사무대에서 수백년 동안 자취를 감추고 만다. 따라서 아스떼끄문명에서 인디오문명이 차지한 위치라든가 도달한 수준, 그리고 그 역사발전 과정을 헤아려볼 수 있다. 서구인들은 말끝마다 자신들의 무모한 침략과 정복의 '합리성'을 이른바 인디오들의 '후진성'에서 찾기에 급급하다. 그들의 편견대로 인디오들은 과연 더 이상 자립할 수 없는 폐인으로 전락해 서구 식민주의자들의 '구출'을 기다리고 있었는가?

필자는 라틴아메리카 땅을 밟기 전과, 또 밟고 있는 이 순간에도 내내 이런 질문을 던지면서 스스로 그 답을 모색해왔다. 그 답은 여기 아스떼끄에서만큼 선명하지도, 확실하지도 않았다. 그래서 인디오문명 전체를 조명하는 심정으로 아스떼끄문명을 종횡무진으로 꼼꼼히 살펴

뗌쁠로마요르박물관에 전시된 종교의식 장면.

봤다. 그 모든 것이 이 뗌쁠로마요르박물관에 전시되고 비치되어 관람객을 기다리고 있었다. 아스떼끄문명에 관심을 갖는 사람에게는 더없는 호기다. 빠짐없이 모든 것을 카메라에 담고 뇌리에 입력하려 했다.

라틴아메리카 인디오사에서 마지막 발전기라고 하는 후기고전기 문명을 일구어낸 주인공은 인디오 소속 아스떼끄인들이다. 그들의 전설에 의하면, 1100년경 지금의 멕시코 북서쪽의 아스뜰란('백로가 사는 곳')에 살던 유목민인 그들의 조상이 멕시코 계곡으로 남하했다. '아스떼끄'라는 이름은 바로 이 '아스뜰란'에서 유래했다고 한다. 그들은 태양과 전쟁의 신으로부터 뱀을 물고 있는 독수리가 바위에 뿌리를 내린 선인장 위에 앉아 있는 곳을 찾아가 도시를 세우라는 계시를 받았다.

1325년 마침내 멕시코 계곡에 위치한 떽스꼬꼬(Texcoco) 호숫가의 작은 섬에서 신의 계시와 일치한 곳을 발견하고 14세기 중엽에 떼노츠띠뜰란이라는 도시를 건설했다. 15세기 초에 떼노츠띠뜰란은 주변

지역을 지배하는 강력한 도시국가가 되었으며, 멕시코 계곡에 자리한 떽스꼬꼬와 뜰라꼬빤(Tlacopan) 등 도시국가들과 동맹을 맺었다. 이 동맹을 기반으로 떼노츠띠뜰란은 제국을 세우기 시작했다. 건국자인 목떼수마 1세(Montezuma, 재위 1440~69)는 제국의 영토를 동남쪽으로 과테말라에서 멕시코의 싼루이스뽀또시(San Luis Potosí)까지 확장했다. 정복당한 수백개의 도시들이 많은 공물을 바침으로써 제국은 날로 부강해졌으며, 1502년 목떼수마 2세가 등극할 때는 전성기를 맞았다.

그러다가 1519년 스페인의 침략자 꼬르떼스가 508명의 군사를 이끌고 멕시코 동쪽 해안에 상륙한다. 그는 당시 아스떼끄제국에 많은 공물을 바쳐야 하는 것에 불만을 품고 있던 인디오들을 꾀어 동맹을 맺고 수도 떼노츠띠뜰란으로 쳐들어가 목떼수마 2세를 체포했다. 그러나 이듬해 아스떼끄인들은 스페인의 강점에 항의하는 봉기를 일으켜 스페인인들을 수도에서 몰아냈다. 목떼수마 2세는 항전 중 부상을 입고 전사했다. 꼬르떼스는 1521년 5월 수도를 다시 공격해왔다. 양측의 대치국면이 계속되는 가운데 그해 8월 목떼수마 2세의 후계자인 꾸아우떼목(Cuauhtemoc)이 항복함으로써 아스떼끄제국은 역사의 무대에서 사라졌다. 이때 떼노츠띠뜰란의 인구는 약 20만~30만명으로 세계 유수의 대도시에 속했다.

약 200년간 존재했던 아스떼끄제국은 찬란한 문화유산을 남겼다. 제국은 38개의 지방과 489개의 도시를 아우르는 광대한 지역을 지배했는데, 영토의 점령보다는 공납에 주력했다. 정해진 공납을 하기만 하면 피점령지 지배층의 통치나 종교를 허용했다. 왕은 왕족 중에서 선출하며 '위대한 지휘관'이라는 뜻의 '우에이 뜰라또아니'라고 불렀다. 중대한 국사는 반드시 귀족회의의 자문을 거쳐 결정하도록 되어

뗌쁠로마요르박물관에 전시된
세밀한 석조각(상)과 아름다운
채색 세라믹(중), 옥구슬(하).

있었다. 제국의 사회는 기본적으로 귀족·평민·농노·노예의 4대 계급으로 구성되었다. 귀족과 평민은 가까운 친족으로 구성된 행정단위인 깔뿌이(Calpulli)에 속했고, 농노는 땅 소유자가 바뀌어도 계속 그 땅을 경작할 수 있었다. 최하층인 노예는 주로 전쟁포로나 범죄자, 채무자로 충당되고 자산의 일부로 취급되나 신분이 세습되지는 않았다.

경제의 기본은 농경으로서 주요 작물은 옥수수이며, 아보카도·콩·호박·고구마·토마토 등이 고지대에서 재배되고, 열대 저지대에서는 목화·파파야·고무·카카오 등이 재배되었다. 도처에 정부 감독하의 시장이 설치되어 고지대와 저지대의 특산물이 교환되었다. 이러한 교환과 교역은 '뽀츠떼차'(Pochtechah)라는 상인들에 의해 이루어졌다. 흑요석으로 날카롭게 날을 세운 뾰족한 나무막대기를 농기구로 사용하고, 고지대에서는 언덕에 계단밭을 일구었으며, 관개수로도 발달했다. 특이한 것은 호수 바닥의 기름진 진흙을 파서 경작지(chinampa, 치남빠)를 만드는 농법이다.

아스떼끄인들의 주식은 옥수수가루로 만든 뜰락스까이라는 얇은 케이크이고, 고기는 개와 칠면조 고기만 먹었으며, 멕시코가 원산지인 용설란 즙으로 술을 빚기도 했다. 복장은 여성의 경우 소매 없는 헐렁한 상의에 허리에는 치마를 둘렀고, 남성은 엉덩이를 천으로 두르고 옷과 어깨 위에 망토를 걸쳤다. 가옥은 진흙을 햇볕에 말려 만든 벽돌로 지었는데, 창고가 딸려 있으며 간혹 한증 목욕탕이 있는 집도 있었다.

문화·예술 분야에서도 대형 피라미드, 금속세공, 나무공예, 석조(石彫), 도자기, 직물, 장신구 등 화려한 유물들을 남겼다. 지름 3.5m, 무게 24톤의 둥근 태양석(La Piedra del Sol, 또는 아스떼끄 달력Calendario Azteca) 중앙에는 태양신의 얼굴이 새겨져 있으며, 아스떼끄인들의 우주관과

아스떼끄에서 생산된 각종 농산물.

달력체계를 생생하게 표현하고 있어 주목을 끈다. 무기도 나무곤봉을 비롯해 창·활·화살, 그리고 창을 던지는 기구인 '아뜰라뜰'(atlatl) 등 다종다양하다. 방패와 솜을 넣은 갑옷도 있다. 아스떼끄인은 인종적으로 우또아스떼깐이라는 인디언 어족에 속하며, 나우아뜰어를 쓴다. 문자는 작은 그림의 상형문자를 사용했으며, 간혹 음절문자도 썼다.

아스떼끄문명에서 가장 주목을 끄는 것은 종교다. 종교는 아스떼끄인들의 생활에 절대적인 영향을 미쳤다. 그들에게는 옥수수신 쎈떼오뜰과 태양신 또나띠우를 비롯해 수백종의 신이 있었으며, 농경사회라서 풍작을 기원하는 종교의식이 유달리 많았다. 의식은 주로 울타리가 있는 신전 안에서 치러지는데, 사람을 제물로 바치는 것이 상례다. 제사장이 제물이 된 사람의 가슴을 칼로 찌르고 심장을 도려내 피를 제단에 뿌린다. 그러면 참석자들은 제물을 먹어버린다.

그리고 260일로 된 종교 달력에 따라 파종이나 수확하는 날, 집 짓는 날, 출전하는 날 등을 정한다. 그들은 365일의 태양력도 사용했다. 그들의 이러한 종교관은 우주관과 밀접한 관계가 있다. 앞선 똘떼까문명의 우주관에서 직접적인 영향을 받은 아스떼끄인의 우주관에 의하면, 하늘은 대지를 둘러싼 물과 함께 일종의 통(筒) 모양의 천장을 이루며, 커다란 대들보로 격리된 궤도(軌道)가 층을 이루고 거기를 달·별·혜성 등이 지나다닌다.

이 모든 것 위에는 최고신 오메떼오뜰(Ometeotl)이 군림한다. 이 최고신은 많은 신들을 거느리는데, 그들은 대지·공기·물·불 등 4대 요소에 맞먹는 힘을 가지고 있다. 그리고 그것들은 저마다 태양이 되어 우주의 네 구역에서 작동해 세계에 변화와 갈등을 가져다주며, 탄생과 소멸의 주기를 반복함으로써 역사의 각 시대를 구성한다. 아스떼끄인들은 다음과 같이 믿었다. 세계에는 네번의 창조활동이 있었고, 세계마다 그 세계를 지켜주는 태양이 있었다. 그렇지만 그 태양들은 모두 멸망했고, 자신들은 다섯번째 태양신의 세계에서 살고 있다고 말이다. 그리고 이 다섯번째 세계의 태양이 사멸하고 우주가 멸망하는 것을 막기 위해 대규모 인신공양을 해야 한다고 믿었다. 그래서 매해 1만 5,000~2만명의 인간을 공양으로 희생시켰다.

아스떼끄문명과 관련해 특기할 사항은 한민족문명과의 상관성(상사성과 일치성)이다. 최근 학계 일부에서는 아스떼끄인과 한국인, 아스떼끄문명과 한국문명 간의 인류학적·역사적·고고학적·문화적 상관성을 주장하는 견해가 대두하고 있다. 대표적 한국 측 연구자로는 배재대학교 손성태 교수를 들 수 있다. 그들이 주장하는 상관성은 거시적으로 보면, 라틴아메리카의 인디오들이 먼 옛날 한민족의 조상(현생인류)이기도 한 몽골로이드(황색인종)들이 베링해협이나 태평양을 건너 그곳에 정착한 황색인종의 후예들이라는 것, 즉 공통 조상을 지녔다는 것에 그 근거를 두고 있다. 체질인류학적으로 보면 타당한 주장이며 그 근거라고 말할 수 있다.

손 교수가 주장하는 두 문명 간의 상관성이나 일치성은 우선, 언어에서 나타나고 있다. 그 몇가지 예를 들어보기로 하자. 우리 말의 '산'과 아스떼끄어(나우아뜰어)의 '태백'(떼뻭, Tepec), '맛있어'와 '마이스'(Maiz), '콩'과 '콘'(콩, Corn), '발 돌림'(발 돌리는 놀이)과 '바돌린'(바Pa=발, 돌tol=돌다, 리li=사역보조어간 '리', ㄴ/n=명사형 어미 'ㅁ'), '맥이(Mexi, 貊夷)가 진 곳'과 '멕이가진고'(맥이까진꼬, Mexicatzinco, 진tzin=패배, 꼬co=곳), '신(神)의 터와 높은 사람'과 '떼오띠우아깐'(Teotihuacan, 떼오teo=신, 띠ti=터, 와hia=와, 깐can=높은 사람), '막 까기(두들겨 패는) 틀(도구)'과 '마까기뜰'(Macahuitl, 마ma=부사 막, 까ca=까다, 기hui=명사화 접사인 '기', 뜰tl=틀, 도구) 등을 들 수 있다. 이와 같은 예나 예문에서 두 언어의 형태소 구조를 비교분석한 결과 어음이나 어의에서의 상관성이나 일치성뿐 아니라, 어순에서도 일치성을 발견하게 된다.

다음으로, 그 상관성이나 일치성은 두 민족 간의 생활풍습에서 많이 나타나고 있다. 사실 현지어에 문외한인 필자로서는 두 언어의 상관성에 관심은 있어도 두 언어를 비교해 그 상관성을 파악한다는 건 불가능했다. 이에 반해 의식주를 비롯한 일상생활에서의 유사성이나 상관성 내지는 일치성 같은 것은 직관으로도 판단할 수가 있어 눈여겨보았다. 특히 뗌쁠로마요르박물관에 전시된 각종 생동한 유물들은 그 명증으로 깊은 인상을 남겼다.

건물이나 의상에서 한민족과 같이 백색을 선호하고 색동무늬도 즐긴다. 남녀 복식은 닮은꼴이 너무나 많다. 남자들은 도포(두루마기)를 입고 갓을 쓰며 상투를 하고, 여자들은 우리네 여성들과 비슷하게 헐렁한 옷을 입고, 머리를 땋아 올리고 가체(加髢, 쪽진 머리 위에 큰 머리를 얹는 것)도 하며, 비녀와 봉잠을 비롯한 여러가지 머리꽂이로 장식하며 수건으로 머리를 가린다.

차제에 한가지 언급하고자 하는 것은 여러가지 화려하고 세련된 머리꽂이는 청동기나 철, 옥 같은 금속이나 보석들을 이용해 만들었다는 사실이다. 이것은 아스떼끄가 이미 석기시대의 문턱을 넘어 청동기-철기 시대에 접어들고 있었음을 말해준다. 이것은 아스떼끄를 비롯한 라틴아메리카 인디오문명의 발달상을 가늠하는 데 시사하는 바가 크다. 한국 여자들이 창포 물에 머리를 감듯이 물감을 만드는 푸른 풀을 이용해 머리를 감으며, 볼에 연지를 찍기도 한다. 그리고 대체로 여인들은 물건을 머리에 이거나 등에 업고 다닌다. 생활풍속에서는 오늘날까지도 고수레를 하고, 5일장을 열며, 윷놀이(주사위는 막대기)를 즐기고 있다. 기타 옥수수를 비롯해 감자, 땅콩 등 전통식품과 각종 채소류도 거의 같다. 쟁기나 가래를 비롯한 농기구도 그렇게 어슷비슷할 수가 없다.

시공간적으로 까마득하게 떨어져 서로 다르게 살아온 두 민족과 두 문명 간에 이렇듯 언어와 생활풍습에서 상사성 내지는 일치성이 존재하는 까닭은 과연 무엇일까? 거시적으로는 몽골로이드라는 공통조상에 연유한다손 치더라도, 1만~2만년에서 수천년이라는 시간적 공백을 뛰어넘은 오늘에 와서 그 상사성 내지는 일치성을 확인하고 입증한다는 것은 결코 범상한 일이 아니다. 그렇다면 그것은 어떻게

아스떼끄인들의 상투·머리 땋기·가체·머리꽂이 등 한국인과 유사한 복식을 표현한 그림
(뗌쁠로마요르박물관 소장).

해서 가능할까?

멕시코의 역사 기록을 인용한 손성태 교수는 이에 대해 다음과 같은 답을 주고 있다. 그 옛날 몽골로이드에 속하는 7개의 민족이 각각 다른 시기에 북서쪽에서 남하해 오늘날의 멕시코시티에 도착한 후, 이곳을 중심으로 널리 퍼져 살았으며, 그중 일부는 중미 지역을 통해 남미 일원에까지 이르렀다. 이들 가운데서 네번째로 도착한 민족이 꿀우아(Culhua)인들이며, 마지막으로 10세기 말~11세기 초에 도착한 사람들이 바로 아스떼끄인들이다. 꿀우아인은 고조선 부여계의 일족인 '고리족'을 가리키는 것으로, 이들은 기원후 49~50년경 소규모 집단으로 멕시코 땅에 들어오기 시작해 670년경에는 대규모로 들어왔다.

한편 마지막으로 도착한 아스떼끄인들은 자신들을 '맥이'라고 부르고, 살던 중심도시를 '떼노츠띠뜰란'(Tenochtitlan, 땅), 또는 '맥이 사람들이 사는 곳'이라는 뜻의 '맥이곳'(México)이라고 불렀다. '아스떼끄'라는 말의 유래에 관해서는 아직 명확하게 밝혀진 바가 없다. 다만 스페인 사람들이 멕시코를 점령한 후 아스떼끄인들로부터 '아스딴'(Aztlan, 땅)이라는 곳(어딘지는 미상)에서 왔다는 말을 듣고 그들을 '아스떼까'(Azteca)라고 부르기 시작했다고 한다. 이를 영어로 옮긴 것이 '아스텍'(Aztec)이다. 이들 도래민 가운데서 아스떼끄인들이 당초부터 가장 발달된 문명과 풍습을 가지고 있었다.

손 교수에 따르면 아스떼끄인과 한국인 간에는 "지금까지 상상도 못했던 많은 일치가 발견되었다. 그 일치는 인간생활의 한 단면에서 나타나는 것이 아니라, 언어, 종교, 모든 방면의 생활풍습까지 일치하고, 그들의 남긴 유물에서도 일치한다". 아스떼끄인들이 우리 한민족과 이렇듯 많은 일치성을 가지게 된 이유에 관해 그는 '그들이 우리

민족일 것이다'라고밖에는 달리 해석할 수가 없다고 결론을 짓는다.

과문에 의하면, 아스떼끄문명과 한민족문명 간의 상관성에 관한 손 교수의 연구가 라틴아메리카 학계를 포함한 한국 학계에서는 초창적이며 독보적인 연구가 아닌가 싶다. 만약(그렇게 되기를 바라지만) 그 연구가 성공해 상관성이 확인된다면, 그것은 우리 민족사의 외연사(外延史) 개척에 크게 기여하게 될 것이다. 필자가 가장 궁금한 것은, 같은 학문영역에 속하는 라틴아메리카 학계의 반응이다. 수천년간 매몰되었던 역사의 흔적을 더듬는다는 것은 쉬운 일이 아니다. 초창이다보니 추론에 머물 수도 있고, 심지어 엇갈릴 수도 있다. 그러나 바른 문제의식을 갖고 구지욕(求知慾)을 계속 불태우며, 실사구시적인 과학적 연구방법을 도입한다면, 소기의 성과를 기필코 얻을 수 있을 것이다. 학계는 또 학계대로 무관심과 냉소적 태도를 버리고 씨앗을 키우는 심정으로 보듬고 힘을 합쳐야 할 것이다. 이것이야말로 학문의 새싹을 살리는 길이다.

잉카나 마야문명의 현장을 종횡으로 누비면서도 그러했거니와 특히 이 라틴아메리카 인디오문명의 꼭짓점에 섰던 아스떼끄문명의 현장을 두루 살피면서 도대체 이 문명은 무엇이 모자랐기에 168명의 소수 상륙군에게 수백년간 지탱해온 제국이 하루아침에 무너져버렸는가를 곰곰이 사색해봤다. 오기 전 남들이 내놓은 종종의 해명도 읽어봤다. 사실 중세 라틴아메리카의 역사는 유럽인들의 정복 통치로 인해 계승되지 못하고 단절되었고, 인디오 역사발전의 정상궤도는 비틀리고 말았다. 역사의 발전이 아니라, 역사의 변천이다. 문명의 보고 라틴아메리카를 찾아온 목적의 하나가 바로 이 역사의 아이러니에 대한 정답을 구하는 것이었다. 전승(戰勝)과 전패(戰敗), 정복과 피정복, 강점과 약점의 교전(交戰)이다. 아스떼끄는 전패와 피정복, 약점으로 인해 패자가 되었고, 스페인 침략자들은 전승과 정복, 강점으로 인해 승자가 되었다. 이 패자와 승자 간의 변증법적 관계, 즉 승패의 요인은 과연 어떻게 설명해야 할 것인가? 이것은 중세 라틴아메리카의 역사를 바르게 풀어내는 열쇠가 될 것이다. 단견(短見)일 수밖에 없지만, 감히 졸론(拙論)을 다음과 같이 피력해본다.

첫째로 서로 다른 전쟁관에서 그 요인을 찾아본다. 아스떼끄문명에서 전쟁은 우주관에서 비롯된 제의적(祭儀的) 성격을 띤다. 아스떼끄인들이 신봉하는 태양신('다섯번째 태양신')은 우주질서를 유지하기 위해 다량의 인신공희를 필요로 한다. 따라서 전쟁은 제물을 포획하는 제의적 성격을 띠게 마련이며, 태양신 숭배를 재생산하는 매커니즘으로 기능한다. 그리하여 그들이 벌이는 전쟁은 대체로 기습으로 시작해 특정 지역을 공략하며, 다수의 제의용 포로를 노획하고는 끝을 맺는다. 이에 반해 꼬르떼스와 같은 침략자들은 유럽적 전통에 따라 황금을 비롯한 전리품 수탈 같은 '효율성'을 앞세워 목숨을 걸고 총력전을 벌인다. 이렇게 제의적 성격에 불과한 전쟁과 목숨을 건 총력전은 아예 발발 시점부터 그 운명이 이미 예정된 셈이다. 즉 전자는 패전하고 후자는 승전하는 운명이다.

둘째로, 그 요인은 서로 다른 전쟁 수단에서 나타난다. 이 요인은 앞의 전쟁관 요인과도 관련이 있다. 꼬르떼스 예하의 부하들을 비롯해 정복군 가운데 많은 사람들은 직업군인이 아니었음에도 불구하고 군사 기술과 수단을 터득함으로써 손색없는 전쟁의 인적 자원으로 충당되었다. 아스떼끄제국에서는 볼 수 없는 현상이다. 이와 더불어 무기에서의 차이점은 더욱 두드러졌다. 스페인인들은 화승총·대포·

철검·철제 화살촉·철제 갑옷 등으로 무장했으나, 아스떼끄인들은 고작 활이나 창, 석노(石砮, 돌로 만든 살촉) 등 석기시대의 무기에 의존할 수밖에 없었으니 장비에서 상대가 되지 못했으며, 급기야 패전과 피정복의 비운에서 벗어날 수가 없었다. 뛰어난 속도와 기동성을 갖춘 전마(戰馬)의 출현은 인디오들의 전의를 크게 상실케 했다. 이러한 장비에서의 후진성은 세계와의 소통을 외면한 인디오의 고립성에서 비롯된 것이다.

셋째로, 아스떼끄제국의 전통적 사회제도와 관행이 침략자들에 대한 저항을 무력화시켰다. 엄격하게 위계화된 신정(神政)국가체제에서 신정의 최고 통치권을 한손에 장악하고 있는 황제나 왕이 시해되거나 유폐되면 나라는 졸지에 망하고 만다. 서구인들은 이 점을 십분 활용해 아스떼끄제국의 황제들을 생포하거나 살해하는 데 집착했다. 결국 목떼수마 2세의 전사로 아스떼끄제국은 급속히 역사의 뒤안길로 사라져버렸다. 통치자가 사라지자 그에 종속되어오던 백성들은 저항하기보다는 체념하고 순응하며 식민통치에 안주하는 모습을 보였다. 뿐만 아니라, 도시와 농촌이 상호 의존하는 체제로 발전해온 아스떼끄 사회에서 도시의 점령은 곧 농촌의 점령을 의미하기 때문에 새롭게 저항 거점을 구축하기란 물리적으로 불가능한 일이었다. 이러한 사회체제적 특성은 정복자들에 대한 저항을 제한하는 요인으로, 식민주의자들의 정복에 유리한 국면으로 작용했다.

넷째로, 아스떼끄제국의 패배 요인의 하나는 내부 분열이다. 여기서 중요한 것은 주변 연맹국들의 반항과 변절이다. 아스떼끄제국은 전성기에 주변의 뜰락스깔라(Tlaxcala)와 또또낙(Totonac), 떽스꼬꼬와 공납을 조건으로 연맹(일명 '멕시코연맹')을 결성했다. 그러나 공납에 대해 불만을 품어오던 이들 나라는 정복자들의 감언이설에 현혹되어 꼬르떼스를 멕시코의 압제와 공납 부담에서 해방시켜줄 '구세주'로 오인해 꼬르떼스가 발동한 정복전쟁에 병력과 군수물자를 지원했다. 그리하여 일부에서는 스페인의 멕시코 정복을 가능케 한 힘은 바로 '메소아메리카의 꼬르떼스 동맹군들'이라고 지적한다.

다섯째로, 아스떼끄제국을 무력화하고 스페인 정복을 활성화시킨 요인의 또 하나는 선교사들의 '성전(聖戰)'이다. 사실상 이들이 세계의 그 어느 지역에 대한 선교보다 더 열정적으로 사활을 걸고 포교에 나선 곳은 바로 라틴아메리카 지역이다. 이곳에 온 선교사들은 겉으로는 전도를 앞세웠지만, 명실공히 침략과 정복의 첨병 역할을 했다. 그들은 인디오들의 우상숭배나 인신공희, 제의 같은 전통종교를 '악마의 산물'이라고 폄하하면서 그들과의 '정당한 전쟁'을 선언했다. 멕시코는 물론 전체 라틴아메리카에 대한 가톨릭 포교는 순풍에 돛을 단 듯이 진행되었으며, 정복의 길이 쉽게 트이게 되었다.

끝으로, 군사적 정복과 더불어 아스떼끄인들을 엄청난 죽음으로 몰아넣은 것은 천연두를 비롯한 홍역, 티푸스, 늑막염, 수막염 등 각종 전염병이다. 서구인이나 그들과 함께 온 동식물에 의해 전래한 전염병은 삽시간에 라틴아메리카를 공포에 몰아넣고 인구의 급감을 초래했다. 식민시대 인구사의 한 통계에 의하면, 1519년에 2,530만명이나 되던 멕시코의 인구는 불과 85년이 지난 1605년에는 100만으로 급감했으며, 아메리카 전체를 놓고 보면 1520년에 7,500만명이던 인구가 100년 후인 1620년경에는 500만에 불과했다. 식민주의자들이 몰고 온 역사상 희유의 인구 재난이다. 정복전쟁에서 전염병이 수백발의 대포알보다 더 큰 위력을 발휘했다며 정복자들은 희희낙락했다.

49
멕시코 예술의 르네상스, 벽화운동

뗌쁠로마요르박물관에서 아스떼끄문명의 영광을 만끽하고 문을 나서서 발길을 다시 소깔로광장 쪽으로 옮겼다. 어제 국립궁전의 2층 계단에 전시된 디에고 리베라의 대역사서사시「멕시코의 역사」벽화를 채 보지 못한 미련을 달래기 위해서다. 궁전 입구에 전시된 그 벽화첩이 눈앞에서 자꾸 어른거린다. 걸려 있는 벽화는 채 보지 못했으니, 그 벽화집이라도 구하고 싶은 마음이 충동질 친다. 아쉽게도 오늘도 무슨 비상 행사랍시고 아침 일찍부터 포진한 삼엄한 경계는 여태껏 해제되지 않고 일체 접근을 차단한다. 광장 한켠에서는 원주민 무속인들이 노래와 춤에 맞추어 정화(淨火)의식을 치른다면서 오가는 행인들에게 매캐한 연기를 쏘여준다. 10페소(1달러=14페소)를 쥐여주니 기어이 사진을 함께 찍자는 것이다. 지금 와서 보니 인디오 무당과 엇결에 찍은 한장의 사진은 소깔로 아스떼끄인과의 아름다운 추억으

원주민 무속인들이 거리에서 행하는 정화(淨火)의식 장면.

로 남아 있다.

촉박한 멕시코시티 관광일정 속에서 남은 일은 리베라의 「멕시코의 역사」 벽화첩을 구하는 일이다. 화성(畵聖) 리베라 본인에 대한 경모에서도 그러하거니와, 유구한 멕시코의 역사를 몇폭의 그림으로 감상할 수 있게 하는 예술의 힘을 터득하려는 데서이기도 하다. 사실 일상을 예술적으로 감상한다는 것은 고차원적 접근이다. 그리하여 물어물어 그 화첩이 있을 법한 곳을 알아냈다. 리베라박물관이다. 택시로 40여분 달려간 곳은 박물관이 아니라, 만년을 리베라와 함께 보낸 비

리베라박물관으로 알고 찾아간 부인 프리다 깔로의 고택.

운의 화가 프리다 깔로(Frida Kahlo)의 거처였다. 고풍이 짙은 고택이다. 관리원에게 벽화첩을 구하기 위해 찾아왔다고 말하니, 이전에는 몇권씩 소장하고 있었으나 지금은 매진되어 없다고 한다. 헌책이라도 있으면 구하고 싶다고 간청했으나 막무가내다. 수리 중이라면서 내부 참관도 불허한다.

출입문가에는 퇴색한 프리다의 자그마한 초상화가 붙어 있다. 영롱한 눈매와 짙은 눈썹을 한 강인한 모습의 여성이다. '색채의 마술사'로 불린 그녀는 불의의 교통사고로 인한 육체적 고통과 문란한 남편의 사생활에서 오는 정신적 고통을 특유의 정신력으로 극복해나갔다. 사회참여적 화가로서 리베라와 함께 벽화운동을 앞장서 이끌면서 숱한 불후의 명작들을 남겼다. 1984년 멕시코 정부는 프리다 깔로의 작품을 국보로 제정했다. 부부 나름의 서로 다른 개성 탓에 '비둘기와 식인귀(食人鬼)'의 만남이라며 화제를 뿌린 것으로 유명하다.

관리원에게 어디 가면 화첩을 구할 수 있을까 하고 애걸하다시피 요청하니, 한두군데 전화를 걸어보더니 국립궁전 부근에 있는 국립극장 서점에 가보라고 한다. 유무는 장담 못하겠다고 한다. 그것만으로도 감지덕지하다. 선 자리에서 택시를 잡아타고 시내로 들어섰다. 그런데 정오가 가까워오자 교통이 거의 마비 상태다. 서다가다를 반복하는데, 걷는 것보다 더디다. 그래서 차에서 내려 20분간 걸어서 가까스로 서점에 도착했다. 서점 직원은 요즘은 찾는 사람이 없어서 전시는 안 하고 있으니, 창고에 가 알아보겠다고 하면서 자리를 뜬다. 5분이면 된다던 시간이 20분이나 지났다. 시침은 오후 1시를 가리킨다. 직원은 미소를 지으며 화첩 케이스가 없어 폐기하려던 책이라고 하면서 그래도 구입하겠느냐고 묻는다. 서점에는 더이상 없다고 한다. 케이스는 고사하고 절반이 떨어져도 구입할 참이다. 부르는 값대로 1,100페소(한화 약 9만원)를 치르고, 쫓기듯 서점을 나왔다. 그렇다. 오후 2시 30분까지는 공항에 나가야 하는데, 지금 시각은 1시 반에 가까워온다. '교통지옥'에서 유일한 교통수단은 두 다리다. 약 30분간 뛰다시피 해 호텔로 돌아왔다.

점심은 아예 거른 채 공항을 향했다. 간신히 시간을 맞췄다. 공항에서 튀긴 건빵으로 대충 허기를 채웠다. 우리를 태운 깐꾼행 AM 1003편(좌석 18F)은 오후 4시 46분에 시동을 걸더니, 5시 10분에 이륙했다. 거의 한나절이나 허겁지겁 뛰어다니다보니 육신이 호졸근해지면서 잠이 밀려온다. 그러나 애써 입수한 화첩이 그 매력으로 잠을 저만치 밀어낸다. 총 217페이지인 화첩의 한장 한장을 넘겨가는 과정은 감탄과 찬사, 사색을 자아내는 순간순간의 연속이었다. 그것은 지난 세기 멕시코 예술의 르네상스를 불러온 벽화운동에 관한 생생한 기록이고 증언이다. 그것은 또한 이 운동의 수석 거장 디에고 리베라가 남겨놓은 인류문명의 소중한 공동유산이기도 하다.

회화사에서 보면 벽화는 최초의 장르 중 하나로 회화 예술이라는 개념이 탄생하기 훨씬 이전부터 그려져왔다. 그래서 벽화는 회화사에서뿐만 아니라 인류의 역사나 문명사를 연구하는 데서 귀중한 소재로 평가되고 있다. 약 1만 5,000년 전, 후기 구석기시대의 것으로 추정되는 스페인의 알따미라(Altamira) 동굴 벽에는 여러가지 사냥감이 그려져 있으며, 터키 카파토키아 지역에 산재해 있는 1,500여개의 바위교회 벽은 초기 기독교의 성립과 발전 과정을 여실히 전해주는 각종 성화로 가득 메워져 있다. 라틴아메리카도 예외는 아니다. 메소아메리카의 모태 문명인 올메까문명에도 그 흔적이 남아 있으며, 멕시코 고대유적의 하나인 치아빠스주(州)의 보남빡 유적에 있는 '벽화의 신전'이라고 불리는 건물 내부는 온통 벽화로 장식되어 있다. 790년경에 그려진 그림으로 추정된다.

이와 같은 멕시코의 벽화 전통은 식민시대에 들어와서는 주로 종교화에서 이어졌다. 스페인어를 모르는 90% 이상의 문맹자들에게 가톨릭의 교리를 설명하고 개종하는 데 가장 효과적인 방법은 말이나 글보다는 형상화한 그림이었다. 비단 종교에서뿐 아니라, 식민통치를 유지하는 데서도 사정은 마찬가지였다. 식민시대를 마감하고 독립시대를 맞이했지만, 멕시코는 여느 라틴아메리카 나라들과 마찬가지로 독재와 폭압, 수탈과 빈곤, 각축과 분열의 수렁에서 헤어날 수가 없었다. 드디어 1910년대에 이르러 혁명의 폭풍이 휘몰아쳤고, 우여곡절 끝에 1917년 새롭게 헌법을 제정해 정국을 안정시켰다. 비록 폭력혁명은 일단락되고 정국은 일시 안정되어가고 있지만, 1920년 대통령에 취임한 알바로 오브레곤 장군은 아직 혁명이 멕시코 사회에 뿌리내리지 못한 현실에 불안을 느끼고 있었다. 그는 혁명이 성과를 거두고 계속 전진하려면 혁명의 지지 세력인 다수 피지배층의 의식을 깨우치고 능력을 개발하는 교육이 무엇보다도 급선무라고 생각했다. 그리하여 이듬해 이러한 과제를 수행할 교육부장관에 호세 바스꼰셀로스(José Vasconcelos)를 임명했다. 호세는 즉시 기초교육을 강화할 목적으로 전국에 1,000여개의 학교를 세우고 혁명교육을 진행했다. 그러나 문맹률이 높은 상황에서 단순히 기초교육의 강화나 정부의 일방적인 노력만으로는 시간이 너무 오래 걸리는 등 한계가 드러났다. 생각 끝에 호세는 글을 몰라도 혁명을 이해하고 혁명에 동참할 수 있는 방법을 찾아냈는데, 그것이 바로 벽화다. 이렇게 벽화운동은 고고지성(呱呱之聲)을 울렸다. 울리자마자 사회의 열렬한 호응을 얻었을 뿐 아니라 화가들의 참여도 잇따랐다. 벽화야말로 혁명성과 계몽성, 대중성과 공유성을 지니고 있기 때문이다.

1923년 일군의 예술가들이 모여 '멕시코혁명을 지지하는 화가·조각가·판화가 동맹'의 입장을 대변하는 다음과 같은 선언문을 발표했다.

우리는 이젤 페인팅과 과도하게 지적인 모든 화실 예술을 거부하고, 공적 유용성을 지닌 건조물 예술을 재현하는 것을 옹호한다. 우리는 수

리베라의 벽화첩 『멕시코의 역사』와 그 세부.

아르헨티나 부에노스아이레스의 보까 지구 벽화.

입된 모든 미학적 표현이나 민중의 느낌에 거슬리는 것이 부르주아적이므로 사라져야 한다고 선언한다. 이것들은 이미 도시에서 거의 완전히 오염된 우리 종족의 심미안을 계속 오염시키고 있기 때문이다. (…) 멕시코 민중의 예술은 세계에서 가장 위대하고 건강한 영적 표현이며, 이 예술의 원주민적 전통이야말로 가장 훌륭한 것이다.

이 글에서의 '공적 유용성'이란, 예술은 캔버스나 한정된 공간에서가 아니라 공공장소에서 제약 없이 공평하게 감상하며 감흥을 받아야 한다는 뜻이다. 이에 대해 벽화가 오로스꼬는 다음과 같이 토를 달

았다. “가장 위대하고 합리적이며 가장 순수하고 강한 그림의 형태는 벽화다. 벽화는 개인 소유가 될 수 없고 소수 특권층의 이익을 위해 감추어질 수 없으므로, 가장 공평한 형태의 그림이다.”

리베라와 호세 끌레멘떼 오로스꼬(José Clemente Orozco, 1883~1949), 다비드 알파로 씨께이로스(David Alfaro Siqueiros, 1898~1974)를 비롯한 당대 최고의 벽화가들이 모두 서명한 이 선언문의 발표를 계기로 그저 예술의 경계에 머물고 있던 벽화는 이제 역동적인 ‘벽화운동’을 통해 사회참여의 수단이자 형태로 변화하게 되었다. 이로써 멕시코의 민중예술 벽화는 ‘세계에서 가장 위대하고 건강한 영적 표현’의 예술로 우뚝 서게 되었으며, 멕시코를 비롯한 전체 라틴아메리카 사회의

아르헨티나의 우수아이아.

페루 농촌.

볼리비아의 바예그란데.

베네수엘라의 까라까스.

싼살바도르.

쿠바의 아바나.

변혁에 큰 영향을 미쳤다. 멕시코의 벽화운동은 애당초 혁명을 합리화하고 전파하기 위해서 추진되었기 때문에 이 운동을 일종의 '혁명예술'로 평가하기도 한다. 그렇다면 그 행위자는 으레 '혁명가'가 되는 셈이다.

이 벽화운동을 진두에서 이끈 3대 거장 가운데 '거장 중 거장'을 꼽으라면 아마 별다른 이의 없이 리베라를 꼽을 것이다. 그의 대작「멕시코의 역사」의 화폭에서 보다시피, 그는 당대의 화풍을 통찰한 바탕에서 메소아메리카 인디오문명의 정체성을 되살리는 인디헤니스모(Indigenismo)의 기수로 당면한 혁명의 대의에 부합하게 벽화운동을 솔선하여 이끌어나갔다. 그럼으로써 그는 멕시코뿐 아니라 세계 예술사에 큰 족적을 남겼다.

리베라는 20세기 전반 지성기(知性期)를 살면서 역사와 시대의 소명에 부응코자 예술로 몸과 마음을 불태운 선구자였다. 어느 시대나 선구자의 삶은 결코 평탄치 않다. 격동기 멕시코에서 태어난(1886) 그는 소년 시절에 싼까를로스(San Carlos)미술학교를 다니다가 중퇴하고, 4년 동안이나 소년 방랑객으로 전국의 산천을 누비며 미래의 꿈을 키워나갔다. 소년기를 넘어선 약관의 나이(21세, 1907)에 장학생으로 유럽에서 유학한다. 스페인과 네덜란드, 벨기에, 영국을 거쳐 빠리에 이른다. 거기에 잠시 머물면서 인상파 풍경화가인 꼬로(Jean Baptiste Camille Corot, 1796~1876)와 근대 회화의 아버지로 불리는 후기 인상주의의 대표주자 세잔(Paul Cézanne, 1839~1906)의 화풍을 공부했다. 그러다가 피카소 등의 주도하에 1909년 일기 시작한 큐비즘(Cubism)에 경도되어 1911년에 전시회를 열었으나 성공하지 못했다. 그후 이탈리아에 가서 르네상스시대의 프레스코 화법, 특히 회화의 입체감과 실제감을 표현하는 기법의 창시자인 조또(Giotto di Bondone, 1266?~1337)의 벽화 기법을 배워 벽화가로서의 자질을 갖춰나갔다. 그는 이탈리아에서 1차대전 후 경제적 위기 속에서 허덕이는 노동자들의 참상과 그들의 반파시즘 투쟁을 목격하고 자극을 받았다.

1921년 리베라는 인디헤니스모운동을 주도하고 있는 교육부장관 호세 바스꼰셀로스의 벽화운동 의뢰를 받고 귀국한다. 멕시코혁명이 한창이던 시기에 14년이라는 긴 시간을 해외에서 보낸 리베라에게 호세의 인디헤니스모는 생소할 수밖에 없었다. 그리하여 호세의 권유로 우선 멕시코 남쪽 지방을 주유하면서 원주민의 문화전통과 인디헤니스모의 지향성을 체험하고 이해하기 시작했다. 그러나 일시에 모든 구습을 털어낼 수는 없었다. 그가 귀국 후 1927년에 처음으로 내놓은 벽화 「창조」는 유럽 회화의 영향에서 벗어나지 못했다. 등장인물은 메스띠소인데, 주제는 그리스 철학과 기독교적 교훈이었다. 실패의 고배를 마신 리베라는 좌절하지 않고 특유의 열정과 신념으로 벽화운동의 새길을 개척해나갔다. 이어 발표한 「5월 1일」과 「땅을 점유하는 가난한 농민들」은 주제가 시사하다시피 노동자와 농민, 병사의 세 축으로 이루어진 민중들의 삶의 모습을 사실적으로 그리고 있다. 이 시기 그가 멕시코시티 근교인 차뼁고(Chapingo)국립농업학교에 남긴 벽화는 '그림으로 된 시'라는 극찬을 받았으며, 그의 걸작으로 꼽히기도 한다.

10여년의 시련과 축적을 거듭해온 리베라는 이제 대역사 서사시의 제작을 구상한다. 드디어 1930~36년에 국립궁전 2층 계단 벽에 불후의 명작 「멕시코의 역사」를 화면으로 담아낸다. 이 작품이 인디헤니스모와 벽화운동의 대표작이며 집성이라는 데 이의를 제기한 사람은 아무도 없다. 벽화는 메소아메리카의 인간과 문화의 기원을 토착신 께찰꼬아뜰을 중심으로 이 땅에서 자생한 고대문명으로 보고 그 다채로운 모습, 그 문명을 파괴한 정복자들의 만행과 그에 항거하는 메스띠소들의 투쟁 과정, 그들의 투쟁이 승리해 독립하고 창창한 미래를 향해 매진하는 기상 등 멕시코 역사의 과거와 현재, 미래를 일목요연하게, 그리고 감동적으로 집약하고 있다. 그 장면 한장 한장을 펼쳐보면서 예술의 힘과 슬기를 다시 한번 되새겨본다. 두시간을 헤집고 다니면서 구한 그 화첩에서 이러한 섭리를 건져내며, 새삼 고진감래의 흐뭇함을 만끽하고 있다. 리베라는 1943년부터 1951년 사이에 국립궁전 2층 벽에 추가로 멕시코의 고대문명을 소개한 벽화 11점을 그렸다. 그 가운데서 「뜰라뗄롤꼬(Tlatelolco) 시장」은 아스떼끄제국의 수도로 약 20만명의 인구를 가졌던 떼노츠띠뜰란의 번창한 모습을 재현하고 있다. 한 화가가 이렇듯 자국의 역사를 깊고 넓게, 그리고 체계적으로 벽화를 포함한 회화로 표현한 예는 극히 드물다. 투철한 역사의식과 뜨거운 애국심 없이는 도저히 불가능한 일이다.

리베라는 유학과 유럽 여행을 통해 노동자들의 계급적 처지와 인권에 관해 관심을 갖게 되었으며, 그들이 지향하는 미래 사회를 동경했다. 그는 1925년 멕시코공산당 탈당과 1954년 재입당이라는 곡절을 겪으면서 자신의 정치적 신념을 지켜나갔다. 뜨로쯔끼박물관에서 보다시피, 리베라와 프리다는 뜨로쯔끼의 멕시코 망명에 결정적 역할을 했다. 그가 미국에 체류하는 동안 그의 화재(畵才)를 알아본 뉴욕의 록펠러센터 측은 그에게 정치성을 배제한 벽화를 부탁했다. 1933년 3월 제작에 착수한 리베라는 의뢰자 측의 요청을 무시한 채 노동운동을 소재로 한 「십자가의 남자」를 그려냈다. 노동자들의 지도자로는 레닌을 등장시켰다. 록펠러 측이 수용할 리 만무하다. 넬슨 록펠러는 리베라에게 편지를 보내 레닌의 얼굴을 익명의 인물로 대체하라고 요구한다. 그렇지만 리베라는 끝내 자신의 뜻을 굽히지 않았다. 거듭되는 중단 요청에도 굴하지 않자 록펠러 측은 제작 중단령을 내리고, 근 1년을 거쳐 3분의 2정도 완성된 작품마저 미련 없이 폐기해버린다. 리베라는 당시의 심정을 『노동자 시대』라는 잡지에 이렇게 밝혔다.

> 나한테 이 작업을 맡긴 사람은 이미 내 성향을 알고 있었다. (…) 개인적인 의견으로나 역사적 사실로 볼 때, 프롤레타리아 계급의 가장 뛰어난 지도자는 레닌이다. 나는 이 벽화에서 노동자들의 문제를 다루고 싶었으며, 노동자들의 진정한 지도자인 레닌을 다른 사람으로 교체할 수 없었다.

후일 리베라는 파괴된 「십자가의 남자」 벽화를 멕시코시티의 국립예술원에 똑같이 복원해놓아 그 시말과 벽화의 내용이 세상에 알려지게 되었다. 리베라는 신념의 사나이로, 그것을 입증하는 다음과 같은 일례가 회자되고 있다. 그는 철학자 이그나시오 라미레스(Ignacio Ramíres)를 그리면서 "신은 존재하지 않는다"(Dios no existe)라는 라미레스의 말을 써넣어 가톨릭교회와 대중의 분노를 샀다. 버티다가 결국 쏟아지는 항의에 마지못해 그 문구를 삭제했다고 한다.

멕시코에서의 벽화운동은 혁명운동의 한 구성 부분으로 리베라를 비롯한 벽화의 3대 거장에 의해 주도되고, 그들에 의해 전성기를 맞아 빛나는 성과를 거뒀다. 그들이 역사무대에서 사라진 이후에도 멕시코에서의 벽화운동은 계속 맥이 이어졌을 뿐 아니라, 페루와 아르헨티나를 비롯한 라틴아메리카 전역으로 그 영향이 확산되었다. 오늘날 그 어디에서든 목격되는 시내의 거리벽화는 공적 유용성을 띤 벽화운동의 연장이고 계승으로 볼 수 있을 것이다. 변혁의 상징인 벽화운동은 라틴아메리카의 번영과 더불어 영생할 것이다.

사실 그 시절 라틴아메리카에 매력을 느꼈던 이유 가운데 하나는 삶의 사표로 삼았던 체 게바라 말고도 네루다나 리베라 같은 기라성 같은 사회참여형 지성인들이 있었기 때문이다. 칠레에서 네루다의 발자취를 더듬었고, 볼리비아에서 체 게바라의 길을 밟아봤으며, 베네수엘라에서는 볼리바르의 생애를 추적해봤고, 오늘은 리베라를 벽화로 만났다. 이것만으로도 이 땅 라틴아메리카를 찾아온 보람이며, 또한 생에서 흔치 않은 행운이다.

50
마야문명의 고갯이, 치첸이차

그림이란 사람의 넋을 앗아가는 본령이 있는가보다. 그것이 처음 접하는 것이라면 더더욱 그러하다. 어스름이 내려앉는 시각, 바퀴가 땅에 닿는 요동에 시계를 보니 18시 58분을 가리킨다. 어느새 1시간 48분을 날아와 깐꾼국제공항에 착륙한다. 리베라의 화폭에 매료되어 이륙에서 착륙까지 거의 자기망각 속에 보낸 시간이다.

깐꾼(Cancún)은 유까딴반도의 돌출부에 카리브해를 마주한 20km의 좁은 해안대(海岸帶)를 따라 터를 잡은 인구 60여만의 관광휴양도시다. 착륙 전 하늘에서 잠깐 내려다보니 끝없는 백사장에 잔잔히 일렁이는 짙푸른 카리브해의 바닷물, 밋밋하게 뻗은 종려수, 그 속에서 석양을 흠뻑 머금고 반짝이는 각양각색의 호텔 지붕, 시원스레 뚫린 도로, 해발 고도 0m의 평평한 대지를 감싸고 있는 울창한 원시림, 그 속을 올올히 흘러가는 실개천… 한폭의 자연 속 맞춤 그림이다. 그러나 원래부터가 이러한 것은 아니었다. 1980년 대형 토네이도가 도시를 무참히 휩쓰는 바람에 고층건물은 거개가 파괴되었다. 지금의 건물은 그 흙더미 위에 새로 지은 것들이다. 날씨는 전형적 카리브해성 기후로 후덥지근하다.

깔끔하고 조용한 공항은 시 중심에서 남서쪽으로 20km 떨어진 곳에 자리하고 있다. 공항에서는 휠체어를 탄 장애인들이 정복을 입고 여권이나 표 검열 같은 업무를 담당하고 있어 놀랐다. 장애인들에 대한 수준 높은 복지혜택의 단면을 보여주고 있어 흐뭇했다. 친절도도 높다. 말끔하게 단장된 도로를 약 30분 달려 라낀따호텔(Hotel Laquinta Inn&Suites)에 도착하니 데스크에서 214호 방 열쇠를 건네준다. 2층짜리 호텔은 'Inn'으로 우리네 '장'급에 맞먹을 것 같다. 그렇지만 세계 각국에서 휴양객들과 관광들이 몰려오는 유명 도시라서 설비나 서비스는 완벽하다.

1970년 이전만 해도 깐꾼은 인구수 100명 정도의 해변가 작은 어촌에 불과했다. 개발부흥기였던 1975년 정부는 자연풍광이 뛰어난 이곳을 휴양지로 선정해 집중 투자했다. 어촌은 급속히 도시화되어 인구가 급증하면서 국제적으로 유명한 휴양지로 부상했다. 지금은 해마다 10여만의 관광객이 세계 각지로부터 몰려오고 있다. 물론 빼어난 자연환경도 환경이려니와, 부근에 치첸이차를 비롯한 고대 마야문명 유적이 많이 널려 있는 것 또한 그 원인의 하나임을 부정할 수 없다.

높이가 해수면과 비슷하고 배후에 원시림이 우거진 저지대이지만, 해변에서 불어오는 싱그러운 바람이 새벽잠을 깨웠다. 5시 좀 넘어서 창문을 열어젖히니 멀리 수평선 너머에서 자줏빛 부챗살이 피어오른다. 마치 그 옛날 태양신의 후예들이 이곳에서 황금빛 마야문명을 꽃

피우는 듯이 말이다. 오늘은 그 문명의 고갱이라고 할 수 있는 치첸이차를 찾아가는 날이다. 20년 전 대학에서 '세계문화사'를 강의할 때 써먹은 강의노트를 꺼냈다. 흰 종잇장은 누르무레하게 변색하고, 볼펜 색은 희멀겋게 바래서 흑적(黑赤)을 가릴 수가 없다. 그때 라틴아메리카의 문화로 강의한 것이 마야문명과 잉카문명이었다. 그 당시 국내 몇개 대학에서 설강한 '세계문화사'는 동양사(중국 위주)나 서양사(몇개 선진국 위주)로만 국한되어서, 라틴아메리카의 문명을 강의한다는 건 실로 파격적인 일이었다.

서울을 떠나오기 전 그 강의노트를 다시 꺼내 "과연 내가 한 강의 내용이 얼마나 적중했을까?"라는 의문을 던지면서 짐 속에 챙겨넣었다. 마추픽추를 둘러보고 잉카제국의 수도였던 페루의 꾸스꼬에 돌아와 한번 이 노트를 꺼내 잉카문명 강의의 '적중률'을 따져봤다. 채점 결과는 낙제나 겨우 면할 수준이었다. 아마 치첸이차 유적 강의도 별반 다름 없이 고만고만했을 것이라고 생각하니 오히려 안심이 된다. 늦게나마 모자람을 가려낼 수가 있게 되었으니까. 이것이야말로 사표(師表)로서 교육자의 양심이요, 양식이 아닐까 하는 또 한번의 인간수업을 여기 마야문명의 품에서 하게 되었다.

아침 8시 20분, 단체 관광버스로 마야문명의 진수인 치첸이차를 향해 출발했다. 교통비와 중식비를 포함해 1인당 경비는 75달러다. 돌아올 때 안내원이 느닷없이 커미션을 요구하기에 10달러를 추가했다. 버스는 울창한 밀림 속을 시원스레 뚫어놓은 고속도로를 거침없이 달린다. 길 양옆에는 이름 모를 수목과 화초가 쭉 늘어서 있다. 그중에서 특별히 눈길을 끄는 것은 용설란이다. 가시가 많은 선인장과에 속하는 열대식물인데, 잎 모양이 용의 혀와 비슷하다고 해서 이런 이름이 붙었다. 멕시코의 대표적 식물인 용설란으로는 용설주라는 술을 빚는데, 용설주는 멕시코의 국주(國酒)로 각종 칵테일을 만드는 데 사용된다. 10시 50분에 유적 정문에 도착했으니, 2시간 30분 달려온 셈이다.

정문에 들어서자 세계 각지에서 온 관광객들로 발 디딜 틈 없이 붐빈다. 이 유적의 유명세를 가히 짐작할 수 있다. 40세가 넘은 듯한 현장 해설원이 기다리고 있었다. 쾌활하고 몸집이 꽤나 건장한 그녀는 스페인어와 영어를 유창하게 한다. 일행 30명 중 20명은 스페인어만을 하는 다른 해설원을 따르고, 필자를 포함해 나머지 10명은 영어를 하는 그녀를 따랐다. 그녀는 사진자료를 곁들여 유적을 아주 구체적으로 해설해준다. 신기하게도 그녀는 뙤약볕 속에서 두시간 남짓 그토록 열정적으로 설명하면서도 땀방울 하나 흘리지 않는다. 자신의 문명에 대한 자긍심도 높다. 그녀의 직업적인 노하우에 크게 감탄했다.

멕시코 유까딴주에 자리한 치첸이차 유적은 7~13세기 후반의 대도시 유적으로, 1988년 세계문화유산으로 등재되었다. 세계적으로도 유명한 마야문명의 대표적 유적이다. 이곳에서는 700년경부터 도시화가 진행되었으며, 전성기인 900~1000년경에는 유까딴반도의 광대한 지역을 통괄하는 국제도시로 번영했다. 도시 면적은 최소한 30km² 이상이며, 싹베(sacbe, 포장 둑길)만 69개소나 있었다. 원래는 인디오의 일족인 이차족이 모여 살던 자그마한 촌락이었는데, 8세기부터 도시화가 진행되면서 마야문명의 중심지로 자리를 굳혔다. 유적은 건조한 석회암 지대에 자리하고 있으며, 남아 있는 유물들은 대체로 석회암과 회반죽한 흙으로 지었다. 유적의 규모로는 메소아메리카에서 최대다.

우리는 해설원을 따라 유적 관광을 시작했다. 우선, 몇 곳 자그마한

높이 20m의 기단 위에 축조된 승니원 외관(좌).
9m의 기단 위에 세워진 13m의 까라꼴천문대 외관(우).

유적은 간단한 해설로 지나치고 나서 승니원(僧尼院, Casa de las Monjas)에 이르렀다. 높이 20m의 기단과 그 위에 있는 여러 방으로 구성된 2층 구조물로 '승니원'이라고 부르기는 하지만, 실제로 어떤 역할을 한 건물인지는 미상이다. '비[雨]의 신'의 도상이 석조 모자이크로 장식되어 있으며, 여기서 840~89년이라는 연도가 새겨진 비문이 발견되었다. 이어 까라꼴(El Caracol)천문대에 들렀다. 906년에 건조되어 똘떼까 마야시대에 개축한 구조물인데, 꼭대기에 있는 돔은 천문관측대로 추측된다. 높이 9m의 기단 위에 높이 13m의 천문대가 설치되어 있으며, 내부에 나선형 계단이 있다. 천문대의 동쪽과 북쪽은 허물어졌으나 다행히 서쪽과 남쪽은 원형을 보존하고 있다. 상부 기단 위에는 마야문자가 새겨진 석비가 세워져 있다. 관측대에는 남쪽과 서남쪽, 서쪽을 각각 향한 창문 3개가 있으며, 천문대의 정면은 정서(正西)에서 북으로 27.5도 기울어져 있다. 마야 사람들은 육안으로 달과 태양, 별의 운행을 관찰했는데, 놀라울 정도로 정확하다.

인간공희제를 주관하던 저변 60×60m, 높이 24m의 까스띠요 피라미드신전 전경.

다음으로 발길을 옮긴 곳은 유적군에서 가장 중요하고 큰 구조물인 까스띠요(El Castillo) 피라미드신전이다. 춘분이나 추분 때 계단에 뱀의 그림자가 나타난다고 해서 일명 '꾸꿀깐(El Cuculcan) 피라미드 신전'이라고도 한다. 밑변의 길이는 각각 60m, 높이는 24m인 피라미드 형식의 석조 구조물이다. 꼭대기에는 인간의 심장을 제물로 바치는, 이른바 인신공희의 제의를 주관하는 신전이 있어, 이 피라미드 구조물이 이집트의 피라미드처럼 무덤이 아니라 신전이라는 것이 밝혀졌다. 신전을 머리에 이고 있는 만큼, 단순한 돌무지가 아니다. 마야의 달력체계를 나타내는 천문학적 구조물로, 한 면의 계단 수가 91로 4면을 합치면 364이고, 꼭대기 평지 하나를 더하면 바로 태양력의 일년 날수인 365일이 된다. 각 면은 9층인데 중앙 계단으로 양분되어 합치면 18층이 된다. 이것은 일년을 18개월로 나누는 마야 농경달력의 일년 달수와 같다. 그리고 북쪽 계단 입구로부터 올리 뱀이 새겨져 있는데, 춘분이나 추분 때는 태양의 그림자가 북쪽 계단 입구에 있는 뱀머리 조각상과 이어지면서 3시간 22분 동안이나 마치 뱀이 살아서 꿈틀거리는 것처럼 보인다고 한다. 정말로 신기한 현상이다.

까스띠요 피라미드신전 곁에는 3층 기단을 가진 '전사(戰士)의 신전'(Templo de los Guerreros)이 있다. 신전 주위에는 전사를 상징하는 숱한 석주가 줄지어 서 있다. 그래서 이 신전을 일명 '천주(天柱)의 신전'이라고도 부른다. 똘떼까 풍의 구조물은 치첸이차와 똘떼까문명 간에 교류가 있었음을 시사한다. 특이한 것은 상단 입구에 비스듬히 누워 있는 등신대(等身大)의 차끄몰(Chac Mool) 석상이다. 차끄몰이란, 똘떼까문명에서 신과 인간을 중계하는 신으로, 배 위에 얹은 손에는 인신공물을 담는 접시가 쥐어져 있다. 접시 위에 공물을 올려놓으면 하늘을 맴돌던 독수리가 날쌔게 날아와 채어다가 태양에게 전달한다고 해설원은 손시늉을 하면서 흥미롭게 소개한다. 이 점은 이곳도 인신공양 제의장이었음을 말해준다. 신전 속에는 채색벽화가 남아 있는 또 하나의 작은 신전이 있어 들어가보려고 했으나 출입이 금지되어 있다. 마야문명에서 채색벽화는 희귀한 유물이라 꼭 보려고 했는데 여의치 않아 아쉬움을 남겼다. 해설원에게도 벽화 사진은 없었다.

이어서 찾은 곳은 촘빤뜰리(El Tzompantli), 즉 '두개골의 대좌(臺座)'다. 이유는 미상이나 벽면에 각양각색의 표정을 한 두개골들이 가득 새겨져 있다. 마야 전통문화와는 좀 이질적인 것으로, 중앙 고원문명의 영향을 받은 것으로 학자들은 추정한다. 이 대좌와 좀 떨어져서 구

전사의 신전(일명 천주의 신전).

길이 166m, 너비 69m의 뻴로따 구기장.

각양각색의 두개골이 새겨진 두개골 대좌.

기장(球技場)의 동쪽 벽에 붙어 있는 자그마한 신전 앞에는 재규어 상이 서 있다. 이 신전을 '재규어의 신전'(Templo de los Jaguares)이라고 한다. 벽 안쪽에는 전쟁 장면이 뚜렷하게 새겨져 있다. 이것은 10세기 똘떼까인들이 침입했을 때의 전쟁 장면이라고 한다. 재규어는 삼림 속에 사는 맹수로서 마야인들에게는 공포의 대상이며, 동시에 힘의 상징이기도 했다. 그리하여 마야인들에게는 재규어를 신성시하는 관행이 있었다.

또 하나의 볼거리는 널찍한 뻴로따구기장(Juego de Pelota)이다. 길이 166m, 너비 69m로 메소아메리카에서 가장 큰 이 구기장에서 거행되는 구기놀이는 오락이 아니라, 신을 위한 일종의 경기 종교의식이다. 구기장 오른쪽 상단에는 관람석이 있고, 양쪽 장벽 한가운데는 높이 7m의 골대를 세웠던 자리가 남아 있다. 두 팀으로 나눠 생고무로 만든 공을 서포터(급소 방비용구)를 장착한 팔뚝이나 허리로 골대에 넣는 경기다. 이 경기에서 신에게 바칠 제물이 선택되는데 그 방법이 가관이다. 원래는 경기에 패한 팀의 주장을 제물로 했으나, 후에는 신이 강한 자의 피를 원하기 때문에 승리한 팀의 주장이 제물로 바쳐졌다고 한다. 그를 기리기 위한 탑을 세우기도 했다. 제물이 되기 위해 승자가 되어야 한다는 것은 상규(常規)를 벗어난 마야인들만의 역논리가 아닐 수 없다. 여기서 희생은 벌이 아니라, 상이다. 이는 그만큼 마야인들이 신앙에 독실했다는 방증이기도 하다. 내벽의 기단에는 제물로 바쳐진 수백명의 부조와 더불어 희생자의 잘린 목에서 흘러내리는 피가 일곱마리 뱀으로 변해 꽃 속에서 꿈틀거리는 섬뜩한 장면도 있다.

여기까지 보고 나니 시계 분침은 13시 15분을 가리킨다. 관람에 2시간 15분이 걸렸다. 빠듯한 시간이었지만, 상세한 설명이 곁들어져 여느 곳에서 흔히 그랬던 것 같은 주마간산 식 엿보기는 아니었고 알찬 탐방이었다. 치첸이차 유적은 규모는 그리 크지 않으나, 마야문명의 정수를 집약한 유적으로 탐방 가치가 높다. 아쉬운 것은 인위적인 파괴나 풍화작용으로 인해 유적·유물이 많이 손상을 입은 터라, 위험해 접근이 불허되고 있는 점이다. 복구는 한다고 하는데 시원치 않아 보인다. 해설원도 이 점을 거듭 강조한다.

점심은 인근의 전통 초막식당에서 뷔페식으로 때웠다. 이 한 식당에서만도 약 200명의 관광객들을 수용했는데, 이러한 식당이 대여섯개 더 있다고 한다. 그러니 오늘 이곳을 찾은 관광객 수는 어림잡아 1,000명은 넘는 셈이다. 식간에 종업원들이 민속춤과 노래로 흥을 돋운다. 흥에 겨운 일부 관광객들은 그들과 어울려 춤추고 노래하며 추억을 남기고 있다. 식당에 딸린 기념품 상점에서 '마야유적'이라는 글자가 새겨진 유리잔 세개(한개에 95페소)와 마야유적 도록을 560페소(40달러)에 구입했다.

전통 초막식당 종업원들의 환영 춤과 노래 장면.

치첸이차 유적 탐방의 마지막 코스는 이 식당에서 차로 5분 거리에 있는 세노떼(Cenote)다. 중미 멕시코의 유까딴반도와 과테말라의 뻬뗀 등 마야문명 지역에는 정글 속에 석회암 암반이 함몰되어 거기에 지하수나 빗물이 고여 생긴 천연 샘이 여러 곳에 있는데, 이것을 세노떼라고 한다. 세노떼는 유까떼꼬-마야어의 초노뜨(tz'onot)에서 유래한 스페인어다. 깊이 5~40m에 달하는 샘은 건조기 때면 마야 저지 북부나, 강이나 호수가 없는 정글의 유일한 수원이다. 그리하여 세노떼 주변에는 도시나 촌락이 형성되기가 일쑤다. 예컨대, 멕시코 낀따나로(Quintana Roo)주의 자그마한 도시 뚤룸(Tulum)에 있는 작은 세노떼 주위에는 35채의 건물이 들어서 있었다. 세노떼는 수원으로서뿐 아니라, 종교의식에서도 중요한 역할을 한다. 가뭄이 생기면 비의 신 차끄의 노여움을 달래기 위해 세노떼 주변에서 제사의식(기우제)이 거행되는데, 의식이 끝나면 어린 처녀나 아이들을 세노떼에 산 채로 바치

깊이 약 80m, 지름 약 50m의 세노떼(기우제 공희 의식 장소) 모습.

곤 했다.

일행이 찾아간 세노떼는 커다란 동굴을 연상케 하는데, 깊이는 약 80m, 지름은 약 50m나 된다. 내려다보니 물빛은 짙은 에메랄드 색깔이다. 무더운 여름철이라 지금은 다이빙을 겸한 수영장으로 이용되고 있다. 전해오는 대로라면 그 옛날엔 바닥에 숱한 원한이 서린 유골들이 깔려 있었을 텐데, 지금은 그것을 아랑곳도 하지 않은 채 물놀이를 즐긴다. 이렇듯 완전히 달라진 풍경을 보면서 역사의 무상함을 다시 한번 느꼈다. 치첸이차 지역에서의 이러한 세노떼 공희의식은 700년경부터 16세기까지 유행했다.

이 세노떼를 발견한 사람은 미국의 외교관이자 고고학자인 에드워드 톰슨(Edward Thompson)이다. 그는 16세기 유까딴 지역 최초의 스페인 주교였던 디에고 데 란다(Diego de Landa, 마야문명을 뿌리째 파괴한 장본인)의 『유까딴 풍물지(風物誌)』를 읽고 단서를 포착, 1885년부터 세노떼 탐사에 나섰다. 이 세노떼를 발견한 톰슨은 40m 깊이의 썩은 물속으로 들어가 소녀들의 유골과 차끄 신상, 금은 장신구, 항아리, 돌칼, 여러가지 기호가 새겨진 옥돌, 비취 제품, 터키석제 장식품, 흑요석제 장식품, 자개 장식품, 목제 조상(彫像), 천 조각, 기타 세공품 등 많은 공물을 발굴했다. 일부 합금 유물들은 이곳에서 제작되지 않는다는 점을 감안해 교류의 가능성을 제기했다. 기타 유까딴반도의 한 동굴 안의 세노떼에서는 공물로 바친 토기와 마노(瑪瑙) 등이 발견되었다. 이것은 비의 신이나 옥수수신을 위해 행한 종교의식에서 바쳐진 공물로 추측된다.

정각 16시 귀로에 올랐다. 30분 후 갑자기 우레가 치더니 소낙비가 퍼붓는다. 한시간쯤 내리고 멈추더니 하늘은 씻은 듯 갠다. 길가의 수목은 빗물을 잔뜩 머금고 푸르싱싱 생기를 되찾는다. 출발 두시간 반 만에 깐꾼에 도착했다. 일행 몇몇을 제외하고는 모두가 해변가 호텔 구역에 투숙하고 있어 관광버스는 차례로 돌면서 내려준다. 마지막 순번으로 시내의 한구석에 자리한 자그마한 우리 호텔까지 돌아오는 데는 가다서다를 반복해 1시간 20분이나 걸렸다. 거리에는 교통을 단속하거나 지휘하는 교통경찰이 아예 없다. 소문난 국제휴양도시인 이곳마저도 이렇게 교통지옥에서 벗어나지 못하고 있다.

저녁은 어제 저녁처럼 인근 식당에서 전통음식 따꼬로 해결했다. 지름이 10cm쯤 되는 옥수수가루 전병에 화덕에서 구운 고기와 짓찧은 채소, 그리고 치즈와 토마토소스 등을 함께 싸서 먹는 음식인데, 너댓개면 한 끼니가 된다. 음료수로는 쌀로 만든 오차따(ochata)가 있는데, 약간 달면서 향내가 풍긴다. 시원한 오차따는 열기를 식히는 데 그만이다. 식후에 야경을 구경하려고 거리에 나섰다. 화려한 야간문화는 죄다 해변가 호텔 구역에서 펼쳐지고 있어, 시내 거리는 조용하고 한산하다. 별 구경거리도 없고 해서 30분 동안 무심히 거닐다가 호텔로 돌아오고 말았다.

메모노트를 꺼내들고 책상을 마주하니, 과테말라와 멕시코를 비롯한 고대 마야문명 지역에서 일렁이던 그 유구하고 찬란했던 역사의 파노라마가 주마등처럼 눈앞을 스쳐지나간다. 생각나는 대로 얼개만 메모하고, 상세한 내용은 훗날 정리하기로 하고 잠자리에 들었다.

51
베일이 벗겨진 마야문명

이튿날(8월 4일 토요일) 오전은 일정을 잡지 않고 자유시간으로 할애했다. 며칠간 쌓인 피로를 풀 겸, 이름난 깐꾼 해변 산책에 나섰다. 호텔에서 9시에 출발해 20분간 택시로 달려 다다른 곳은 백사장이 눈부시게 펼쳐진 해변이다. 폭 50여m의 백사장 길이는 족히 5km는 된다. 흰 모래는 밀가루처럼 부드럽고 바닷물은 짙은 쪽빛이다. 이른 시간이라서 그런지 해수욕장은 한산하다. 맨발로 물가를 갈지자로 거닐기도 하고, 백사장에 앉아 카리브해 저 너머의 세계를 물끄러미 바라보기도 했다. 몇몇 젊은이들이 다가와 말을 건다. 원주민인 그들의 체질인류학적 특징은 키가 작고 목이 밭으며 몸집이 다부지고 피부색은 구리색이다. 몽골인이나 동남아인 인상이다. 워낙 외국 관광객들과 많이 접해서인지, 언죽번죽 하는 넉살이 이만저만이 아니다. 묻는 말에도 시원시원하게 대답한다.

눈부시게 펼쳐진 깐꾼 해변.

한시간의 산책을 마치고 돌아오는 길에 나이 지긋한 택시 기사가 어디서 왔느냐고 묻기에 한국에서 왔다고 하니, 여기 깐꾼에도 오래 전부터 한국인들이 살고 있다고 한다. 귀가 솔깃해서 거듭 물었으나 대답은 한결같다. 후일 찾아본 자료에 의하면, 일본 이민브로커들의 꾐에 속아 1905년 1,000여명의 이민자들이 인천항을 떠나 깐꾼으로부터 서쪽으로 약 400km 떨어진 멕시코만의 메리다(Merida)에 상륙해 일본인들이 경영하는 선인장 농장에서 노예노동을 강요당했다. 그 가운데 4분의 1은 쿠바로 팔려가 사탕수수 농장에서 역시 노예노동에 시달렸다. 앞서 기사가 말한 한국인들이라면 아마 백여년 전에 이곳에 온 이민자들의 후예일 것이다. 우리 겨레의 슬픈 유랑사의 한 페이지다.

12시에 호텔에서 체크아웃하고 다음 행선지 쿠바 아바나로 가기 위해 공항으로 향했다. 30분이 걸려 깐꾼국제공항 제2 터미널에 도착했다. 일찌감치 수속을 마치려고 카운터를 찾아가니 쿠바항공사 직원이 쿠바 입국비자 소지 여부를 묻기에 입국해서 받으려 한다고 하니, 귀찮게 그러지 말고 여기서 받아가라고 한다. 뜻밖의 일이라서 어리둥절했다. 눈치를 챈 그 직원은 자기를 따라오라고 한다. 미심쩍었지만 따라가니, 모퉁이에 자리한 '쿠바항공사무소'로 안내해주었다. 쿠바 입국수속은 의외로 간단하다. 여행자의 여권에 쿠바 입국도장이 찍히면 미국을 비롯한 일부 나라를 여행하는 데 제재나 불이익을 당할 수 있음을 감안해 공항에서 별도의 종이에 비자증서를 발급하는 것이다. 여행자에 대한 세심한 배려다. 우리는 수수료로 50달러를 물고, 그러한 별도 비자수속에 흔쾌히 응했다. 공항출국세 역시 50달러다.

문제는 연거푸 일어나는 출발 지연이다. 예약된 13시 35분의 CU 0153편(쿠바 항공, 좌석 11A) 탑승수속은 거침없이 신속하게 마쳤으나, 이유도 밝히지 않은 채 출발은 두번이나 연기하고, 게이트도 B15→B13→B17로 세번씩이나 바뀌었다. 경험에 의하면, 이럴 때일수록 조급해하지 말고 느긋하게 기다리는 것이 상책이다. 안내판이 보일까 말까 하는 먼발치의 구석의자에 앉아 이럴 때를 대비해 배낭 속에 간수하고 다니는 자료를 꺼내 펼쳐놓고 어제 저녁에 마야문명에 관해 짜놓은 기록 얼개에 살을 붙여나갔다.

마야문명은 장려한 궁전과 독특한 조각미술 및 상형문자를 가진 농경 기반의 고대 중앙아메리카 선진문명을 일컫는다. 이 문명은 유까딴반도를 중심으로 오늘날의 멕시코 남부와 과테말라, 온두라스, 엘살바도르 일부를 아우르는 중앙아메리카에서 마야인(인디오)들에 의해 창조되었다. 마야의 인문환경은 대단히 복잡다기하다. 건조한 사막과 한랭한 고지, 고온다습한 저지 산림과 깊은 계곡 등 지세가 복잡하고 험하다. 이러한 지세와 자연환경은 마야문명의 생성에 상당한 영향을 미쳤는데, 그것을 세가지로 정리해볼 수 있다. ① 각지에 다양한 독자적 지방문화를 탄생시킴으로써 서로가 유무상통하며 보완하는 하나의 복합적 문명을 이루었다. ② 화산·지진·홍수·한발 등 가혹한 자연환경은 주민들의 대응 능력을 키워, 그 극복 과정에서 찬란한 고대문명을 창출하고 꽃피울 수 있었다. ③ 다양하고 가혹하며 변화무쌍한 자연환경은 그 불가사의에 대한 특유의 우주관과 세계관, 종교관을 탄생시켰다.

여러가지 공통적 요소를 공유한 마야문명권은 지세와 문화의 차이에 따라 중부와 남부, 북부 지역의 3대 지역으로 구분된다. 멕시코의 여러 주와 과테말라 북부를 포함한 중부지역은 마야문명의 요람으로, 남부는 구릉지대이고 중앙부는 열대밀림지대다. 열대식물이 무성하고 극락조와 사슴 등이 서식하며, 하천이나 소택·호수가 많고 자연 변화가 심하다. 이곳에서는 상형문자와 역법(曆法)을 새긴 석비, 피라미드형 신전, 대도시 흔적이 발견되고, 언어적·문화적 통일성과 더불어 강한 폐쇄성이 엿보인다. 멕시코 동남부와 과테말라 남부, 온두라스 서부, 엘살바도르 북부를 포함한 남부지역은 '고지(高地) 마야'라고 부를 정도의 고원지대로, 화산이 많고 기후는 비교적 서늘하며 비옥한 계곡과 대도시의 흔적이 남아 있다. 이곳은 마야문명의 조형(祖型)인 올메까문화의 영향을 많이 받은 것으로 추측되는데, 최근 태평양 연안에서 여러 관련 유적이 발견되고 있다. 유까딴반도 북부를 망라한 북부지역은 평탄한 지세의 해안지대인데, 강우량은 적고 건조하다. 석회암 지각이 함몰되어 늪이나 못·샘 같은 천연적인 저수지가

마야문명의 유물 (1)

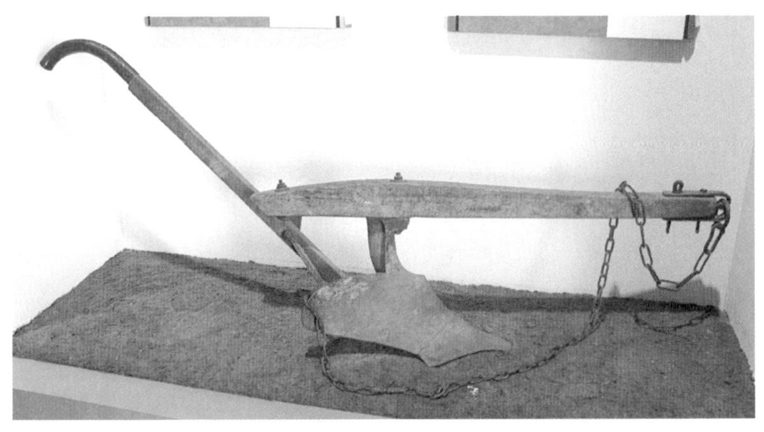

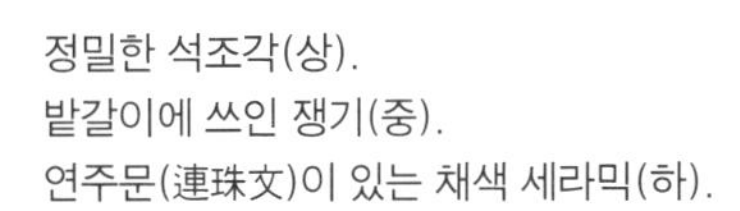

정밀한 석조각(상).
밭갈이에 쓰인 쟁기(중).
연주문(連珠文)이 있는 채색 세라믹(하).

조성됨으로써 그 주변에 도시가 형성되었다. 대표적인 것이 인신공희 못으로 알려진 치첸이차의 세노떼다.

지금까지 발굴에 의하면, 주민들의 거주지는 해발 60~180m의 열대 정글 속에 집중되어 있었다. 전성기인 고전기(기원후 3~10세기)에 마야 문명권 내의 인구는 약 200만에 달했는데, 형질인류학적으로는 황색 인종인 몽골로이드에 속한다. 흔히 인디오 마야인으로 표현되는 이들의 체형은 작은 키에 통통한 몸집, 약간 검은 피부, 검고 곧은 머리카락, 두개변형(頭蓋變形)에 의한 납작한 머리, 유아반점(幼兒斑點, 몽고점) 등 한국인을 포함한 동북아시아인들의 체형과 유사하다. 단, 사팔뜨기가 미안(美眼, 특히 여성의 미안)으로 여겨지는 점이 특이하다.

고대 마야문명의 창조자들은 고유의 마야어를 사용했다. 현재는 약 200만명이 마야어를 쓰고 있는데, 그 가운데서 약 100만이 과테말라에 거주하고 있다. 언어학자들은 마야어의 기원을 고(古)과테말라·유까딴 어족, 고(古)치아빠스 어족(과테말라 남부), 와스떼까 어족(중부 저지대)의 3대 어족에서 찾고 있다. 전통문화에 집착해 보수성이 강한 마야족은 외래 언어의 수용에 배타적이었다. 그러나 고전기에 접어들어 외부와의 접촉이 시작되자 언어의 혼성(混成)으로 인해 지역에 따라 각종 방언이 많이 생겨났다. 급기야는 15~20개의 방언을 파생시켰다. 크게는 저지어(低地語)와 고지어(高地語) 두 종류로 대별된다. 마야문명과의 교류에 의해 고유의 마야어가 세계 통용어로 둔갑한 실례는 한두가지가 아니다. 예컨대, 토마토(tomato)는 마야 인디오의 나우아뜰어 '또마뜰'(tomatl)에서, 초콜릿(chocolate)은 남부 멕시코 인디오들이 카카오콩에서 짜내는 음료 '소깔라뜰'(xocalatl)에서, 담배(cigar, cigarette)는 '빨다'라는 뜻의 마야어 '시가'(xigar)에서 각각 유래하였으며, 키스(kiss)는 '부드럽게 빤다'는 뜻의 마야어 '수스'(tzootz)와 관련이 있다고 한다. 이것은 마야문명(언어)의 세계사적 기여라고 할 수 있다. 이러한 유사 기여를 한 문명이 세상에 몇이나 있는가.

마야의 기원이나 창조에 관해서는 몇가지 신화가 있는데, 그 가운데서 두가지만 소개하도록 한다. 하나는 우라깐 신화다. 그 옛날 우라깐 등 천신(天神)들이 황색과 백색 옥수수가루를 섞은 반죽으로 네명의 남자를 만들었다. 그런데 그들의 모습이나 생각이 신과 같아서 천신들이 못마땅하게 여겼다. 그래서 그들의 눈에 숨을 불어넣어 일부만 보이게 해 신보다 무능하게 만들었다. 그 남자들을 잠들게 하고서 네명의 여자들을 만들어 보내 드디어 네쌍의 부부가 생겨났고, 마침내 그들이 마야인을 비롯한 인류의 조상이 되었다.

다른 하나는 앞 신화에 이어지는 태양 신화다. 일단 인간이 생겨나기는 했지만, 태양이 없는 암흑 속에서 살게 되어 뚜란쉬바(Turan-zuiva)라는 일곱개의 동굴로 옮겼으나 여전히 암흑이었다. 그래서 인간들이 광명을 찾아 산과 바다를 넘는 긴 여행 끝에 바닷가에 이르자 바다가 홀연히 두쪽으로 갈라지면서 길이 트여 아까비츠(Hacavitz)산 기슭까지 이어졌다. 인간들이 경건하게 기도를 올리자 태양이 모습을 드러내, 그곳 끼체(Quiche) 마을에 정착하게 되었다. 신이 복을 받으려면 인신공희를 해야 한다고 명했기에 이웃 마을과의 전쟁에서 생포한 포로를 바쳤다. 끼체 마을 세력이 점차 강해지자 그 네명의 남자는 어디론가 사라지고, 그 자리에 두루마리 묶음 하나가 나타났다. 사람들은 그것을 '금기(禁忌)의 보물'이라고 하면서 전승해왔다. 이 두가지 신화는 지고(至高)의 신에 의한 인간의 창조와 태양신에 대한 경배, 그리고 인신공희의 연유를 전해주며, 북방으로부터 마야인들이 따뜻

마야문명의 유물 (2)

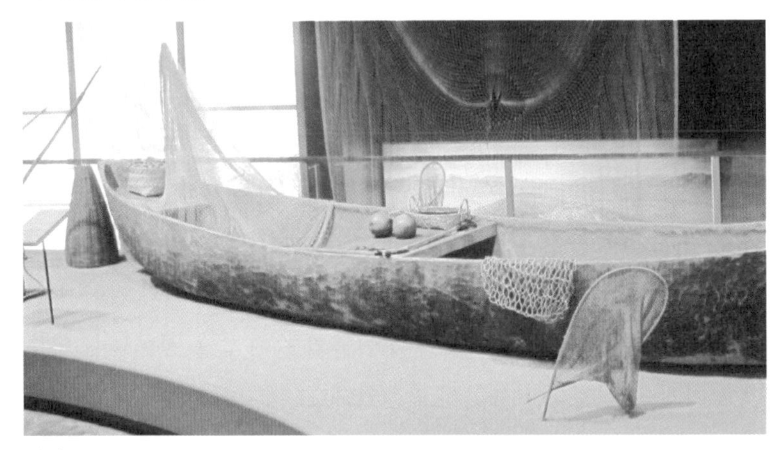

어선.

여인 복식.

한 남방으로 이동해왔음을 시사한다. 신화치고는 기승전결이 구전(俱全)해 사뭇 설득력이 있어 보인다.

숱한 신비를 간직한데다 서구 식민주의자들의 의도적인 은폐와 왜곡으로 인해 마야문명은 오래도록 베일에 가려져 있었다. 그러나 16세기경부터 다방면의 연구가 이루어져 단계별로 하나둘씩 신비가 벗겨지기 시작했다. 제1단계는 16~17세기의 견문기(見聞記)와 정보 기록 수집 단계다. 1515년 3월 1일 스페인의 꼬르도바 함선이 유까딴반도 해안에 처음으로 도착해 선상에 마야인들을 초대하는 등 유인책을 펼치고는 곧바로 다음날 강제 상륙을 시도했다. 양측 간에 충돌이 일어나 스페인 측은 57명이 사살되고 몇명만이 살아남았다. 생존자들은 간신히 인근의 석조건물·신전·황금신상·보석류·도시경관 등을 기록해 돌아갔는데, 스페인 국왕은 이에 큰 관심을 표명했다. 이어 1549년에 스페인은 가톨릭 신부 란다를 주교로 파견했다. 그는 마야문명에 대해 이중적 태도를 취했다. 마야의 토착종교를 적대시한 란다는 그림문서 같은 관련 서적들을 '미신과 악마의 망언서'라고 지탄하면서 세권의 책만 남겨놓고는 몽땅 불살라버렸다. 이것이 중국 진시황의 분서갱유(焚書坑儒)를 방불케 하는 유명한 '란다의 분서 사건'이다.

반면에 그는 마야인들의 성격이나 생활태도에 관해 찬양하면서 그들의 역사나 신화, 전승이나 언어 등에 관한 기록을 저서 『유까딴 풍물지』에 남겼다. 그의 몰상식한 분서는 지탄받았지만, 이 풍물지만은 소중한 문헌으로 평가되고 있다. 이 단계에서 서구 정복자들은 끼체의 기원 신화를 비롯한 토착민들의 신화를 다수 수집했다. 란다의 분서 행위는 선진 마야문명을 연구하고 이해하며 복원하는 데 큰 어려움을 주었다. 남겨놓은 3권의 책과 불타고 남은 유물마저도 기호문자인 마야문자로 씌어졌기 때문에 우선 이 문자에 대한 해독 연구가 필수였다. 연구는 분서 이후 300여년이 지나 1876년부터 시작되었다.

마야문명 연구의 제2단계는 18~19세기의 탐험단계로, 이때부터 고고학적 연구가 시작된다. 스페인은 1787년 안또니 델 리오 대위를, 1805~07년에는 카제르모 듀페 대령을 각각 파견해 유까딴반도의 빨렌께(Palenque) 유적에 대한 발굴조사를 진행했다. 그 결과 1822년 런던과 1844년 빠리에서 각각 처음으로 발굴 보고서가 출간되어 마야문명에 관한 고고학적 연구의 기초가 마련되었다. 이어 개별 탐험가들의 발길도 이어졌다. 특히 19세기 말 25세의 젊은 나이에 멕시코 주재 미국 영사로 부임한 에드워드 톰슨은 마야문명에 심취해 본연의 영사 업무는 포기하고 마야문명 연구에 잠심 몰두했다. 세노떼를 포함한 치첸이차의 주요 유적지를 74달러의 헐값에 구입하고 세노떼 샘에서 인골을 인양하기도 했다. 톰슨의 연구는 마야문명 연구의 정초(定礎)에 일정한 기여를 했다.

마야문명 연구의 제3단계는 20세기에 들어와 전문 연구자들과 연구기관에 의해 과학적 연구가 진행된 단계다. 하버드대학의 피포트박물관과 워싱턴의 카네기연구소, 펜실베이니아대학박물관, 시카고의 자연사박물관, 멕시코의 인류학역사학연구소, 소련의 극동연구소 등이 마야문명 연구에 각별한 열의를 보여 일정한 성과를 거두었다. 연구는 마야문명 특유의 문자와 역법, 회화의 해독에 역점을 두었다. 특히 문자의 해독에 고심을 거듭했지만, 50년 가까이 경과된 1950년대에 이르러서도 고작 숫자나 일시, 달수와 햇수 등을 가까스로 해독하는 수준에 불과했다. 2차대전 후에도 연구는 계속되어 대체로 그간의 연구결과가 정리되는 한편, 첨단장비를 도입해 연구의 과학성을 한층 높였다. 1970년대 미국 항공우주국은 금성 탐사용 레이다 씨스템을 이용해 과테말라 열대우림에서 고대 배수용(排水用) 운하를 발견한 바 있다.

이상의 연구를 통해 마야문명에 관한 개략적인 역사인식이 도출되기는 했지만, 아직은 많은 수수께끼가 남아 있다. 이러한 역사인식에서 첫째로 중요한 것은, 역사의 편년 문제(시대구분 문제)다. 이는 이른바 라틴아메리카의 '고유한 역사패턴'이라는 문제와 엉켜 더욱 복잡하다. 지금까지의 편년문제에 관한 연구결과를 주로 역사적·고고학적 시각에 입각해 정리하면, 고대(후기 구석기시대)부터 중세까지의 마야 역사시대를 대체로 고석기(古石期)와 선고전기(先古典期), 고전기(古典期), 후고전기(後古典期)의 네개 단계로 구분할 수 있다. 그러나 이러한 편년법은 적잖은 문제점들을 안고 있어 지속적인 연구가 요망된다.

마야문명은 선고전기 중기(기원전 1000~400년)에 발생해 선고전기 후기(기원전 400년~기원후 250년)와 고전기(기원후 250~900년)를 거쳐 후고전기(기원후 900~16세기)까지 약 1,900~2,500년간 존재한, 남아메리카에서는 가장 유구하고 발달한 문명이다. 마야인들은 정연한 문자체계와 역법을 개발했고, 산술에서 0의 개념을 도입한다. 태양과 달, 금성을 육안으로 정밀 관찰했을 정도로 천문학을 발전시켰으며, 신석기시대의 예리한 석기로 도시와 거대한 신전·피라미드·석비를 세웠고, 관개농경과 화전농경, 다랑이논 경작 등 집약농경 방법도 알고 있었다. 오늘날까지도 일찍이 마야문명이 발달했던 광범위한 지역에서 800만 이상의 마야인 후예들이 약 30종의 마야어를 고수하면서 마야문명의 전통을 이어가고 있다.

제4부

미국과 쿠바, 오랜 앙숙의 화해

52
반세기 만의 해후

쿠바항공회사 소속 중형 비행기는 깐꾼공항에서 18시 23분에 시동을 걸어 천천히 움직이다가 38분에 굉음을 내면서 이륙해 기수를 북쪽으로 돌리며 카리브해 상공에 접어든다. 승객 대부분은 유럽인들이다. 몇 사람은 깐꾼에서 치첸이차 유적을 함께 돌아본 구면의 여행객이다. 처음 가는 길이라 모두들 호기심이 대단했다. 기내에서 줄곧 마야문명에 관한 구상에 몰두하는 사이, 어느덧 아바나 호세마르띠(José Martí)국제공항에 착륙한다. 그때가 19시 27분이니, 49분간 비행한 셈이다. 지척의 거리다.

입국수속대에서 깐꾼공항에서 별도로 발급받은 비자증을 내보이니 절반을 잘라주면서 출국시 제시하라고 한다. 입국수속은 그것으로 마무리다. 출구로 나가기 전 검사대에서는 손짐을 샅샅이 검사한다. 특히 문건 같은 데 예민한 것 같다. 한글로 씌어진 자료들도 한장 한

내셔널호텔 외경.

장 뒤진다. 자그마한 공항이지만 별로 붐비지는 않는다. 호객도 별로 없다. 수속담당관 외의 안전요원들은 대부분 초로(初老)를 넘어선 사람들이다. 안내에 따라 택시를 타고 예약한 내셔널호텔(Hotel Natioal)로 향했다. 시 외곽 길에는 가로등이 거의 없고, 시내 가로등도 연막을 친 듯 어스름하다. 다행히 기사는 조심스레 운전한다. 라틴아메리카는 어디를 가나 공항을 빠져나올 때부터 안전에 신경을 쓰게 된다. 경험하다시피, 이곳 지구의 서반구에는 '안전지대'란 애당초 없는가 보다. 조금 전 공항 상점에서 쿠바 지도를 한장 구하는데, 주인아주머니가 일행이 외국인인 줄 알아보고는 "소매치기들이 있으니 가방이나 카메라를 주의하세요"라고 친절하게 당부하던 말이 순간 떠오르기에 기사에게 안전 상황을 물어봤다. 그랬더니 그는 곳곳에 감시카메라가 설치돼 있기 때문에 안전하다고 답변한다.

약 40분 달려 밤 9시경 호텔에 도착하니 데스크에서는 기다렸다는 듯 818호실 열쇠를 건네준다. 해변에서 얼마 떨어지지 않은 9층짜리 호텔은 비교적 오래된 건물인데, 어쩐지 로비의 벽 장식은 쪽빛 타일에 기하학 문양을 뒤섞은 아랍-이슬람 풍이 물씬 풍긴다. 저녁은 호텔 뒷뜰에 마련된 간이식당에서 생선 한토막에 팥을 섞은 쌀밥(12페소)으로 때웠다. 웬만해서는 밥투정을 안 하는 사람에게도 저녁치고는 너무나 부실하다.

호텔방에 돌아와서 관광 전에 늘 하는 버릇대로, 관광지 상황을 익히려고 짐에서 쿠바 관련 자료를 꺼냈지만 의외로 빈약하다. 멀리 떨어져 접근이 어려운데다가 사회체제도 서로 다르다보니 쓰기가 좀 껄끄러운 것은 사실이다. 있는 자료마저 부정적 측면을 도 넘게 강조한다든가 하는 편향이 있다. 그렇다고 손을 놓으면 점점 더 소원해지고 껄끄러워질 터다. 누군가가 편견을 버리고 있는 사실 그대로를 써내고 알려야 하지 않겠는가. '지즉이간진(知則而看眞)'이라, 알아야 참(진실)이 보이는 법이다.

쿠바라는 이름은 원주민의 일족인 따이노족어 '꼬아바나'(coabana)에서 유래한 것인데, '기름진 땅' '좋은 곳'이라는 뜻이다. 쿠바는 카리브해에 자리한 서인도제도 가운데서 가장 큰 섬나라로, 약 1,600개의 작은 섬으로 구성되어 있다. 동서 너비가 약 1,300km, 남북 길이가 70~200km인 기다란 섬이다. 지정학적 중요성에서 '멕시코만의 열쇠'로, 지형의 유사성에서 '카리브해의 푸른 악어'로 불린다. 면적은 10만 9,884km^2(한반도의 절반가량)이며 그중 4분의 1이 산지이고, 나머지는 평야와 구릉지대다. 자고로 이 평야와 구릉지대가 기름진 옥토였기 때문에 '꼬아바나'(쿠바)라고 불렸던 것이다.

인구는 약 1,280만명(2012)에 달하는데, 인구 중 51%가 물라또, 37%가 백인, 11%가 흑인, 1%가 동양인이다. 인구 중 물라또가 절반 이상을 차지하는 이유는 16세기 이후 쿠바에 대대적인 사탕수수 농장이 건설되면서 모자라는 노동력을 충당하기 위해 백만명 이상의 아프리카 노예들을 끌어왔기 때문이다. 1%의 동양인이란 주로 중국인과 한국인인데, 우리나라 이민 1세대가 아바나에서 동쪽으로 160km 떨어진 휴양도시 바라데로에 이주해온 것이 1922년경이라고 한다.

카리브해의 서북쪽에 위치한 쿠바의 동쪽에는 아이티, 남쪽에 자메이카(140km)가 있으며, 미국 플로리다주의 남단과는 불과 217km 떨어져 있다. 6,073m의 긴 해안선에 입구가 좁고 내부가 넓은, 이른바 '주머니 식' 만이 많아서 양항이 여럿 있다. 북위 20~23.5도 사이에 자리하고 있어 섬 전역이 열대성 기후에 속한다. 연평균 기온은 25도에 달하고 강수량은 1,000mm 이상이다. 계절은 우기와 건기의 두 계절인데, 우기는 5~10월이고, 건기는 11~4월이며, 9~10월에 허리케인이 자주 내습한다. 길지는 않지만 영내에 200여개의 하천이 동서남북을 관류하고 있다.

쿠바 땅에는 철, 구리, 니켈, 코발트, 크롬, 망간 등 다양한 광물이 다량 매장되어 있다. 특히 니켈 매장량은 660만톤으로, 세계 총매장량의 40.27%를 점하고 있다. 원유도 주로 멕시코 남방 쿠바전속경제구에 약 200억배럴이 매장되어 있다고 2008년 쿠바정부가 발표한 바 있다. 사면이 바다인 이 나라에는 500여종의 어류가 서식한다.

쿠바는 지구의 서반구에서 유일한 사회주의국가다. 1992년에 채택된 헌법수정안에는 호세마르띠사상과 마르크스-레닌주의를 당과 국가의 지도사상으로 삼는다고 규정하고 있다. 국가의 최고권력기관은 전국인민정권대표대회(국회)이며, 최고지도자는 국가원수이자 무력통수권자인 국가평의회(1876년 대통령제를 폐지하고 신설) 의장이다. 전국은 15개의 주와 1개의 특별구로 나누고, 주 산하에 총 168개 도시가 있다. 쿠바공산당은 유일한 합법정당으로, 사회와 국가의 최고지도역량이라고 헌법에 규정되어 있다.

미국과의 장기간 대치상태에서 쿠바정부는 무력 강화에 일차적으로 주목하여 막강한 군사력을 보유하고 있다. 군사력은 정규군과 준정규군의 2대 부문으로 구성되어 있는데, 정규군은 육군·해군·공군·방공군(防空軍)으로, 준정규군은 노동청년군·민방부대·지방민병·국가보안대·변방경위대 등 다양한 군부대로 구성되어 있다. 수량으로는 육군이 4만 5,000명, 해군이 3,000명, 공군이 1만명 정도이며, 지대공미사일 같은 현대적 화력도 갖추고 있다. 외교정책에서는 국제법을 준수하고, 주권과 영토완정(完整), 민족자결을 존중하며, 내정간섭과 패권주의, 무력위협, 모든 형태의 테러에 반대한다.

자료를 뒤지면서 대체로 쿠바에 관한 일반 지식을 이렇게 정리하고 잠에 들었다. 자정 넘어서 든 잠인데도 동녘하늘이 희읍스름히 밝아오기 시작할 무렵, 새벽 5시경에 잠에서 깨어났다. 창문을 열어젖히니 바로 눈앞 말레꼰 방파제 너머 카리브해의 잔잔한 은빛 물결이 반세기만의 해후를 한껏 설레게 한다. 오늘이 2012년 8월 5일(일)이니 정확하게는 49년 전이다. 1961년 여름, 해변의 어느 자그마한 호텔에서 아바나의 첫 아침을 맞이한 기억이 어렴풋이 떠오른다. 알제리 민족해방전쟁의 마무리를 눈앞에 두고 여기 아메리카 땅 카리브해의 한

혁명기념탑 맞은편 외교부 청사에 걸려 있는 체 게바라의 대형 초상. '영원한 승리의 그날까지'라는 글과 함께.

섬에서 일어난 반외세·반독재 혁명이 요원의 불길처럼 온 라틴아메리카를 불태우기 시작했다. 그 불길의 진원지는 바로 쿠바다. 그 열도를 현장에서 가늠하기 위해 어렵사리 대서양을 건너 이 땅을 찾았다. 쿠바인들의 기세는 하늘을 찌를 듯했다. 피델 까스뜨로와 체 게바라를 비롯한 혁명의 젊은 기수들이 미래 라틴아메리카의 아이콘으로 떠오르고 있었다. 혁명의 요람이었던 몬까다(Moncada) 병영과 마에스뜨라산 유격구에는 혁명전사들의 얼과 혼이 빛나고 있었다. 오랜 군사독재를 뒤집은 혁명에 대한 쿠바 국민들의 지지와 성원은 대단했다.

그때부터 강산이 다섯번이나 변할 정도로 세월은 흐르고 또 흘러갔다. 그 과정은 수많은 역경과 고난의 연속이었다. 불굴의 쿠바인들은 어떻게 그 모진 세월의 풍상을 이겨냈을까? 그 속에서 살아온 사람들의 삶은 얼마나 변했을까? '카리브해의 명주(明珠)'라고 알려졌던 그 아름다운 자연풍광과 화려한 건물들은 그 모습 그대로일까? 게다가 이 땅의 주인들은 어떻게 그 지긋지긋한 횡포와 음해, 압살과 공격을 견디고 맞받아나갔는지? 자그마한 섬나라 쿠바가 무시무시한 공룡 미국과 앞마당에서 겁 없이 맞장을 뜰 수 있었던 비결은 과연 무엇인가?

'독재'와 '낙후' '빈곤'이 마냥 대명사로 회자되고, 온갖 험담의 대상이 되었던 이 나라가 어떻게 그 칙칙한 터널을 벗어날 수 있었는지? 호의의 의문은 꼬리에 꼬리를 물고 일어난다. 사실 쿠바는 지구 서반구의 홍일점(紅一點, 사회주의국가)으로 그 존재 자체가 역사의 일대 이변이고 장거이며 또한 실험이다. 그러니만큼 갈 길은 험할 수밖에 없다. 짧은 며칠간, 몇 곳만을 둘러보면서 이상의 의문이나 평가에 대한 바른 정답을 얻으려는 것은 애당초 무리일 것이다. 그저 그 단초나 포착하고, 감성적 지식이나마 제대로 챙기는 데 그쳐도 큰 여한은 없을 성싶다.

아침 9시에서 오후 5시까지 사용료 75페소를 물기로 하고 택시를 대절했다. 에어컨도 없는 후진 택시다. 달리는 택시 절반가량은 에어컨이 장착돼 있지 않다고 한다. 한낮에는 30도를 웃도는 무더운 날씨지만, 기름 때문에 부득이하다고 한다. 20대 후반의 청년 기사는 과묵하지만 친절하다. 60~70년 전(1940~50년대)에 생산된 미국산 캐딜락이 아직도 택시나 자가용으로 시내를 굴러다닌다. 박물관에서나 볼 법한 차들이 2중 3중의 덧칠을 한 채로 달리고 있으니 신기한 일이다. 알고 보니, 외국(미국 제외)에서 엔진이나 부속품들을 수입해 이 고물

혁명기념탑 맞은편 내무부 청사에 걸려 있는 까밀로 시엔푸에고스의 대형 초상. '잘하고 있어 피델'이라는 글과 함께.

차를 재생시킨다고 한다. 그 차들 가운데 3분의 2는 혁명에 의해 쫓겨난 독재자 바띠스따의 부인이 개인적으로 소유하고 있던 것이라고 한다.

쿠바에서의 체류기간은 4일뿐이니, 여러 곳을 많이 다닐 수는 없다. 그래서 수도 아바나와 혁명의 격전지 싼따끌라라 두 곳으로 제한하되, 아바나의 경우도 주로 올드시티(낡은 시가지)에서 맴돌기로 했다. 첫 행선지는 혁명기념탑이다. 그런데 일요일이라서 탑은 개방하지 않는다. 축구장 3~4배는 실히 될 넓은 탑 광장에는 탑을 배경으로 왼쪽 외교부 건물에는 "영원한 승리의 그날까지"라는 글이 새겨진 체 게바라의 얼굴이, 오른쪽 내무부 건물에는 “잘 하고 있어 피델”이라는 글이 새겨진 까밀로 시엔푸에고스의 얼굴이 철선으로 형상화되어 있다. 이 두 사람은 까스뜨로의 전우들이자 혁명승리의 일등공신들이다.

내일 다시 오기로 하고 발길을 혁명박물관으로 돌렸다. 3층 건물로 2층과 3층에 전시실이 마련되어 있다. 박물관 입구에는 1961년 4월 미국 CIA의 사촉하에 1,500명 쿠바 용병들이 타고 피그만(灣)에 침투한 미국 함정 휴스턴호를 격침시킨 소련제 탱크가 놓여 있다. 2층에서는 혁명 개시부터 1990년까지 진행된 혁명투쟁과 새 사회 건설 과정을 풍부한 자료에 근거해 시기별로 정리한 내용들을 보여주고 있다. 그 중심에는 까스뜨로를 비롯한 혁명 1세대가 튼튼히 서 있다. 그들은 내외의 엄혹한 환경 속에서도 백절불굴의 의지와 용기, 담력과 지혜로 쿠바 식 혁명과 건설을 이끌어왔다. 전시품 가운데, 1953년 7월 26일 첫 게릴라 활동으로 몬까다 병영을 기습하다가 생포된 까스뜨로가 법정에서 발표한 “역사가 나를 사면시킬 것이다”라는 장엄한 선언문이 돋보인다.

피델은 2년간의 옥고를 치르고나서 멕시코로 밀행한다. 거기서 혁명동지 체 게바라를 만나 함께 ‘M 26 Julio’(7월 26일 운동)라는 게릴라 조직을 발족하고 부대를 편성해 1956년 12월 요트 그란마(Granma, 할머니)호를 타고 쿠바 동남해안에 상륙한다. 그러나 발각되어 정부군과의 격전 끝에 86명 중 17명만 살아남는다. 생존자들은 씨에라마에스뜨라(Sierra Maestra)산맥에 은밀히 들어가 게릴라 근거지를 꾸린다. 그란마호 요트의 모형이 2층 전시실 벽에 걸려 있다. 3층은 주로 주제별 전투 장면을 생동하게 재현하고 있는데, 그 가운데서도 특별하게 체 게바라가 이끈 전투와 그가 남긴 유품들(총, 군화, 군복, 기록물 등)을

혁명박물관에 전시된 조각상.

시가공장 상점에 진열된 쿠바 시가.

따로 전시하고 있다.

박물관을 나와 인근에 있는 시가공장 상점에 들렀다. 상점 바로 곁에 시가공장이 붙어 있지만, 참관은 불허되었다. 여러가지 시가와 럼(사탕수수로 빚은 술)이 방문객의 시선을 끈다. 하기야 시가 하면 으뜸으로 치는 것이 쿠바 산 시가이니 말이다. 쿠바는 독특한 토질과 기후로 인해 세계에서 으뜸가는 시가를 생산하고 있다. 시가만큼은 그 누구의 추월도 허용하지 않는다. 특유의 향기는 마음을 훈훈하게 하고, 정신을 맑게 한다고 한다. 쿠바인들은 매년 2억 5,000만 개비를 피우고, 나머지 6,500만 개비를 수출한다. 전통적인 질량을 유지하기 위해 대부분의 시가는 직접 손으로 만든다. 35가지 종류 가운데 '아바나'가 단연 세계적으로 으뜸가는 명품으로 꼽힌다. 애연가 친구들을 위

바띠스따 독재 시절에 지은 국회의사당 까삐똘리오 외관. 현재는 박물관이다.

해 기념으로 중급품 15개비(1개비 6페소)를 구입했다. 몇겹으로 싸서 넣었는데도 짐 속에서 그윽한 향기를 내뿜는다.

이어 아르마스광장(옛 중심 광장)으로 향했다. 가는 도중에 까삐똘리오(Capitolio)에 들렀다. 바띠스따 독재 시절에 지은 국회의사당이었는데, 지금은 박물관으로 쓰인다. 외관은 미국 국회의사당과 닮은꼴로 대단히 웅장한 회백색 건물이다. 5,000명의 노동자들을 동원해 3년간 지었다고 한다. 정문으로 올라가는 계단 양쪽에는 한쌍의 남녀를 앞세운 군상이 조각되어 있는데, 여성이 칼을 잡고 있는 것이 이색적이다. 오늘은 일요일이라서 박물관은 문을 닫기 때문에 내부를 구경할 수가 없었다. 우아한 이 까삐똘리오와는 너무나도 대조적으로, 바로 그 건너편에는 누더기 같은 남루한 고층 주택이 험상궂게 서 있다. 그런가 하면 시청 좌편에는 상당히 화려했던 옛 국립극장이 역시 흉측한 몰골을 하고 수리를 기다리고 있다. 수리·복원을 한다고는 하는데, 수리의 흔적은 보이지 않는다. 우리 한국 여행객들의 글에 자주 등장하는 아바나의 곰삭은 모습은 바로 이러한 풍경을 두고 나온 말 같다. 우리의 성벽(性癖) 같았으면 일격에 부숴버리고 새집을 지을 터인데… 문화의 타자화(他者化)에서 위안을 얻고 그저 스쳐지나가고 말았다. 쿠바인들의 수구심(守舊心)과 인내심의 한 단면이라고 말할 수도 있을 것이다.

잠시 후 아르마스광장에 도착했다. 앞에서도 살펴봤지만, 스페인의 라틴아메리카 식민지 국가의 수도나 대도시에는 일률적으로 그 중심에 이른바 '아르마스광장'이라는 공중광장이 구획되어, 그 주변에 대통령궁전과 대성당을 비롯한 식민통치의 핵심기관들이 배치되어 있다. 아바나도 예외가 아니지만, 규모는 상당히 압축적이다. 주변에는 폐허가 된 식민시대의 통치기관 건물들이 흉물스레 서 있다. 나무가 우거진 광장 한복판에 들어서니 두가지 광경이 눈에 확 들어온다. 정방형 광장의 한 변에는 소규모의 고서적 판매대가 쭉 늘어서 있다. 신문과 잡지, 그리고 먼지가 켜켜이 쌓인 고서적들이 매대에서 손님들을 기다리고 있지만, 거래는 썰렁하다. 이와는 대조적으로 다른 한 변에서는 노래와 춤, 광대놀이까지 합쳐 시끌벅적하다. 요즘은 라틴아메리카 전역에서 연중 가장 큰 행사인 카니발 축제가 일제히 열리고 있다. 워낙 가무의 전통이 뿌리 깊은 쿠바에서의 열기는 더더욱 뜨겁다. 며칠째 밤낮으로 이어온다고 한다. 뙤약볕 한나절에 끼리끼리 모여 내키는 대로 춤추고 노래하는 모습이 퍽 자유롭고 낙천적으로 보

아르마스광장의 카니발 축제 모습.

인다. 긴 나무다리를 한 광대놀이 패거리들이 전후좌우 별 리듬 없이 흥나는대로 요요(搖搖)하는 모습은 우스꽝스럽기도 하다.

쿠바는 전통적으로 노래와 춤으로 유명한 나라다. 노래와 춤이 곧 그들의 삶 자체라고 해도 과언이 아닐 정도로 즐기고 사랑한다. 오죽하면 고양이와 개마저도 춤추는 나라라는 말이 생겨났겠는가. 그만큼 가무의 역사가 오래고 다양하다. 지정학적으로 쿠바는 유럽과 아메리카, 아프리카를 서로 잇는 교통의 교차점에 위치하고, 스페인과 미국의 식민통치하에 있으면서 다양한 문화들과 접촉함으로써 색다른 융화적 음악을 창출할 수가 있었다.

내셔널호텔 밴드가 맘보, 차차차 등 아프로-쿠바 음악을 연주하는 장면.

스페인 남부 안달루시아(Andalucia) 지방의 플라멩코(flamenco)가 아프리카 음악의 리듬과 융화되면서 전형적인 쿠바음악이 탄생했다. 그런가 하면 1889년 미국-스페인전쟁에서 스페인이 패한 뒤 쿠바가 미국의 지배하에 들어간 계기를 타고 미국의 대중음악이 침투해 유럽-쿠바 음악인 '아바네라'(Havanera)가 탄생했다. 이에 앞서 아프리카 음악의 영향을 받아 아프로-쿠바 음악인 맘보(Mambo)와 룸바(Lumba), 차차차(Chachacha) 등이 성행했다. 그리고 오늘날까지도 인기를 모으고 있는 살사(Salsa) 춤은 이러한 여러 융화적 요소들을 받아들여 만든 경쾌하고 리드미컬한 전통춤이다.

정오를 넘겨서 기사의 안내로 부근의 자그마한 전통식당을 찾아갔다. 메뉴라야 몇가지밖에 없다. 쿠바인들의 소박한 식생활을 엿볼 수 있다. 새우볶음에 팥밥을 청했다. 팥밥이란 우리의 개념으로는 쌀밥에 팥을 얹어먹는 것을 생각하지만, 여기서는 그렇지 않고 순수 팥만

1704년에 지은 싼끄리스또발대성당 외관. 라틴아메리카에서 두번째로 오래된 성당이다.

을 쪄서 먹는다. 무미건조하고 찰기도 없다. 원래 쿠바사람들은 빵과 쌀밥, 이탈리아 면을 주식으로 하고 돼지고기와 양고기, 생선을 부식으로 즐겨 먹었다. 그런데 지금은 벼농사를 거의 짓지 않아 쌀은 전량 수입한다고 한다. 그러니 쌀밥이 귀할 수밖에 없다.

식후 찾아간 곳은 구시가지에 있는 싼끄리스또발(San Cristobal)대성당이다. 1704년에 지은 성당으로 콜럼버스의 두번째 상륙지인 도미니카의 라이사벨라(La Isabela)에 지은 성당(유적만 남아 있음)에 이어 라틴아메리카에서는 두번째로 오래된 성당이다. 좌우에 두개의 종탑을 세운 그리 크지 않은 성당으로, 세월의 풍진(風塵)이 짙게 묻어나는 고색창연한 바로크 식 회색 건물이다. 지금은 수리 중으로 문을 열지 않아 내부는 볼 수 없었다. 내부를 장식한 성화와 벽화, 조각들이 상당히 화려하다고 한다. 한때 콜럼버스의 유해가 이 성당에 안치되었다가 고국 스페인 쎄비야의 까테드랄(Cathedral)성당으로 옮겨졌다. 성당 우측 공터에서는 식민시대 전후의 유적 발굴 작업이 한창이다.

성당에서 나와 왼쪽으로 얼마 안 가니 미국 작가 헤밍웨이가 1932년부터 7년간 머물렀던 암보스문도스호텔이 나타난다. 그는 이해 여름 낚시를 위해 쿠바를 방문했다가 이곳의 아름다움에 매료되어 전 해에 갓 지은 이 호텔에 머물기로 작심했다. 80년 전에 지은 건물이지만 눈에 잘 뜨이도록 외벽은 주황색으로 칠했다. 출입구에서부터 방문객들로 붐빈다. 거의가 외국인들이다. 벽에는 헤밍웨이 및 세계 유명 인사들의 사진과 사인판이 빼곡이 걸려 있다. 땀을 식히려고 엘리베이터로 6층에 올라갔더니, 거기에 있는 까페테리아도 만원이다. 냉커피 한잔을 선 채로 마시고 나서 5층으로 걸어 내려와 511호실에 들렀다. 작가는 이 방에 7년 동안이나 머물면서 걸작 『누구를 위하여 종은 울리나』를 17개월 만에 완성했다. 방에는 침대와 타자기, 서가가 유물로 남아 있다.

내친 김에 헤밍웨이가 단골로 다니던 근처의 까페 플로리디따에 들렀다. 37도의 찌는 듯한 혹서는 까페로의 발걸음을 재촉한다. 5평 남짓한 까페 안은 사람들로 와글와글, 시글벅적하다. 한참 기다렸더니 데스크에 빈자리가 났다. 다짜고짜 헤밍웨이가 즐겼던 모히또 칵테일을, 그것도 큰 잔으로 달라고 주문했더니, 직원은 빙그레 웃으면서 알겠다고 머리를 끄덕인다. 이윽고 사탕수수를 발효한 럼주에 라임 조각과 민트 잎, 설탕을 넣어 만든 시원한 모히또 칵테일이 나왔

카페 안의 헤밍웨이 동상.

모히또 칵테일.

헤밍웨이의 단골집 까페 플로리디따 외경.

다. 몇시간이나 고온과 모히또에 대한 갈증에 시달려온 터라서 단숨에 반잔을 들이켰다. 정신이 반짝 들면서 일시에 열기가 몸에서 빠져나간다. 100여년의 역사를 자랑하는 쿠바의 모히또야말로 그 독특한 향기와 맛으로 인해 가히 '음료수의 금관'을 쓸 만하다. 이 까페만이 지닌 다른 하나의 트레이드마크는 흐뭇하게 모히또 잔을 바라보는 헤밍웨이 동상이다. 소박하고 자애로운 참 인간의 상이다. 오는 사람마다 상을 배경으로 기념사진 한장씩을 남긴다. 필자도 예외는 아니다. 벽에는 각별한 우정을 시사하는 까스뜨로와의 사진을 비롯해 쿠바에 대한 애정을 담은 여러장의 사진들이 걸려 있다. 사람들이 작가와 그의 작품을 이해하기 위해 이 까페를 찾는 이유를 감지했다.

저녁에는 호텔에서 5분 거리에 있는 한 전통식당을 찾아갔다. 전등 대신 희미한 촛불을 켜놓고 식사하니 한결 그윽한 분위기다. 부실했던 점심을 보충하려고 본인은 쇠고기 스테이크를, 가이드 손 양은 새우튀김을, 그리고 귀한 쌀밥도 주문했다. 식비는 합산해서 37페소다. 돌아오는 길에 약간의 빗방울을 맞았는데, 올해는 가뭄이 심하다고 한다. 상점에 들러 2리터짜리 생수 한병을 4페소(한화 약 5,000원)에 사 들고 왔다. 전반적으로 이곳 물가는 비싼 편이다. 야음을 타 호텔 뒤뜨락에서는 7명의 여성 악사와 가수, 무용수들이 번갈아가면서 살사와 차차차, 맘보 같은 전통가무를 선보인다. 자정이 되었는데도, 수천명 군중이 카니발 가장대의 뒤를 따라 춤추고 노래 부르면서 호텔 앞 말레꼰 해변 방파제 도로를 느릿느릿 지나간다. 가끔은 무슨 구호를 외치는 듯도 하다.

53
카리브해의 진주, 아바나

어제에 이어 오늘도 아바나시 투어에 나섰다. 나서기에 앞서 아바나에 관한 몇가지 예비지식으로 무장해야 할 것이다. 면적 728.26km²의 부지에 인구 약 210만명(2012)을 품고 있는 아바나는 멕시코만과 아바나만을 잇는 길이 1.6km의 좁은 해협에 면해 있어 항구로서 최적의 조건을 갖추고 있다. 그리하여 460여년이라는 긴 세월, 쿠바의 수도로서의 명맥을 꾸준히 이어왔다. 쿠바는 1492년 콜럼버스가 대서양 1차 항해 때 상륙한 것이 계기가 되어 스페인의 영토로 편입되었다. 그에 따라 아바나는 1553년에 쿠바 총독령(總督領)의 수부(首部)가 되어 중요한 중계무역항으로서의 면모를 갖춰나갔다. 이런 과정에 해적들의 노략질이 기승을 부리자 그것을 막기 위해 스페인은 아바나 몇곳에 견고한 방어 성채를 축조했다. 아바나를 둘러싼 서구 열강 간의 각축전이 벌어진 끝에 영국은 1762년에 잠시 아바나를 점령하고, 자

혁명기념탑 전망대에서 내려다본 아바나 시가 모습.

유무역항으로 선포했다. 그러나 이듬해 스페인과의 협약에 의해 아바나를 반환하고, 대신 플로리다를 차지했다. 19세기에 접어들면서 사탕수수의 재배 및 제조 기술이 도입됨에 따라 아바나는 쿠바의 근대적 설탕제조업의 중심지가 되었다.

곁에서 이런 과정을 지켜보던 미국은 호시탐탐 기회만 노렸다. 1898년에 해군함정 메인(Maine)호가 아바나항에서 원인 불명의 폭발사고로 침몰하는 사건이 발생하자 미국과 스페인 간에는 이른바 미국-스페인전쟁이 발발했다. 이 전쟁에서 미국이 승전함으로써 쿠바에 대한 간섭이 노골화되었다. 1920년대에는 미국에서 금주법(禁酒法)이 시행되자 미국인들이 아바나로 대거 몰려들었다. 급기야 아바나는 관광클럽과 카지노가 판을 치는 리조트 도시로 타락했다. 1930년대에 들어와서 미국은 쿠바의 우파세력과 결탁해 사실상의 식민화 정책을 펴나갔다. 1933년 하사관의 신분으로 군사쿠데타에 성공한 바띠스따(Fulgencio Batista)는 미국을 등에 업고 파시스트적 철권통치를 실시했다.

그 결과 미국의 정치적 패권과 경제적 침탈은 더욱더 심화되었다. 혁명 전 1958년의 통계를 보면, 미국 기업은 서비스 분야의 90%, 제당산업의 40%, 가경지(可耕地)의 75%를 점유하고 있었다. 또한 미국자본은 담배·과일·운송·전기·전신·은행 등의 분야도 거의 장악했다. 바띠스따의 폭압 정치와 미국의 경제 지배로 인해 쿠바 사회는 피폐할 대로 피폐해졌다. 인구 600만명 중 실업자는 무려 50만에 달했고, 취학 아동은 전체 아동의 3분의 1에 불과했으며, 문맹률은 43%에 이르렀다. 더불어 사회갈등도 팽배했다. 이제 쿠바 사회는 더이상 평온할 수가 없었다. 오로지 혁명과 같은 강력한 수단으로 사회를 뿌리째 갈아엎어야 하는 것이 절체절명의 시대적 요청으로 제기되었다.

이에 부응해 1950년대 게릴라전을 위시한 무장혁명이 일어나 끝내 바띠스따 친미 독재정권을 뒤집어엎고 미국 식민세력을 몰아내는 데 성공했다. 혁명 후 어려운 환경 속에서도 새로운 시대적 흐름에 편승해 정부기관과 공장, 주택 등을 새로이 지음으로써 전통적 구시가지와는 구별되는 신시가지를 조성했다. 카리브해에 면한 이 신시가지는 넓은 도로에 즐비한 고층빌딩, 호화로운 호텔과 식당, 웅장한 정부청사가 늘어서 세계의 어느 현대적 도시와 비교해도 하등의 하자가 없

바띠스따 독재정권 타도 승리 경축대회에서 연설하는 까스뜨로.

다. 이에 반해 구시가지는 16세기 아바나가 이 나라의 수도로 부상되면서 주로 스페인 식민시대에 설계 및 건설된 중앙광장과 성당, 요새, 궁전, 정부기관 등 고풍스러운 회색빛 건물들을 갈무리하고 있다. 이 유적·유물들에 대한 문화재적 가치를 인정해 유네스코는 1982년에 이 구시가지를 세계문화유산으로 등재했다. 신·구 아바나는 25m의 해저터널로 연계되어 있다. 구시가지의 일절 보수나 보호 내지는 관광까지도 '역사학자 사무실'에서 책임지고 집행한다. 쿠바에는 이곳 말고도 일곱군데가 세계문화유산으로 등재되어 있다. 자그마한 섬에 이러한 수의 세계적 문화유산이 있다는 것은 이 나라의 역사·문화가 그만큼 유구하다는 것을 말해준다. 아바나는 이 신·구시가지가 서로 어울려 하모니를 이룸으로써 카리브해의 진주라는 이름을 구가하게 되는 것이다.

한가지 부언할 것은, 아바나에도 '당인가(唐人街, 중국인 거리)'가 있다는 사실이다. 아바나 당인가는 라틴아메리카에서 규모가 가장 큰 당인가다. 1847년 3월 3일 첫 중국인 206명을 시발로 적잖은 중국인들이 필리핀을 거쳐 아바나에 도착했는데 주로 흑인노예들을 대체해 심한 고역에 시달렸다. 그들은 고용주와 8년 계약을 맺고 노동을 강요당하다가 계약이 만료되어서도 귀국하지 않고 쿠바에 영주하는 길을 택했다. 이어 20세기 초에는 많은 중국인들이 스페인인들을 따라 쿠바에 왔는데, 그들의 고향은 대부분 푸젠(福建), 광둥(廣東), 홍콩, 마카오다. 작금 아바나 당인가의 심장부는 잔하(Sanja)운하 지역인데, 여기에 많은 식당과 세탁소, 은행, 약국, 극장 등이 모여 있으며, 중국어 신문도 발행한다. 당인가 광장에는 높이 18m의 적색 원주형 대리석 기념비가 세워져 있는데, 이것은 쿠바인들이 쿠바독립운동 과정에서 중국인들이 발휘한 고귀한 투쟁정신을 기리기 위해 1931년에 세운 것이다. 비의 흑색기단에는 "쿠바의 중국인들 가운데서 도망병은 한명도 없었으며, 반역자 역시 한명도 없었다"라는 글귀가 새겨져 있다. 오랫동안 쿠바인들과 고락을 같이해오던 많은 중국인들은 1959년 혁명 후 정부가 사유제를 제한하자 미국으로 이주해버렸다.

오늘도 어제와 마찬가지로 주로 구시가지에서 맴돌았는데, 처음 찾아간 곳은 아바나만 입구에 위치한 우람한 모로요새(Castillo de Morro)다. 일명 '카스띠요 데 로스 뜨레스 레예스'(Castillo de los Tres Reyes)라고 하는 이 요새는 해적의 습격을 막기 위해 1587~97년에 축조했다. 성벽이 높고 두터워 견고하며, 주위에는 방어용으로 약 20m의 해자가 둘러 있다. 요새 안의 방들은 거미줄 같은 터널로 연결되어 있으며, 1844년에 만들어진 요새 등대는 30km 바깥에서도 환히 보인다.

전시된 육중한 화포들과 포탄, 그리고 곳곳에 남아 있는 포탄 자국은 이 요새와 아바나가 겪은 수난의 역사를 증언해준다. 1616년부터

모로요새 벽에 걸려 있는 까스뜨로 초상.

17세기에 프랑스와 네덜란드 해적들이 여러차례 아바나에 쳐들어와 노략질을 할 때 이 요새에서는 치열한 전투가 벌어졌으며, 1756~63년에 벌어진 영국-프랑스전쟁 기간에 영국은 쿠바를 일시 점령(1762)하면서 이 요새를 여지없이 파괴했다. 오늘날 남아 있는 유적만으로도 이 요새가 얼마나 웅장했는가를 미루어 짐작할 수 있다.

이 요새가 지금은 아바나항해박물관으로 이용되고 있다. 눈길을 끄는 것은 체 게바라 전시실이다. 여기에는 게바라의 가족계보가 상세히 밝혀져 있고, 그가 사용하던 사무실과 집기들(전투 가방과 단파무전기 등)이 전시되어 있다. 특히 그가 아프리카에 혁명의 불길을 지피기 위해 콩고에 가서 활약하던 귀중한 사진자료를 비롯해 쿠바혁명 승리 후 그가 정열적으로 벌인 국제적 활동에 관한 사진 및 보도자료가 전시되어 있다. 쿠바만이 아닌, 라틴아메리카만이 아닌, 전세계의 변혁을 위한 그의 원대한 구상과 굳은 의지 및 예지가 돋보이는 유물과 자료들이다. 지구상의 대륙마다에 게바라 같은 사건창조적 인물이 더도 말고 서너명만 있어도 세계의 면모는 변혁과 더불어 탈바꿈되어 갈 것이다.

아바나에서 요새는 해적을 막기 위해 그 축조가 불가피했지만, 아이러니하게도 일단 축조된 후에는 이러한 방어적 의미와 더불어 아

해적의 습격을 막기 위해 1587~97년에 지은 모로요새 내부 모습.

바나의 생성(生成)과 밀착되어왔으며, 비참한 상잔의 살풍경을 넘어 애틋한 순애보의 감동적인 서정시를 남기기도 했다. 아바나의 구시가지에는 1538년에 지어 쿠바에서는 가장 오래되고, 라틴아메리카에서는 두번째로 오래된 라푸에르사요새가 있는데, 성벽의 높이가 20m나 되는 사각형 요새다. 이 요새의 꼭대기에 '아바나'(Habana)라는 인디오 소녀의 동상이 세워졌는데, 도시 아바나의 이름은 이 귀여운 소녀의 이름에서 따왔다고 한다. 지금 보이는 소녀 동상은 복제품이고, 진품은 아바나시 박물관에 소장되어 있다.

이러한 명명 유래와 더불어 다음과 같은 순애보도 전해오고 있다. 즉 유럽의 탐험가 에르난도 데 소또(Hernando de Soto, 1500~42)가 1539년에

모로요새에서 바라본 아바나항 모습.

쿠바섬을 출발해 북미의 미시시피강을 발견하고는 종무소식이다. 그의 부인 이사벨라는 매일같이 요새 꼭대기에 올라가 하염없이 바다 건너 먼 곳을 바라보면서 남편의 무사귀항을 기다린다. 1년이 지나고 2년이 지나자 하도 눈물을 많이 흘려 그만 두 눈이 실명하고 만다. 급기야 남편의 사망 소식을 듣고 비통 속에 운명한다. 마치 신라 눌지왕(訥祇王) 때 박제상(朴堤上)의 아내가 수리재(鵄述嶺) 바위 위에서 멀리

아프리카 콩고에서 활약할 때의 체 게바라 모습(모로요새 내 '체 게바라 전시실' 소장).

왜국을 바라보며 죽음을 당해 돌아오지 못하는 남편을 그리며 통곡하다가 그대로 돌로 굳어졌다는 망부석 전설을 연상시킨다.

모로요새를 참관할 때 옛 운하 주변의 자그마한 요새 입구에서 종교에 관한 매우 상징적인 현장을 목격했다. 높이가 10m쯤 되는 대형 예수의 동상에 동발을 매고 수리 채비가 한창이다. 무신론을 표방하는 사회주의 나라 쿠바에서 기독교 유신론의 창시자인 예수의 상을 수리·복원하는 이 이율배반적인 현상을 어떻게 설명할 것인가? 사실 구소련을 비롯한 사회주의 나라들에서 종교는 상당히 껄끄러운 문제로, 왈가왈부 시비가 이만저만이 아니며 왕왕 미제의 딜레마에 빠지곤 한다. 때로는 사회적 분규까지 야기한다. 인구의 60~70%가 가톨릭을 신봉해오던 쿠바에서 이 문제를 어떻게 해결하고 있는가가 자못 궁금해왔다. 그래서 예수상의 수리를 단서로 해 종교문제의 이모

작은 요새 입구에 세워진, 수리 중인 예수 동상.

저모를 살펴봤다.

크리스마스의 복원은 기독교에 대한 쿠바정부의 종교정책에서 일어난 변화의 일단을 시사한다고 말할 수 있다. 당국은 1969년 사탕수수 수확기에 인력을 얻기가 어렵다는 이유로 크리스마스를 공식 폐지했다. 모름지기 이것은 고육지책이었을 것이다. 피델 까스뜨로 자신의 신앙 경위를 봐서도 그럴 수밖에 없었을 것이다. 그는 어려서 예수회가 운영하는 학교에서 공부했고, 성당에서 결혼식을 올렸으며, 첫 아이는 가톨릭 세례를 받았다. 그럼에도 혁명을 성공시킨 후에는 무신론자로 자처하고, 가톨릭 교회의 활동에 일련의 제재를 가했다. 신자는 공산당원이 될 수 없도록 규제하고, 여러 분야에서 교회의 자치적 운영권을 불허했다. 그리하여 당국과 교회는 마찰을 빚었으며, 마침내 일부 사제들이 해외로 도피하거나 추방되는 사태(1962년까지 사제 2,400명 추방)까지 벌어졌다.

그러나 1960년대 미국의 심한 봉쇄로 인해 국내 사정이 어려워지자, 사제들은 1969년 한 해에만 '발전의 문제'와 '신앙과 무신론'이라는 두번의 목회서한을 발표해 신자들에게 조국의 발전을 위한 노력에 동참할 것과, 모든 세속 조직에 가담해 국민으로서의 의무를 다할 것을 호소했다. 그 결과 당국과 교회 간에 대화의 분위기가 조성되었으며, 폐지 30년 만에 크리스마스가 부활되었다. 1991년 제4차 공산당회의의 결정에 따라 신자들도 공산당원이 될 수 있게 되었으며, 이듬해에 까스뜨로와 공산당은 무신론을 포기했다. 뿐만 아니라 1998년에는 까스뜨로의 초청으로 로마 교황이 쿠바를 공식 방문했다. 크리스마스의 경우 1997년에는 임시 공휴일로 했다가, 다음해인 1998년에는 법정 공휴일로 제정했다.

54
헤밍웨이박물관을 찾아서

모로요새를 둘러보고 나서 향한 곳은 아바나시 동남쪽 교외에 자리한 헤밍웨이박물관이다. 지금은 박물관이지만, 원래는 헤밍웨이의 고택이었다. 20세기 미국의 세계적인 작가이며 저널리스트인 어니스트 밀러 헤밍웨이(Ernest Miller Heminggway, 1899~1961)와 쿠바는 특수한 인연을 맺었다. 앞에서 언급한 바와 같이, 그는 1932년부터 아바나 시내에 있는 암보스문도스호텔에 7년간 기거하다가 1960년 미국으로 돌아갈 때까지 20년간 쿠바에 더 머물렀는데, 그 대부분 시간을 이 고택에서 보내면서 대표작인 『노인과 바다』를 비롯한 여러 주옥같은 작품을 써냈다. 박물관에는 그 기간 그의 삶과 작품활동을 증언하는 유품들이 당시 상태 그대로 보존되어 있어, 많은 사람들이 찾아가는 아바나의 한 명소로 되고 있다. 필자도 그중 한 사람이다.

정문에 이르러 문지기에게 방문 사연을 말하니 반가이 맞이하면

헤밍웨이박물관 정문.

서 차(택시)에 동승해 건물 앞까지 안내한다. 박물관 관리실에서 박물관의 내력과 헤밍웨이의 약력에 관한 홍보책자를 받았다. 길 양옆에는 열대산 갖가지 나무들과 꽃들이 싱싱하게 자라고 있는데, 그 가운데서도 야자나무를 누르고 껑충 높게 뻗어올라간 팔마나무가 유난히 눈에 띈다. 박물관은 면적 15에이커(약 1만 9,000평)의 넓은 열대 원시림 속에 묻혀 있다. 핀까 비히아(Finca Vigia, 영어로 'Lookout Farm', 즉 '전망대농장')라고 부르는 이 2층짜리 흰 건물은 지은 지 125년이나 되었지만, 깔끔하게 복원해두었다. 낮은 언덕바지에 자리한 건물의 2층 전망대에 서니 아바나 시가와 그 너머로 카리브해가 아스라하게 시야에 들어온다. 아마 그래서 '전망대농장'이라는 이름을 붙였나보다.

실내에 전시된 유품들은 촬영이 금지되어 렌즈에 담을 수 없었다.

헤밍웨이박물관 입구.

단, 2층 집필실 책상 위에 놓여 있는 타자기가 신기해서 카메라를 목에 멘 채 물끄러미 바라보자 40여세쯤 되어 보이는 관리원이 눈짓을 하면서 넌지시 카메라를 넘겨달라고 하고는 몇 커트 찍어준다. 고마워 사례비를 드리려고 주머니에 손을 넣는 순간 독일 관광객이 들어오자, 그녀는 얼른 자리를 피하면서 겸연쩍게 한구석에 못 박혀 서 있었다. 미안하기도 하고 측은하기도 하다. 창작실을 비롯해 장서 6,000여권의 서재와 거실, 침실, 주방 등이 고스란히 그 모습 그대로 남아 있다. 수렵광이던 헤밍웨이가 직접 잡은 짐승과 물고기 박제품들이 한 벽 가득 걸려 있기도 하다. 특히 사슴 박제품이 많다. 작가의 다양한 생활 모습과 활동을 보여주는 유품들이다.

밖에 나와보니 연보랏빛 꽃 빠우소(pauso)가 집 벽면과 지붕을 수놓은 듯 아름답게 장식하고 있다. 박물관 입구로 올라가는 계단 옆에는

서재, 타자기, 식탁 등 헤밍웨이
박물관 전시품.

그 옛날 아프리카 노예들이 이곳으로 끌려올 때 가지고 왔다는 세이바나무(ceibatree) 몇그루가 아프리카 노예무역의 비참한 역사를 묵묵히 증언하고 있다. 이 세이바는 어제를 오늘로, 그리고 또 내일로 전해야 할 의무를 지녔기에 오랜 세월 모진 풍상을 이겨내면서 이렇게 꿋꿋이 서 있는 것이 아니겠는가. 후원(後園)에는 자그마한 풀장과 함께 헤밍웨이가 걸작 『노인과 바다』를 쓰면서 타고 다니던 낚싯배 '삐랄르'(Pilar)가 그대로 복원되어 관광객들의 눈길을 끌고 있다. 이 작품의 실제 모델이었던 노어부 그레고리오 푸엔떼스(Gregorio Fuentes, 2002년 104세로 사망)는 헤밍웨이가 1928년 처음 쿠바에 왔을 때 낚시 친구로 만나서 알게 되었다. 헤밍웨이의 낚싯배 관리인으로 일했으며, 그가 미국으로 돌아갈 때까지 그의 요리사이기도 했다. 이러한 두터운 친분을 통해 서로를 속속 알고 있었기에 헤밍웨이는 그러한 불후의 대작을 완성할 수 있었을 것이다.

헤밍웨이는 떠나면서 이 집을 푸엔떼스 노인이게 상속해주었다. 그러나 노인은 자신이 소유하지 않고 정부에 헌납해 지금의 박물관으로 개조되었다. 흥미로운 것은 바로 이 낚싯배 앞에 세마리 애완견의 무덤이 있다는 사실이다. 헤밍웨이는 개 말고도 고양이를 무척 좋아했다고 한다. 이곳에 살면서도 60마리나 되는 고양이를 길렀고, 미국 플로리다주의 키웨스트(Key West) 생가에서는 20마리 고양이와 함께 살았으며 마당에는 고양이를 위한 전용 하우스와 무덤도 있었다고 한다.

약 한시간 동안의 참관을 통해 작가 헤밍웨이의 삶과 창작활동의 일단을 현장 유품을 통해 실감할 수 있었다. 전망대농장 언덕의 잔디밭 쉼터에서 커피를 주문했다. 유명한 쿠바 커피 크리스털마운틴이다. 향긋하고 녹진한 커피 한잔을 마시니 피로는 물론 열기도 서서히 가셔진다. 크리스털마운틴은 쿠바의 커피밭에 쏟아지는 햇빛이 마치 수정과 같다고 해서 헤밍웨이가 붙인 이름이라고 한다. 『노인과 바다』에서 노인의 조수 소년 마놀린(Manolin)은 꼭꼭 이 크리스털마운틴 커피를 까페에서 사다가 대접했다. 체 게바라도 생전에 쿠바의 시가와 커피를 유난히 즐겼다. 크리스털마운틴을 마시는 것이 아니라 음미하는 새, 헤밍웨이의 일생이 주마등처럼 눈앞을 스쳐지나갔다. 사실 그 시절 '해명위(海明威, 헤밍웨이)'라는 이름으로 읽었던 몇편의 단편소설에서는 그리 큰 감명을 받지 못했으며, 이름 석자나 겨우 기억할 뿐이었다. 그러다가 이번 라틴아메리카 탐방을 준비하면서 그가 쿠바와 이토록 깊은 인연을 맺었다는 것을 알게 되었다. 그것을 계기로 작가에 좀더 가까이 다가서기로 마음먹었다.

헤밍웨이는 그 정체를 무어라고 한마디로 단정지을 수 없는 문호다. 인간으로서의, 작가로서의 생활 반경과 스펙트럼이 너무나도 넓고, 20세기 전반의 복잡다단하고 굴절 많은 아메리카와 세계의 정세를 배경으로 각이한 내용과 기발한 장르의 작품을 많이 남겼다. 여섯 형제 중 둘째이자 장남으로 태어난 헤밍웨이는 3세 때 벌써 아버지를 따라다니면서 낚시를 익히기 시작했고, 중학교 시절에는 풋볼과 권투를 비롯해 여러 종목에 능한 만능 체육인이었다. 또한 교내 신문 편집을 맡아 익명으로 글을 발표할 정도로 천부적인 글쓰기 재능을 보였다.

그는 대학 진학을 거부하고 당대 유수의 캔자스시티의 『스타』(*Star*)지에 입사해 기자가 되어 6개월간 활동한다. 그러다가 1차대전이 발발하자 자진 의용병으로 적십자 야전병원 수송차 운전병이 되어 이탈리아 전선을 누빈다. 보급품을 나르다가 중상을 입었음에도 자기희생 정신으로 이탈리아 부상병들을 안전지대로 피신시킨다. 이 전공으로 이탈리아정부로부터 '은제용감상'을 받았다. 이때의 전쟁 체험은 후일 전쟁문학의 걸작으로 꼽히는 『무기여 잘 있거라』(1929)의 원천이 되었다. 소설은 1차대전 당시 미군과 영국 간호사 간의 비극적 사랑을 다루면서 전쟁의 허무함과 고전적 비련(悲戀, 끝이 비참한 남녀 간의 사랑)을 꼬집는데, 주인공 '미군'은 바로 다름 아닌 헤밍웨이 자신이다. 부상 치료 중 휴전이 되어, 귀국해서는(1919) 캐나다 토론토에 정착해 『토론토스타』의 기자와 특파원 및 작가라는 다종 직업을 겸행한다.

특파원 자격으로 미국 시카고에 잠시 들렀다가 프랑스 빠리로 향한다(1921.12). 거기서 그리스-터키전쟁(1919~22)에 관한 보도를 하면서, 첫 저서인 『3편의 단편과 10편의 시』를 출간한다(1923). 그해에 『토론토스타』의 기자직을 사직하고 창작에 전념한다. 이어 그가 결정적으로 유럽에서 명성을 얻게 된 소설 『해는 또다시 떠오른다』(1926)를 발표한다. 이 작품은 1차대전 후 허무에 빠진 남녀들이 관능과 정열의 소용돌이에 휘말려 결국 아무것에도 만족하지 못한 채 사라져버리는 이른바 '로스트제너레이션'(Lost Generation)을 혁파하는 장르의 대표작이다. 아버지 에드먼즈 헤밍웨이가 엽총으로 자살한 해인 1928년, 비감과 고독에 빠진 문호는 홀연히 빠리를 떠나 플로리다와 쿠바를 오가면서 주로 전원에서 수렵과 낚시, 투우 관람으로 소일했다.

그 시기에 스페인의 투우에 관해 다룬 『오후의 죽음』을 선보인다(1932). 작가는 이 작품에서 이른바 창작의 '빙산원칙(冰山原則)'을 제시한다. 그는 자신이 글쓰기를 빙산에 비유하면서 "보이는 것의 8분의 7은 물밑에 있다"라는 유명한 말을 남긴다. 바꿔 말하면, 창작에서 작가는 사실의 8분의 1만을 표현하고, 나머지는 은폐하거나 함축해서 독자들로 하여금 스스로 찾아내는 묘미를 느끼게 해야 한다는 것이다. 창작세계에서 상투어처럼 흔히 돌지만, 잘 지켜지기 어려운 명제다. 그러나 헤밍웨이는 아예 이러는 것을 원칙으로 못박고 스스로 그렇게 실천했다. 그리하여 그는 글이나 말로는 드러나지 않는, 깊은 사색과 내공을 요하는 작품으로 인간의 영혼을 불태우게 만들었던 것이다.

평소 수렵을 통해 동물세계를 유심히 관찰해오던 헤밍웨이는 안온한 일상에 염증을 느끼고 좀더 격정적인 세계와의 만남을 지향해 한 수렵대를 따라 아프리카로 떠났다. 아프리카의 사파리 관광은 정말로 매력적이었다. 그 매력을 『아프리카의 푸른 언덕』(1935)과 『킬리만자로의 눈(雪)』(1936)이라는 두권의 저서에 담아냈다. 헤밍웨이의 단편 가운데 가장 뛰어나다는 평가를 받는 「킬리만자로의 눈」은 미국문학의 고전으로 자리매김한 명작이다. 이번 여행에서 작가는 두번이나 항공기가 추락하는 사고를 당했지만 가까스로 기사회생했다.

이즈음 작가에게는 천부적 재능을 발휘할 수 있는 또 하나의 기회가 찾아왔다. 스페인 내전(1937~38)이 일어나자 그는 종군기자로 동분서주하면서 전쟁의 이모저모를 생동하게 취재한다. 그 결과물을 엮어낸 것이 그의 최대 장편소설인 『누구를 위해 종은 울리나』(1940)이다. 작품은 스페인 내전을 배경으로 주인공인 미국 청년 로버트 조던을 통해 전쟁의 반문명성을 경고하고 있다. 그의 반전평화사상의 불꽃이 번뜩이는 명작이다. 2차대전 기간에는 미군을 따라 유럽전선에 투입되어 취재활동을 하다가 항공기 추락사고로 또 한번의 중상을 입는다. 종전 후 미국정부로부터 전공이 인정되어 동질훈장을 수훈했다.

한가지 미제의 수수께끼로 남아 있는 문제는 지난 1990년대에 떠

돈 소문인데, 2차대전 기간에 헤밍웨이가 KGB(구소련의 국가안전위원회)의 첩자로 활동했다는 것이다. 과문에 의하면, 아직까지 이에 관한 확실한 증거나 해명은 없는 것 같다. 유감스러운 일이라 아니 할 수 없다. 대전 후에는 얼마간 침묵을 지키다가 『강을 건너 숲속으로』(1950)를 내놓았지만 이전에 펴낸 소설의 재판에 불과하다는 평판을 받았다. 자칫 추락의 수렁에 빠질 뻔했던 졸작이다. 이러한 누를 씻고 내놓은 작품이 바로 퓰리처상(1953)과 노벨문학상(1954)을 연이어 수상한 중편소설 『노인과 바다』이다.

작가가 80번이나 읽으면서 갈고 닦은 노작 『노인과 바다』는 조각배를 타고 고기잡이를 하는 노인의 외로운 싸움과 노인을 동정하는 소년의 갸륵한 마음을 그린 작품이다. 84일 동안이나 고기 한마리 잡지 못한 노인을 도와 40일간 고기잡이를 하던 소년은 노인의 운이 다했다고 생각하는 부모의 명령으로 노인을 떠난다. 그러나 소년은 늘 빈 배로 돌아오는 노인을 마중 나와 낚시도구를 챙겨주기도 하고 식사를 마련해주기도 하면서 안타까워한다. 노인은 소년의 장래를 염려해 다시 함께 일하자는 요구를 거절한다. 그러던 어느날 소년이 구해온 정어리를 가지고 바다에 나갔다가 뜻밖에 1,500파운드가 넘는 대어(大魚) 한마리를 낚는다. 미끼를 문 채로 대어는 노인과 이틀이나 승강이를 벌였고, 끝내 노인은 고기를 잡아 배에 묶었다. 돌아오는 길에 불행하게도 고기를 뜯어먹는 상어와 맞다들어 싸웠으나, 결국 머리와 뼈, 꼬리만이 남겨진 앙상한 물고기를 끌고 항구로 돌아온다. 천진난만한 소년은 노인의 상처투성이 손을 보고 끝내 울음을 터뜨린다. 소년은 노인의 용기와 인내, 지혜와 경험에 대한 진심어린 존경의 표시로, 그리고 평생을 참되게 살아온 그런 노인의 어쩔 수 없는 쇠락에

헤밍웨이의 낚싯배 삐랄르.

애완견 세마리의 무덤.

대한 안타까움으로 눈물을 흘리고 또 흘렸던 것이다.

천부적인 명석한 두뇌와 창의력, 문학적 천재성, 그리고 다양한 취미와 호기심을 지녔던 헤밍웨이는 평생 미국과 영국, 스페인, 프랑스, 이탈리아, 캐나다, 아프리카, 바하마, 쿠바 등 여러 나라들을 전전하면서 출중한 기자로, 작가로, 전사로 활약했다. 특히 탁월한 작가로서 통상적인 창작 양식에서 벗어나 자기만의 독특한 장르(예: 로스트 제너레이션)와 원칙(예: 빙산원칙)을 고수했다. 여기에 한가지 덧붙일 것은, 그의 작품 전체를 일관되게 관류하고 있는 특징이다. 그는 필체에서 불필요한 수식과 군더더기를 빼고, 간명하며 깔끔한 문체로 사실성을 부각하는, 이른바 하드보일드(hardboiled) 문학의 전형을 창조했다. 이러한 사실성은 시대상을 짙게 반영한 데서 비롯된 것이다. 헤밍웨이는 지성과 문명의 세계를 속임수로 보고, 가혹한 현실에 분연히 맞섰다가 패배하는 인간의 비극적인 모습을 간결하고도 확연한 문체로 힘차게 묘사했다. 이 모든 것을 집성해 헤밍웨이는 일생에 7편의 장편소설, 6편의 단편소설집, 2편의 비소설 작품을 창작·출간했으며, 유작으로 3편의 소설과 4편의 단편소설집, 3편의 비소설 작품을 남겨놓았다.

헤밍웨이는 만년의 대부분을 쿠바에서 보내면서 대표작인 『노인과 바다』를 창작했으며 영원히 기릴 만한 족적도 많이 남겨놓았다. 숱한 지인과 교분을 쌓기도 했다. 까스뜨로와는 유람선을 함께 타고 여가를 보낼 정도로 가까웠다고 한다. 까페 플로리디따의 벽에 걸려 있는 한장의 사진, 까스뜨로와 다정한 포즈를 취하면서 찍은 사진은 두 사람 간의 스스럼없는 친분관계를 말해주고 있었다. 그러던 그는 쿠바혁명이 성공한 이듬해인 1961년 돌연히 쿠바를 떠나 미국으로 돌아간다. 그 원인을 놓고 한때 설왕설래 억측이 구구했다. 낙엽귀근(落葉歸根)이란 인간 본연의 섭리로 설명할 수 있는 문제인데도, 스스로의 귀국이 아니라 추방이라는 이설이 나돌기도 했다. 그러나 그에 대한 쿠바 당국의 여러가지 배려와 지금까지 그를 기리는 진정성을 감안할 때, 그것이 한낱 억측으로 그쳤으면 하는 바람이다.

파란만장한 한생을 마친 시대의 거장이자 문호 헤밍웨이는 1961년 7월 2일 오전 7시 30분 미국 아이다호주 케첨의 자택에서 사냥총으로 자살한다. 향년 62세. 그의 네번째 아내 메리는 "헤밍웨이가 사냥총을 닦던 중 사고로 사망했다"고 주장했으나, 1966년 자살로 밝혀졌다. 그는 몇번의 중상 후유증으로 노년에 심한 병고에 시달렸다. 기력의 쇠잔과 더불어 소기의 창작활동도 할 수 없게 된 데서 오는 절망감으로 삶을 포기한 것이라고 추측해본다. 헤밍웨이는 평생 네번 결혼했으며, 슬하에 세 자녀를 두었다.

55
사빠따 악어사육장이 주는 교훈

한시간 예정으로 찾아간 헤밍웨이박물관에서 다음 여정도 망각한 채 예정보다 두배나 길게 머무르고 말았다. 정오가 가까워올 무렵 다음 행선지인 싼따끌라라를 향해 발걸음을 다그쳤다. 수도 아바나에서 277km나 떨어진 중부 쿠바의 중심도시 싼따끌라라를 하루 품이나 들여 가보려는 것은 그곳이 체 게바라가 이끌어 성공한 혁명의 성지였기 때문이기도 하고, 부대끼는 도시를 벗어나 시원한 자연과 시골의 추억을 담고파서이기도 했다. 사실 싼따끌라라는 '체 게바라 맨'이라면 누구나 찾아가고 싶어하는 곳이다. 거기에 그가 쿠바혁명과 라틴아메리카혁명, 그리고 세계의 변혁을 위해 한생을 바치다가 영면한 유택(幽宅)이 있다. 그래서 이곳을 '체 게바라 시(市)'라고도 부른다.

호텔 측의 소개로 이틀간 대절한 택시의 기사는 19세의 은행원 딸을 둔 42세의 아버지로, 능수능란한 가이드 역할도 겸했다. 13년간의

아바나-싼따끌라라 간의 3차선 하이웨이 모습.

택시기사 경력으로 전국을 손바닥 눈금 보듯 훤히 꿰뚫고 있다. 지금껏 북한을 포함해 한국 사람을 만나본 적은 없으나, 4년 전 현대차를 구입한 것을 계기로 한국에 관심을 갖게 되었다고 한다. 현대차는 아주 힘이 강해서 인기라고 한다. 얘기 도중에 중국 사람들은 차를 안 타고 걸어다니며, 물도 안 사먹는 짠돌이들이라고 은연중 비꼰다. 남의 일이라 맞장구를 칠 수는 없고, 그저 들어줄 뿐이다. 아쉽게도 명함을 적어놓지 않아 이름은 기억나지 않지만, 훤칠한 키에 활달한 성품으로 정성껏 서비스하던 모습은 종시 잊히지 않는다.

교외를 나서자 잘 닦아놓은 3차선 하이웨이가 기다리고 있다. 차는 동남 방향으로 시속 100~120km를 유지하면서 쏜살같이 달린다. 무연한 초원이 펼쳐지는가 하면, 한창 푸르싱싱하게 자라는 옥수수밭과 이미 수확한 옥수수밭이 이모(二毛) 윤작으로 엇바뀐다. 사탕수수밭과

도로 감시소.

그 곁에서 연기를 뿜어내는 가공공장도 가끔 시야에 들어온다. 어느새 180km를 달려와 사빠따(Zapata)반도에 자리한 대국립공원에 이르렀다. 이곳은 일찍이 게릴라전 당시 까스뜨로 야전사령부가 자리했던 곳이라서 성역화하고 있다. 두시가 넘은 늦은 점심시간, 출출한 김에 관광식당에서 닭고기튀김을 주문했다. 웬만한 크기의 통닭 3분의 2 분량이다. 푸짐하고 별미다. 공원 안에는 민속촌을 방불케 하는 인디오들의 전통 가옥들이 보존되어 있으며, 민예품 시장과 수상스포츠 시설들도 갖춰져 있다. 유람지를 겸하고 있어 외국 관광객들이 적잖다.

일행이 싼따끌라라로 가는 도중 이곳에 들른 것은 세계에서 두번째로 크다고 하는 악어사육장을 구경하기 위해서다. 사전 연락을 받

악어사육장의 밀집 사육 모습.

악어 박제품.

은 사육장 학예사가 정문에서 기다리고 있었다. 근 20년간 악어 사육에만 종사해온 40대 후반의 학예사는 주요한 사육장 10여개를 안내하면서 이 사육장의 연혁과 악어 사육에 관해 상세히 설명해주었을 뿐만 아니라, 실물을 만져보게도 해주었다. 부속 전시실에는 악어의 생육 과정 사진과 핸드백을 비롯한 고가의 각종 악어피 제품들이 전시되어 있다. 학예사의 소개에 의하면 현재 전국에 9개의 악어사육장이 있는데, 1963년 혁명 후 첫번째로 지어진 이곳 사육장이 전문적으로 연구를 수행하는 모체 사육장으로 규모가 가장 크다. 지금은 약 4,000마리를 사육하고 있으며, 최고령은 사육장이 지어질 때에 부화시켜 기른 것들이니 근 쉰살이 된다고 한다. 악어는 보통 생후 6~7년이 되어야 진흙탕 속에서 알을 까는데, 한꺼번에 30~40개씩 깐다.

한가지 흥미로운 것은 여느 우리에서는 대체로 몸집이 비슷한 녀석들끼리 기르는데, 한두 우리에서만은 몸집의 크기가 다른 녀석들이 섞여 있다. 의아해서 까닭을 물었더니, 학예사는 빙그레 웃으면서 몸집이 크고 알을 많이 낳는 미국산 악어와 그렇지는 못하지만 생명력이 강한 쿠바산 악어를 한 우리에 넣어 함께 기름으로써 두 종의 장점만을 공유하는 개량 품종을 얻기 위함이라고 대답한다. 다른 품종이라서 처음에는 서로 싸우고 심지어 잡아먹기까지 했지만 오래 함께 있다보니 지금은 서로가 사이좋게 공생하면서 자연스레 교배해 새 품종을 만들어낸다고 한다. 동물계의 오묘한 생존법칙이다. 아무쪼록 사육장의 무궁한 번성을 마음속 깊이 기원하면서 문을 나섰다. 수고한 학예사 안내원과는 기념사진으로 헤어지는 인사를 나눴다.

이제 동북쪽으로 방향을 튼 차가 시동을 걸자마자 방금 악어사육장에서 목격한 그 흥미로운 일, 즉 쿠바산-미국산 악어의 혼효(混淆, 뒤섞임)와 공생 현상이 아이러니하게도 쿠바와 미국, 미국과 쿠바 간의 관계를 상징적으로 연상케 하고 조망케 한다. 돌이켜보면, 두 나라 간의 관계는 미국의 대 쿠바 간섭으로부터 시작되었다. 쿠바는 비록 19세기에 이르기까지 라틴아메리카에서 마지막으로 남아 있던 스페인의 식민지였지만, 당시 전세계 설탕 소비량의 3분의 1을 생산하고 있었는데, 그 수출량의 4분의 3이 미국 시장으로 흘러들어갔다. 그만큼 미국은 쿠바 경제의 실권을 장악하고 있었다.

이를 발판으로 미국은 쿠바에 대한 전면적인 간섭을 시도하기 시작한다. 급기야 미국 선박 메인호에서 일어난 원인 모를 폭발 사건을 구실로 1898년 스페인에 대한 일방적 선전포고로 미국-스페인전쟁이 발발했다. 패전한 스페인은 마지막 식민지였던 쿠바와 필리핀, 푸에르토리코를 미국에 넘겨주어야 했다. 호세 마르띠를 비롯한 쿠바 민족주의자들은 세차게 반미독립투쟁을 벌인다. 궁지에 빠진 미국은 할

하이웨이 연도의 기름진 땅과 옥수수밭.

옥수수 제분공장의 외관.

수 없이 쿠바에 대해 3년간의 군정을 실시하고는 여러가지 정치적·경제적 올가미를 씌워놓은 채, 1902년 쿠바에서 형식적으로 철수한다. 그렇지만 관타나모 해군기지를 그대로 점유하고, 설탕 생산과 수출의 독점권을 유지하며, 쿠바의 독자적 국제협약 체결을 금지하는 이른바 '플래트 수정안'을 쿠바 헌법에 삽입함으로써 1934년 이 수정안이 폐기될 때까지 쿠바는 미국의 보호령으로 남아 있었다.

이후, 미국은 쿠바 내의 보수반동세력들로 괴뢰독재정권을 꾸려 배후 조정해왔다. 그 대표적인 인물이 1925년부터 1933년까지 통치했던 헤라르도 마차도(Gerardo Machado)다. 정적을 상어 밥으로 삼아 바다에 던진 일화로 악명 높은 독재자다. 그의 뒤를 이은 독재자는 1959년 혁명에 의해 전복될 때까지 무소불위의 총칼을 휘둘렀던 풀헨시오 바띠스따다. 1950년대의 쿠바는 바띠스따 가문과 미국이 양분해 소유했다고 해고 과언이 아니다.

악어사육장 학예사와 필자.

혁명 직전의 통계에 의하면, 미국 기업은 쿠바 수출의 59%, 수입의 76%, 서비스 부문의 90%, 경제의 핵심인 제당산업의 40%, 전화·전기의 90%, 철도의 50%, 가경지의 75%를 소유하고 있었으며, 미국 자본은 담배·과일·운송·은행 등도 장악하고 있었다. 나머지 대부분은 바띠스따 일가의 소유물이었다. 심지어 미국은 제3국이 생산한 상품이라도 미국산 원재료와 부품이 5% 이상 포함되면 쿠바에 팔지 못하게 했다. 얼마나 가혹한 지능적 봉쇄고 제재며 압살인가.

그 결과 600만 인구 중 50만이 실업자가 되고, 어린이의 3분의 1정도만 초등교육을 받았으며, 문맹률은 43%에 달했다. 카리브해의 진주 쿠바의 아름다운 백사장을 쿠바인들은 밟을 수가 없었다. 이러한 불의 속에 혁명이 일어나는 것은 당연지사이고 불가피한 일이었으나,

문제는 그것이 계기가 되어 새로운 쿠바와 구태의연한 미국 간에 인위적인 갈등이 증폭되었다는 사실이다.

1953년 7월 26일, 당시 26세이던 피델 까스뜨로는 뜻을 같이하는 165명의 열혈청년들과 함께 쿠바의 동단 싼띠아고에 있는 몬까다 병영을 습격, 까스뜨로 혁명의 첫 횃불을 지펴올렸다. 까스뜨로는 붙잡혀 11개월의 옥고를 치르고 풀려난다. 새로운 길을 모색하기 위해 까스뜨로 형제를 비롯한 일군의 추종자들은 멕시코로 망명한다. 거기서 한창 미래의 꿈을 키워가던 아르헨티나 의사 출신의 청년 체 게바라와 운명적으로 만나게 된다.

의기투합한 그들은 조직을 재정비하고 1956년 전설적인 그란마호를 타고 사빠따반도 해안에서 상륙을 시도한다. 그러나 뜻밖에도 몰아치는 허리케인을 만나 당초 상륙 예정 지점에서 멀리 떨어진 곳(히룽으로 추정)에 가까스로 상륙한다. 그렇지만 설상가상으로 그곳에는 밀고를 받은 정부군이 매복해 있었다. 중무장한 정부군의 토벌작전에 휘말려 상륙자 대부분이 전사하거나 체포되었다. 까스뜨로를 비롯한 12명만이 구사일생으로 살아남아 인근의 씨에라마에스뜨라 산악지대로 피신해 새로운 투쟁의 길을 모색한다. 이때부터 1959년 1월 1일 혁명의 승리를 고할 때까지 이곳은 무장투쟁의 본거지로, 숱한 전설적 게릴라작전의 신화를 창조해냈다.

혁명 승리 후 쿠바정부는 바띠스따 잔재세력을 숙청하고 새로운 정권과 기구를 창출하는 등 정치혁명과 더불어 1,000에이커 이상의 토지를 낮은 보상으로 몰수해 소규모 자영농민이나 협동조합에 분배한 뒤 외국인 토지 소유를 금지하는 급진적 농지개혁과 산업의 국유화를 추진했다. 그러면서 1960년 7월부터는 쿠바 내 미국인 소유의 재산이나 회사, 공장들을 몰수하기 시작했다. 대외적으로는 소련을 비롯한 사회주의진영과 가까이하고 제3세계의 해방투쟁을 지원하는 등 미국의 눈에 거슬리는 정책을 추구하면서 국가체제도 사회주의국가임을 가시화해갔다.

두 나라는 1961년 미국 고용병들의 쿠바 침공과 그 실패를 계기로 외교관계를 단절하고 만다. 이어 1962년 미국을 겨냥해 소련의 미사일 기지를 유치함으로써 냉전의 절정이자, 냉전시대의 변곡점(變曲點)으로 세계를 놀라게 한 이른바 '쿠바 미사일 위기'가 미국을 크게 자극했다. 이러한 일련의 정책과 조치는 쿠바와 미국 간의 관계를 악화일로로 몰고 갔으며, 드디어 1962년부터 미국은 쿠바에 대해 경제제재를 비롯한 각종 압력을 가하기 시작했다. 이때부터 미국의 고강도 쿠바 압살정책은 50년 이상 지속되었다.

그렇지만 까스뜨로는 애당초 미국과 맞설 생각은 없었던 것으로 알려지고 있다. 혁명 직후 그는 미국을 방문했을 때 이런 말을 남겼다. 즉 "미국에게 단 하나 바라고 싶은 점은 우리를 이해해달라는 것이다. (…) 미국과 손잡고 나아간다면 쿠바는 발전할 수 있을 것이다. 기업가가 우리나라를 방문하고 싶다면 환영한다. 그렇지만 만일 그가 우리의 자주권에 대항하는 반대운동을 일으킨다면 쿠바를 방문해서는 안 될 것이다." 이렇게 까스뜨로는 미국의 심기를 건드리지 않고 조용히 풍파 없이 혁명과업을 수행하려고 했다. 사실이 입증하다시피 이 얼마나 실현불가의 순진한 환상이었던가. 쿠바의 자주권 수호와 미국의 압살 시도는 숙명적으로 양립할 수 없다는 것이 역사의 판결이고 불가피한 현실이었다.

쿠바에 대한 미국의 장기적인 봉쇄와 제재는 쌍방에 돌이킬 수 없

악어사육장 벽에 씌어진 "자유 쿠바 만세"라는 구호.

는 상처를 입혔다. 2012년 말까지 봉쇄로 인해 입은 쿠바의 경제손실은 약 1조 1,500억달러에 달했으며, 여러 분야에서의 경제적 피폐를 초래했다. 그런가 하면 미국은 미국대로 얼마간의 경제적 손실을 입은데다가, 이보다 더 크게는 계속 국제적 여론의 질타를 받았다. 2009년 10월의 제54차 총회를 포함해 유엔은 무려 열여덟 차례나 쿠바에 대한 미국의 봉쇄를 중단할 것을 촉구하는 결의를 채택했다. 국내외 여론의 압박 속에 미국은 봉쇄의 자물쇠를 하나하나 풀기 시작했다. 오바마 대통령이 취임한 후 쿠바에 대한 송금량을 늘리고 여행 제한을 완화하는 조치를 취했다. 이에 상응하게 쿠바 평의회 의장인 노얼 까스뜨로도 전제조건 없이, 독립과 주권, 자결권을 위해하지 않는 한 미국과 대화할 것이라고 거듭 천명했다. 2009년 3월 미국 상원은 미국의 대쿠바 제재를 부분적으로 해제한다는 결의를 공식 채택하고 대쿠바 운수금지법의 수정, 미 국적의 쿠바인과 녹색카드 소지자의 귀국 친척방문 제한의 완화, 식품 및 의약품 수출 제한의 완화 등 일련의 봉쇄와 제재를 폐지하거나 완화하는 조치를 취함으로써 양국 관계는 해빙기를 맞게 되었다.

지난 반세기 동안 쿠바가 겪은 사회적·경제적 어려움은 그 주원인이 미국의 압살적 봉쇄정책에 있었지만, 이와 더불어 서구 사회주의 진영의 붕괴가 미친 영향도 무시할 수 없다는 사실을 현지에서 갈파할 수 있었다. 혁명 후 쿠바는 사회주의 국가체제를 수립하면서 소련을 비롯한 서구 사회주의 나라들과 진영적(陣營的) 유대를 형성해 지원을 받음으로써 자체의 발전을 이룰 수 있었을 뿐 아니라, 미국의 압력도 그런대로 견뎌낼 수 있었다. 그러나 30년 후 서구 사회주의진영의 붕괴는 그들과의 교역이 총무역의 90%에 달했던 쿠바에 모든 분야에서의 물자 부족을 초래했다. 특히 설탕 수출이 구소련과의 교역에서 가장 큰 비중을 차지했는데, 1991년부터는 국제시세에 따라 달러로 거래해야 했기 때문에 종전처럼 국제시세보다 비싸게 팔 수 없게 되었다. 그 결과 수출입에 상당한 차질이 생겼고, 정치적으로도 혈맹관계, 동반자적 협력관계는 더이상 유지되지 않았다.

이렇게 사면초가에 몰린 쿠바는 현실적 타개책을 강구하지 않을 수 없었다. 사회주의체제 수호는 포기하지 않았지만, 또 포기할 수도 없었지만, 경제난을 타개하기 위해 유연한 행보를 택하기 시작했다. 까스뜨로는 1991년 10월 제4차 전당대회에서 부분적인 개혁개방안을 내놓았다. 외국인의 합작투자를 승인하고, 생산물의 유통구조를 개선하며, 부업을 통한 개인적 이윤추구를 허가하며, 수출을 증대하고 관광산업을 활성화하는 등 일련의 제한적 시장경제체제를 수용했다. 1993년 7월에는 국민들의 달러 소지를 허용하는 조치까지 취했다. 쿠바의 이러한 전향적인 행보에 발맞춰 미국도 앞에서 이야기한 바와 같은 봉쇄 해제조치를 취했던 것이다. 이를 두고 일부 학자들은 '이(齒)는 이로써'라는 냉전적 국제관계의 작동법칙이 더이상 통하지 않는다는 것을 증명하는 대표적 일례라고 평가한다.

일행은 현장(8월 4~7일)에서 이러한 해빙의 역사적 순간들을 지켜보면서 쿠바 사람들과 함께 그 반가움을 두배로 나눌 수 있었다. "기쁨은 나누면 배가 되고, 슬픔은 나누면 반이 된다"라는 말은 바로 이런 경우에 쓰는 격언인가보다. 우리의 방문 직전인 7월 13일, 인도적 지원물자를 만재한 화물선 안나세실리아(Anna Cecilia)호가 미국 플로리다주 마이애미 항구에서 기항해 아바나항으로 직항했다. 이것은 양국 간에 50년간이나 단절되었던 해상운송이 회복되었음을 말한다. 저녁 텔레비전 뉴스와 이튿날 신문에는 이 소식이 대대적으로 방송되고 보도되었다. 다들 환호를 올리며 기뻐한다. 막혔던 숨통이 터지기 시작했으니 왜 그렇지 않겠는가. 이 대목에서 좀 전에 사빠따 악어사육장에서 미국산 악어와 쿠바산 악어가 갈등하다가 공생하는 장면이 자꾸만 눈앞에 떠오른다. 미물들마저도 그러할진대, 하물며 만물의 영장이라고 하는 인간이 인간다워야 하지 않겠는가.

56
혁명의 성지, 싼따끌라라

갑자기 우렛소리에 사색이 멈춘다. 근 100km를 단숨에 달려오던 차가 속도를 줄인다. 약 20분간 소낙비를 맞으며 도착한 곳은 싼따끌라라 중앙광장이다. 갑작스러운 폭우에 거리는 물바다가 되어 한산하다. 배수시설이 잘 갖춰지지 않은 모양이다. 광장을 둘러싼 고층건물 너머에 지는 해가 으스름한 그림자를 드리우기 시작한다. 서둘러 민박소를 찾아야 했다. 아바나에서 인터넷으로 예약한 집은 글을 게시한 이의 동생 집으로 방 한칸짜리라고 해서 들어갈 수가 없었다. 집주인의 소개로 웬 숙박업자를 따라가니 방은 있는데, 광고와는 달리 숙박비에 아침식사가 포함되지 않을 뿐만 아니라 숙박비도 비싸서 그만 사양했다. 안달이 난 기사를 따라 간 집도 방이 한칸이어서 돌아섰다. 다시 기사가 찾아낸 집에 갔더니, 마침내 두칸 방에 광고대로 아침식사 포함 일인 일박이 25페소여서 그곳으로 숙박을 결정했다.

주인이 맛깔나게 마련한 쿠바 전통요리.

60대 초반의 주인아주머니는 아주 친절하고 반갑게, 그리고 교양있게 맞아준다. 방마다 에어컨과 선풍기, 냉장고, 샤워시설도 갖춰져 있다. 한시간 반이나 걸려 네번째로 찾은 행운의 민박집이다. 2층의 벽돌집인데 갖춤새로 보아 중산층 이상의 집이었다.

저녁식사도 주인집에서 마련해주었다. 저녁식사 때 남편이 돌아와 주인과 손님, 모두 네명이 한 식탁에 둘러앉았다. 쿠바 식이라고 하면서 먼저 시원하고 개운한 몇가지 생채가 상에 올랐다. 주인아주머니가 사탕수수로 직접 빚었다는 쿠바의 명주 럼으로 만난 인사를 나누면서 식사를 시작했다. 새우볶음밥에 바나나튀김과 오이, 강낭콩, 이름 모를 중국산 수입 채소 등을 반찬으로 맛있고 즐겁게 식사를 마쳤다. 여주인의 요리 솜씨가 이만저만이 아니었다. 식간과 식후에 집주인들과 적잖은 유익한 대화를 나눴다. 백문불여일견이라, 사실 짧은 기간이나마 현지에서 직접 보고 느낀 것이 읽고 듣던 것과는 너무나

민박집 주인 부부의 다정한 모습.

차이가 많다. 가급적으로 동병상련의 처지에서 이해하려고 애썼지만 여러가지 궁금증이 일시에 해소되지는 않는다.

이미 정년퇴직한 60대 중반의 남편은 모 기계공장의 엔지니어로 40년간 근무했다고 한다. 한때 공장에 온 북한 연수생들에게 기술을 가르쳐준 일도 있으며, 견학과 연수차 소련을 비롯한 동유럽 사회주의 나라들을 방문한 적도 있었다고 한다. 태극기에 새겨진 8괘가 무슨 의미냐고 물을 정도로 상당히 지적인 분이다. 미국의 봉쇄로 인해 어려웠던 일들을 굳은 표정으로 회고하면서 다행히 지금은 조금씩 풀리고 있다고 한다. 차제에 말도 많아 궁금해오던 문제 한가지, 즉 까스뜨로와 게바라의 관계 문제에 관해 현지 지성인의 견해를 듣고 싶었다. 남편은 꾸밈없이 자신의 견해를 피력한다. 묻지도 않았는데 앞 물음과 어떤 상관성이 있다고 봐서 그랬는지 까스뜨로에 관해서도 일가견을 토로한다. 긴 이야기라서 다 전할 수는 없고 기억나는 대로 요지만을 적으면 이러하다.

체 게바라와 어린이 조각상(싼따끌라라의 어느 학교 정문).

게바라는 생사를 같이한 까스뜨로의 둘도 없는 혁명동지로 쿠바혁명을 승리로 이끈 제2인자다. 그들의 삶이나 투쟁 목적, 이상은 같다. 그들은 쿠바혁명의 승리와 새 사회 건설을 위해 중책을 맡아 한마음 한뜻으로 일했다. 그러다가 게바라는 홀연히 쿠바를 떠나 아프리카로 간다(1965). 이때부터 미국을 비롯한 여러 나라 언론들이 두 사람 간의 불화설을 퍼뜨린다. 물론 아직까지 게바라가 쿠바를 떠난 이유에 관해서는 명확한 해명은 없지만, 불화에 의한 이별은 아니라고 본다. 일부에서는 미국에 대한 태도에서 초기에 까스뜨로는 조금은 유화적인 태도로 공존을 희망한 반면 게바라는 철저한 투쟁을 주장한 점에서 차이를 보이기는 했다고 한다. 이를테면 반미라는 전략목표는 같지만, 전술적 방법에서 유화론과 강경론의 상차(相差)를 보였다는 것이다.

게바라가 아프리카로 떠난 것은 일단 조국이라는 울타리를 벗어나 쿠바와 라틴아메리카, 나아가서는 세계의 변혁을 지향하는 '혁명적 철학자'로서의 대의(명분)를 실현하기 위해서였다. 그러나 까스뜨로에게는 이러한 대의론에 앞서 투쟁으로 쟁취한 나라를 안에서 지키고 발전시켜야 할 막중한 국가적 책무가 지워졌다. 게바라가 쿠바를 떠나면서 까스뜨로에게 보낸 서한에는 이와 같은 절절한 심정이 담겨 있다. 그렇다고 까스뜨로가 평화주의자나 온정주의자는 아니다. 강세가 필요할 때는 강세를 마다하지 않는 철저한 혁명가다.

1960년 3월 라쿠브레(La Coubre)호 폭발 희생자 추도식에서 까스뜨로는 "조국이냐 죽음이냐"라는 혁명적 비장감이 가득한 유명한 추도연설을 한다. 따라서 게바라가 아프리카에서 다시 쿠바를 거쳐 볼리비아 전선에서 생을 마감할 때까지 까스뜨로는 영원한 혁명동지로 그에 대한 물심양면의 지원을 아끼지 않았다. 그의 유해는 국장으로 이곳, 싼따끌라라에 안장하고 최고의 예우를 다하고 있다. 까스뜨로와 게바라의 관계 문제에 대한 남편의 설명은 일리가 있어 수긍이 가나, 여러가지 여론을 종합해보면 이것만이 다가 아니고, 보다 구체적인 부분들에서 무언가가 얽혀 있었던 것만은 사실인 성싶다. 쿠바와 라틴아메리카의 변혁운동을 위해 보다 실사구시하게 연구되어야 할 과제라고 본다.

다음으로 까스뜨로에 관해서는 치적은 더 설명이 필요 없다고 하면서, 단 한가지 '독재자'라는 누명에 대해서는 나름의 해명을 한다. 거리의 초상화가 갖는 초(超)화상적 의미를 알고 있어서 그런지 초상화 문제부터 꺼낸다. 쿠바 어디에도, 심지어 혁명광장이나 혁명기념탑에도 호세 마르띠와 게바라의 동상이나 초상화는 있어도 까스뜨로의 초상화는 걸려 있지 않다. 다만 그가 현지 지도한 공장이나 기업소에서 그의 행적을 기리기 위해 초상화를 걸어놓기는 한다. 가정에서 그의 초상화를 거는가 안 거는가는 자유다. 그의 말은 틀림이 없다. 이 집 식당 벽에는 까스뜨로와 나란히 게바라의 초상화가 걸려 있다. 물론 이 한가지만으로 독재자 의혹을 다 풀 수는 없겠지만, 하나의 상징임에는 틀림이 없다.

이어서 그는 이른바 '세습독재론'도 해부한다. 세습독재론이란, 피델 까스뜨로의 동생 라울 까스뜨로(1931년생)가 2007년 형의 자리를 이어 국가평의회 의장이라는 최고 권좌에 올랐다는 내용이다. 80세가 넘은 병약한 피델의 후계자는 아무래도 쿠바 혁명과 건설에 대한 기여도가 높은 사람이어야 하는데, 피델을 제외한 두명의 일등공신인 게바라와 씨엔푸에고스는 이미 세상을 떠났으며, 그 다음 공신은 자타가 인정하는 라울이다. 따라서 그가 권좌를 계승하는 것은 당연한 현상이며 세습이라고 볼 수 없다. 쿠바 사람들은 모두가 이렇게 이해하고 있어 문제시할 수는 없다. 지금 라울은 대미관계라든가 개방, 그리고 국내정치에서 큰 차질을 빚지 않고 잘하고 있다. 쿠바의 현실을 몸소 체험하고, 그 타개를 위해 몸 바쳐온 노 엔지니어의 치차(齒車)처럼 맞물리는 논리적 해명에 수긍이 간다.

여주인은 변호사로서 지금도 가끔 무료변호를 맡아 한다고 한다. 그녀는 14세 때 체 게바라가 이곳에서 전투를 지휘하고 개선하는 장면을 목격했다고 하면서 생생하게 그 장면을 설명해주고, 내일 가봐야 할 전적지들을 일일이 알려주기도 한다. 벽에 나란히 걸려 있는 까스뜨로와 게바라의 초상을 가리키면서 쿠바인들은 게바라를 까스뜨로나 호세 마르띠와 꼭 같게 존경하며, 게바라는 남이 아니라 쿠바 국적을 부여받은 쿠바인이라고 말한다. 태극기의 8괘에 관한 해석을 옆에서 듣고 있던 여주인은 쿠바 국기의 3색과 국조(國鳥)의 관계에 관해 흥미로운 이야기를 들려준다. 국조인 또꼬로로(tocororo, 울음소리에서 따온 이름)는 작은 새로 초롱에 가두면 곧바로 죽어버리며, 자유롭게 풀어놓아야 잘 자랄 뿐만 아니라 깃털의 빨간색·흰색·파란색 3색을 제대로 낼 수 있다. 쿠바 국기의 3색은 바로 이 국조의 3색에서 비롯된 것이다. 두 사람의 외동딸은 지금 우크라이나에서 유학 중이라고 한다.

이튿날(8월 7일 화요일), 한적한 민박집에서 숙면하고 6시에 기상해 한시간쯤 집 주변을 산책했다. 시 중심에서 약간 떨어진 주민 거주지역이어서 건물은 대체로 1~2층 벽돌집이다. 골목은 비교적 좁으나 깨끗한 편이다. 몇 집 건너서 자그마한 가게들이 띄엄띄엄 끼어 있다. 한여름인데도 아침 공기는 맑고 시원하다. 공해가 별로 없는 청정도시 같다. 이 점을 말했더니, 여주인은 지금까지는 그랬는데, 이제 공장들이 많이 들어서고 인구가 증가하면서 청정한 느낌은 차츰 사라져간다고 한다. 그렇다고 해서 그런지 시내 참관 때는 매캐한 스모그 냄새가 코를 자극하는 느낌이 들었다.

싼따끌라라는 쿠바 중심부에 자리한 비야끌라라주(Villa Clara)의 주도로, 인구는 20여만에 달한다. 원래 이 도시는 해변가 주민들이 카리브해 해적들의 노략질을 피해 1689년에 이곳에 와 정주하면서 만들어진 작은 시골마을로부터 시작되었다. 지리적으로 농업과 목축업의 적지로서 농목(農牧) 생산물을 가공하는 제당과 연초, 식품가공업이 발달했다. 부근에 흑연과 금, 구리 등 광산도 개발되어 공업도 일정한 기반을 갖고 있다. 게다가 주 내에 광물질이 풍부한 온천과 해변욕장, 유명한 폭포도 있어 관광지로서도 각광을 받고 있다. 교외에는 또한 이 나라에서 세번째로 꼽히는 라스비야스(Las Villas)대학이 자리하고 있다. 여기에 더해 쿠바혁명의 승리를 결정지은 성전이 벌어졌던 유서 깊은 곳이기도 하다. 아무튼 다복한 역사·경제·문화 도시다.

여주인이 직접 만든 치즈와 잼으로 아침식사를 마치고 엊저녁 그녀가 알려준 대로 오늘의 일정을 잡았다. 주인 부부와 작별하기 전에 남편의 안내로 그의 서재에 들렀다. 서재에는 서적과 더불어 그의 공로와 취미를 말해주는 상장과 악기가 벽에 걸려 있다. 커피 한잔씩으로 그들의 건승과 행운을 빌고 감사를 표하면서 작별인사를 나누고 문을 나섰다. 저만치 골목 끝에서 안 보일 때까지 부부는 손을 휘저으며 바래주고 있었다. 고마운 분들이다. 주소를 적어주면서 꼭 통신을 부탁하기도 했다. 그해 12월 크리스마스경에 새해 근하엽서를 보냈는데, 회신이 없어 수신여부를 확인할 수가 없었다.

10분쯤 걸려 9시 정각에 노천 열차박물관에 도착했다. 이곳은 원래 기차역으로 1958년 12월 28일부터 31일까지 3일간 체 게바라가 이끄는 동부 게릴라부대와 정부군 사이에 치열한 전투가 벌어졌던 현장이다. 당시 게릴라부대가 파괴했거나 노획한 열차와 장갑차 등의 잔해가 노천에 전시되어 있다. 열차 안벽에는 전투의 시말과 과정을 보여주는 생생한 사진들이 걸려 있다. 야전사령부의 내부 모습, 치열한 공방전 장면, 사용된 각종 무기류, 부대원들이 착용했던 '7·26'(1953년 7월 26일 몬까다 병영 습격일, 혁명의 개시 상징)이라는 글자가 새겨진 휘장과 군복, 전사자들의 묘비, 시민들의 열렬한 환영 속에 입성하는 부대원들의 당당한 모습 등 여러가지 유물과 유품, 사진들이 전시되어 그

1958년 12월 말, 동부 게릴라 부대가 시가전에서 노획한 열차. 지금은 '노천열차박물관'으로 쓰이고 있다.

날의 비장한 광경이 머릿속에 깊이 각인되었다. 요즘은 한창 화가 싼체스(A.G. Sánches)의 담백한 수묵화 특별전이 열리고 있다. 작품은 노획한 열차 내벽에 걸어 전시하고 있다. 입구에 서 있는 '싼따끌라라 전투기념비'가 1986년 7월에 세워졌다고 하니, 박물관도 이때 개관한 것으로 짐작된다. 담당 해설원이 아직 출근하지 않아 눈으로 돌아보기만 했다.

게바라가 이끄는 동부 게릴라부대가 정부군을 제압하고 싼따끌라라시를 장악한 것은 쿠바혁명의 승리를 달성한 게릴라 무장투쟁에서 결정적 의미를 지닌 중요한 사건이었다. 해발 평균 112m의 고지대에 자리한 싼따끌라라는 중부 쿠바의 심장부로, 동서남북을 잇는 국도와 철도가 지나가는 전략적 요충지다. 그리고 게릴라투쟁의 근거지인 씨에라마에스뜨라 산악지대가 가까이 있다. 게바라는 이 근거지에서 주

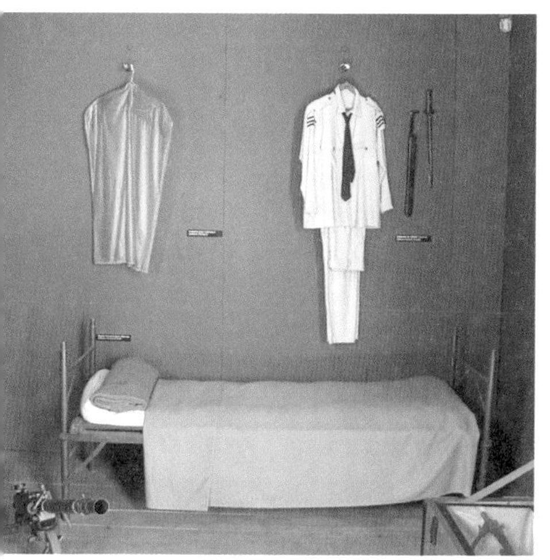

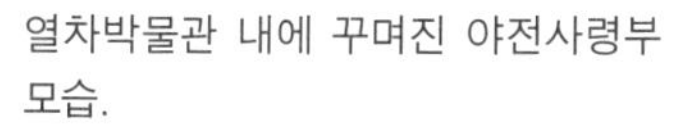

열차박물관 내에 꾸며진 야전사령부 모습.

입성한 동부 게릴라부대 모습.

력부대를 이끌고 싼따끌라라 시가전을 성공적으로 마친 후, 그 기세를 몰아 노획한 기차를 타고 아바나로 서진(西進)한다. 서부에서 진격하는 까밀로 씨엔푸에고스 부대와 남부에서 진격하는 까스뜨로 부대가 동시에 3면에서 협공해 아바나를 일격에 함락한다. 이 결정적 작전의 두 주역인 게바라와 까밀로는 쿠바혁명 승리의 일등공신으로, 아바나 혁명광장의 양측에 그들의 대형 초상화를 걸어놓고 불후의 공적을 기리고 있다.

약 40분간 열차박물관을 둘러보고 향한 곳은 교외에 있는 체게바라 기념관이다. 차로 15분 거리에 있다. 멀리서 총을 잡고 용진하는 게바라의 동상이 아스라히 보인다. 1958년 12월 말 3일간의 싼따끌라라 시가전을 승리로 이끈 게바라의 게릴라부대 사령부가 있던 곳이 바로 지금 찾아가는 '에르네스또게바라사령관광장'(보통 '게바라혁명광장'이라

싼따끌라라의 '게바라혁명박물관' 전경.

고 부름)이다. 곁에는 게바라의 유해가 안치된 체게바라기념관이 있다.

기념관 입구는 참배객들로 장사진을 이루고 있다. 국내외의 수많은 사람들이 싼따끌라라에 찾아오는 것은 이곳에 시대의 아이콘이며 표상인 게바라의 숭고한 얼과 혼이 깃들어 있기 때문이다. 그래서 싼따끌라라는 게바라시라고도 불린다. 조금은 오래된 통계이지만 2004년 한해에만도 20여만이 이곳을 참배했는데, 그 가운데 약 13만명은 외국인이었다고 한다. 10명씩 조를 이루어 들어가야 하기 때문에 30여분이나 기다려야 했다. 안에 들어서자 왼쪽의 약 70~80평 되는 방 돌벽에 게바라와 볼리비아전투에서 그와 함께 싸우다가 전사한 6명의 게릴라, 그리고 싼따끌라라 전투에서 희생된 전사들의 얼굴이 일일이 새겨져 있다. 그 밑에는 그들의 유골이 묻혀 있다. 게바라의 얼굴은 한가운데에 조금 두드러지게 새겼고, 바로 그 아래에 볼리비아에서 운구해온 유골이 묻혀 있다.

필자는 모자를 벗고 옷깃을 여민 채 게바라 상 앞에서 경건한 마음으로 묵념을 올렸다. 방 윗머리에는 영원히 꺼지지 않는 불꽃이(높이 약 10cm) 어스름한 방안을 비추고 있다. 이어 발길을 우측 방으로 옮겼다. 200평 남짓한 공간에는 게바라의 일생에 관한 사진과 일부 유품이 전시되어 있다. 대부분 전시품은 다른 곳에서 본 것이지만, 좀더 선명하게 복원·제작되고 일목요연하게 전시되어 있는 것이 다른 점이다. 전시품 중에는 1965년 게바라가 쿠바를 떠나 아프리카에 가면서 피델에게 보낸 절절한 편지가 있는데, 참 일독하고픈 유품이다. 이 편지를 비롯해 싼따끌라라 시가전 사진과 지도 등 값진 전시품에 눈길이 끌렸으나 카메라 휴대가 불허되어 육안으로만 익혔다.

기념관을 나와 맞붙은 광장을 둘러봤다. 왼손에는 붕대가 감겨 있고, 오른손으로는 장총을 으스러지게 꽉 잡고 멀리 내다보는 게바라의 동상이 하늘을 향해 우뚝 서 있다. 동상 앞면에는 "영원히 승리할 때까지"(Hasta la Victoria Siempre)라는, 철석 같은 신념이 밴 세 단어가 돋을새김되어 있다. 그 앞에는 축구장만큼이나 넓은 광장이 펼쳐져 있다. 광장

체 게바라 동상.

'게바라혁명광장'에 세워진 '체를 닮기를 원한다, 피델'이라고 적힌 전광판.

의 바깥 변에 세워진 대형 전광판에는 스페인어로 "체(게바라)를 닮기를 원한다. 피델"(Queremos que Sean Como el Che. Fidel)이라는 피델 까스뜨로의 말이 금빛 글자로 새겨져 있다. 이 한마디 말에 생사고락을 함께 해온 영원한 혁명동지 체 게바라에 대한 피델 까스뜨로와 쿠바 국민들의 존경과 추모의 뜻이 오롯이 함축되어 있다. 미국 세일러주립대학 역사학부 교수 아비바 촘스키(Aviva Chomsky)는 2011년에 출간한 저서 『쿠바혁명사』에서 "쿠바에서는 체 게바라의 이미지를 마주치지 않고서는 하루도 살 수 없다"고 하면서, "어린 학생들은 '우리는 체처럼 될 거야!'라고 외치면서 학교 수업을 시작한다. 체 게바라는 몇가지 이유로 누구보다도 신화적인 지도자가 되었다"고 말한다.

1시간 20분간 감격적인 참배를 마치고 아바나로의 귀로에 올랐다. 올 때는 남부 도로를 탔다면, 귀로에는 북부 해안도로를 택했다. 무연한 사탕수수밭과 귤밭이 눈이 모자라게 펼쳐진다. 기름진 땅이 온통

이름난 바라데르 해수욕장.

초록으로 물들었다. 연초밭은 서부에 몰려 있어 얼마 눈에 띄지는 않는다. 12시 반에 이름난 바라데르 해수욕장에 다다랐다. 잔잔한 옥빛 물결이 일렁이는 카리브해의 백사장 해변, 뙤약볕이 내리쬐는 정오라서 그런지 욕객(浴客)들은 그리 많지 않으나, 해변가 종려나무 숲속에서 음덕(蔭德)을 누리는 한가한 유객(遊客)들은 적잖다. 고풍 어린 전통식당에서 새우볶음으로 점심을 때우고 길을 이어갔다.

아바나까지는 130km의 거리다. 아름다운 해변을 감상하기 위해 천천히 달렸다. 아바나를 50~60km 앞둔 지점에 있는 벌판에서는 석유 시추 작업이 한창이며, 멀리서 햇빛에 반짝거리는 송유관도 보인다. 기사의 말에 의하면, 쿠바에서는 원유를 캐내기는 하지만 유황 성분이 많아 질이 낮은 편이라고 한다. 최근 지방도시나 시골에 지어놓은 주택이나 공공건물은 썩 화려하거나 웅장하지는 않지만, 비교적 아담하고 정갈하다. 주택은 대부분 개인 소유이고 매매가 가능하며, 땅과 농장은 국가 소유도 있고 개인 소유도 있다. 외국 여행에 관해서 지금은 미국 말고는 친척 방문이나 무역, 회의 등 정당한 이유만 있으면 신청을 하고 정부가 결정을 내린다. 대부분 경우 허가가 떨어진다고 한다. 여러 면에서 제약이 많이 완화되었다고 한다. 곳곳에 화평한 분위기가 감돈다.

처음 와 묵었던 내셔널호텔에 6시경 돌아오니 326호실이 차려졌다. 저녁에는 인근 전통식당을 찾았다. 주인의 권유에 따라 '복합요리'를 주문했다. 쇠고기와 닭고기, 돼지고기, 새우, 게 등 다섯가지 요리를 한 접시에 수북이 담아온다. 조금은 우려가 되어 값을 물었더니 15페소(한화로 약 1만 8,000원)라고 한다. 2인분치고는 너무 많아 거의 절반을 남겼다. 지켜보던 주인은 그 양이 쿠바인들에게는 적정한 식사량이라고 말한다. 순간 쿠바인들의 우람한 체구가 삼삼이 떠오른다. 호텔에 돌아와 창문을 열고 희미한 불빛 속에 설레는 카리브해의 물결을 한참 물끄러미 바라보고 있노라니, 문득 지난 40일간 라틴아메리카에서 동분서주하면서 보낸 꿈같은 파노라마가 눈앞을 스쳐지나간다. 라틴아메리카에서의 마지막 밤이 피워올리는 정서라고나 할까, 이러저러한 상념이 사무친다. 무엇을 보았고, 무엇을 느꼈으며, 무엇을 얻었는지? 또 그것을 어떻게 써 뱉겠는지? 물음은 꼬리에 꼬리를 문다.

57
쿠바혁명의 선구자, 호세 마르띠

묻다가 대답도 없이 제풀에 꺾여 자버리고 말았다. 깨어나니 새벽 5시 10분이다. 어제 있었던 꽤 많은 일들을 대충 메모하고, 숙제로 남아 있던 말레꼰(El Malecón) 해안으로 나갔다. 호텔에서 500여 미터밖에 안 되는 곳이라서 아침시간을 이용해 가보기로 하고 미루어왔다. 아바나의 랜드마크이고 명소이니 빼놓을 수 없다. 명소가 된 것은 거친 바다로부터 아바나를 보호하기 위해 1900년대에 미국이 축조한 약 7km에 달하는 방파제 때문이다. 방파제로 에워싼 해안가에는 6차선 도로가 쭉 뻗어 있다. 이 방파제 말고도 도로 건너편에 즐비하게 들어선 특이한 건물들이 만들어내는 이색적인 경관 역시 이 해안을 명소로 만드는 데 일조했다. 건물들은 한결같이 밝고 연한 파스텔톤을 하고, 여러 건축양식이 혼합된 이른바 아르뜨데꼬(art déco) 양식을 취하고 있다. 아르뜨데꼬 양식이란, 직선을 주체로 기능미를 추구하는 장

아바나의 랜드마크인 말레꼰 해안방파제(7km) 거리 모습.

식예술을 말한다. 대부분이 2~3층으로 된 건축물들이 파스텔톤 색상을 띠게 된 원인은 뜨거운 태양과 짠 바닷바람에 오랫동안 노출되었기 때문이라고 한다. 오랜 세월의 풍상을 겪으면서 건물들은 낡아져 가고 있지만, 원래의 미는 그대로 간직하고 있다. 이른 아침인데도 해변을 산책하는 사람들이 이외로 많으며, 방파제에 걸터앉아 낚시질에 여념이 없는 강태공들도 더러 있다.

8시에 서둘러 아침식사를 하고 공항으로 가는 길에, 그제 휴관이어서 보지 못한 혁명기념탑에 들르기로 했다. 이 탑은 시 중심의 혁명광장에 자리한 아바나의 상징물이다. 높이 137m의 탑은 아바나의 최고 구조물로 보기만 해도 아찔하다. 입구에 들어서자 호세 마르띠(José Martí Pérez, 1853~95)의 대형 좌상과 마주친다. 혁명기념탑이라고 해서 으레 20세기 쿠바혁명의 승리를 기념하는 탑인 줄 알고, 으레 까스뜨로의 동상이 세워졌을 것으로 지레짐작했는데, 한마디로 오산이다. 뜻밖이다. 상은 그렇다손 치고, 1층에 있는 3개 전시실은 주로 호세 마

높이 137m의 혁명기념탑 전경.

르띠의 업적을 기리는 전시품 일색이고, 나중에 혁명의 계승 차원에서나 까스뜨로를 약간 언급할 뿐이다. 1층의 다른 한 방은 미술 전시실인데, 주로 암흑의 시대를 헤치고 밝은 세상으로 나아가는 진취적인 내용을 형상화한 사실주의적 조각품들이 수십점 전시되어 있다.

이어 엘리베이터를 3분간 타고 탑 정상부의 전망대에 올라갔다. 아바나시 전경이 시원하게 눈 아래서 펼쳐진다. 탑을 원심(圓心)으로 곧은 거리들이 무성한 수림을 헤가르며 햇살처럼 사방으로 뻗고 있다. 항구와 신·구시가지가 확연하게 구분된다. 신시가지에는 화려하고 웅장한 고층건물들이 즐비하다. 현대적 도시의 모습 그대로다. 물론 그 화려했던 구시가지가 빛바랜 채, 그러나 찬란했던 어제의 아바나를 증언하는 채 방치되어 있는 모습도 함께 눈에 띈다. 여기서 확언할 수 있는 것은, 어제와 오늘을 통틀어 아바나는 명실상부한 카리브해의 진주라는 점이다. 역사의 어느 한 순간에, 그것도 전체가 아닌 일부(구시가지)에서 잠시 전기 불빛이 희미해졌다고 해서, 고물차들이 거리를 누빈다고 해서, 옛 건물들이 치장이 벗겨진 채 흉물스레 남아 있다고 해서, 아바나의 '진주(眞珠)' 상을 무시하거나 폄하하는 것은 일종의 단견(短見)이며 사견(邪見)이다.

혁명기념탑 문을 나서면서 까스뜨로가 아닌 호세 마르띠를 이 탑의 주역으로 모신 원인에 관해 곰곰이 생각해봤다. 사실 근세 라틴아메리카 독립운동의 거장이라고 하면 베네수엘라 출신의 볼리바르와 그 버금으로 쿠바 출신의 마르띠를 꼽아왔는데, 이 탑 내의 제한된 전시품만으로도 그가 결코 '버금'이 아니라 '비견'되는 인물이라는 인식을 새로이 갖게 되었다. 주관적 편단(偏斷)일 수도 있지만, '혁명성'이나 '시성(詩性)'에서는 더 돋보이는 듯하다. 이러한 호사적(好事的)

호세 마르띠의 사진(좌).
혁명기념탑 입구의 호세 마르띠 동상(우).

인 비교를 넘어서 보면, 이들은 다같이 시대적·역사적 소명에 부응해 지성의 양식으로 자신들의 삶을 불태우고 시대를 이끌어간 선구자이며 사건창조적 인물, 즉 영웅이었다. 그렇기에 세월이 흘러가도 사람들은 이렇게 탑이나 비, 동상을 세워 그들이 걸어간 빛나는 영생의 길을 기리고 있는 것이 아니겠는가.

호세 마르띠는 1853년 1월 28일 아바나의 한 스페인 가정에서 태어났다. 농부였던 아버지 마리아노 마르띠는 스페인 포병부대에서 퇴역한 후 경찰관으로 근무하다가 해고되자 호구지책으로 재봉일을 찾았으나, 다섯 자매를 포함한 식구 8명을 먹여 살리기에는 너무나도 벅찼다. 마르띠는 어려서부터 바르 등에서 일하면서 가정의 생계를 돕다가 열두살에 늦게서야 성바울(San Paúl)소학교에 입학했다. 어릴 적부터 공부하기를 좋아하고, 머리도 총명해 학교성적은 늘 앞자리였다. 교장은 유명한 시인이자 쿠바의 독립을 주장하는 애국지사였다. 마르띠는 그로부터 사상적 영향을 많이 받아 '노예살이 하는 모든 사람들의 복수를 위해' 살겠다는 의지를 키웠다.

1868년 10월 전국적으로 식민통치에 저항하는 무장봉기가 일어났을 때, 15세의 소년 마르띠는 시를 쓰고 잡지에 글을 발표하며 전단을 뿌려 스페인 식민주의자들의 죄행을 폭로했다. 뿐만 아니라 자신이 직접 만들어낸 주간지 『조국』(*La Patria*)에 올린 시문(詩文)에서 "간난신고 속에서 피 흘리며 쓰러져도 애국지사는 결코 투쟁을 멈추지 않는다!"라고 담찬 격정을 토로하기도 한다. 식민 당국은 1869년 10월 그를 체포해 반역죄로 6년형에 처한다. 정치범으로 투옥되어 채석장에서 고역을 치르면서도 옥중투쟁을 계속해나갔다. 그는 일기장에 "조국을 위해 죽는 것은 사느니보다 더 보람있는 일이다"라고 뜨거운 조국애를 토로했다.

마르띠의 투쟁의지를 꺾을 수 없다고 판단한 식민 당국은 1871년 초 투옥 1년 반만에 그를 스페인으로 추방했다. 그는 마드리드의 중앙대학에서 법학과 정치경제학을 수학하다가 1873년 5월에 쌀라고살대학으로 전학했다. 이듬해에 철학과 문학 및 법학 박사학위를 동시에 취득했다. 이 시기 그는 저서 『쿠바의 정치감옥』에서 스페인 식민정부의 야만적인 폭압정치를 신랄하게 폭로·비판했다. 그는 스페인으로 추방됐을 때, 초기에는 소위 스페인의 '자유파'에 대해 환상을 품었다. 그러나 그들은 1874년 2월 집권하면서는 쿠바의 독립 요구를 묵살해버렸다. 여기서 마르띠는 평화적 독립 실현에 대한 환상을 버리고, 독립은 결코 구걸에 의해서는 이루어질 수 없다는 것을 깨

전진을 가로막는 쇠사슬을 끊는 내용의 작품(혁명기념관 소장).

닫게 된다. '자유로의 길은 오로지 하나, 투쟁의 길 뿐이다'라는 도리를 각성하고, '투쟁의 제1선' 고국으로의 귀환을 결심한다.

1874년 말 배를 타고 고국 쿠바에 돌아왔으나, 당국은 상륙을 불허한다. 할 수 없이 멕시코에 가서 잡지 『우주(宇宙)』의 교정 업무를 보며 연명해간다. 여러 매체에 기고하면서 그의 문장과 사상이 널리 알려지기 시작해 일시에 유명세를 탔다. 그러다가 1876년 멕시코에서 뽀리피리오 디아스(Porifirio Diaz) 독재정권이 출범한 뒤 더이상 그곳에 기거하기가 어려워지자 이듬해 2월 과테말라로 이주해 사범학교와 과테말라대학에서 프랑스·영국·이탈리아·독일의 문학, 라틴어와 역사를 가르친다. 그러다가 1878년 2월 10일 쿠바 봉기군과 당국 간에 체결된 화약에 의해 외국에 망명한 쿠바인들이 자유로이 귀국할 수 있게 되었다. 이에 마르띠도 그해 7월 6일 오매에도 그리던 조국으로 돌아왔다. 귀국 후에도 '권리는 쟁취하는 것이지 구걸하는 것이 아니다'라는 캐치프레이즈를 내걸고 독립투쟁을 계속했다. 이듬해 8월 하순 지방에서 반식민통치 봉기가 일어나자 마르띠는 아바나에서 '비밀혁명위원회'를 조직해 봉기를 적극 홍보하고, 자금과 무기·탄약을 모아 일선으로 보내는 활동을 전개했다. 그리하여 당국이 9월 17일 그를 재차 체포해 스페인에 대한 충성을 강요하자, 그는 면전에서 "나 마르띠는 겁쟁이가 아니다"라고 언명하면서 의연히 거부했다. 당국은 그를 '위험한 미친놈'이라고 모독하면서 다시 스페인으로 추방했다.

이즈음 마르띠는 복수에만 치를 떠는 순수한 열혈청년이 아니라, 사상이 날로 무르익어 투지가 이지적(理智的)으로 더 굳어져가는 투사로 성장했다. 그는 얼마 안 있어 스페인에서 도망쳐 프랑스를 거쳐 1880년 말 미국 뉴욕에 도착했다. 그는 여기서 마음을 진정시키면서 그간 쿠바 독립투쟁이 실패한 원인과 교훈을 진지하고 냉철하게 점검해보았다. 그는 투쟁이 승리하자면 반드시 엄격한 조직 규율이 필요하고, 통일적인 지휘가 필수이며, 수령주의(首領主義, 개인우상주의)와 군인의 권력 독점을 막아야 한다는 결론을 얻었다. 그는 가능한 모든 애국역량을 한데 모아야 하며, 특히 '흑인형제'들과의 단결을 강조했다. 그는 투쟁과 생활을 병행하기 위해서는 신문업이 적격이라 생각하고 『미주잡지』의 편집인을 자진해 맡아 숱한 담론을 쏟아냈다.

그는 담론에서 애국주의사상을 함양하고, 동포들의 독립과 자유를 위한 투쟁을 적극 고무·격려하며, 종족주의를 배척하고 백인과 흑인이 일치단결해 공동투쟁을 벌이자고 간절하게 호소했다. 또한 쿠바는 자립할 수 없으니 미국에 합병되어야 한다는 이른바 '합병파(合併派)'의 매국적 주장을 통박하고 "우리는 쿠바를 미국의 판도에 편입하는 것을 바라지 않으며, 또 필요도 없다"는 것을 거듭 천명하며, 스페인에게도 예속되지 않고 미국에게도 예속되지 않는 완전 독립을 견지

혁명기념탑 전망대에서 바라본 아바나의 또다른 시가 전경.

하여 쿠바에 독립된 공화국을 건설하기 위한 '국민대중의 전쟁'을 발동해야 한다고 주장했다.

마르띠가 그 예리한 필치로 쓴 글들은 아르헨티나의 『국민보』와 베네수엘라의 『여론보』, 온두라스의 『공화국보』, 멕시코의 『자유당보』, 우루과이의 『공중여론보』 등 라틴아메리카 여러 나라의 신문에 계속 실렸다. 그는 기고문을 통해 미국의 실제 상황과 미국인들의 재부에 대한 추구, 정치가와 은행가 간의 결탁, 노동자와 자본가 간의 모순

쪽배를 타고 귀국하는 호세 마르띠 모습.

등을 설파하곤 했다. 동시에 미국정부가 라틴아메리카를 정치적·경제적으로 예속화하려는 기도를 폭로하고, 미국정부의 소위 범아메리카주의의 음흉한 의도를 지적하며, 라틴아메리카 정부와 국민들이 미국의 올가미에 걸려들지 말며 미국의 침탈을 미연에 방지할 것을 경고하기도 했다.

이러한 식견있는 보도와 시사평론으로 인해 마르띠의 명성은 라틴아메리카 곳곳에 퍼져나갔으며, 그의 사상과 주장은 라틴아메리카 각국 정부와 국민들의 한결같은 찬양과 호응을 불러일으켰다. 급기야 엘살바도르의 '과학과미술협회'는 그를 통신회원으로 위촉하고, 부에노스아이레스의 '신문협회'는 그를 미국 및 캐나다 주재 대표로 위임했으며, 우루과이·파라과이·아르헨티나 3국 정부는 그를 뉴욕 주재 영사로 임명했다. 뿐만 아니라, 1891년에 파라과이 정부는 그를 워싱턴 '국제화폐회의'의 참석대표로 위임하기도 했다.

마르띠는 뉴욕에서 이러한 매체를 통한 홍보활동과 더불어 혁명조

호세 마르띠 석상 앞에서 학생들과 함께 혁명 계승의 결의를 다지는 까스뜨로.

직 사업도 활발하게 벌였다. 그는 뉴욕에 도착하자마자 그곳에 있는 쿠바교민들의 애국단체인 '쿠바혁명위원회'에 가담해 교민들을 단합하고 의식화하는 사업을 적극 전개하면서 뜻을 같이하는 동지들을 규합하는 일에 나섰다. 1882년 7월 그는 도미니카와 코스타리카 등지에 사람을 보내 망명 중인 '10년 전쟁'(1868~78)의 지도자 막심 고메스(Maksim Gomez)와 마세오(Mazeo) 등과 연락을 취하고, 쿠바의 독립대업을 이루는 일에 관해 상의했다. 1884년에 뉴욕에서 '쿠바구제협회'

를 조직해 본인이 회장을 직접 맡아 국내에서 진행되고 있는 독립투쟁에 많은 지원을 보냈다. 1889년에는 역시 뉴욕에 '독립자'라는 클럽을 만들어, 분산되어 활동하던 작은 애국단체들을 하나로 묶는 데 성공했다.

다음해 1월에는 쿠바의 흑인 교민들을 도와 애국단체인 '동맹회'를 발족시켰다. 흑인은 쿠바 인구의 3분의 1을 차지하고 있었기에 마르띠는 일찍부터 흑인들과의 단결을 강조해왔고, 이 동맹회에 대한 기대 역시 컸다. 그는 매일 저녁 흑인 동포들을 대상으로 강의를 하면서 애국주의를 주입시키고 조국의 독립운동에 헌신할 것을 호소했다. 마르띠는 1891년 11월 26일과 27일 플로리다주의 연초공장 노동자들 앞에서 다음과 같은 유명한 연설을 했다. 즉 그는 쿠바 독립전쟁을 발동할 "시기가 왔"으니 반드시 일치단결된 견고한 혁명조직이 필요하다고 지적하면서, 흑인들은 "우리들의 고상한 형제"이니만큼 모든 동포들이 함께 "전마(戰馬)에 올라타고 나라를 위해 싸우다가 종려수 아래에 시체를 헌납합시다"라고 말했다. 그의 불같은 열렬한 연설은 교포들의 애국심을 배가시켰으며, 모두가 그와 함께 쿠바독립을 위해 싸울 것을 맹세했다고 한다.

그의 뜻대로, 1892년 4월 10일 뉴욕에서 교포들의 애국단체대표대회가 열려 정식으로 통일된 혁명조직인 '쿠바혁명당'이 결성되었다. 당강 제1조에는 "쿠바혁명당은 선량한 숙원을 지니고 있는 모든 사람들의 역량을 결집해 쿠바섬의 완전독립을 쟁취함과 동시에 푸에르토리코(현 미국의 제51번째 주)가 독립을 쟁취하도록 촉구하고 방조하기 위해 결성한다"라고 규정하고 있다. 대회에서는 만장일치로 마르띠를 당 대표로 추대했으며, 당 기관지로 『조국』을 채택했다. '쿠바혁명당'의 결성은 독립전쟁 준비사업에서 중요한 사건이었다. 당을 결성한 후 마르띠는 정력적으로 군사력을 강화하고 자금을 모아 무기와 탄약을 구입했다. 그리고 직접 도미니카에 가서 고메스를 만나 해방군 총사령을 맡아달라고 요청했으며, 코스타리카의 마세오와도 연락을 취해 유사시 협동하기로 약속했다. 또한 사람을 자메이카와 온두라스 등지로 보내 교포들로 하여금 당의 주장을 홍보하고 애국역량을 결집하며 모금운동을 전개하도록 했다. 한편, 지난 시기 독립운동에서 실패한 교훈을 되살려 사람을 조국에 파견해 여러 애국단체들과 유대를 맺고 당의 주장을 관철하도록 했으며, 군사력을 조직·강화해 때가 되면 내응외합(內應外合)해 결정적 승리를 확보하도록 했다.

1894년 말 마르띠는 2척의 유람선과 1척의 수송선을 수배해 무기와 탄약을 싣고 귀국한 뒤 독립전쟁을 발동하려 했다. 그런데 불행하게도 출발 전 한 변절자가 미국 당국에 밀고하는 바람에 미 해군은 1895년 1월 12일 선박 및 무기·탄약을 억류했다. 사태가 이렇게 되자 마르띠는 즉각 계획을 수정해, 28일 국내 당조직들에 전국적인 총봉기 명령을 하달했다. 봉기 날짜는 2월 하순으로 잡았다. 31일 마르띠는 배를 타고 도미니카에 가 고메스와 회합하고 나서 온두라스에 있는 마세오에게 직접 애국지사들을 이끌고 쿠바에 상륙하라고 했다. 그해 2월 26일 마르띠는 쿠바 동부와 서부에서 봉기가 일어났다는 소식을 듣고, 3월 25일 고메스와 '몬떼끄리스또(Montecristo)선언'에 공동으로 서명했다. 이번 전쟁은 1868년에 일어난 독립혁명전쟁의 계승이고, 평화적인 스페인인들에게는 어떠한 손상도 입히지 않을 것이며, 혁명을 적대시하지 않는 쿠바인의 재산권을 존중한다고 밝히면서 전체 쿠바인들은 종족과 피부색을 가리지 않고 긴밀히 단결해 끝까지 싸워나가자고 호소하는 선언이었다.

4월 1일 마르띠와 고메스는 배를 타고 미국을 떠나 11일 고국 땅에 상륙해 봉기군들과 회합했다. 회합하면서 마르띠는 "오늘에야 비로소 내가 사람다운 사람이라는 것을 느꼈다"라며 감개무량한 소감을 피력했다. 5월 18일 마르띠가 봉기군(해방군)과 함께 쌍하(雙河)강 하구에서 숙영한 다음날(5월 19일) 뜻밖에도 봉기군과 스페인 정부군 간의 교전이 쌍하강 하구의 평야지대에서 벌어졌다. 총사령관 고메스는 마르띠에게 후방에 남아 있으라고 권유했지만, 그는 들은 척도 하지 않고 말을 탄 채 적진으로 돌진하다가 그만 적탄에 명중되어 전몰하고야 만다. 향년 42세다.

호세 마르띠는 위대한 사상가이고 혁명가이며 시인이다. 그는 민족의 독립과 자유롭고 존엄한 공화국의 건설을, 공정하고 평등한 사회와 자주권 행사를 통한 균형(均衡)세계의 실현을, 종족을 불문하는 인간의 평등을 주장하고, 라틴아메리카의 단결을 호소하며, 제국주의 침략과 약탈에 반대해 싸웠다. 그의 사상은 쿠바공산당 강령과 공화국 헌법에 그대로 반영돼, 국가와 사회의 지도사상으로 되고 있다. 마르띠는 또한 스페인어 세계의 가장 위대한 시인이자 산문작가의 한 사람으로, 19세기 말~20세기 초에 유행한 라틴아메리카 및 스페인 문학운동 가운데 '현대파'의 선구자로 인정받고 있다. 『마르띠 전집』 73권에 수록된 시문이나 산문을 보면 언어가 세련되고 문장이 유려하며, 상상력과 현실감이 풍부하고, 철학과 유머감각도 달관이다. 요컨대, 마르띠는 시대의 변혁에 앞장선 사건창조적 위인으로, 그가 쌓아올린 업적은 영생불멸할 것이다.

아바나의 상징 혁명기념탑 참관까지 마쳤으니, 그럭저럭 반세기의 해후에 보답한 셈이다. 쿠바의 앞날은 걸어온 어제에 못지않은 풍파를 겪을 수도 있을 것이다. 여전히 단기필마의 고투를 면할 수 없을 것이기 때문이다. 쿠바혁명을 누구보다도 가까이서 보고 연구해온 아비바 촘스키는 "쿠바는 진행 중인 실험체로서 가능성과 아이디어의 보고(寶庫)"라고 하면서, "쿠바혁명의 역사는 여전히 진행 중이며 낙관과 비관적 전망을 동시에 갖고 있지만, 대체로는 장래를 궁금하게 한다. 우리 모두를 위한 더 나은 세계를 상상하고자 한다면 쿠바혁명을 공부하는 것보다 더 좋은 출발점은 없다고 나는 생각한다"고 쿠바에 대한 관심을 호소한다. 부디 쿠바의 앞날에 번영과 행운만이 활짝 피어나기를 마음속 깊이 기원하면서 공항으로 향했다.

오늘의 일정은 오후에 아바나를 떠나 멕시코 깐꾼에서 환승해 미국 쌘프란시스코에 도착하는 길고 조금은 복잡한 여정이다. 11시 30분에 공항에 도착했다. 해후를 기념해 게바라의 베레모(9페소)와 게바라상 고리걸개 2개(5페소)를 구입했다. 본래 예약된 쿠바항공 CU 152편(좌석 10F)의 출발시간은 14시였는데, 우려대로 약 40분이나 지연되어 14시 39분에 이륙해 1시간 5분간 비행, 15시 44분에 깐꾼공항에 착륙했다. 그런데 문제가 발생했다. 쿠바공항에서 40여분이나 이륙이 지연된데다가 깐꾼공항에서 짐을 찾는 데 근 한시간이 걸렸으니, 예약된 16시 57분의 쌘프란시스코행 UA 995편(유나이티드항공) 비행기 환승이 물 건너가버린 것이다. 일초일분 초조한 시간은 사정없이 흘러갔다. 현장에 파견된 쿠바항공사 직원에게 도움을 청했으나, 속수무책이라고 하면서 고개를 절레절레 젓는다.

혹여나 해서 UA 항공사 사무실을 찾아갔다. 한 멕시코인 직원이 사연을 알아보고는 어딘가에 전화를 걸어본 뒤 가타부타 말없이 자기 뒤를 따르라고 한다. 그녀의 손에는 환승표와 출국수속증이 들려 있다. 공교롭게도 환승과 출국수속은 5분 거리에 있는 다른 청사에서 해야 하기 때문에 그녀의 뒤를 바싹 쫓아 뛰고 또 뛰었다. 그런데 웬걸, 비행기가 2시간 지연되었다는 것이다. 알고 보니 우리처럼 아바나에서 오는 환승객들의 짐이 늦게 도착해 출발을 늦췄다는 것이다. 실로 불행 중 다행이다. 이윽고 늦게 도착한 30여명의 환승객들이 일행과 합류했다. 불편이 이만저만이 아니다. 그러나 미국과 쿠바 간의 화해 무드를 타고 오래간만에 쿠바를 여행하고 돌아가는 미국인들의 얼굴에는 불편한 기색이 보이지 않는다. 다들 UA 측에서 무료로 제공한 저녁식사를 함께 나누면서 잠시나마의 동고동락을 화제에 올렸다. 100여명을 태운 UA 995편(좌석 25D)은 깐꾼 시간 7시 43분에 이륙해 야음이 깔리기 시작한 카리브해 상공을 유유히 비행한다.

58
골드러시와 금문교

쌘프란시스코 시간으로 한밤중인 0시 45분에 비행기가 자정의 정적을 깨면서 활주로에 사뿐히 내려앉았다. 5시간 2분을 비행한 셈이다. 시 중심에서 23km 떨어져 있는 공항은 국제구와 남구 및 북구의 3개 구로 나뉘어 있다. 우리는 국제구 공항에 도착했다. 아마 우리가 탄 비행기가 마지막 도착 비행기 같다. 그 넓은 공항 실내가 휑뎅그렁하다. 가이드 손현진 양은 입국수속대를 무난히 통과했다. 그런데 필자의 차례가 되자 뜻밖의 문제가 발생했다. 30대 중반의 화교로 보이는 심사관은 내가 미 FBI(연방수사국) 조사리스트에 올라 있어 심사 및 확인이 필요하다고 말한다. 서울에서 떠나기 전 주한 미대사관으로부터 확인을 거쳐 비자를 발급받았다고 하니, 그러한 비자는 '필요시 조사와 확인에 응해야 한다'는 전제가 붙은 비자라고 설명한다. 외교관 출신으로 지난 50여년 동안 세계를 일주하다시피 돌아다녀도 이러한 봉변을 당한 일은 한번도 없었을 뿐 아니라, 이러한 '어거지 비자 발급'도 금시초문이다. 소명을 하려 하자 막무가내로 가로막는다. 어찌하랴. 여기는 무소불위의 땅 미합중국이 아닌가. 심사관은 우선 오른쪽 4지(指)와 엄지손가락, 왼쪽 4지와 엄지손가락 순으로 지문을 채취한다. 그러고는 심사보고서(?)와 지문을 걸 창구의 상급에게 넘긴다. 그 역시 조사와 확인이 필요하다고 하면서 수사실로 데리고 간다. 그러고는 손 양과 함께 짐을 찾아온다. 면전에서 손 양은 필자가 중남미 여행 중인 역사학 교수이고 자신은 가이드라고 밝혔다.

이윽고 3명의 수사관(FBI 소속인 듯했고, 한명은 여성)이 들이닥치고, 이어 공항 근무 수사관 3명까지, 모두 6명이 수사진을 친다. 번갈아 어딘가로 전화도 하며 머리를 맞대고 소곤거리기도 한다. 다시 지문을 채취하고 나서 같은 내용을 되풀이 심문한다. 딴 방에서 여성 수사관은 손 양에게 필자의 직업과 여행지 등을 거듭 확인한다. 조사는 두가지 문제에 집중되었다. 하나는, 미국이 초행(初行)이라는 걸 의심하면서 2006년 미국에 온 적이 있다는 것이다. 이것은 새빨간 거짓말이다. 다른 하나는, 지문이 특수하다는 것이다. 한 수사관은 무례하게 지문을 직접 만져보기도 했다. 미국인 지문과 한국인 지문이 같을 수가 없고, 필자의 지문은 열 손가락 모두 원심(圓心)지문으로 좀 특이하기는 하다.

수사는 현지시각 밤 11시 30분부터 새벽 1시 40분까지 두시간 남짓 강행되었다. 필자는 학자로서 미국에 대해 범법행위를 한 일이 전혀 없음을 천명하면서 심문에 대한 대답도 한두마디 단답으로 당당하고 결연했다. 속으로는 대책도 세웠다. 최악의 경우 구실은 붙여도 이유는 댈 수 없는 일방적이고 무례한 추방일 것이다. 이래도 좋고 저래도 무방하다. 짓궂게 이것저것 자꾸 물어오지만, 단답형으로 응수만 해나갔다. 한참 정적이 흐르다가 어디선가 서류 한장이 날아오더니 수사관들이 모여 구수(鳩首) 회의를 한다. 그 서류를 손에 든 수사관이 무덤덤하게 앉아 있는 '피심사자'를 보고 고개를 상하로 끄덕이더니 여권에 입국허가 도장을 찍는다. 그네들도 야밤삼경에 느닷없이 두시간 동안이나 무모한 일에 정력을 소모했으니 수고했다는 겉인사를 한마디 건네고 공항을 빠져나왔다.

쌘프란시스코의 밤과 하늘, 그리고 땅이 어쩐지 허무맹랑하게만 느껴진다. 인적이 끊긴 공항 정문에서 겨우 택시를 잡아타고 새벽 2시 반경에 호텔퓨전(Hotel Fusion)에 도착했다. 택시비는 1인당 19달러씩이다. 203호실에 투숙했다. 말이 호텔이지 한국 식으로 보면 장(莊) 정도다. 세평도 채 안 되는 방의 일박비가 200달러(한화 25만원)나 되니 상당히 비싼 편이다. 일진(日辰)이 불길해서인지, 어제 오늘 두차례나 뜻밖의 '공항난'을 겪다보니 심신이 녹초가 되었다.

촉박한 일정이 입력된 뇌리는 늦장을 허용치 않는다. 4시간만 재우고 아침 7시에 기상령을 내린다. 아침식사는 507호에서 한다고 하기에 올라가보니 5평도 채 안 되는 공간 식탁 위에 몇가지 조찬이 준비돼 있다. 앉을 의자도 없어서 튀긴 빵 두조각과 우유커피 한잔, 귤 하나를 들고 방에 돌아와서 대충 아침식사를 때웠다. 시내 정보를 얻으려고 호텔 데스크에 내려가니 마침 한인교포 여성이 데스크를 맡고 있었다. 40세가량의 그녀는 출생지는 여기지만 아버지는 제주도, 어머니는 서울 출신이라고 소개한다. 어려서 한인학교를 다닌 덕분에 한국어를 곧잘 한다. 그녀에게서 도시 관광에 관한 홍보책자와 상세한 정보를 얻었다. 오후 시티관광도 예약해주었다. 역시 피는 물보다

진하다.

캘리포니아주 태평양 연안의 항구도시 쌘프란시스코의 공식명칭은 '시티 앤드 카운티 오브 쌘프란시스코'(City and County of San Francisco)이며, 별칭으로는 '쌘프란'(San Fran), '안개도시' '서부의 빠리' 등이 있다. 쌘프란시스코라는 이름은 기독교의 일파인 프란치스꼬회의 창시자 성프란시스(Saint Francis of Assisi)에서 유래되었다고 한다. 그 이전에는 오늘의 금문교(金門橋) 근처에 흐드러지게 피어나는 허브(Herb, 박하풀)에서 착안해 '예르바 부에나'(Yerba Buena, 박하 약초라는 뜻의 스페인어)라고 불렀다. 특이하게는 중국인들이 부르는 '삼번시(三藩市)'와 '구금산(舊金山)'이라는 명칭이 있다. '삼번시'는 'San Fran'의 음차이고, '구금산'은 19세기 이곳에 골드러시(gold rush)가 일어나 '금산(金山)'이라고 부르던 것의 변형이다. 오스트레일리아의 멜버른에서 금광이 발견되자 그곳을 '신금산(新金山)'이라고 불렀고, 후발도시인 쌘프란시스코를 '구금산'이라 부르기 시작했다. 오늘날까지 화교 사회를 비롯한 중화권에서는 그 이름이 그대로 습용되고 있다.

쌘프란시스코반도의 북부 끝자락에 위치한 쌘프란시스코시의 면적은 600.6km²이며, 인구는 약 83만명(2013)이다. 인구수로 보면, 캘리포니아주에서는 네번째이고 미국 전체로는 13번째다. 쌘프란시스코에 산호세와 오클랜드를 합쳐 하나의 광역도시권이 형성되어 있는데, 그 인구는 약 860만으로 미국에서 다섯번째로 큰 광역도시다. 쌘프란시스코는 비록 그리 크지는 않지만 자연경관이 뛰어나고 명소·명물이 많아 '미국인들이 가장 환영하는 도시'로 각광받고 있다.

북위 38도 선상에 있는 쌘프란시스코는 위도상으로 보면 한반도와 비슷한 기후대에 속할 법한데, 그렇지 않다. 오늘은 8월 9일, 한국으로 말하면 한창 무더운 때인데도 거리에 나서니 우리네 가을 날씨처럼 선선하다. 이곳은 삼면이 바다로 에워싸인 반도로, 태평양 캘리포니아한류의 영향을 받아 여름에는 전형적인 선선한 지중해성 기후대에 들어간다. 여름 기온은 보통 20도 안팎이며, 1년에 일주일 정도만 대륙풍의 영향으로 기온이 반짝 30도를 웃돈다. 태평양의 수온은 1년 내내 10~15도에 머물기 때문에 여름철 심야의 온도는 10도를 밑돌기도 한다. 우기는 1~4월이며, 겨울이라야 눈이 거의 내리지 않는다. 천혜의 땅으로, 여행에 더없이 적절한 기온이다.

10시에 부근의 시티은행에서 비자카드로 예금을 인출했다. 1인당 한번에 500달러씩 인출이 가능하며 수속도 간편하다. 이어 시 중심에 자리한 연합광장(United Squire)으로 걸어가서 주변의 시가지 풍경을 한 시간 반 동안 살폈다. 광장 중앙에는 1895년 5월 1일 미 해군이 필리핀 마닐라만에서 스페인함대를 격침한 것을 기리기 위해 세운 승전 기념탑이 우뚝 서 있다. 광장을 원심으로 사거리가 곧게 뻗어갔는데, 거리 양측에는 현대적인 백화점과 상점 등 웅장한 건물들이 즐비하다. 미국 내에서 뉴욕 말고는 최대의 백화점이라고 하는 블루밍데일(Bloomingdale)백화점 광고가 유난히 눈에 띈다. 그래서 이곳을 '구매자들의 천국'이라고 부른다. 광장 한 모퉁이에는 시내를 달리는 케이블카 반환점이 있어 몹시 붐빈다. 골목 상가에도 들러봤다. 건물마다 내외 장식이 요란하다. 물건 값도 천차만별이다. 갈증이 나 2리터짜리 광천수(미네랄워터) 한병을 샀는데, 5달러가 들었다. 최신식 차들이 물결치지만, 한구석에서는 노숙자와 걸인들이 행인의 길을 가로막는다. 응달과 양달이 거울의 양면처럼 환히 비친다. 이것은 조화가 아니라 상극(相剋)의 병태다.

점심시간이 다가오자 물어물어 전문 햄버거 식당을 찾았다. 자고로 캘리포니아주는 미국의 제1 농업주로서 농·목축업과 어업이 발달했다. 목축은 전국에서 2위, 과일은 1위다. 농·목축의 발달은 필연적으로 식품의 풍족을 가져오고, 식품의 풍족은 밥상을 넉넉하게 한다. 자고로 이곳은 햄버거로 유명하다. 꽤 넓은 두 층짜리 식당은 발 디딜 틈 없이 북새통이다. 15분간 줄을 서 기다리다가 겨우 공석이 생겨 자리에 앉았다. 햄버거 전문식당이라서 메뉴에 올려놓은 햄버거 종류만도 40여가지나 된다. 한개 값은 주로 질과 크기에 따라 5달러에서 50달러로 각이하다. 20달러짜리 대형 한개를 주문했다. 맛도 맛이려니와 부피도 큼직하다. 하나만으로도 아침식사의 부실함을 상쇄하기에 충분했다. 여행하다보면, 부실한 한끼를 다음 끼로 보충하는 이른바 '상쇄식(相殺食)'이 다반사다.

말 타면 경마 잡히고 싶다더니, 관능적으로 포도주의 유혹에 빠지고 말았다. 전국 포도주의 90%가 이곳에서 생산된다니, 이곳에 와서 로컬 포도주를 외면한다는 것은 몰상식한 결례라 아니 할 수 없다. 여러가지 종류 중 생각에 떠오르는 대로 미국 백포도주의 상징인 샤도네이(Chardonnay) 200ml를 청했다. 햄버거에는 별로 어울리지 않지만, 그래도 산지에서 유명 브랜드의 일미를 감상했다는 추억이라도 남기고 싶어서였다.

사실 쌘프란시스코의 제1 미식(美食)은 방게인데, 맛볼 겨를이 없어 포기하고 햄버거로 대신한다. 돈끼호떼 식 자기 위안이고 변명이라는 나무람을 감수하면서. 비슷한 맥락에서 몇 집 건너가니 까페가 눈에 띄어 들어갔다. 서울에서 뒤늦게 익힌 미국 식 인스턴트커피의 본고장 맛은 어떨까 하는 호기심에서였다. 쌘프란시스코 사람들은

국립해양사공원의 물위에 떠 있는 영국 범선 발클루타호(현 노천박물관).

'커피 미치광이'라는 말을 들은 적이 있어 더더욱 그러했다. 커피용 숟가락만 보고도 주인의 생활수준을 평가한다는 말이 있다. 그들에게는 40가지 커피제조법과 250가지 커피배합법이 있다고 하니, 가히 그 기호도를 가늠할 수가 있다. 여러가지 냄새가 뒤섞여서 맛이 딱 어떻다고 잘라 말하기는 어려웠다. 게다가 시간이 촉박해 혀로 음미하는 것이 아니라 홀짝홀짝 들이켜다가 나왔으니, 제대로 맛볼 수 있을 리 만무했다.

아침에 호텔에서 예약한 시티투어 참가를 위해 호텔로 돌아왔다. 투어에 참가하는 여행객들을 태운 여러대의 투어전용 버스가 항구가의 집합소에 모였다. 집합소 앞바다에 펼쳐진 국립해양사공원(Maritime National Historical Park)에는 영국의 대형범선 발클루타(Balclutha)

호가 물위에 떠 있다. 이 배는 1886년 스코틀랜드에서 건조되어 이듬해 1월에 취항에 나선 이래 쌘프란시스코와 영국 사이를 오가면서 주로 밀과 석탄을 실어날랐다. 퇴역 후 1954년부터 이곳 국립해양사공원 내의 노천박물관으로 사용되고 있다. 집합소에 모인 투어 참가자 70~80명은 2대의 2층버스에 분승해 가이드를 따라 투어에 나섰다. 오후 5시까지 4시간 동안 성인 1인당 투어비는 51달러다. 2011년에만 세계 각국에서 쌘프란시스코를 찾은 여행객 수는 무려 1,630만명에 달하며, 85억달러의 관광수입을 올렸다고 한다.

맨 처음으로 찾아간 곳은 쌘프란시스코의 최대 명물인 금문교(Golden Gate Bridge)다. 이 다리는 골드게이트해협을 가로질러 쌘프란시스코와 북쪽 맞은편의 마린카운티를 잇는 현수교(懸垂橋)다. 금문, 즉 골드게이트는 골드러시 시대의 쌘프란시스코만에 대한 명칭에서 유래했다. 원래 지형적 악조건에다 해협이 너무 넓어서 다리를 놓는 것은 '꿈에서나 상상할 수 있는', 도저히 불가능한 일로 여겨졌다. 그러던 일이 성사된 것은 설계사 스트라우스(J. Strauss)의 끈질긴 노력의 결과다. 그는 1921년 처음으로 설계안을 내놓았으나 보수파와 페리선 사업자, 심지어 공학자들까지의 반대에 부딪쳐 부결되고 말았다. 그는 그 후 10년이라는 세월을 자신의 설계도를 완성하는 데 고스란히 바쳤다. 설복된 당국은 대공황의 어려운 여건하에서도 1931년 3,500만달러의 채권을 승인했고, 마침내 1933년 1월 5일에 착공하여 4년만인 1937년 4월 완공의 개가를 올렸다. 1996년 미국토목학회(ASCE)는 이 다리를 현대 토목건축 7대 불가사의의 하나로 선정했다. 이 기적의 설계자 스트라우스는 금문교가 개통된 다음해에 하늘가에 치솟은 금문교의 케이블탑을 바라보면서 눈을 감았다. 다리 부근에는 그를 기리는 입

1937년에 개통된 금문교는 현대 토목건축의 7대 불가사의 중 하나로 꼽힌다.

상이 서 있다.

20세기 교량건설의 기적이라고 하는 이 대교의 길이는 2,780m이고, 너비는 6차 차도와 2차 인도를 포함해 28m이며, 해면에서 다리 중심부까지의 높이는 67.84m로 어떠한 대형선박도 통과할 수 있다. 다리 양단에 각각 세워진 높이 227m의 고탑이 지름 약 90cm의 굵은 케이블을 지탱하고 있는데, 이 케이블은 2만 7,572개의 가느다란 케이블을 꼬아서 만든 것이다. 지금은 매일 10만대의 차량이 이 다리를 통과하고 있다. 일년 내내 바람이 세차게 불고 안개가 자주 끼어 다리 전체를 조망하기란 쉽지 않다. 특히 양단의 고탑은 순식간에 안갯속에 잠겼다가도 뾰족한 봉우리를 드러내곤 한다. 안개의 신비로운 조화다. 안개는 금문교와 비탈길을 달리는 케이블카와 더불어 쌘프란시스코의 대명사가 되었다.

일행은 다리를 지나 마린카운티 쪽 전망대에서 다리뿐 아니라 멀리 쌘프란시스코 스카이라인까지 바라볼 수 있었다. 미학적 측면에서도 금문교는 뛰어나다. 다리의 아름다운 오렌지빛 주홍색은 주변의 자연환경과 조화를 이룰 뿐만 아니라, 안개가 낀 날 배가 운행할 때 눈에 잘 띈다. 밤이 되면 금문교는 투광 조명을 받아 찬란한 금빛으로 빛나며, 이 빛이 쌘프란시스코만의 해면에 반사되어 신비의 파노라마를 연출한다.

앞에서 이야기했다시피 쌘프란시스코의 급격한 발전은 이곳 역사상의 이른바 골드러시, 즉 '황금열기(黃金熱氣)'와 관련이 있다. 1848년 1월 캘리포니아주 동북부의 수터밀(Sutter's Mill)에서 황금이 발견되었는데, 그 소식이 퍼지자 미국은 물론 외국에서까지 일확천금을 노리는 황금노들이 쌘프란시스코항에 폭주했다. 채금업이 호황을 이루

마린카운티 전망대의 도강 조각상.

해군 조각상.

면서 많은 부속업종 종사자들도 밀려왔다. 쌘프란시스코의 인구는 1847~70년, 그러니까 불과 20년 사이에 500명에서 그 300배인 15만 명으로 격증했다. 그때 이곳에서 개업했던 유명한 레비스트로스(Levi Strauss, 리바이스) 청바지회사는 오늘날까지도 명맥을 이어오고 있다. 황금이 발견된 1848년 1월까지 캘리포니아주는 멕시코의 영토였으나, 발견 한달도 채 못 되어 일어난 미국과 멕시코 간의 전쟁에서 후자가 패전하자 미국의 영토가 되었으며, 1850년에는 정식으로 미국연방정부의 31번째 주가 되었다. 4년 후에는 쌘프란시스코 조폐창이 건립되어 처음으로 금화를 주조했다. 골드러시를 계기로 쌘프란시스코는 당시 미국 미시시피강 이서의 최대도시로 급변했다.

59
다문화노천박물관, 쌘프란시스코

쌘프란시스코는 다양한 인종과 그들의 전통에 의해 이루어진 다문화가 박제화(剝製化)되지 않은 채 그대로 노출되고 전시되어 있는 거대한 노천박물관이다. 바로 이러한 문화적 다양성은 오늘의 쌘프란시스코가 있게 한 원천이며, 이 도시의 특색이고 생명력이며 매력이다. 다문화의 수련장이며 감식장이기도 하다. 미국은 새로운 시대적 요청에 걸맞게 1960년대에 인종차별에 반대해 일어난 시민권운동을 계기로, 80년대부터 일방적으로 흡수하고 용해하는 이른바 문화의 '용광로'(melting pot)에서 문화의 차이와 다양성을 인정하고 존중하는 문화의 '샐러드 그릇'(salad vessel)으로 정책을 전환해 다문화주의(multiculturalism)를 실현하려고 한다. 그 실험의 현장이 바로 다문화노천박물관인 쌘프란시스코다.

짧은 시티투어이지만, 투어 내내 곳곳에서 이러한 다문화와 맞다들게 된다. 금문교에서 돌아오는 길에 차이나타운을 지났다. 이 중국인 거리에는 시 인구 85만명 중 약 18만명을 차지하는 화교의 대부분이 살고 있으며 완전한 하나의 중화 경제권과 문화구를 형성하고 있다. 미국에서 뉴욕 버금으로 큰 이 중국인 거리의 역사는 120여년 전 미 서부철도 부설을 위해 고용되어온 중국 쿨리(苦力, 중노동에 종사하는 하층 노동자)들의 고난에 찬 정착에서 시작되었다. 그들은 궁핍한 환경 속에서도 고유의 끈질긴 전통을 보존해왔다. 지금도 거리에는 대문짝같이 큼직한 한자 간판과 경사를 알리는 청홍등(靑紅燈)이 곳곳에 버젓이 걸려 있다. 거리 입구에는 중국의 전통을 따라 '용문(龍門)'이라고 하는 누각과, 그 아래에 마주앉은 한쌍의 돌사자가 안녕을 지키고 있다. 특히 눈에 띄는 것은 갖가지 중화요리 식당과 기념품 가게들이다. 평일인데도 중심가인 그랜트(Grant) 거리는 차가 겨우 빠져나갈 정도로 행인으로 붐빈다.

오늘날까지 차이나타운의 발전 과정은 순탄치 않았다. 줄곧 타운의 확장을 달가워하지 않는 당국의 억제 시도와 맞서 싸워온 과정이다. 예컨대 1870년 당국은 화교들의 거주와 취직을 엄격하게 통제하는 법안을 공식 채택한 데 이어 1906년에는 대지진이 일어나 타운이 크게 파괴된 틈을 타서 화교들을 아예 이 타운에서 축출하기로 결정했다. 그 결정은 화교들의 강력한 저항에 부딪쳐 무산되었다. 그 여파로 오늘날도 타운의 확장은 음으로 양으로 발목이 잡히고 있다고 한다. 그 결과 기상천외한 건축 형태가 나타나고 있다. 중국인들의 조상 묘당인 마조묘(媽祖廟)를, 부지를 늘리지 않고 이발소나 세탁소 지붕에 덧붙여 짓는 기괴한 현상이 바로 그 일례다. 비록 이러한 내적 제약과 차별이 뒤따르고 있지만, 겉으로는 여전히 화려하고 활기가 도

1871년에 문을 연 세계 최대의 인공공원인 금문교공원.

는 성싶다.

이어 닿은 곳은 금문교와는 한참 떨어져 있는 금문교공원(Golden Gate Park)이다. 면적이 무려 1,017에이커(약 4.1km²)에 달하는 이 공원의 길이는 4.8km, 너비는 0.8km가 넘는다. 세계 최대 인공공원이라고 한다. 1871년 황무지를 개간해 건설한 공원 안에는 100만그루의 나무를 비롯해 각종 꽃과 풀이 무성해 '녹색폐(綠色肺)'라고 부르는데, 뉴욕 센트럴파크와 함께 미국 동·서해안의 2대 녹지라고 한다. 공원 안에는 골프장과 테니스장을 비롯한 각종 체육·오락시설이 갖춰져 있으며, 식물원과 박물관, 미술관, 캘리포니아과학원, 아시아예술관, 공

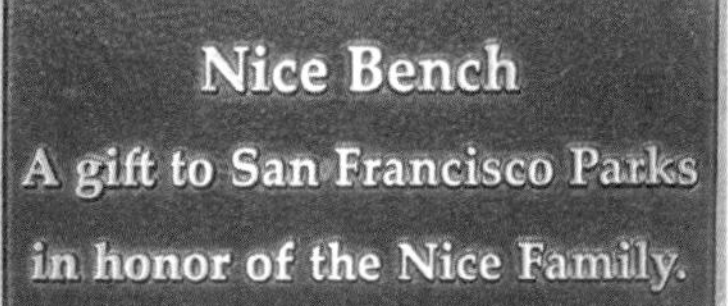

시민들의 기부로 만들어진 벤치 표시글(좌).
금문교공원 내의 공연무대(우).

연무대, 분수 등이 설치되어 있다. 한마디로 복합휴식공간이다.

클래식 음악의 거장 베토벤이 깊은 악상(樂想)에 잠겨 있는 입상이 인상적이다. 그의 입상을 이곳에 세운 특별한 사연이 있으련만 알아내지 못했다. 놀란 것은 공원 시설들이 시민의 참여에 의해 꾸려져가고 있다는 사실이다. 벤치마다에는 언제 누구의 기부에 의해 만들어졌다는 동판이 부착되어 있다. 소중히 여기고 애지중지 가꾸어나가는 것, 이것이 바로 시민성, 시민의 정신이 아니겠는가! 공연무대를 기준으로 좌측 길 건너에는 일본인 이주 150주년 기념비와 함께 일본 식차공원(Japanese Tea Garden)이 있으며, 그 옆에는 관망대로 알려진 큰 구조물이 보인다.

우리 일행의 투어는 노브힐(Nob Hill)로 이어졌다. 도시 전경을 부감할 수 있는 언덕은 모두 세개가 있는데, 노브힐이 그중 하나다. 아스라이 멀리 보이는 금문교를 비롯해 시 전경이 한눈에 안겨온다. 언덕이

금문교공원 내의 베토벤 석상.

금문교공원 내의 '일본인 미국 본토 이주 100주년 기념비'.

라서 바람이 드세고, 안개가 졸지에 끼기 시작한다. 여기서 100여명의 중국 단체 관광객들을 만났다. 대형버스 5대에 분승한 그들은 다소 왁자지껄하다. 여기 수만리 떨어진 미국 땅도 이제는 중국인들의 앞마당이 되었다. 언덕을 내려오는 길가에는 6~7층짜리 고급주택들이 숲속에 점점이 박혀 있는데, 더러의 지붕과 창틀을 동양식 채색 기와로 장식한 것이 퍽 이색적이다. 동서양 건축술의 멋진 융합이다. 서양의 밝고 경쾌한 멋에 동양의 융숭하고 무게감 나는 멋을 잘 조화시킨 일종의 창조적 접변(接變)이다. 이것은 이 도시만이 역사적으로 간직하고 전승해오고 있는 동서양 인종과 문화의 다양성에 기인한다고 봐야 할 것이다.

쌘프란시스코의 거리는 구불구불하기도 하거니와 오르내리막이 심하다. 이를 두고 '직상직하(直上直下)'라는 표현을 쓰기도 한다. 대소

각양각색의 건축양식으로 지은 주택가.

언덕만 해도 42개나 된다. 그만큼 상하좌우의 굴곡이 심하다. 이런 지세에 따른 맞춤형 구조물들의 배치야말로 그만큼의 파노라마적 경관을 안겨주었던 것이다. 거리가 이렇게 굴곡이 심한 것은 자주 일어나는 지진의 결과라고 한다. 지진으로 인해 분출과 함몰이 생기다보니 그럴 수밖에 없다. 1906년 4월 18일에 일어난 진도 8.25의 대지진은 시를 거의 폐허로 만들어버렸다. 3일간 지속된 화마(火魔)는 3,200명의 생명을 앗아갔고, 25만의 이재민을 냈으며, 514개 도로와 2만 8,000동의 건물을 깡그리 파괴해버렸다. 1989년 10월 17일에 발생한 진도 6.9의 대지진도 이에 못지않은 재앙과 지형 변화를 가져왔다.

시 한복판에는 세계에서 가장 굴곡이 심한 롬바드거리(Lombard

노브힐 언덕에서 내려다본 쌘프란시스코시 전경.

Street)가 있다. 40도의 경사지라서 교통안전을 위해 이른바 지그재그식 도로를 만들어 시속 8km의 속도로 차들이 거북이걸음을 하고 있다. 원래 이 길은 직선로였는데, 1923년에 지금의 형태로 만들었다. 직선로였을 때는 차의 충돌이나 전복 사고가 연발했다. 길에서의 사고와 지루함을 달래기 위해 연로(沿路)는 꽃들로 장식해 '꽃거리'라는 이름이 붙어 있기도 하다. 꽃동산의 한가운데를 거니는 기분이다. 미끄럼 사고를 예방하기 위해 정차할 겨우는 반드시 앞바퀴를 가로로 정지해야 함을 교통법이 정하고 있다고 수행 해설원이 설명한다.

구곡양장의 길에 조화를 맞춰 각양각색의 구조물들이 들어서 있다.

특히 거주구역은 블록마다 건축 양식과 색깔, 층수 등이 서로 다른 다양한 주택들이 아기자기하게 한 단지씩을 이루고 있다. 건물들은 리모델링을 제때에 잘해서 그런지, 우중충한 낡은 티가 나지 않고 모두가 마냥 새로 지은 것으로 보인다. 건물 외벽에는 하층에서 상층까지 철제 사다리가 연결되어 있는 것이 특징이다. 화재 등 비상시 탈출구로 사용하기 위해서라고 한다. 시티투어 차는 원형 오케스트라극장을 지나 시청사 앞에 멎는다. 시내 투어는 여기까지라고 한다. 투어 예약서에는 몇군데 더 적혀 있는데, 기사는 예정시각(오후 5시)이 다 되었다고 하면서 무조건 하차하라는 것이다. 몇몇 승객이 항의했음에도 아랑곳하지 않고 휑하니 가버린다. 우람한 시청사는 1906년에 일어난 대지진으로 완파된 폐허 위에 그대로 재건한 것이다. 1915년 지금의 항만구역에서 파나마-태평양세계박람회를 개최하면서 그해에 시청사의 재건이 완공되었다. 그런데 완공에만 쫓기다보니 내진 설계를 소홀히 한 탓에 1989년에 발생한 또 한차례의 대지진 때 그 값을 톡톡히 치렀다고 한다.

아직까지 해가 서산에 한발 남짓하게 남아 있는 시간대라서 시내를 산책하며 호텔로 돌아가기로 했다. 우선 서점에 들러 역사 관련 서적과 가이드북을 각각 한권씩 구입했다. 쌘프란시스코는 유구한 역사를 지닌 도시지만, 서구인들이 몰고 온 근대화 물결에 삼켜져버린 탓에 역사, 특히 고대사는 제대로 밝혀지지 않고 있는 형편이다. 연구에 의하면 이 지대에는 기원전 3000년경부터 원주민이 살기 시작했다. 아마 십중팔구는 인디오들이었을 것이다. 역사는 4,000여년을 껑충 뛰어넘어 16세기 서구 식민주의자들의 내침을 계기로 베일에 가렸던 이 땅의 면모가 드러나기 시작한다. 오늘 시내를 거닐면서 그 흔적들을 조금이나마 찾아볼 수 있었다. 아쉬운 것은 그 흔적들을 증언하는 박물관 하나마저도 들르지 못했다는 점이다. 어디로 가나 박물관을 먼저 찾아가는 필자 나름의 상도(常道)를 어긴 셈이다.

쌘프란시스코는 1542년에 스페인의 항해가 후안 까브리요(Juan R. Cabrillo)가 유럽인으로서는 처음 도착한 곳이다. 당시 스페인은 이 지역에 대해 큰 관심이 없었다. 그러나 영국과 프랑스, 러시아 어선들이 바다표범이나 물개 등의 모피를 얻기 위해 쌘프란시스코 인근 해역에 나타나자 위기를 느낀 스페인은 1769년에 캘리포니아 탐험대를 조직해 이곳에 파견했다. 1821년 멕시코가 독립하면서 멕시코령이 되었지만, 아직은 모피나 거래하는 작은 항구에 불과했다. 그러나 1848년 캘리포니아의 골드러시가 시작되면서 폭발적으로 성장했다. 골드러시를 통해 축적된 부로 도시의 편의시설이 갖춰졌고, 금융업을 비롯한 각종 산업이 탄생했다. 더욱이 대륙횡단철도와 파나마운하가 개통되면서 태평양 연안의 명실상부한 제1 항구로 부상했다. 다양한 나라에서 온 이민자들로 인해 다중(多重)언어가 사용되고 다문화가 형성되었다.

오늘날 쌘프란시스코는 실로 다양한 인종의 전시장이다. 거리의 벤치에 5~6명만 앉아 있어도 그중 한두명은 체구나 피부색이 다르다. 순종도 있지만 혼혈이 많다. 17세기 아프리카 노예무역이 성행하면서 많은 흑인 노예들이 끌려왔으며, 골드러시 시대에는 미국 각지와 인근 라틴아메리카 나라들뿐 아니라 스페인·영국·프랑스·이탈리아 등 유럽에서 일확천금을 노리는 많은 사람들이 몰려왔다. 19세기에 들어서면서 산업과 농업이 크게 발달하자 중국과 일본을 비롯한 아시아인들이 속속 찾아왔다. 1870년경 아시아인들은 쌘프란시스코 인

거리의 다양한 인종.

구의 8%를 차지했으며, 그 비율은 오늘날까지도 줄곧 유지되어오고 있다. 이 다종다양한 인종들은 나름의 전통문화를 유지하면서 쌘프란시스코 특유의 복합문화를 이루어 공생공영하고 있다.

시청 거리를 비롯한 크고 작은 거리마다의 게시판은 형형색색의 블루스(Blues) 음악축제 홍보 포스터로 가득 장식되어 있다. 몇군데에는 대형 걸개가 드리워져 있기도 하다. 블루스 음악은 19세기 말 미국의 흑인들에 의해 탄생한 아프리카-유럽 융합음악으로 재즈의 음악적 기반을 이루고 있다. 지금은 세계적 음악으로 승화되어 도처에서 축제가 벌어진다. 쌘프란시스코는 시가 자랑스럽게 간직하고 있는 다양한 문화를 꽃피우기 위해 매달 한두가지 문화축제를 번갈아가면서 거행하고 있다. 예컨대 1~2월은 소수민족 축제월로 그 대표적인 것이 화교들의 음력설 축제다. 축제일은 중국의 음력에 따라 정한다. 행사로는 폭죽 터뜨리기, 대련(對聯) 부착, 용등무(龍燈舞) 행진, 화교 미인대회 등이 있다. 3월에는 17일에 아일랜드의 수호신을 기리는 세인트

패트릭데이(St. Patrick's Day)의 거리행진이 있고, '쌘프란시스코음악상' 시상식이 거행된다. 4월에는 일본인 거주 지역에서 벚꽃축제가 열리며, 역사가 오랜 '쌘프란시스코영화제'가 막을 올린다. 5월에는 5일 멕시코의 프랑스군 전승기념행사가 열리는데, 행사의 하이라이트는 시 중심에서의 황후대관식이다. 6월의 마지막 주 일요일은 '성소수자 자유일'(퀴어프라이트 행사일)로, 갖가지 채색깃발을 든 시위대가 금융구(區)에서 출발해 시장가(市場街)를 지나 까스뜨로구에 이른다.

7월 4일은 미국의 독립일로, 다른 곳과 마찬가지로 다양한 기념행사가 거행된다. 금문교에서는 불꽃놀이가 펼쳐진다. 8월에는 일본인 거주 지역에서 특설시장이 개장되고, 마지막 주말에는 블루스음악제가 성대하게 치러진다. 9월에는 쌘프란시스코박람회와 다른 두개 도시에서의 박람회가 동시에 개최된다. 10월은 12일은 '콜럼버스의 날'로 이탈리아인들이 민간경축 행사를 거행하고, 몇몇 성당에서 전통적인 추모 종교의식을 치르며, 피셔맨스워프(Fisherman's Wharf, 어부 부두)에서는 기도제를 거행한다. 마지막 날은 스코틀랜드인들의 망제성첨례일(望諸聖瞻禮日, Halloweén)로, 호박등(燈)과 호박과자, 기괴한 분장과 의상이 등장한다. 11월 1일과 2일은 유럽의 망령절(亡靈節)에 맞먹는 멕시코의 망령절(Dia de los Muentos)로, 1일은 어린이들의 죽음을 기리는 유령절(幼靈節)이고, 2일은 성인들의 죽음을 기리는 성령절(成靈節)이다. 이것은 인디오들의 오랜 전통에 뿌리를 두고 있다. 11월에 재즈음악제가 열리고, 네번째 목요일은 감은절(感恩節, 추수감사절)을 쉰다. 12월의 최대 축제일은 성탄절로, 이날을 위해 백화점 진열대 등을 특별히 꾸며 명절분위기를 돋운다.

이와 같이 쌘프란시스코는 일년 내내 각이한 인종들의 다양한 문

거리의 홍콩 패션 광고.

화를 정기적인 축제와 기념행사를 통해 진작하고 전승한다. 거리마다 에는 이러한 다양한 문화인자(文化因子)가 짙게 배어 있다. 이러한 다문화와 더불어 쌘프란시스코는 세계적 과학기술의 중요한 산실의 하나이기도 하다. 여기에는 캘리포니아대학 버클리(Berkeley) 분교와 스탠퍼드(Stanford)대학, 세계 정상급의 의학센터인 캘리포니아대학 쌘프란시스코 분교가 자리하고 있다. 이러한 유수의 과학·문화 전당에서 지금까지 100여명의 노벨상 수상자들과 200여명의 올림픽 챔피언을 배출했다. 이와 같이 다양한 문화의 결이 올올이 뻗은 거리의 어제를 반추하고, 오늘을 직시하며, 내일을 그려보면서 걷고 또 걷다보니 어느새 땅거미가 내려앉기 시작한다. 걸음도 차차 무거워진다.

택시를 타고 투숙한 호텔 부근의 한국식당 '순두부'를 찾아가 입맛을 돋웠다. 걸어서 야경을 감상하면서 호텔방에 돌아와 고밀도의 하루 일정을 대충 메모하고 나니 자정이 가까웠다. 에어콘을 켜지 않아도 서늘한 '안개의 도시'에서의 마지막 밤은 고요히 흘러갔다. 단잠에서 깨어보니 이튿날 (8월 10일 금요일) 아침 5시가 좀 넘었다. 서둘러 퇴실 수속을 하고 문앞에서 공항버스를 기다렸다. 약속시간보다 30분이나 늦게 네개 호텔에 들러 손님을 모아 싣고 가는 공항버스에 탑승했고, 8시 35분 공항의 제3 터미널 입구에 가까스로 도착했다. 승객들이 입구에 장사진을 치고 있는데다 비행시간마저 한시간밖에 안 남았으니 걱정부터 앞섰다. 필자는 유나이티드 국내 항공편으로 하와이로 향하고, 가이드 손 양은 아시아나 항공편으로 제1 터미널(국제구)에서 인천으로 귀국하기로 되어 서로 헤어지는 인사를 나눴다. 두달 동안 고락을 같이하면서 수고한 그녀와 막상 헤어지자니, 섭섭한 마음을 금할 수가 없었다. 그 바쁜 통에도 손 양이 안 보일 때까지 손을 흔들어 전송했다.

다행히도 탑승 수속은 본인의 요구에 따라 청사에 들어가지 않고 문밖에서도 간편하게 할 수 있다고 한다. 그래서 얼른 비자카드로 25달러를 물고 짐을 부치니 입구에서의 수속은 자동적으로 쉽고 간단하게 대행해준다. 아주 편리한 방법이다. 하와이는 미국의 한 주이기 때문에 그곳까지는 국내 항공에 속한다. 청사 안에 들어서니 비행기표를 확인하고 손짐을 검사하고 나서는 곧바로 게이트(83번)로 안내된다. 약간 여유시간이 생겨 편의점에서 커피와 빵 6달러어치로 아침 요기를 했다. 9시 40분으로 예정된 출발은 연기되어 10시 08분에 기항한다고 발표하고는, 10시 24분에 시동을 걸고도 19분이 지난 10시 43분에야 비로소 기체가 활주로에서 분리된다. 몸을 실은 UA 항공 124243편(좌석 27C)은 내부시설을 두루 둘러봐야 별 차이점이 없는데, 뜻밖에도 저가항공기였다. 얼마나 저가인지는 몰라도, 기내 서비스는 전무 상태다. 물 한모금도 서비스해주지 않으니, 이러한 각박한 비행기 여행은 육십여년 동안 처음 맞닥뜨린 일이다. 도대체 저가항공이란 무엇을 위해 존재하는가? 항공업의 퇴행 예시로밖에 볼 수 없다. 쌘프란시스코 현지시간(하와이는 3시간 늦음)으로 오후 3시 35분에 하와이주 오아후(O'ahu)섬 호놀룰루(Honolulu)공항에 안착했으니, 4시간 52분 동안 3,857km의 태평양 상공을 헤가른 셈이다.

60
역사의 아이러니, 하와이주

만경창파의 태평양 한가운데 점점이 박혀 있는 섬들이 시야에 들어오기 시작한다. 하와이주 섬들이다. 미국 땅에서 바다 쪽으로 근 4,000km나 떨어진 이 외진 바다 한가운데 역사적으로나 문화적으로나 생판 다른 미국의 한 속지(주)가 있다는 사실부터가 의아하고 수수께끼라면 수수께끼다. 아무튼 역사의 한 순간에 역리적(逆理的)으로 조작된 일이 사실마냥 오늘날까지도 이어져오니, 어제를 묵시(黙視)한 채 그 내막을 파헤쳐보기 위해 이렇게 불원천리 장도에 오른 것이다. 가까워질수록 바둑판처럼 지세가 확연해진다. 면적이 2만 8,311km²(대한민국의 약 3분의 1)에 인구 약 140만명(2013)을 갈무리한 하와이주는 하와이섬, 마우이섬, 오아후섬, 카우아이섬, 몰로카이섬 등 큰 섬 8개와 작은 섬 124개, 총 132개의 섬으로 구성된 해중 다도국(多島國)이다.

공항에는 연구소의 장석 상임이사가 마중나왔다. 두달 전 이번 중남미 답사의 시발구간인 인천에서 포르투갈의 리스본, 리스본에서 브라질의 쌍빠울루까지 동행하다가 먼저 귀국한 후 다시 답사의 종결구간인 하와이의 호놀룰루에서 인천까지 동행을 하게 되었다. 두달간 어린 두 친구(여행사 가이드 손 양과 여인욱 군)와 길동무를 하다가 장 이사를 만나니 여러모로 마음이 놓인다. 현지시간 낮 1시에 알라모아나(Ala Moana)호텔에 도착하니 호텔 측의 실수로 1인 1실로 예약되어 있었다. 그래서 다시 2인 1실로 바꾸기로 하고 짐을 임시보관실에 맡겨놓고 인근 한국식당 '서울가든'으로 찾아갔다. 돌솥밥으로 점심을 마치고, 식당주인에게 택시를 부탁했다. 마침 기사는 40여세의 교포여서 그의 안내대로 시내 관광에 나서기로 했다. 나서기에 앞서, 하와이에서의 3일간 일정 얼개를 대충 짰다.

짙푸른 녹지 속에 파묻힌 시내 곳곳에는 현대적 고층건물들이 즐비하다. 절기는 한여름인데도 별로 무덥지 않고 달리는 차창으로 선선한 바닷바람이 차내의 열기를 식혀준다. 하와이는 열대성 기후대에 속하지만, 일년 내내 기온의 차는 3~4도에 불과하다. 연간 평균기온은 26~31도다. 계절의 변화가 없이 2~3월이 서늘하고, 8~9월이 덥다. 더워봐야 30도를 넘지 않는다고 한다. 동식물의 생육에 적지다. 단, 대체로 동북무역풍이 불어오기 때문에 섬들의 북동 사면은 고온다습하고 강수량이 많으며 열대성 우림지대를 이루고 있다. 카우아이섬 북동 사면의 강수량은 1만 2,000mm로 세계 최다 강우지의 하나다. 반면에 서남 사면에는 강수량이 적은 건조지대가 펼쳐져 있다.

기사의 안내를 받은 첫 행선지는 제2차세계대전박물관 및 공원이다. 박물관은 해변가 넓은 부지에 널려 있는 전함애리조나호기념관,

미-일 간 해전의 신호로 1941년 12월 7일 격침되었다가 복원된 전함 애리조나호(현 박물관).

전함미주리호기념관, 보우핀잠수함박물관, 전함오클라호마기념관, 태평양항공박물관의 5개 관으로 구성되어 있다. 그 가운데서 미주리호는 2차 대전시 일본천황이 항복서에 서명한 역사적 함선으로, 한국전쟁 때 인천 상륙작전에 참전하고, 걸프전쟁에 참전한 후 퇴역했다. 박물관들에는 주로 2차대전 때 발발한 진주만(Peal Harbor)해전을 증언하는 많은 유물과 사진자료들이 전시되어 있다. 진주만해전은 1941년 12월 7일, 일본군이 불시의 공격을 가해 애리조나(Arizona)호를 격침시키고, 전함 21대와 비행기 188대를 파괴한 데서 발생한 미-일 간의 해전이다. 미국 의회가 폭격 이튿날(12월 8일) 대일 선전포고를 함으로써 이 해전은 미국이 2차대전에 참전하는 계기가 되었다.

이 박물관 참관에서 우선 찾아가는 곳은 전함애리조나기념관이다. 왜냐하면 일본이 발동한 진주만해전의 첫 타격 전함인데다가, 가장 심각한 전상(戰傷)을 남겨놓았기 때문이다. 1941년 12월 7일 아침, 6척의 항공모함과 4척의 전함 등 30여척의 공격선단이 포함된 일본 해군이 기습공격을 단행했다. 일본군의 어뢰 5발에 명중된 애리조나호는 9분 만에 침몰해 진주만해전 전체 전사자의 절반 이상을 차지하는 1,177명이 수몰 전사했다. 원래 이 전함은 3만 4,000톤급으로 길이 183m, 너비 30m에 달하는 대형 전함이었다. 1962년에 침몰한 전함 잔해 위에 추모관을 세워 관광지로 삼았다. 지금도 침몰선 어디에선가 기름이 흘러내리고 있다고 한다. 2차대전의 국면을 바꿔놓은 진주만해전의 상징이라 할 이 전적지는 해군기지 내에 자리하고 있어 육지에서 왕복 한시간이 걸린다. 가는 날이 장날이라, 이날따라 해군기지에서 행사가 있다고 하여 관광이 금지되었다.

아쉬움을 달래며 향한 곳은 박물관 및 공원 정문의 오른쪽에 위치한 보우핀잠수함박물관(The Uss Bowfin Submarine Museum and Park)이다. 입장료는 성인 1인당 7달러다. 진주만해전에 직접 참전한 이 잠수함이 지금은 물위에 떠서 무언으로 역사의 그날을 증언하고 있다. 내부의 구석구석을 몽땅 개방하고 있을 뿐만 아니라, 잠망경이나 망원경으로 해중과 해상의 동태를 관측하는 실습에도 임할 수 있게끔 했다. 생사를 넘나드는 공포와 밀폐, 열전의 공간이 미로처럼 엉켜 있다. 부분 피격시 해수의 침투를 막도록 두터운 철문이 설계되어 있으며, 대형 엔진과 육중한 어뢰, 세밀한 계측기까지 오밀조밀하게 배치되었다. 기계실과 주방, 식당, 화장실, 사무실 등 부대 생활시설도 없는 것이 없다. 침대와 의자를 비롯해 가동되는 모든 장치는 접이식으로 되어 공간을 최대한 합리적으로 이용할 수 있을 뿐만 아니라, 이용의 편리와 안전도 최대한 보장하고 있다.

'진주만의 복수자' 보우핀잠수함 외관.

보우핀잠수함 내부.

여러가지 유물과 기록물은 역사의 한 멋은 순간을 생생하게 전해준다. 테이블 위에 놓여 있는 주간 메뉴는 전사들의 식생활을 생생하게 전해주고, 1945년 6월 5일의 함장명령문은 16시간 동안 일본 츠시마해협으로 잠행하는 전투일지를 또렷한 기록으로 남겨놓고 있다. 이러한 갖춤새 속에 맹위를 떨친 보우핀잠수함은 적함 44척을 격침시키는 위훈을 떨쳤다. 그래서 '진주만의 복수자'(Pearl Harbor Avenger)라는 영예의 별명을 얻었다. 잠수함 바깥 공원에는 미 해군의 위력을 과시하듯, 2차대전 이후에 개발한 하푼(Harpoon)미사일과 토마호크미사일 모형, 그리고 역대 잠수함의 발달 과정을 소개하는 대리석비가 반원형으로 세워져 있다. 그 가운데 하푼미사일은 1977년에 잠수함이나 항공모함에서 발사할 수 있도록 개발한 최초의 미사일로, 보기만

하푼미사일 모형.

해도 신기하다.

다음으로 찾아간 곳은 시 중심에 있는 옛 하와이왕국 궁전이다. 갑자기 거리에서 피켓을 든 시위행렬과 맞다들었다. 20~30명 시민이 노래를 부르고 허공에 주먹질하면서 구호를 외치고 있었는데, 지방선거를 앞두고 한 야당이 벌이는 선거캠페인이라고 한다. 말이 시위지, 무표정한 일군의 거리 나들이를 연상케 한다. 아무튼 사회갈등의 공개적 표출이라는 데 일정한 의미가 있다. 이곳에서 이러한 유의 시위는 최근에 일기 시작한 새로운 사회현상이라고 한다. 현실에 안주하던 이 한적한 고도(孤島)에도 변화의 바람이 일기 시작했다는 징조다.

궁전 정문 앞에는 초대 국왕 카메하메하 1세(Kamehameha I, 재위 1810~19)의 동상이 서 있다. 전통 의관에 왼손은 키를 넘는 긴 창을 잡

지방선거를 앞두고 한 야당이 벌이는 선거캠페인 장면.

고, 오른손은 미래를 향해 치켜든 늠름한 모습이다. 원래 궁전은 동상 뒤편에 있었다. 그런데 재위 중에 유럽에 가본 카메하메하 1세는 왕궁이 너무나도 초라함을 느끼고 돌아와서 지금 유물로 남아 있는, 유럽 식의 아담한 새 궁전을 지었다고 한다. 또한 왕은 영국 국기의 '米' 자형 도안이 마음에 들어, 돌아와서 하와이왕국 국기를 그런 도형으로 고쳤으며, 그것이 오늘날 하와이주 주기로 고스란히 계승되고 있다. 지금은 그 왕궁이 궁전전시관으로 하와이 관광명소의 하나가 되어, 입구는 참관자들로 장사진을 이루고 있다. 한시간 이상 기다려야 한다고 하기에 그만 참관을 포기했다. 건물을 비롯해 모든 것이 현대화한 하와이에서 그나마도 어제의 향수를 느껴볼 수 있는 남은 공간은 이곳뿐인 것 같다.

하와이 원주민은 지금으로부터 약 2,000년 전에 태평양의 여러 섬들로부터 카누를 타고 이곳에 온 폴리네시아인(Polynesian)으로 추정된다. 대표적인 일례가 300~500년경에 마르키즈제도(Marquesas Islands)에

하와이왕국 휘장.

초대왕 카메아메하 1세 동상.

왕궁 외관.

서 건너온 폴리네시아인들이다. 하와이라는 말도 '고향'이라는 뜻의 고대 폴리네시아어 '사와이키'(Sawaiki)에서 유래했다고 한다. 도래한 폴리네시아인들은 초기에는 통일국가를 이루지 못하고 섬별로 각각의 추장들이 통치했다. 그들 추장 중 한명인 카메하메하는 10년간의 정복전쟁을 벌인 끝에 마침내 1795년 통일왕국을 세우고, 추장들을 그들이 속했던 섬의 총독으로 임명했다.

한편 1778년 영국의 항해가이자 탐험가인 제임스 쿡(James Cook, 1728~79) 선장이 유럽인으로는 최초로 이 섬에 상륙하면서, 그것을 계기로 하와이는 유럽과 북미에 알려지게 되었다. 쿡은 자신을 후원한 샌드위치 백작의 이름을 따서 이 제도를 '샌드위치제도'(Sandwich Islands)라고 불렀다. 쿡은 원주민들과 교역을 하면서 2주간 머물다가 섬을 떠나버렸다. 같은 해 11월에 다시 돌아왔으나, 약탈을 일삼는 부하들과 원주민들 사이에 분쟁이 일어났다. 쿡은 이 분쟁을 말리다가 원주민들에게 피살되었다. 그의 유해는 분노한 원주민들에 의해 손상되어 몇파운드의 살점만이 고국 영국에 보내졌다고 한다.

1820년대에 북태평양 일대에서 포경(捕鯨)산업이 크게 번성하면서 하와이는 북미와 아시아 간 포경무역에서 가장 적합한 중계항으로 알려졌다. 이어 19세기 후반에는 사탕수수와 파인애플 생산이 붐을 이루면서 제당업이 번창해지자, 노동력을 충당하기 위해 아시아를 비롯한 외국으로부터 많은 이민을 유치했다. 1850년대에 중국인과 남태평양의 폴리네시아인들의 도래를 시작으로, 1868년에는 첫 일본인들이, 1870년대에는 포르투갈인들이, 1900년 초에는 필리핀인과 한국인, 푸에르토리코인이 속속 도착했다.

한국인들의 경우, 초대 주한 미국공사인 호러스 앨런(Horace N. Allen)

이 대한제국 정부와 하와이 농장주 사이에서 중개 역할을 담당했다. 그 결과 고종으로부터 윤허를 얻어 1902년 12월 22일 첫 이민단 121명이 갤릭(Gaelic)호를 타고 제물포항(지금의 인천)을 떠났다. 그 가운데 50여 명은 감리교회 교인들이다. 일행은 일본 나가사끼항에 이르러 신체 검사로 19명이 탈락하고, 1903년 1월 13일 호놀룰루에 도착해서는 또 16명이 질병으로 탈락해 결국 86명만이 상륙했다. 갤릭호는 1885년 아일랜드에서 건조된 4,206톤 규모의 배로, 여섯차례에 걸쳐 한인 이민단을 하와이로 수송했다. 1905년 매각되어 '칼라오'(Callao)로 이름이 바뀌었다. 1905년 하와이에는 약 65개의 사탕수수 농장이 있었는데, 거기서 6,000여명(총 7,400명 이주자 중)의 한인 노동자들이 하루에 10시간 이상 고된 노동에 시달렸다. 이렇게 근대 하와이 개척에는 한국인들의 고혈이 스며 있다.

하와이 개척 과정을 지켜보던 미국은 호시탐탐 기회만 노리고 있다가 1891년에 등극한 하와이왕국의 마지막 군주인 릴리우오칼라니(Lili'uokalani, 재위 1891~93) 여왕을 이른바 '혁명'이라는 미명하에 해병대를 동원해 권좌에서 축출하고, 6년간(1894~1900)의 단명으로 끝난 괴뢰 '하와이공화국'을 조작했다. 그러면서 형식상으로는 주로 현지 농장주인 자국인들의 합병 요구를 받아들인답시고 1897년에 괴뢰 공화국을 압박해 하와이를 미국 식민지화하는 합병조약을 체결했다. 이 조약에 따라 하와이는 1900년 7월 14일에 준주(準州)가 되었으며, 1959년 8월 21일에는 미국의 50번째 주로 승격되었다.

미국정부는 호놀룰루 출생의 미국인으로 '공화국' 대통령을 역임한 샌퍼드 돌(Sanford B. Dole)을 준주의 초대 총독으로 임명했다. 당시 하와이 인구는 약 15만명이었다. 하와이 주민들은 형식상 미국시민 자격을 얻었으나, 대통령선거 투표권은 없었다. 이때부터 근 60년이 지나 주로 흡수된 후에야 투표권을 행사할 수 있었다. 이러한 과정은 하와이의 미국 개신교화 과정이기도 하다. 1820년 미국 외국선교협의회가 많은 개신교 선교사들을 하와이에 보내 포교활동을 진행한 결과 하와이 원주민 대부분이 기독교로 개종되었다.

미국 본토에서 자그마치 3,700km나 떨어져 있는 이 태평양 상의 고도(孤島)가 역사적으로나 인종적으로나 문화적으로나 하등의 관계가 없는 미국의 최남단 해외 주가 되었다는 사실은 식민화라는 '역사의 아이러니'로밖에는 달리 설명할 도리가 없다. 물론 식민화가 어떻게 역사의 당위가 아닌 아이러니란 말인가 하고 식민화를 옹호하고 대변하는 자들이 궤변을 늘어놓을 수 있다. 그러나 명약관화한 하와이 식민화 과정은 그러한 궤변에 철추를 내릴 것이다. 더이상 역사를 기만하지 말라고.

'아이러니'라는 맥락에서 호놀룰루 거리를 살펴보면, 그 숱한 각양각색의 인종들이 언제 어떻게 뒤섞였는지 의문부터 앞선다. 주된 원인은 이민이다. 원주민 폴리네시아인들의 후예인 하와이인은 인구의 7%에 불과하고, '코카시안'(Caucasian)으로 불리는 유럽계 백인종이 25%이며, 다음은 한국인을 포함한 아시아계인데, 그중 일본인이 17%나 차지한다. 1852년부터 1930년 사이에 농장 소유주들은 대부분이 아시아계인 농장 노동자 40만명을 하와이로 유치했다. 통계에 의하면, 1852년 원주민이 하와이 전체 인구의 95%를 차지했으나, 1900년이 되자 원주민 숫자는 15%(당시 총인구는 약 15만)로 급감한 반면 아시아계는 75%에 육박했다. 이렇게 하와이주의 위상은 변하고 있다.

61
"와이키키여, 안녕히!"

삶을 위해 몸부림쳐야 했던 하와이왕국의 비사(悲史)가 주마등처럼 눈앞을 지나간다. 그 가운데는 인도의 카스트제도를 뺨칠 정도의 혹독한 신분차별제도인 카푸(Kapu)가 도사리고 있다. 하와이왕국 2대왕 카메하메하 2세의 법 제정과 종교개혁 등 조처로 인해 부분적으로 극복되기는 했지만, 아직도 여전히 이 제도의 잔영이 짙게 드리워져 있다. 하와이의 카푸 연구는 태평양 상의 폴리네시아인들에 대한 문화인류학적 접근에도 필요한 탐색이다.

카푸의 내용은 크게 남존여비와 신분차별로 나눠볼 수 있다. 남존여비 이념에서 남자는 빛이고 굳세며 순결하고 아름다우나, 여자는 어둡고 연약하며 더럽고 추하다. 따라서 여자는 남자와 한 식탁에 앉아 식사할 수 없으며, 남녀가 먹는 밥은 따로 지어야 한다. 여자는 배를 만들거나 어망을 짤 수 없으며 농사를 지어도 안 된다. 왜냐하면 여자가 만든 배는 뒤집어지고, 어망에는 고기가 잡히지 않으며, 곡식은 자라지 않기 때문이다. 여자가 할 일은 애를 낳고 나무껍질로 옷을 짓는 일뿐이다. 남녀는 한 침대에서 같은 베개를 베고 잘 수 없으며, 남자는 침대에서, 여자는 널빤지를 깔고 자야 한다. 남자 부재시 손님을 맞아서도 안 된다.

남존여비와 더불어 엄격한 신분 차별도 있다. 사회의 최고층은 추장과 목사이고, 최하층은 노예이며, 중간층은 노예 아닌 평민이다. 신분에 따라 어업 및 수렵 지역, 농경 지역, 수영 지역이 지정돼 있었고, 음식이나 모자 양식도 규정한다. 위반시에는 가차 없이 처형한다. 평민마저도 추장을 마주볼 수 없고, 추장의 물품이나 추장에게 보내는 물품을 만져서도 안 되며, 추장의 발자국을 밟아도 불경죄로 처형당한다. 추장만이 수시로 조상과 신령으로부터 '마나'(Mana)라고 하는 신기(神氣)와 영기(靈氣)를 받는다고 믿는다. 마나를 받지 못하는 평민을 공희로 바치며, 없으면 노예로 대신한다. 노예는 추장의 사유재산으로 이마에 반월형(半月形)이나 삼각형 같은 기호를 새기며, 아래만 보고 다녀야 한다. 공희로 끌려갈 때에는 초롱에 가두어놓고 목에 조롱박을 걸어 식별한다. 지금도 하와이인들 사이에서 가장 상스럽게 여겨지는 욕설은 "네 놈 조상의 목에는 조롱박이 걸려 있어!"라는 말이라고 한다.

어느새 어스름이 깃들기 시작한다. 서둘러 와이키키(Waikiki) 해변을 찾아갔다. 저녁 8시에 한진그룹이 운영하는 호텔 2층에 자리한 '서울정'에서 오래간만에 시원한 냉면(15달러)으로 입맛을 돋웠다. 이어 해변 산책에 나섰다. 와이키키는 하와이어로 '솟구치는 물'이라는 뜻으로, 해변은 하와이의 대표적인 관광유람지다. 특히 이곳에서 펼쳐

와이키키 해변가에 들어선 상가의 야경.

지는 훌라(Hula)는 세인의 인기를 모으고 있는 전통춤이다. 잔뜩 호기심에 부풀어 발걸음을 재촉해 해변 어귀에 이르렀다. 갑자기 가랑비가 보슬보슬 내린다. 사람들은 아랑곳 하지 않고 산책을 이어가는가 하면, 으슥한 숲속에서 도란도란 얘기도 나누며, 희미한 불빛 아래서 체스를 즐기기도 한다.

웬일일까, 듣던 소문과는 달리 와이키키는 한적하고 조용하기만 하다. 훌라 춤판은 아예 눈에 안 띈다. 그따위 가랑비 때문일까. 발걸음을 멈추고 사위를 살펴보았다. 화보에서 보던 종려나무 가지나 갈대로 엉성하게 지어놓은 전통 집들은 온 데 간 데 없고, 대신 'ABC스토어' 같은 대형 상점과 식당, 유흥시설들이 빼곡히 들어섰다. 이제 역사의 회진(灰塵, 재와 먼지)이 켜켜이 쌓인 해도(海島)의 그 소중한 정신적 자양(滋養)문화는 천박한 돈벌이 상업문화로 탈을 바꿔버렸다. 역사의 뒤안길로 사라져버린 와이키키에게 '안녕히!'라는 고별사 한마디를 남기고 되돌아섰다.

알라모아나호텔에 돌아오니 1921호실이 예약되어 있었다. 시원한 바닷바람에 흠뻑 도취되었다가 깨어나니 시침은 아침 6시(8월 11일) 반을 가리킨다. 한시간 남짓 주변 거리를 산책했다. 한창 여름인데도 상춘의 땅답게 가로수는 푸르싱싱 우거지고, 이름 모를 꽃들이 향긋한 냄새를 풍긴다. 거리는 비교적 깨끗하고, 건물들은 정갈하며, 교통은 원활하다. 그러나 러시아워(8시경)가 다가오자 차량들이 물밀듯 밀려든다. 사람들은 공해 없는 청정도시라고 자랑하지만, 어디선가 스모그가 솔솔 피어오르기 시작한다. 어디를 막론하고 현대문명의 폐단 앞에는 가로막이 따로 없다. 하와이도 예외로 놔두지 않는다.

아침식사를 마치고 9시경에 부근에 있는 서점에 들러 『실크로드』(*Silk Road*)와 『1434』(2권, 영문) 2책을 55달러에 구입하고 나서, 알라모아나백화점을 둘러봤다. 주로 미국과 일본, 중국 제품들이다. 하와이주는 도서지역치고는 경제가 비교적 균형적으로 발전하고 있다. 식품가공업을 비롯한 경공업과 수산업이 발달했고, 농산품은 자급자족할 뿐만 아니라 몇몇 품목은 세계 시장을 주도하고 있다. 파인애플 생산은 세계 1위이고, 군도의 3분의 2 땅에서 재배하는 사탕수수로는 연간 약 100만톤의 설탕을 생산한다. 하와이는 미국의 연간 설탕 소비량의 10%를 공급함으로써 미국의 '당도(糖島, 설탕섬)'라고까지 불리고 있다. 연간 700만명의 관광객으로부터 거둬들이는 수입은 국민총생산액의 60%나 차지한다.

하와이의 경제성장률은 시종 미국경제의 평균성장률보다 높다. 태평양 상의 지정학적·전략적 중요성으로 보아, 하와이의 미래지향적 잠재력은 결코 무시할 수 없다. 백화점은 하와이의 이와 같은 경제 상

축구장 절반 크기의
대형 '국제식당' 모습.

황을 상징적으로 보여준다. 돌아오는 길에 이른바 '국제식당'에서 오래간만에 이탈리아 특식으로 점심식사를 했다. 축구장 절반 크기의 대형 홀 안에 자리잡은 수십개의 외국식당들은 저마다 나름의 특식을 선보이고 있다. 선택의 여지가 너무 많은 것도 일종의 고통이라는 누군가의 말이 상기된다. 저렴한 값에 여러가지를 만끽할 수 있으니, 찾아오는 사람에게는 식복(食福)이 따로 없다.

사전에 예약한대로 오후에는 '마카니 카이 헬리콥터'(Makani Kai Helicopters), 즉 헬리콥터 상공투어에 나섰다. 공항 한구석에 마련된 헬리콥터 탑승장에서 6인승기를 타고 오아후섬 상공을 한바퀴 도는 관광인데, 코스에서 미 해군기지가 있는 진주만 부근은 제외된다. 탑승 전에 간단한 안전교육을 받는다. 지상으로부터 약 1,500m 고도의 상공에서 내려다본 호놀룰루의 시경은 한마디로 장관이기는 하나, 하나부터 열까지가 모두 자연을 깎아내고 갉아내서 만든 인위적 구조물

헬리콥터에서 내려다본 진주만 풍경.

들이다. 자연풍광이라곤 고작 나지막한 산등성이와 한두개의 실오리 같은 폭포수가 전부다. 농장은 별로 눈에 띄지 않고, 코코넛농장과 가공공장 몇군데가 시야에 들어온다. 해안선을 따라 항구와 나루터가 촘촘히 박혀 있다. 제2차세계대전박물관도 발아래에서 모습을 드러낸다.

지상에서의 평면적 조명보다 공중에서의 입체적 조망은 확실히 다른 느낌을 준다. 비행 내내 조종사는 능란한 솜씨로 속도의 완급을 조절해가면서 간단없이 스쳐지나가는 지상 대상물에 관해 상세하게 설명한다. 가끔씩 헬기가 요동을 칠 때면 정신이 아찔해진다. 오후 2시 25분에서 3시 10분까지 45분간 비행하는 데 드는 요금은 1인당 200달러이다. 자동 촬영된 영상테이프도 건당 40달러에 판매한다.

이어 역시 사전에 예약한 대로 '아틀란티스 크루즈 나바텍'(Atlantis Cruises-Navatek), 즉 해상 크루즈투어를 위해 크루즈 선착장으로 향했다. 출항까지는 30여분이나 남았는데도, 선착장은 승객들로 몹시 붐빈다. 대소 크루즈 10여척이 시동한 채 대기중이다. 매표소에서 100달러로 예약표를 승선표로 바꾸고 승선했다. 창가에 자리하자마자 크루즈는 선창가에서 미끄러지기 시작한다. 10분 지나서 식사가 제공된다. 메뉴는 계절별 전채와 샐러드, 왕새우 찜, 등심스테이크, 커피 순이다. 음료는 자부담이다.

어느새 200여석이 꽉 찼다. 이윽고 선상공연이 시작된다. 사회자는 40세를 바라보는 일본인 가수다. 그녀는 "알로하!"(반갑습니다)라고 운을 뗀 다음 선창으로 하와이 민요 한곡을 호들갑스레 부른다. 그러고 나서는 득의양양하게 주로 노래와 춤으로 짜인 공연 프로그램을 이어가면서 승객들의 호응을 유도한다. 승객들은 "훌라! 훌라!"를 연

해상 크루즈투어에 투입된 선착장의 대형 크루즈.

거푸 외쳐댄다. 빨리 훌라 춤을 보여달라는 요청이다. 필자도 이에 공감했다. 사실 어제 저녁에 훌라를 보려고 와이키키를 찾아갔다가 헛물만 켜고, 허탈감에 사로잡혀 돌아오지 않았는가. 훌라를 보지 못하고서는 하와이에 다녀갔다고 말하지 말라는 속담이 있다. 그만큼 훌라는 하와이인들의 영혼과 문화, 생활 그 자체다. 크루즈에서만은 볼 수 있을 것이라는 예상은 적중했다.

두세가지 짤막한 노래를 곁들이고는, 프로그램 전체가 훌라 일색이다. 가설무대가 앉은 자리의 코앞이라서 춤사위는 물론, 무용수들의 표정이라든가 복식 같은 것을 확실하게 볼 수 있었다. 훌라는 하와이어로 '춤추다'라는 뜻이다. 불의 여신 펠레를 위해 언니 피아카 여신이 춤을 춘 데서 이 춤이 비롯되었다고 전한다. 엉덩이와 손과 팔을

크루즈 선상에서의
훌라 공연.

유연하게 움직이고 잔 걸음을 치면서 허리부분을 리듬감 있게 좌우로 흔들거나 돌린다. 이 춤을 출 때는 흔히 고래 이빨이나 뼈로 만든 팔찌와 발찌, 꽃으로 짠 목걸이와 머리띠가 장식물로 사용된다. 여성들은 짧은 치마(파우스, pa'us)를 걸치고, 남자들은 타파 천으로 만든 허리옷(malos)을 걸친다.

훌라에는 고대의 카히코(Kahiko)와 현대의 아우아나(Auana, '새로운 움직임'이라는 뜻) 두가지가 있다. 19세기 서방 선교사들이 들어와 신들과 결합된 '부도덕한 춤'이라는 구실로 카히코 춤을 금지했다. 그러나 몇몇 군주들을 비롯해 각성한 하와이인들이 정체성을 계승해야 한다는 주장을 펼치자, 이 춤을 현대화한다고 고친 것이 바로 아우아나다. 기타와 우쿨렐레 같은 서양 현악기가 가미된 이 아우아나는 팔

크루즈 선상에서 바라본 해변가의 고층건물들.

다리와 엉덩이의 물결치는 듯한 동작을 통해 어떤 이야기를 전달하고 상황을 묘사한다. 내용과 형식에서 일신(一新)을 가져온 것이다. 무용복으로는 주로 야자섬유나 금방 꺾은 푸르싱싱한 티(ti)나무 잎사귀로 만든 치마를 입는다. 춤판이 한창 무르익자 무용수들은 관중을 유인해 춤을 가르쳐주면서 함께 어울려 춘다. 듣던 대로 열정적이고 경쾌하며 즐겁고 순수한 춤이다. 어제까지 와이키키를 들썩이던 훌라가 바로 이 아우아나다.

크루즈는 야음 속에 육지에서 10여km 떨어진 바다 한가운데까지 갔다가 유유히 돌아선다. 낮의 화려함에 비해 밤의 호놀룰루는 그다지 매력적이지 못하다. 5시에 시작된 크루즈 유람은 8시까지 장장 3시간 동안이나 계속된다. 단조로운 선상공연은 전·후반 2부로 나뉘어

진행된다. 조금은 식상했다. 그러나 일부 유람광들은 이 시간도 모자란다는 듯, 하선 기미를 잃고 눌러앉았다가 선원들의 독촉을 받고서야 마지못해 어정버정 내린다. 더러는 엉덩이를 좌우로 비틀면서 훌라를 익히려는 듯, 즐거운 표정이다.

빈틈없는 이틀간의 일정을 마치고 삼일째를 맞았다. 다반사가 된 고별의 아쉬움을 뒤로 한 채, 일찌감치 아침 8시 45분에 15분 거리에 있는 공항에 도착했다. 귀국의 장도에 오르기 위해서다. 나흘 전, 샌프란시스코 입국 때 겪은 '몰상식'이 악몽처럼 떠오르면서 그 재연에 대처하기 위해 세시간 넘게 일찍이 공항에 이른 것이다. 그런데 다행스럽게도 이것은 한낱 기우에 불과했다. 짐 검사만 하고 출국수속은 없다. 냉혹하기로 이름난 미국의 법질서에서 출국수속이 생략된다는 것은 이 글을 쓰고 있는 이 순간까지도 이해가 안 가는 대목이다. 자그마한 섬에 비해 공항은 비대칭적으로 크다. 요충지라서 해마다 40여만의 관광객들을 통과시키자니 이만한 규모의 비행장은 필수다. 지인들과의 상봉을 위해 공항 면세점에서 17년산 발렌타인 한병(한화 7만 3,000원)과 하와이산 초콜릿 3곽(24달러)을 구입했다. 여행의 마지막 길에서 장만하는 선물, 비록 그것이 하찮은 것이어도, 늘 흐뭇하며 때로는 여행의 결산이 되기도 한다.

일행을 태운 OZ 231편(아시아나항공, 좌석 12B)은 오전 11시 55분에 굉음을 내며 호놀룰루공항 활주로에서 이륙한다. 이륙하자마자 기수를 서쪽으로 틀면서 드넓은 태평양의 망망대해를 쏜살같이 헤가른다. 구름 한점 없는 창공에선 비행기가 무중력 정지 상태에 있는 것 같은 착각이 든다. 그러다가도 구름 속을 스쳐지나갈 때면 엄청난 속도감과 더불어 전진감이 느껴진다. 인천국제공항까지 7,359km의 공로

(空路)를 단숨에 비파(飛破)한 비행기는 서울 시간으로 오후 4시 10분에 사뿐히 활주로에 내려앉는다. 장장 9시간 15분 동안 비행한 셈이다. 귀국, 귀향, 귀가라는 '제 고장(혹은 요람)으로의 돌아옴'이란 늘 설레며, 그 설렘은 장도의 노독을 잊게 하는 법이다. 공항에는 연구소의 여러 식구들이 나와 반갑게 맞아주었다.

이렇게 62일간(2012.6.13~8.12)의 제1차 라틴아메리카 탐방은 나름대로의 성과를 거머쥔 채 막을 내렸다. 그러나 해상실크로드의 환지구성 탐방이라는 당초의 취지에 비춰보면, 아직 미진한 부분이 남아 있다. 콜럼버스의 첫 대서양 횡단항해 현장이기도 한 카리브해 일원에 대한 탐방을 이루어내지 못한 것이다. 이 탐방이 성사되었을 때라야 비로소 라틴아메리카로의 해상실크로드를 말할 자격을 갖게 된다. 그날을 학수고대하면서 공항을 나섰다.

제5부

콜럼버스의 여정을 복기하다

62
라틴아메리카의 첫 식민도시, 라이사벨라

2년 전 바로 이맘때 실크로드의 환지구성을 확인하기 위해 지구의 서반구에 자리한 라틴아메리카를 60여일간 탐방했다. 그런데 불가피한 사정으로 인해 불가결(不可缺)한 카리브해 탐방은 뜻을 이루지 못하고 기약 없는 후일로 미룰 수밖에 없었다. 한해를 보내고 두해를 기다리는 문턱에 행운이 찾아왔다. 경상북도가 야심차게 추진하고 있는 '코리아실크로드프로젝트'의 일환으로 해상실크로드 사전과 도록의 편찬이 상정되었고, 그 편찬의 완결을 위해서는 서반구 해상실크로드의 단초를 열어놓은 카리브해 현장탐방이 필수였다. 프로젝트 주최 측과 의기가 투합되어 현장탐방에 필요한 만반의 후원이 보장되자 지체 없이 실천에 돌입했다.

2014년 6월 4일, 설레는 가슴을 가까스로 진정시키면서 새벽 6시 39분, 왕십리에서 인천공항 사이를 오가는 리무진 6010번(요금 1만

5,000원)을 삼성래미안아파트 정류소에서 타고 8시 정각 공항에 도착했다. 가는 길 내내 2년 전 아바나의 상징인 말레꼰 방파제에 기대어 바라보던 카리브해의 만리창파가 자꾸 눈앞에서 일렁인다. 이제 열대여섯시간만 있으면 그곳에 몸을 담글 수 있게 되리라고 생각하니, 공연히 조급해진다. 공항은 아침의 정적을 깨고 벌써부터 창구마다 장사진이 늘어섰다. 그런데 천만 뜻밖에도 청천벽력 같은 또 하나의 '깨는 일'이 불쑥 터졌다.

이번 탐방의 기획자이자 길벗인 투어블릭 강상훈 대표가 기다렸다는 듯이 다가와서 기죽은 표정으로 원래 우리 일행이 이용하게 된 A19 탑승구 직원이 '미국 측'에서 발권 거부를 통지해와 탑승수속을 할 수 없다고 말했다는 것이다. 순간 피가 거꾸로 흐른다. 강 대표의 요청에 의해 직원이 서울 주재 미대사관에 연락해 협조를 부탁했으나, 이것은 '워싱턴'의 지령이기 때문에 변경이 불가하다는 답변만 받았다고 한다. 60여년간의 '항공 생애'에서 이러저러한 일들을 많이 당해봤지만, 이처럼 출발 직전에 돌발적이고도 가소로운 일은 처음 겪어본다. 보아 하니, 이 시점에서 거대 공룡의 횡포에 정면 맞서는 것은 계란으로 바위치기에 불과한 일이다. 보란듯이, 그러나 슬기롭게 목표를 향한 출구를 찾는 것이 급선무다.

원래 계획에 따라 예매한 항공권 코스는 대한항공기 편으로 인천에서 미국 뉴욕으로 날아가 공항에서 카리브해 도미니카의 수도 싼또도밍고행 비행기로 갈아타고, 돌아올 때는 바하마의 수도 나소에서 다시 뉴욕을 거쳐 인천으로 귀국하는 여정이었다. 미국 땅에 들어가는 것도 아니고, 너나없이 인정하고 이용하게 돼 있는 국제공항에서 환승하는 것이 제지당하다니! 상식이나 체면 밖의 일이다. 상식이나 체

인천공항에서 돌발 상황에 대응, 새 항로를 모색하고 있는 강상훈 대표.

면은 인간이 인간됨을 그만두기 전에는 스스로가 지켜야 하는 불문율이다. 불문율을 벗어나는 행태를 일컬어 행패(行悖)라고 한다. 2년 전 야밤삼경에 역시 다름 아닌 미국 땅 쌘프란시스코공항에서 얼토당토아니한 이유로 억류되어 심사를 받던 일이 악몽처럼 되살아난다. 그래도 그때는 가까스로 통과되었는데… 시비는 훗날 역사의 판단에 맡기기로 하자.

아랍 속담에 "… 짖어대도 대상(隊商)은 전진한다"라는 말이 있다. 해상실크로드의 환지구성을 밝혀내기 위해 카리브해로 향하는 우리의 장거를 이에 빗댈 수 있을 것이다. 어이없는 제재와 훼방에 결코 주저앉을 수는 없다. 제재를 가하고 훼방을 놓을수록 오기가 생기고 더더욱 분발하게 되는 것이 인간의 상정이다. 강 대표와 머리를 맞대고 오로지 전진 일념으로 길을 모색했다. 긴박한 네시간이 흘렀다. 제아무리 청천벽력으로 하늘이 무너진다고 한들, 인간은 피뢰침을 발견해 그에 대응하고 지구를 살려내는 것이다.

여행전문가이자 집념의 사나이인 강 대표는 끝내 길을 찾아냈다.

프랑크푸르트공항에서 싼또도밍고행 항공기로 환승하는 모습.

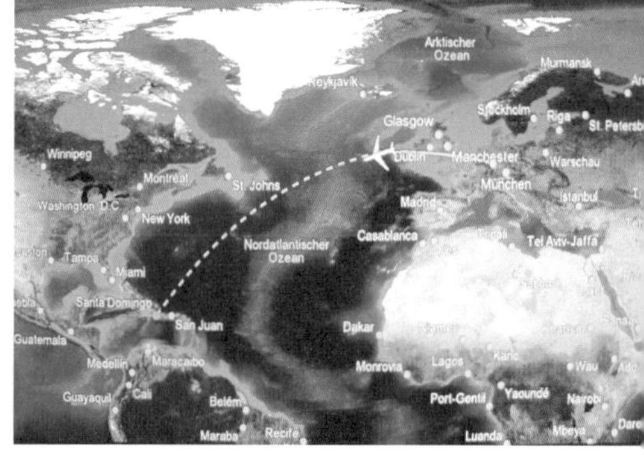

프랑크푸르트-싼또도밍고 비행루트.

행운은 노력자의 편이다. 악연(惡緣)이 뻗은 뉴욕을 우회해, 갈 때는 독일 프랑크푸르트를, 돌아올 때는 영국 런던을 거치는 길이 모색되었다. 노정이 턱없이 길어지고 그에 따른 여비도 그만큼 더 들지만, 방안은 오로지 이것뿐이다. 단숨에 왕복 항공권 교환과 탑승수속, 그리고 출국수속을 마쳤다.

일행을 태운 프랑크푸르트행 KE 905편(대한항공, 비즈니스 07J 좌석)은 한시간이나 지체된 14시 05분에 활주로를 이륙한다. 그제야 5시간 동안이나 근심걱정으로 조마조마하게 짓눌렀던 안도의 숨을 푸- 하고 길게 내쉬었다. 원래 동쪽으로 가야 할 길을 그와 정반대인 서쪽으로 향하고 있지만, 다행히 지구는 둥글기 때문에 필경은 목표한 곳에 닿으리라고 생각하니 허망감이 조금은 사그라지는 듯하다. 10시간 30분이 걸려 현지시각 오후 5시 35분(서울과는 7시간 시차)에 프랑크푸르트 국제공항에 안착했다. 여기서 싼또도밍고로 행하는 독일의 준저가항공인 DE 3234편(비즈니스 C3 좌석)으로 환승했다.

외피를 아롱다롱하게 칠한 이 비행기는 여름철 관광절기에 카리브해로 운행하는 비정기적 중소형 항공기로, 탑승대기실도 번듯한 지상층에 있는 것이 아니라 우중충한 지하실에 마련돼 있으며, 승객은 50여명에 불과하다. 대기실에서 햄버거로 저녁을 대충 때웠다. 프랑크푸르트 시간으로 밤 10시 05분에 이륙해 싼또도밍고공항에 이튿날 아침 7시 35분(도미니카 시간으로는 밤 1시 35분, 서울과의 시차는 13시간)에 착륙했다. 9시간 30분 비행한 셈이다. 결국 인천에서 이곳까지 오는 데 총 18시간이나 걸렸다.

신기하게도 인천공항에서 부친 짐이 아무런 하자 없이 주인과 함께 이곳까지 제시간에 도착했다. 한밤중이라서 공항은 비교적 한산하다. 택시들의 호객행위도 별로 없었다. 택시운영회사의 정가제에 의해 택시비 40달러를 물고 약 20분간 달려 구시가지에 있는 부티끄호텔빨라시오(Boutique Hotel Palacio)에 도착했다. 고풍스러운 건물로, 입구에서 방에 이르기까지 벽을 온통 콜럼버스의 사진으로 도배했다. 정상이 아닌, 우여곡절로 이어진 장시간의 비행이어서 그런지 심신이 갑절로 지쳤다. 새벽 2시 40분, 2층 128호실에 여장을 풀자마자 잠에 곯아떨어졌다.

창가에 스며드는 아침 햇살에 잠을 깨니 7시가 넘었다. 오늘 서둘러 해야 할 일에 비춰보면 늦잠이다. 크게 두가지 일인데, 하나는 시내 관광이고, 다른 하나는 콜럼버스의 제2차 상륙지점인 라이사벨라(La Isabela)를 답사하는 것이다. 이번 여정의 주목적이 콜럼버스의 카리브해 행적을 추적하는 것이라는 점을 감안해 숙고 끝에 왕복 800km를 다녀와야 하는 후자를 택했다. 부랴부랴 아침식사를 하고 호텔 측을 통해 장거리 택시를 주문했다. 마침 대기 중이던 택시기사

3개의 종루가 붙어 있는 '신대륙' 최초의 대학 정문.

가 찾아왔다. 영어에 능한 50세 중반의 안또니오는 가이드까지 자처했다. 1인 3역이다. 일당 500달러로 대절을 합의했다. 차 정비를 마치고 인근 공원에서 만나기로 했다. 공원에는 초대 대통령의 동상이 세워져 있고, 언저리에는 대문 위에 3개의 종루(鐘樓)가 나란히 붙어 있는 신대륙 최초의 대학 건물이 유물로 남아 있다. 부근에는 오늘날의 은행 역할을 했던 최초의 '콜럼버스기금소' 2층 건물도 있다.

10시 반에 길을 떠났다. 편도 400km 중 마지막 50km는 비포장 길이고, 나머지는 북방 하이웨이를 따라간다. 교외를 조금 벗어나자 마치 바둑판을 이어놓은 것 같은 논밭이 무연하게 펼쳐진다. 신기하게도 한쪽에서는 벼가 한창 자라서 푸르싱싱한데, 다른쪽 벼는 황금빛으로 수확을 기다리고 있다. 어찌된 영문인가? 알고 보니 이 고장에

윤작으로 농사를 짓는 논밭 모습.

서 벼농사는 같은 논밭에서 시기를 달리해 경작하는 방식, 즉 윤작으로 짓는다 한다. 이를테면 열대지방의 다모작 경작방법인 것이다. 일년 내내 벼농사를 짓는 셈이다. 수확량이 많을 수밖에 없다. 쌀의 주원산지는 아시아다. 언제 어떻게 이곳에 전해졌을까? 벼의 시조와 그 전파 과정에 관해 문명교류사적 관심을 갖고 깊이 눈여겨보는 필자로서는 그저 스쳐지나갈 수 없는 일이다. 물어봐도 꼭 집어 답변하는 사람은 없다. 여러 사정으로 미루어 콜럼버스의 내항 이후에 전해졌을 개연성이 높다. 며칠 후 자메이카의 수도 킹스턴을 떠나면서 한 슈퍼마켓에 들러 연구용으로 쌀을 구입할 때 알게 된 사실이지만, 도미니카는 카리브해에서 유일하게 벼농사를 짓는 나라이며, 이 나라 국민의 주식이 바로 쌀이다. 마켓에서 '동카리브해'(일명 '삼보', 즉 三寶, Three

Jewels Rice)라는 상표가 붙은 쌀 1kg을 구입했다. 귀국해서 연구소에서 밥을 지어보니 대체로 장립형(長粒型)이고, 약간 풀기가 있으며, 맛은 심심한 편이다. 멀리 서반구의 카리브해 섬에서 구해온 이 쌀을 어디에 기증하면 유용하게 쓰일까를 고심하던 끝에 2015년 10월 29일 고양 가와지농업박물관에 기증했다. 기증식 때 관장님이 흐뭇해하는 모습에서 일말의 긍지를 느꼈다.

각설하고, 이어 한시간 반쯤 가다가 갓길로 들어가 담배농장을 참관했다. 우선 눈에 띄는 것은 담배건조장이다. 어릴 적 1940년대 일본 전쟁광들의 강요에 의한 군수용 담배 재배가 연변 시골집의 주업이어서, 담배 재배에 관해서는 얼마간의 지식을 갖고 있다. 겉보기에도 여러가지 흥미있는 차이점이 발견된다. 건조장의 높이에서 이곳은 낮고 저곳(연변)은 높으며, 건조 방법에서 이곳은 통풍에 의한 건조이나 저곳은 화력(火力)으로 건조시킨다. 건조실은 외인의 출입이 금지되어 안을 살피지 못했다. 또한 이곳은 담배를 심었다가 잎사귀를 따서 수확하고 나서는 뿌리를 뽑아버리고 거기에 옥수수를 재배한다. 그래서 지금 이곳은 온통 옥수수밭이고 담배는 보이지 않는다. 연변은 이모작이 되지 않기 때문에 다른 작물을 심지 않는다.

담배는 세계적인 기호품이자 무역품이다. 담배의 원산지에 관해서는 유럽설과 아프리카설, 중국설이 제기되고 있으나, 지금은 안데스 산맥의 동쪽에 자리한 볼리비아와 아르헨티나를 비롯한 라틴아메리카라는 것이 거의 정설이다. 야생종과 재배종을 합쳐 총 67종이나 되는 담배는 지금으로부터 3,000~4,000년 전에 원산지인 라틴아메리카에서 종교의례나 질병 치료, 각성제나 피로회복제로 이용되기 시작했다. 그러다 15세기 말 신대륙 발견을 계기로 담배는 약 200년 동안 유

풍작인 코코넛을 들고 있는 코코넛 농장주.

연초의 통풍건조장.

라시아와 아프리카로 신속하게 전파되었다.

그렇게 수천년간 인간에게 여러가지로 혜택을 주고 효용되어오던 담배가 어느날 갑자기(물론 1~2년은 아니지만) '만병의 근원'으로 저주의 대상이 되어 금연이 성전(聖戰)으로까지 둔갑하는 양상이니, 이것이야말로 기상천외하고 자가당착적인 아이러니가 아니겠는가! 라틴아메리카 한 곳에서만도 이러한 아이러니를 흔하게 찾아봤지만, 만물의 영장이라고 하는 인간이 만들어낸 역사는 온통 이러한 아이러니의 퇴적장(堆積場)이다. 도미니카는 이러한 아이러니를 별로 의식하지 않고 오늘도 곳곳에서 질 좋은 담배를 다량 생산하고 있다.

휑하니 뚫린 고속도로 양편의 기름진 땅에는 코코넛농장과 옥수수밭이 눈이 모자라게 펼쳐져 있다. 다시 두시간쯤 달리니, 이 나라에서 두번째로 큰 도시, 시바오(Cibao)계곡에 자리한 중부의 중심지 싼디에고(San Diego)가 나타난다. 멀리서부터 보이는 탑부터 찾아갔다. 가까이 가보니 높이가 약 50m는 실히 되는 광복전쟁기념탑(약칭 El

싼디에고의 광복전쟁기념탑(높이 약 50m)과 독립영웅 그레꼬리오 장군 기마동상.

Monumento)이다. 언덕 위에 세워져 더욱 우람하게 보인다. 입구에는 독립영웅 그레꼬리오 루뻬론(Grecorio Luperon) 장군의 기마동상이 탑을 지키고 서 있다. 주변에는 공원이 조성되어 있다. 고속도로는 깔끔하고 정돈이 잘된 시가지 중심을 관통한다. 건물 구조나 색조는 다양하고 산뜻하다. 기름진 시바오계곡은 도미니카에서 제일가는 농산물 생산지로 담배, 사탕수수, 코코넛, 커피, 쌀 등 다양한 농산물이 풍부하게 생산된다.

싼디에고를 빠져나와 약 한시간쯤 달리니 라이사벨라라고 적힌 간판들이 띄엄띄엄 눈에 띈다. 목적지로 다가서는 기분이다. 그런데 길은 더이상 하이웨이가 아니라 모래나 자갈을 대충 깔아놓은 비포장 오솔길이다. 표지판이나 이정표 따위는 좀처럼 나타나지 않는다. 문

앞장서 길 안내를 해준 40대 의 공무원, 그 환한 웃음.

제는 기사의 안내다. 몇년 전에 다녀간 길은 다른 길로, 이 길은 초행이라는 것이다. 몇군데서는 길이 여러 갈래로 갈라져 헛갈리는 통에 한참 가다가 되돌아오기까지 했다. 다행히 가끔씩 만나는 행인들에게 물어보면서 길을 찾아갔다. 행인들 모두는 그렇게 친절할 수가 없었다. 모터카를 타고 가던 한 농부는 저만치 갔다가 다시 되돌아와서는 앞장서 이 나라에서 제일 큰 강인 바하보니꼬(Bajabonico)강까지 인도한다. 강가에 이르러 다른 인도자가 나타나자, 안내를 인계하고는 인사도 주고받을 겨를 없이 쏜살같이 되돌아간다. 강가 숲속으로 사라지던 그의 뒷모습이 지금도 눈앞에 선하다.

인계를 받은 사람은 40대의 말쑥한 신사다. 공무원으로 고향에 찾아오는 길이라고 한다. 그는 차에서 내려 30여m나 되는 물길을 가리키며 수심이 같지 않으니 자기를 바싹 따라오라는 것이다. 일행은 그를 따라 깊이 30~40cm의 물길을 무사히 통과했다. 얼마쯤 앞장서 가다가 여기가 고향마을이라고 하면서 차에서 내려 친히 종잇장에 라이사벨라까지의 지도를 갓길까지 표시하면서 소상히 그려준다. 그의

콜럼버스의 제2차 대서양 횡단항해의 상륙지점(라이사벨라) 전경.

명함을 받았으나, 아쉽게도 어디선가 잃고 말았다. 지금까지도 기억에 남는 것은 뽀얀 흙먼지를 흩날리며 앞장서 달리던 그의 빨간색 차와 해맑은 그의 미소다.

오후 4시가 좀 지나서 드디어 목적지에 도착했다. 시간이 빳빳해서 점심을 거른 채, 니나(Nina)식당에 식사 주문을 해놓고 차로 10분 거리에 있는 해변 유적지 현장에 달려갔다. 일순이라도 빨리 닿고 싶기에, 그 거리가 길게만 느껴졌다. 어릴 적 세계일주의 꿈을 키워오면서, 콜럼버스의 대서양 항해 출발지로서 꼭 한번 밟고 싶던 그 땅 그곳. 이제 그 숙원이 이루어지는 순간이 다가오고 있으니, 어찌 감개무량하지 않으랴! 지구의 대척점에서 팔질(八耋, 여든살)의 평범한 한 노객이 우여곡절을 겪으며 찾아오는 이 길을 역사는 무심히 대하지 말아다오! 이 길은 이 한 노객만이 찾아오는 길이 아니며, 또 이 길에는 숱한 역사의 비밀이 묻혀 있기 때문에.

찾아온 라이사벨라는 콜럼버스의 제2차 대서양 횡단항해의 도착지다. '라이사벨라'는 콜럼버스를 파견한 스페인 여왕의 이름으로, 이곳은 스페인의 라틴아메리카 첫 식민지다. 스페인은 포르투갈의 선점을 막기 위해 제1차 대서양 횡단항해가 끝난(1493) 뒤 5개월도 채 안 되어 부랴부랴 콜럼버스를 제2차 항해에 투입한다. 콜럼버스가 1차 항해에서 돌아온 지 보름만인 3월 15일 왕실은 그에게 2차 항해 준비를 명하고, 5월 20일에는 정식으로 그를 제2차 항해의 선단장으로 임명한다. 곧이어 23일에는 쎄비야 대주교의 조카인 후안 데 폰세카를 준비위원장으로 임명하고, 선단 항해 준비를 위해 연달아 왕령을 반포한다.

콜럼버스는 포르투갈의 선점 차단이라는 상황적 원인 말고도 식민지 개척과 황금 노획이라는 항해의 본래 목적을 위해서도 투입에 적극 호응한다. 1493년 9월 25일, 그는 가축과 농기구 및 농작물 종자를 만재한 17척 범선(큰 범선 3척과 작은 범선 14척)에 1,500명의 젊은 식민 이주자들과 선원들을 태우고 까디스항을 출항, 항해의 장도에 오른다. 에스빠뇰라섬에서의 식민사업이 항해의 주목적이기 때문에 각종 직업인들을 망라했다. 상당수의 성직자와 1차 항해 때 데려온 인디오 6명 중 3명이 포함되었다. 콜럼버스보다 열일곱살 어린 막내동생 자꼬모(Giacomo, 스페인어로는 디에고)도 동참했다. 원래 남성 10명당 여성 1명씩 승선이 허용되었지만, 이번에는 한명도 없었다. 이번 항해에 관해서는 콜럼버스와 참가자 한명이 지인에게 보낸 서한을 통해 개략을 알 수 있다.

선단은 10월 7일 카나리아제도의 고메라섬에서 식량과 음료수를 보급받고, 10월 13일 대서양 항해의 닻을 올렸다. 계속 서행하다가 11월

라이사벨라박물관 외경.

22일 비교적 큰 섬 하나를 발견한다. 그날이 바로 일요일이어서, 스페인어로 일요일을 이르는 '도미니카'라는 이름을 이 섬에 붙였다(오늘날의 도미니카공화국과는 다른 섬). 이튿날 과달루뻬섬을 발견한 데 이어 카리브해 동변의 소(小)엔틸리스제도와 대(大)엔틸리스제도에서도 여러 섬을 발견한다. 카리브해라는 이름은 당시 과달루뻬섬을 본향으로 하고 인근 여러 섬에서 활동하던 호전적인 카르비족 이름에서 유래했다고 한다. 콜럼버스는 발견한 여러 섬의 이름을 자의로 지었다. 예컨대, 초기 발견한 마리아갈란떼섬은 기함 '마리아'의 이름을 따서 붙였다.

함대는 줄곧 서항해 싼따끄루즈와 푸에르토리코섬을 지나 11월 27일 에스빠뇰라섬 근해에 이르렀다. 다음날 상륙해보니 제1차 항해 때인 1942년 12월 라나비다에 지었던 성보가 폐허로 되고, 수비병으

라이사벨라박물관에 전시된 콜럼버스 2차 항해 당시의 선박.

로 남겨놓았던 139명은 종적을 감췄다. 알아보니, 그들은 금을 찾는답시고 돌아다니며 약탈을 일삼고, 금 채취를 위해 원주민들을 혹사하며, 심지어 원주민 여성들을 능욕하는 등 원한을 쌓아 원주민들에게 몽땅 살해당했던 것이다. 함대는 위해를 피해 얼마쯤 동항하다가 새 근거지를 마련하기에 적지인 항구 하나를 발견했다. 즉각 상륙해 도시 건설에 착수했다. 그 도시가 바로 신대륙 최초의 유럽인 식민도시이자 지금 일행이 찾아가는 라이사벨라다. 콜럼버스는 이곳을 거점으로 4개월 반 동안 오지를 탐사하고 금을 채굴하면서 총독의 명의로 이 섬을 경영했다.

그러나 본국에서 가져온 식량이 바닥을 드러내고, 환자들이 속속 발생하자, 콜럼버스는 1494년 2월 2일, 17척 함선 중 12척에 황금광의 시제품을 실어 스페인에 돌려보내고, 필요한 물자를 보내줄 것을 요청하는 서한을 국왕에게 보냈다. 그리고 자신은 3월 12일 무장부대를 이끌고 황금출산지에 가서 새로운 거점도시 싼따또마스를 건설한다. 새 도시의 수비병으로 86명을 주둔시키고, 30명을 파견해 싼따또마스와 라이사벨라 간의 길을 닦도록 하고는 3월 29일 라이사벨라로 돌아왔다.

이제 콜럼버스는 1차 항해 때 발견한 쿠바가 섬인지, 아니면 대륙인지가 못내 궁금했다. 그리하여 에스빠뇰라섬의 통치는 동생 디에고에게 맡기고, 4월 24일 남은 배 5척 중 3척을 이끌고 서항해 쿠바의 동단에 이르렀다. 거기서 남쪽에 있는 자메이카에 황금이 풍부하다는 이야기를 듣고 쿠바의 싼띠아고항에서 출항, 남행 2주야 만인 5월 5일 자메이카의 북부해안 중부의 한 항구에 도착한다. 그러나 황금은 발견하지 못했다. 실망 끝에 다시 쿠바 남해안 쪽으로 뱃머리를 돌려 항진한다. 근해에는 수많은 진주 같은 아름다운 작은 섬들이 널려 있는데, 섬마다가 독특한 꽃동산을 이루고 있다. 그래서 콜럼버스는 이 섬들을 통틀어 '여왕의 정원 군도(群島)'라고 명명한다.

쿠바가 섬인가 대륙인가의 문제를 풀기 위해 콜럼버스는 남해안을 따라 계속 서진하기로 결정한다. 그러나 서단을 240km 앞둔 지점에 이르렀을 때 선원들은 지칠 대로 지치고, 식량도 바닥이 나기 시작하며, 설상가상으로 여울을 따라 장시간 항행하다보니 배의 기계장치에도 무리가 생겨 결국 고장이 나고 말았다. 이제 더이상 전진할 수가 없게 되었다. 모두의 생각은 같았다. 섬이 이렇게 긴 해안선을 가졌을 리 만무할진대, 쿠바는 분명 아시아대륙의 한 부분으로 섬은 아니라는 것이었다. 그러나 그들의 인식은 착오였다. 이틀만 더 가면 섬의 서단 해안에 이를 수 있었으니 말이다.

콜럼버스는 할 수 없이 서항을 멈추고 동쪽으로 에스빠뇰라로의 귀항을 서둘렀다. 6월 13일 해안을 떠나 얼마 안 가서 양질의 홍목(紅木)이 울창한 소나무섬을 발견하고, 거기서 필요한 목재와 물을 장만했다. 7월 18일 쿠바 동부의 커루스에 3일간 머물고 나서 22일 남항해 자메이카를 다시 방문 조사해보려고 섬을 한바퀴 돈다. 8월 9일 자메이카 동단을 거쳐 에스빠뇰라섬 해안에서 동항해 마침내 9월 4일 라이사벨라에 돌아왔다. 그곳에서 국왕이 콜럼버스의 요청에 따라 3척의 배에 실어보낸 물자와 동생 바르똘로메오(Bartolomeo)가 기다리고 있었다. 4개월 반 동안의 고행으로 지친 콜럼버스는 귀항 중 자메이카를 재차 방문했을 때부터 발병해 병고에 시달리고 있었다. 다행히 라이사벨라에 돌아온 후 치유되었다.

여기서 콜럼버스는 열살 연하의 동생 바르똘로메오와 상봉한다. 지략가인 동생은 형의 측근 참모로 많은 일을 도와주고 훗날 싼또도밍고를 재건하는 역을 맡는다. 어느날 형제가 마주앉아 대화를 나누는데, 갑자기 우호적 관계를 맺고 있던 한 추장이 밀사를 보내와 섬 내 네개의 호전적인 부족들이 제휴해 라이사벨라를 공략할 준비를 하고 있다는 정보를 전해준다. 콜럼버스는 선제적으로 가장 적대적인 추장을 생포해 라이사벨라에 감금하고 스페인에 압송하려고 한다. 동시에 200명의 보병과 20명의 기병, 사냥견 20마리를 이끌고 1495년 3월 하순 인디오연합군의 근거지를 급습한다. 말과 사냥견을 처음 본 인디오들은 혼비백산해 전의를 잃고 동요하며 허둥거린다. 콜럼버스군은 일격에 인디오군 수만명을 격멸하고 포로 500명을 스페인으로 압송한다. 후일 이사벨라 여왕은 이들 포로들을 석방해 에스빠뇰라섬으로 되돌려보냈다.

콜럼버스가 5개월간 에스빠뇰라섬을 떠나 있는 동안 스페인 이주민과 원주민들 간에 갈등이 자주 발생한데다, 황금도 기대한 것만큼 산출되지 않아 일확천금을 노리고 항해에 동참한 스페인인들의 불만

라이사벨라공원 내의 유적·유물

도래기념비.

주택터.

묘지.

최초 성당터.

기거했던 갈대지붕집.

이 날로 커졌다. 이러한 불미스러운 상황들이 귀국한 어느 신부의 보고에 의해 본국에 알려지면서 콜럼버스에 대한 본국의 신임이 흔들리기 시작한다. 1495년 10월 지원물자를 실은 4척의 선박을 이끌고 온 후안 아과도는 콜럼버스의 행정감찰관 역할을 수행하게 되었다. 콜럼버스는 이와 관련된 자신의 소행을 해명하기 위해 귀국하기로 결심한다. 뒷일은 동생 바르똘로메오에게 맡기고, 1496년 3월 10일 싼따끌라라호와 싼따끄루즈호 2척에 225명의 스페인인과 30명의 원주민을 싣고 귀향길에 오른다.

도중에 마리아갈란떼섬 등을 경유해 6월 11일 까디스항으로 귀환했는데, 이는 이 항구에서 출발한 지 꼭 2년 6개월 만이다. 귀항 소식을 접한 두 국왕은 7월 12일 축하서한을 보낸 데 이어 부르고스에서 콜럼버스를 소견(召見)한다. 두 국왕은 콜럼버스의 소행과 관련해 좋지 못한 보고를 접했음에도 불구하고 겉으로는 그를 친절하게 맞아주고 노고를 위로해준다. 뿐만 아니라, 그에게 수여된 칭호와 특권을 일일이 재확인해주기도 한다. 이 자리에서 콜럼버스는 빨리 에스빠뇰라섬으로 돌아가 약속대로 대륙을 발견하는 항해에 나서고 싶다는 뜻을 피력했다. 두 국왕도 그 일을 적극 후원해주겠다고 약속했다.

여기까지가 콜럼버스의 제2차 대서양 횡단항해의 노정 전말이다. 이제 라이사벨라 해변가에 남아 있는 유적·유물을 현장에서 추적해 보기로 하자. 그 현장이 바로 수천평에 달하는 오늘날의 라이사벨라 공원이다. 맨 먼저 들른 곳은 라이사벨라박물관이다. 벽에는 그가 1차 항해 때 선창가에서 만났던 짓궂은 갈매기를 비롯한 여러 낯선 바닷새들이 유화로 생생하게 그려져 있다. 관내에는 2차 항해에 관한 귀중한 지상·지하 유물들이 사진이나 기록과 함께 전시되어 있다. 당시의 각종 선박 모형이나 항해 지도는 눈길을 끌기에 충분했다. 밖에는 이곳에 머물면서 지어놓은 성채와 주택, 그리고 그가 기거하던 바닷가의 갈대지붕집(길이 약 10m, 너비 약 5m) 터가 지금도 남아 있다. 십자가 표식을 한 묘역에서는 두가지 형태의 묘가 발견되는데, 하나는 시체를 세워 묻은 인디오들의 원형묘(옹관?)이고, 다른 하나는 눕혀 묻은 기독교인들의 장방형 묘다. 여기에는 또한 라틴아메리카에 최초로 지은 성당 자리가 남아 있는데, 주변에는 200여호의 돌기둥을 한 주택터가 널려 있다. 공원 내에는 500년을 넘긴 고목과 짙은 분홍색 꽃을 흐드러지게 피우고 있는, 원산지가 아프리카인 로열뽀인시아나(roayl poinciana)나무가 푸르싱싱 자라고 있다. 이 모든 것을 증언하는 콜럼버스의 도래기념비도 번듯하게 세워져 있다. 공원은 유적지로서만이 아니라, 휴식공간으로서도 잘 가꿔져 있다. 출구에는 자그마한 민예품 가게도 마련되어 있다.

그토록 바라 마지않던 콜럼버스의 항해 현장을 답사한 실감과 보람을 만끽하면서 공원 문을 나섰다. 5시가 좀 넘어서야 니나식당에 돌아왔다. 그제야 종일 잊었던, 아니 억눌렀던 허기가 밀려왔다. 다들 점심과 저녁을 겸해 짠 왕새우와 살짝 구운 생선, 감자튀김, 쌀밥에 맥주 한두잔씩을 곁들어 포식했다. 1인당 식비가 10달러이니 싼 편이다. 해가 서산에 기울어지기 시작할 무렵(6시 5분)에 귀로에 올라 밤 10시 35분에 싼또도밍고의 호텔로 돌아왔다. 기진맥진해 허기도 잊은 채 꿈나라에 빠졌다.

63
서구의 식민전초기지, 싼또도밍고

콜럼버스가 사상 처음으로 12년간(1492~1504) 네번에 걸쳐 유럽으로부터 아메리카대륙의 카리브해까지의 대서양 횡단항해를 단행함으로써 해상실크로드가 유라시아 동반구로부터 아메리카 서반구로 확장되는 계기가 마련되었다. 따라서 콜럼버스의 카리브해 항해사를 모르고는 해상실크로드가 동·서반구 전체를 아우른다는 환지구성을 제대로 이해할 수가 없다. 뿐만 아니라 콜럼버스의 카리브해 항해에 대한 엇갈린 평가와 더불어, 이 항해를 기준으로 삼아 라틴아메리카의 역사발전 과정을 이른바 '전·후콜럼버스 시대'로 획분하는 비역사주의적 편향까지 나타나고 있다. 콜럼버스의 카리브해 항해 실상을 올바르게 파악할 때만이 이러한 편향을 극복할 수 있다. 이것이 카리브해 탐방이 필수인 이유다. 명백한 것은 서구의 라틴아메리카 식민개척의 척후병이었던 콜럼버스의 카리브해 항해는 라틴아메리카 식민화의 서막이었으며, 모든 화근의 불씨였다는 사실이다. 그리하여 카리브해 탐방은 콜럼버스의 카리브해 항해 실태를 현장에서 확인하는 데 초점이 맞춰진다.

카리브해는 대서양 서부와 남북 아메리카 사이에 위치한 세계에서 가장 큰 내해(內海)로, 해양학에서는 중미해(中美海)라고 하며, 멕시코만과 더불어 아메리카지중해라고도 한다. '용감한 자' '정정당당한 자'라는 인디오 부족의 이름에서 따온 이 세계적 내해의 동서 길이는 약 2,735km, 남북 너비는 805~1,287km로 면적은 275만 4,000km²에 달한다. 평균수심은 2,491m이며, 가장 깊은 곳은 7,680m나 된다. 세계 50여개 바다 가운데서 연안국 수가 두 자리를 차지하는 바다는 카리브해와 지중해 두개뿐인데, 제일 많은 바다는 카리브해(20개)이고 다음은 지중해(10개)다. 이것은 그만큼 바다의 용도가 많다는 뜻이다.

북위 10~20도 사이에 위치한 카리브해 지역은 대체로 열대성기후대에 속하나 높은 산과 해류 및 계절풍의 영향으로 인해 지역마다 다소 차이가 있으며, 일년 내내 고온다습한 동북풍이 분다. 해마다 6~9월이 되면 북부와 멕시코만 일대에서 시속 120km의 열대성 태풍이 8번쯤 발생해 큰 재앙을 불러오기도 한다. 카리브해에 자리한 서인도군도는 아시아의 말레이군도에 버금가는 큰 군도이며, 그중 가장 큰 섬은 쿠바섬이다. 지질학적으로 주위에 깊은 해구(海溝)와 화산지진대가 많아 해구지각(海口地殼)이 불안정하다.

평균 27~28도의 높은 수온은 부유생물(浮游生物)과 각종 어류의 번식에 유리한 자연환경을 조성하고 있다. 베네수엘라를 비롯한 해구의 남부 지역에는 풍부한 석유자원이 파묻혀 있다. 이곳은 중남미와 남·북미 간의 교통과 교역의 필수 경유지일 뿐만 아니라, 1920년 파나마운하가 개통되면서 대서양과 태평양을 잇는 중요한 해상요도의 역할을 하고 있다. 바로 이러한 지정학적 중요성 때문에 카리브해는 일찍부터 서구인들의 주목을 끌어왔다. 기원전 1세기경 베네수엘라에서 북상한 아라와크(Arawak)인들이 해구의 대부분 지역을 차지하고 있었으나, 1500년 이후에는 다른 북상한 인디오인 카리브(Carib)인들이 아라와크인들을 몰아내고 주인이 되었다.

콜럼버스의 이른바 '신대륙 발견'에 따라 스페인과 포르투갈에 이어 영국과 네덜란드, 덴마크, 아일랜드 등 서방 나라들이 앞을 다투어 영내 각지에 식민지를 건설했다. 16세기는 카리브해의 '해적시대'로, 악명 높은 해적들은 카리브해를 '천국'으로 구가했다. 숱한 재화가 그들에 의해 노략질당했다. 뒤를 이은 식민정착기에는 서구 식민주의자들의 보다 지능적인 약탈 대상이 되고 말았다. 풍부한 부존자원이나 관광자원은 그들의 전유물이 되어버렸다. 이 모든 것은 일확천금을 노려 카리브해를 향해 선단을 끌고 온 콜럼버스의 이른바 '신대륙 발견'이 가져온 당위적인 귀결이다. 이제 우리는 그 귀결의 영문을 카리브해 곳곳에서 찾아보게 되는데, 우선 그 탐사의 기점을 도미니카 공화국의 수도 싼또도밍고로 잡았다. 이곳에 그 모든 약탈상을 가장 뚜렷하고 설득력 있게 증언하는 유적·유물이 오늘날까지도 오롯이 많이 남아 있기 때문이다.

어제 콜럼버스의 2차 항해 거점인 라이사벨라를 찾아 떠나기 전 시내의 몇 곳을 둘러본 데 이어 오늘(2012년 6월 6일 금)은 비록 짧은 반나절 시간이지만 시내 투어에 본격 나섰다. 시내 투어에 앞서 도미니카 공화국의 인문지리에 관한 개괄적 지식이 필요해서 휴대한 참고자료를 대충 훑어봤다. 여기서 흥미있는 사실 몇가지를 발견했다. 카리브해 에스빠뇰라섬의 동반부(서반부는 아이티)에 위치한 도미니카의 남안은 카리브해에, 북안은 대서양에 임해 있으며, 동부와 북부는 열대성 우림기후이나 서남부는 열대성 초원기후에 속한다. 그리하여 지역에 따라 평균기온이나 강수량이 심한 차이를 보인다. 서남부에 있는 내륙 염수호인 라고엔리끼요(Lago Enriquillo)는 세계에서 몇 안 되는 수면 이하(-44m)의 호수이며, 특이하게도 여기에는 보통 담수호에서만 사는 악어가 서식하고 있다. 그리고 도미니카는 비록 면적(4만 8,000km²)은 작지만, 구리·철·금·은·석유·보크사이트 등 귀금속 광물이 풍부하다. 996만(2011) 인구 중 혼혈이 73%, 백인이 16%, 흑인이 11%로, 순수 인디오는 거의 없다는 사실도 특이하다. 연간 관광객은 60여만명으로 전체 카리브해 나라들(멕시코 제외)의 관광객 중 47%를 차지한다.

인구 260여만(2010)을 품고 있는 수도 싼또도밍고는 카리브해에 면한 오사마(Osama)강 하구에 자리한 양항으로, 이 나라의 정치·경제·문화의 중심지다. 도시의 크기로는 카리브해에서 쿠바의 아바나 버금간다. 싼또도밍고는 콜럼버스가 1492년 라이사벨라에 첫 식민도시를 건설한 데 이어 그의 동생 바르똘로메오 콜럼버스가 1496년에 이 도시를 건설했으니, 그 역사가 500여년을 헤아린다. 바르똘로메오가 건설의 첫 삽을 뜬 날이 바로 일요일인데, 스페인어로 일요일을 '도밍고'라고 하는데서 도시 이름이 유래되었다. 여기에 '신성한(싼또)'이라는 형용사를 덧붙여 '싼또도밍고'가 된 것이다.

도시 건설과 더불어 이곳에는 식민주의자들에 의해 라틴아메리카에서는 처음으로 대학과 수도원, 성당과 병원이 지어졌다. 그 유적·유물은 오늘날 중요한 관광 대상이다. 식민도시 건설에서 '처음'이라

첫 민주선거에서 당선된 제43대 후안 보시 대통령 동상.

는 사실이 갖는 상징성은 자못 크다. 도시가 자리잡은 지 얼마 되지 않은 때 대형 태풍이 불어와 건물은 거지반 파괴되었다. 그러자 그의 동생은 1502년 오사마강 서안에 '신싼또도밍고'라는 도시를 새로 짓고 라틴아메리카에 대한 스페인 식민통치의 총본산으로 삼았다. 동생은 신대륙의 첫 총독으로 부임하면서 이 도시에 상주했다.

이때부터 도미니카의 기구한 역사는 시작되었다. 219년간(1496~1795) 스페인 식민치하에 있다가 1795년 잠시 프랑스의 속령이 되고, 다시 1809년 스페인에 귀속되었다. 2년 후(1811) 가까스로 스페인의 통치에서 벗어났으나, 이듬해 2월 에스빠뇰라섬 서반부를 점하고 있는 아이티에 점령되고 만다. 도미니카 국민들은 끈질긴 반스페인 항전을 벌여 1844년 2월 27일 독립을 쟁취했고, 싼또도밍고가 수

인디오의 지도자 프라이 안톤 드 몬떼씨오의 입석상.

도로 되었다. 독립 후에도 길은 순탄치 않았다. 스페인은 무력으로 재점령(1861~65)했고, 미국은 20세기에 들어와서 8년간(1916~24)이나 군사통치를 실시했다. 그뿐 아니라 미국은 1930년대에 들어와 악명 높은 군사독재자 에스따도 뜨루히요(Estado Trujillo)를 앞세워 유례없는 공포통치를 실시하고, 1936년에는 싼또도밍고시를 아예 독재자의 이름을 따서 '뜨루히요시'로 개명했다. 5년 후 독재자가 암살당하자 뜨루히요라는 이름은 파기되고, 대신 싼또도밍고라는 이름이 복원되었다.

이러한 우여곡절의 역사 혈흔(血痕)이 도시 곳곳에 진하게 묻어 있다. 500년 역사를 자랑하는 싼또도밍고는 신시가지와 구시가지의 두 부분으로 나뉘어 있다. 구시가지에는 오래된 역사·문화를 상징하는 건물들이 즐비하다. 아침 8시 일찌감치 호텔을 나서서 짙푸른 물결이 넘실거리는 해변을 신나게 달리다가 후안 보시(Juan Bosh) 대통령 동상 앞에 멈췄다. 흰 갈매기들이 수면을 스치며 숨박꼭질 하듯 무자맥질을 하다 동상을 한바퀴 휙 돌고는 어디론가 사라진다. 보시 대통령은 작가로서 1963년 40년 만에 치러진 민주선거에서 혁명당이 승리하자 제43대 대통령으로 추대되었다. 그러나 미국이 지지하는 군사쿠데타에 의해 7개월 만에 권좌에서 내려온다. 동상 기단에는 몇다발의 싱싱한 꽃묶음이 놓여 있다. 보시를 가슴속 깊이 묻어두는 사람들이 많다고 택시기사는 귀띔한다. 동상에서 얼굴을 동쪽으로 돌리니 역시 해변가 숲속에 우람한 흰 동상이 시야에 들어온다. 어딘가를 가리키며 팔을 펼치고 선 모습이다. 그는 인디오의 지도자이자 수호자인 프라이 안톤 드 몬떼씨오라고 한다. 선현을 기릴 줄 아는 민족은 기림을 받을 만한 시대의 문명인이다.

해변가 대로를 계속 달리니 이 도시의 현대적 상징인 오벨리스크가 길 한가운데 우뚝 서 있다. 기하학적 문양과 색깔을 잘 조화시킨 이 모자이크 탑의 높이는 어림잡아 50m는 되는 것 같다. 탑을 우회해서 시내에 들어섰다. 단아한 대통령궁전을 지나 차이나타운에 들어섰다. 거리를 가로지른 대형 문면(門面)에는 중국 『한서』에 나오는 '사해위가(四海爲家, 사해 즉 세상은 어디나 집)'나 『예기』에 나오는 '천하위공(天下爲公, 천하는 여러 사람의 것)' 같은 사자성어가 적혀 있으며, '호려무역공사(豪麗貿易公司)' 등 현란한 상업광고도 눈에 띈다. 중화요리 전문식당은 따로 하나의 거리를 형성하고 있다. 상점에는 중국 제품도 제법 많이 쌓여 있다. 2006년에 형성된 차이나타운에는 지금 40여개의 점포가 활발한 상업 활동을 벌이고 있으며, 화교협회도 이곳에 자리하고 있다. 자고로 도미니카는 활발한 이민정책을 펴온 결과 많은 외래인들이 정주하고 있다. 그리하여 상대적으로 인디오원주민은 수적으로 감소되고, 그들의 활동반경은 거의 역사의 뒤안길로 사라져버렸다.

역사적으로 도미니카는 시종 이민개방 정책을 표방해왔다. 19세기 전반 아이티의 도미니카 강점기에 많은 미국계 흑인노예들이 도미니카에 유입해 자유인의 신분을 얻게 되었으며, 19세기 말~20세기 초에는 남미의 베네수엘라와 인근의 푸에르토리코로부터 역시 많은 사람들이 이주해왔다. 앞에서 말한 후안 보시 대통령의 부모는 푸에르토

도시의 현대적 상징물인 오벨리스크(높이 약 50m).

대통령궁전 외관.

입구 문면에 '천하위공'이라고 씌어진 차이나타운 모습.

리코 출신이다. 20세기에 들어서면서 동양인들의 유입이 줄을 이었다. 가장 많은 것은 광둥성에서 온 중국인들이고, 그 뒤를 잇는 것은 레바논과 시리아를 비롯한 중·근동인들이며, 다음은 일본인과 한국인들이다. 이들의 주업은 농업과 상업이다. 20세기 초 주로 광둥성과 대만에서 건너온 화교들은 국민당의 통치를 피해 이주한 사람들로, 처음에는 광부나 철도공으로 고용되었으나 지금은 서비스업이나 요식업, 무역업에 종사하는 사람이 많다. 화교의 숫자는 1970년대에 약 700명에 불과했으나, 지금은 1만 5,000~2만명으로 급증했다. 중동인과 일본인은 각각 약 3,400명과 1,900명에 달한다. 한국인도 약 500명이 살고 있다. 2차대전 기간에 주로 북부 쏘수아(Sosua) 지역에 살던 약 2만 8,000명 유대인들은 종전 후 대부분 유럽으로 돌아가고 지금은 100명 정도만 남았다. 미국인 8만 2,000명(1999), 스페인인 8만 8,000명, 이탈리아인 4만명과 기타 유럽인들이 여전히 도미니카에 기거하고 있다.

이어 그 옛날의 식민지 구역(Zona Colonia)에 들어섰다. 문자 그대로 식민시대에 형성된 구시가지 심장부로, 구역 전체가 유네스코 문화유산으로 등재되어 있다. 판석을 깐 좁은 골목은 1차선 도로로 차 통행이 금지되어 걸어다닐 수밖에 없다. 걸어다니니 좀더 자세하게 살필 수 있었다. 처음 들른 곳은 끝머리에 자리한 신대륙 최초의 프란치스꼬수도원이다. 지금은 거의 폐허가 되어 뼈대만이 엉성하니 드러나 있다. 언덕바지에 자리한 높은 정문을 들어서니 수도원으로 통하는 돌바닥길이 유일한 유물로 남아 있다. 이어 발길이 닿은 곳은 역시 신대륙 최초의 병원이라고 하는 싼니꼴로스데바리(San Nicolos de Bari)병원이다. 잔해만이 남아 있어도 부지가 상당히 컸음을 한눈에 알아볼 수 있다. 진찰실, 수술실, 입원실, 교실 등 현대식 병원이 갖추고 있는

식민시대의 유적·유물

'신대륙' 최초의 프란치스꼬수도원 터.

'신대륙' 최초의 병원 터.

1521년에 지은 '신대륙' 최초의 대성당.

콜럼버스 동생 바르똘로메오의 고택.

콜럼버스 석상.

구조와 시설을 거의 다 구비하고 있었다고 한다.

여기서 얼마쯤 가서는 역시 신대륙 최초의 성당인 대성당에 이르렀다. 콜럼버스의 치적을 자랑하듯 앞마당에는 그의 동상이 세워져 있다. 전하는 바에 의하면, 1521년에 콜럼버스가 가져온 돌로 이 성당을 지었다고 하는데, 이것은 믿기 어려운 허무한 과장에 불과하다고 해야 할 것이다. 왜냐하면, 그 무거운 숱한 돌을 범선 따위로 운반한다는 것은 도시 불가능하기 때문이다. 실제 그가 가져온 돌 몇개가 벽에 박혀 있었다고 하는데, 지금은 오리무중이다. 화려하고 웅장한 성당은 지금도 운영된다고 한다. 그러나 문이 닫혀 있어 내부를 살펴볼 수가 없었다. 음침한 외벽에는 여러 성화들이 걸려 있다.

이 지역을 지나가니 박물관 거리가 나타난다. 수십개의 테마별 박물관과 전시관이 올망졸망 붙어 있다. 거리는 관광객들로 붐빈다. 어린 학생들이 줄지어 드나드는 모습도 보인다. 다 둘러보자면 하루 종일도 모자란다. 그래서 선택적으로 몇 관에만 들렀다. 가장 인상적인 곳은 왕가박물관(Royal Casa)인데, 종합성을 띤 것이 특징이다. 역점은 콜럼버스의 항해 소개에 두고 있다. 그가 남긴 유물과 관련 지도, 그림, 사진이 많이 전시되어 있다. 처음 접하는 젊은 시절의 초상화는 매력적이다. 특히 감명 깊게 본 것은 콜럼버스의 네차례 항해 노선을 서로 다른 선명한 등불 색깔로 구별해 표시한 것이다. 불빛을 따라 가노라면 몇분 사이에 그 기나긴 항해 노정을 저도 모르게 마치게 된다. 그밖에 카리브해 항해사와 교역사 연구에 더없이 귀중한 자료로는 이곳에서 발견된 중국 도자기와 카리브해 여러 나라들의 대외교역품, 특히 아프리카와의 교역품 목록 등이 있다.

왕가박물관 참관을 마치고 오사마강 하구에 위치한 콜럼버스 동생

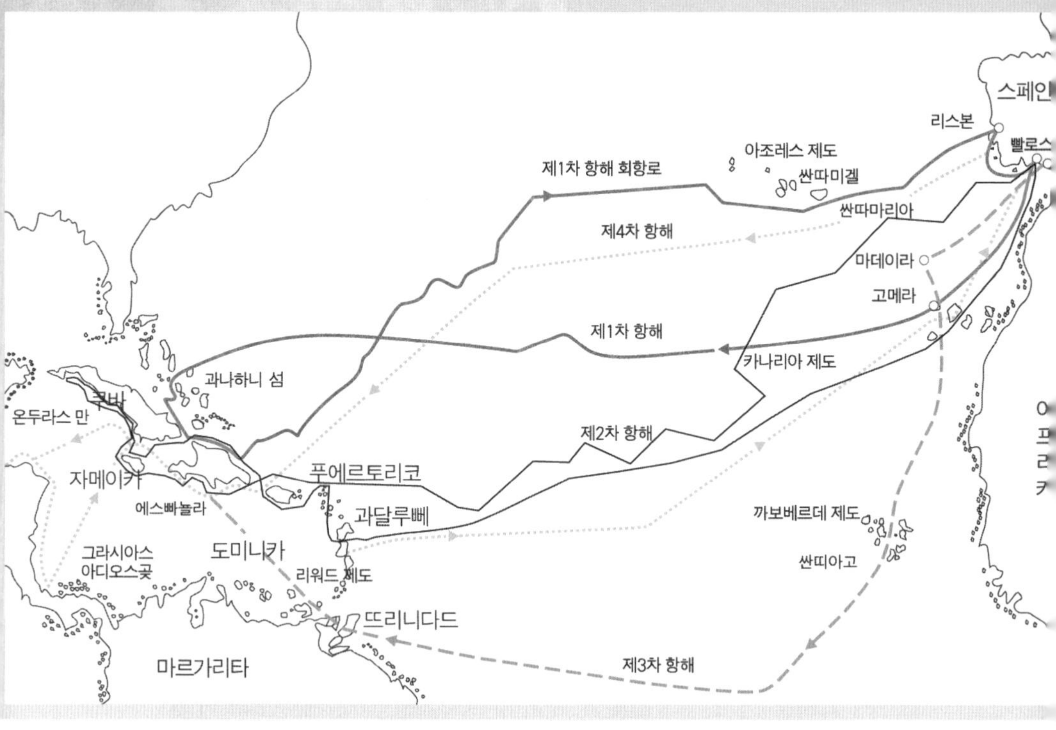

콜럼버스의 네차례 대서양 횡단 항해 노선. 왕가박물관에 소장된 노정 표시판을 참고해 알아보기 쉽게 새로 그린 것이다.

의 고택을 찾아갔다. 넓은 광장을 가로질러 고택에 이르렀는데, 건물의 규모는 꽤 크고 내부도 상당히 화려하다. 초대 총독의 위풍이 실감나는 궁전풍의 대궐이다. 사용하던 사치스러운 가재도구와 벽화, 사진들이 그대로 전시되어 있다. 창문을 여니 맞은편 강가에 동생이 1502년에 '신싼또도밍고'를 건설할 때 기거하던 흰색 삼각지붕 건물이 아스라이 보인다. 지금은 자그마한 전시장으로 쓰이고 있다고 한다. 그리고 그 뒤편 멀리에 콜럼버스 항해 500주년을 기념해 세운 우람한 '콜럼버스라이트'(등대)가 보인다. 2차 항해 때 콜럼버스 선단이 바다에서 오사마강을 따라 내륙으로 들어왔다는 설이 있으나, 도착한 지점이 미상이고, 남기고 간 유물도 없어 그 사실 여부를 판단할 수는 없다고 한다.

시간이 촉박해 콜럼버스라이트는 대충 한바퀴 외부에서 둘러보고

콜럼버스라이트(등대) 외경.

공항으로 직행했다. 자메이카 수도 킹스턴으로의 향발이다. 오후 1시 50분으로 예정된 TY 233편(좌석 6C) 경비행기는 예정보다 30여분 늦게 2시 26분에 이륙했다. 경유하는 비행기로, 싼또도밍고에서 탑승한 3명(일해 2명 포함)을 합쳐 모두 17명의 승객이다. 기내 좌석은 배정하는 것이 아니라, 자유 선택이다. 경비행기라서 카운터에서 승객도 짐과 함께 무게를 달아본다. 손짐 무게를 달아보는 경우는 종종 있어도, 승객의 체중까지 달아보는 것은 난생 처음 당해보는 일이다. 로마에 가면 로마법을 따르라고 했으니, 별 도리가 없다. 묵묵히 따를 수밖에. 처음 당해보는 일은 어차피 당황하게 마련이다. 다행히 초과량은 아니었다. 카리브해 창공을 1시간 20분 날아서 킹스턴공항에 안착했다. 소형 비행기라서 이착륙이 불안했다.

64
'샘의 나라', 자메이카

비행기가 고도를 낮추자 카리브해 한복판에 점점이 널려 있는 수많은 섬들 강운데서 동서로 길쭉하게 누워 있는, 거북 상이나 고래 상을 닮은 섬 하나가 특별나게 시야에 들어온다. 섬나라 자메이카다. 섬의 동단을 가로지른 블루산맥(Blue Mountains, 藍山山脈)은 유난히도 짙푸른 수림으로 뒤덮여 있다. 산맥 한가운데는 카리브해에서 가장 높은 2,250m의 고봉이 우뚝 솟아 있다. 거기가 바로 세계적으로도 유명한 블루마운틴 커피의 산지다. 말만 들었지 시음조차 해본 적 없는 명품의 미감(味感)에 입안이 촉촉해진다.

자메이카는 카리브해에서 쿠바와 아이티섬에 이어 세번째로 큰 섬이다. 크다고 하는 것은 상대적 비교에서 오는 개념이고, 절대적 수치로 말하면 동서 길이가 235km, 남북 너비가 82km에 불과한, 면적 1만 1,000km²의 자그마한 섬나라다. 그럼에도 불구하고 이 작은 섬나라는

공항 로비에 설치한 역대 대통령들의 반신상.

지정학적으로나 전략적으로 중요한 위치에 자리하고 있어 카리브해 식민역사에서 특이한 역할을 해왔다. 콜럼버스는 네차례의 대서양 횡단항해에서 두차례나 이곳에 들렀다. 그는 두번째 항해에서 이 섬을 발견했고, 마지막 네번째 항해시에는 왕복하면서 1년 가까이 머물러 여러가지 족적을 남겨놓았다. 그래서 우리는 범위로 말하면 1일 여행권에도 미치지 못할 이 자그마한 섬을 불원천리 찾아오는 것이다.

킹스턴국제공항은 작지만 아담하고 깔끔하다. 입국수속도 무난히 빨리 진행하며, 직원들도 친절한 편이다. 출구를 나서자 오른쪽 벽에는 역대 대통령들의 반신상이 나란히 세워져 있다. 그런가 하면 왼편 벽에는 큰 포복으로 질주하는 세계에서 가장 빠른 사나이 우사인 볼트를 비롯해 몇몇 국위를 선양한 세계적 체육인(주로 육상선수들)들의 대형 포스터가 붙어 있다. 공항 문밖에 나서도 역시 세계적 체육 강국

공항 로비 벽에 붙어 있는 대형 체육 홍보 포스터.

임을 홍보하는 가설물들이 늘어서 있다. 오가는 사람들의 모자나 티셔츠, 가게의 문짝이나 택시의 차벽, 심지어 차도도 볼트의 사진 일색으로 치장하고 있다.

하기야 이 조그마한 나라에서 그를 비롯한 동료 선수들이 숱한 세계기록의 보유자로 등록되어 있으니 세계에 대고 자긍(自矜)에 넘치는 홍보를 할 법도 하지. 처음 참가한 세계 올림픽에서 은메달 하나밖에 따지 못했던 이 나라는 2008년 베이징올림픽과 2012년 런던올림픽을 계기로 절대적 육상 강국으로 급부상했다. 베이징올림픽에서 볼트가 9.30초와 19.30초로 각각 100m와 200m의 세계기록을 단숨에 세우고, 런던올림픽에서는 이에 더해 400m 계주에서도 세계기록을 수립했다. 육상에서만 런던올림픽까지 모두 금메달 10개와 은메달 18개, 동메달 15개를 따냈다. 작은 나라치고는 실로 기적이다.

이 기적을 이끈 볼트는 2012년 말까지 합계 17개의 금메달을 따내고, 7개 항목에서 세계기록을 깼다. 이제 볼트는 세계에서 '나는 사람' '불패의 황금 몸'으로서의 위상을 당당히 과시하고 있다. 기특한 것은 이들 젊은 체육영웅들은 외부의 유혹을 단호히 물리치고 당당하게 조국 자메이카의 국장을 가슴에 품은 채 국기를 높이 치켜들고 인디오의 자부와 긍지를 만방에 과시한다는 사실이다. 체육 문화는 국민성을 함양하는 것은 물론, 글로벌 부가가치를 창출하는 인류 공유의 문화자산이다. 그래서 인류는 체육 문화에서 그토록 숭고한 건강과 쾌락, 활력과 지혜의 맛과 멋을 느끼고 터득하는 것이 아니겠는가. 느닷없이 견물생심(見物生心)의 소회를 늘어놓았다. 여행하다보면 간혹 이러한 소회가 노독을 잊게 하거나 여행의 별미를 느끼게 하곤 한다.

각설하고, 오후 4시가 넘어서 공항 문을 나서니 점심을 거른 허기가 막 밀려온다. 근처 아일랜드(Island)라는 편의식당에서 햄버거 하나씩(한화 7,500원)으로 급한 불을 끄고, 택시(30달러)로 시내를 향했다. 5시(시차가 서울과는 14시간, 도미니카와는 1시간) 코틀레이호텔(Courtleigh Hotel&Suites)에 도착하니, 데스크에서 803호실 열쇠를 넘겨준다. 약간 리모델링한 구식 호텔이다. 호텔 주변을 한시간쯤 산책했다.

항구도시 킹스턴(Kingston)은 세계에서 일곱번째로 수심이 깊은 양항이며, 경관이 그림처럼 아름다운 도시로 곳곳에 매혹적인 관광명소가 있다. 3면은 창창한 숲이 우거진 언덕과 산들로 에워싸여 있고, 한 면은 탁 트인 바다에 면해 있다. 산기슭에는 기름진 평야가 무연하게 펼쳐져 있다. 연평균기온은 27도로 사시장철 백화가 만발하는 상춘의 나라다. '카리브해의 황후(皇后)'라는 미명이 그래서 나왔다. 해마다 300만명의 외국 관광객들이 이 나라를 찾아온다. 면적은 약 500km²에 인구는 100만에 가깝다. 킹스턴은 1692년에 건설되어 1872년에 이 나라의 수도가 되었다. 우기에 발생하는 태풍으로 가끔 피해를 입어왔으며, 1907년에 발생한 대지진으로 인해 크게 파괴되었다가 복구되

수도 킹스턴 시 전경.

었다.

도착 이튿날(6월 7일 토요일)은 집중 탐방의 날이다. 첫 행선지는 킹스턴에서 서북쪽으로 115km 떨어진 '발견의 만'(Discovery bay, 지금은 콜럼버스공원)이다. 해변가에 자리한 이곳은 콜럼버스의 대서양 횡단 항해에서 마지막 네번째로 들른 곳이다. 아침 8시 반에 길을 떠났다. 시내 길은 휑하니 넓은데 주택을 비롯해 주변 건물 대부분은 나지막하다. 고층건물은 별로 눈에 띄지 않는다. 출근시간인데도 거리는 그리 붐비지 않고 조용하며 '볼트의 나라'답지 않게 사람들은 느긋느긋 발걸음을 옮긴다. 약 20분 달리니 옛 스페인 식민시대의 수도 캐피털(Capital)시가 나타난다. 1670년 마드리드조약에 의해 스페인이 자메이카를 영국에 할양했는데, 영국은 이곳을 버리고 새로이 킹스턴에 수도를 건설함으로써 이 도시는 점차 역사의 뒤안길로 사라져버렸다.

스페인 식민시대의 수도 캐피털의 시청 외경.

지금은 스페인 식민시대에 지어놓은 화려한 성채와 성당 등 몇채의 건물이 덩그러니 괴괴한 유물로 남아 있다.

이곳을 빠져나오자 이 나라의 척주를 서북으로 가로지르는 척량(脊梁)산맥 기슭에 이른다. 해발 500~600m의 산맥을 넘어가는 데 시속 50~60km로 한시간쯤 걸렸으니, 이 관통로의 길이는 60km를 넘지 않는다. 시종 계곡을 따라 터널 하나 없는 노천로다. 계곡을 흐르는 이 나라에서 가장 큰 강인 리오그란데강 물길을 따라 가는 산길은 그야말로 양장구곡(羊腸九曲)이다. 군데군데 외길 돌다리가 굽이굽이 산길을 간신히 이어주고 있다. 이 척량산맥에서 흘러나오는 많은 강들은 지하수가 되어 땅속으로 스며들었다가 산기슭에서 샘처럼 다시 솟아오른다. 이 샘을 인디오의 아라와크어로 '자메이카'라고 부르는 데서 이 나라 이름이 생겨났다고 한다. 명실상부한 길명(吉名)이다.

'발견의 만'을 약 30km 앞둔 내리막길 포장을 중국 회사가 한창 맡아 하고 있었다. 길가에는 공사를 안내하는 중국어 표지판이 세워져 있어 그 현장을 확인할 수 있었다. 택시기사는 이곳뿐 아니라 다른 곳

콜럼버스가 제4차 대서양 횡단항해시 상륙한 자메이카의 '발견의 만' (현 콜럼버스공원).

길도 중국인들이 포장했다고 말해주었다. 중국과 자메이카 양국은 1972년 외교관계를 수립한 이래, 그 관계가 '친선적 동반자 관계'로 발전하면서 정치·경제·문화 등 각 방면에 걸쳐 협력과 교류가 빈번하다. 중국은 이 나라를 카리브해 영어권 나라들 가운데 가장 믿음직한 파트너로 간주하고, 관계 발전에 힘을 쏟고 있다. 서인도제도에서 가장 큰 대학인 자메이카 서인도대학 내에는 '공자학원'까지 운영하고 있다. 수만리 상거한 이 자그마한 나라에까지 침투한 중국의 위력을 실감할 수가 있다.

드디에 발견의 만에 도착했다. 지형상으로 바닷가에서 깊숙이 패어 들어간 만은 배의 정박에는 더없는 적지다. 지금도 그 주변에 시멘트광산과 제분공장 등이 들어서서 화물선들의 운수항으로 이용되고 있다. 해안에는 몇채의 대형 운반선이 정박해 있고, 앞바다에서는 또 다른 배들의 움직임이 보이고 있다. 만을 에돌아가니 길 오른쪽에 콜럼버스의 이곳 기착을 기념해 꾸민 '콜럼버스공원'이라는 간판이 길을 안내한다. 50여m를 더 가니 해변에 면한 공원 시설물들이 나타난다. 공원 안에는 콜럼버스의 초상화나 동상 같은 것은 따로 없으나, 대신 원주민들이 청년 콜럼버스를 환영하는 대형 유화가 걸려 있다. 시설물 대부분은 콜럼버스에 의해 대서양 카나리아제도에서 수입된 사탕수수 가공공장에서 사용하던 제즙기와 가마, 건조기, 제당기 등 여러점의 설비들이 유물로 노천 전시되어 있다. 이 유물들을 통해 당시 사탕수수의 가공 과정을 재현할 수 있다고 한다. 당시의 선박이나 대포, 포대의 모형도 엿볼 수 있다.

콜럼버스는 선단의 일부 배가 장기간의 항해에서 손상 또는 부식되어 더이상 항해할 수 없게 되자, 스페인 국왕에게 선박 지원을 요청

사탕수수 가공공장 터와 유물.

한다. 그는 지원 선박이 도착할 때까지 1년간 이곳에 머문다. 이것은 콜럼버스가 네번의 항해에서 한 곳에 체류한 기간으로는 최장 기록이다. 그만큼 콜럼버스와 자메이카는 깊은 인연을 맺고 있다. 그래서 이곳에 꼭 찾아와서 콜럼버스의 네번째이자 마지막 항해의 전 과정을 한번 되짚어보고 싶었다.

1502년 5월 9일, 콜럼버스는 오십이 넘은 나이에 노구(老軀)를 이끌고 제4차 대서양 횡단항해에 나섰다. 최대 무게가 70톤도 채 안 되는 네척의 범선에 동생 바르똘로메오와 장남 디에고, 훗날 아버지의 전기를 쓴 14세의 서자 에르난도를 포함한 150명의 선원을 태우고 스페인의 까디스항에서 출범한다. 서남행으로 25일 밤 카나리아제도에 도착해 며칠간 묵으면서 목재와 음료수를 적재하고 나서 서행으로 대서양을 횡단, 6월 15일 카리브해의 동변에 있는 마르띠니께(Martinique)

섬에 도착한다. 여기서 사흘간 휴식을 취한 후 도미니카섬으로 직항, 6월 29일 도미니카의 싼또도밍고항 앞바다에 이르렀을 때 마침 큰 폭풍이 일어난다. 이 폭풍을 피하기 위해 항구에 들어갈 수 있게 해달라고 요청했지만, 두달 반 전에 부임한 후 콜럼버스 형제의 행적에 의심을 품고 추적해오던 신임 총독 오반도는 전쟁에서 포로로 잡은 원주민 추장 등을 본국으로 압송한다는 등의 사정을 구실로 입항을 허락하지 않았다. 콜럼버스는 할 수 없이 섬의 다른 항구에 피신해 17일간이나 체류한다.

그의 원래 계획은 하루빨리 자메이카 해안을 따라 그의 상상 속 신대륙의 해협을 발견하는 것이다. 이를 위해 그는 난항을 거듭하면서 계속 서항하다가 오늘날의 온두라스와 코스타리카, 니카라과, 파나마 등지를 발견하고 각각 이름을 지어 붙였다. 스페인어로 온두라스는 '무한심연(無限深淵)', 코스타리카는 '풍요로운 해안'이라는 뜻이다. 이에 앞서 콜럼버스는 오반도 총독의 입항 거절에 크게 실망했음에도 그의 무모한 선박 파견에 충고를 아끼지 않는다. 즉 총독은 스페인 본국으로 여러 선박을 파견하고 있었다. 이제 곧 도래할 대형 폭풍을 예견한 콜럼버스는 총독더러 선박의 기항을 늦출 것을 권유한다. 그러나 총독은 권유를 외면하고 선박 파견을 고집한다. 아니나 다를까, 이틀 후 해상에 거대 폭풍이 일어나 숱한 황금을 싣고 가던 선박들이 일순간에 수장돼버렸다. 콜럼버스 선단은 묘하게 폭풍을 피해가면서 안전 항해를 계속하고 있었다.

이때 서북방에서 남녀가 탄 배 한척이 다가온다. 손짓으로 소통해 보니, 서북방의 부유하고 역사·문화가 유구한 나라 멕시코에서 오는 배라고 한다. 그들의 말대로 계속 서진했더라면 이 나라의 서쪽에 면해 있는 태평양을 발견할 수 있었을 것이다. 그러나 콜럼버스는 자신이 추구하는 동서 관통의 해협이 얼마 멀지 않은 곳에 있을 것이라 믿고, 뱃머리를 온두라스 해안 쪽으로 돌린다. 해안을 따라 40여일을 항진하면서 연일 거센 폭풍과 사투를 치른다. 그러다가 순풍을 따라 동남 방향으로 항진하는데, 갑자기 평온한 만이 나타난다. 반가운김에 콜럼버스는 '하나님 은혜에 감사하는 만'이라는 길쭉한 이름을 지어주었다. 10월 5일 선단이 코스타리카 해안을 따라 항진하는데, 그곳 주민들은 유난히 많은 순금 장식품을 패용하고 있었다. 이에 선원들은 흥분하면서 용기를 낸다. 원주민 인디오 가이드가 금광이 가장 많은 곳은 파나마라고 귀띔했고, 어떤 주민은 산 하나를 넘어가면 다른 큰 대양의 해변이 나타난다고 했다. 콜럼버스는 이제 얼마 안 가서 동서를 관통하는 해협이 나타날 것인데 힘들게 산을 넘어갈 필요가 없다고 항변한다.

선단은 태평양의 유혹을 뿌리치고 파나마 해안에 도착했다. 더 많은 주민들이 순금 장식품을 패용하고 있었다. 선원들은 금제품 수집에 열을 올린다. 이에 대해 콜럼버스는 "지금은 다만 견적만 모으고, 자원의 분포 상황을 철저히 파악하는 데 진력해야 한다"고 역설한다. 왜냐하면 가장 중요한 대사(大事)는 통행할 수 있는 해협을 발견하는 것이기 때문이다. 선원들은 파나마 동쪽 수십마일 지점에서 1503년 새해를 맞는다. 이즈음 바라던 해협을 찾아내지 못한 콜럼버스는 해협에 대한 신심에서 동요를 일으키기 시작한다. 장기간의 항해로 선체가 크게 망가져가자 1503년 6월 선단은 부득이하게 자메이카로 돌아온다. 선단 내 일부 불만분자들은 절망 끝에 반란까지 일으킨다. 선단 내 반란은 진압됐지만, 이어 스페인에 대한 불신과 증오가 폭발하면서 원주민들은 선단에 식량 공급을 중단해버린다. 큰 타격이 아닐 수 없다. 반드시 수습책을 내놓아야 했다.

콜럼버스에게 기발한 묘안이 떠올랐다. 그의 천문지식에 의하면 얼마 안 있어 곧 완전월식이 일어날 터였다. 그는 원주민 추장들을 모아놓고 "그대들이 우리에게 식량을 팔아주지 않아 우리가 굶어죽게 되면, 하나님은 그대들을 징벌할 텐데, 그러면 천공에 떠 있는 달이 빛을 잃게 될 것이다"라고 엄포를 놓는다. 과연 월식이 발생하자 주민들은 경악 속에 식품을 가지고 콜럼버스를 찾아와 제발 달을 되돌려달라고 애걸복걸한다. 콜럼버스는 기도로 달빛이 다시 비치게 한다. 이때부터 주민들은 선단에 대한 식품 공급을 중단한 적이 없었다. 콜럼버스의 이러한 기적을 전해들은 싼또도밍고 총독은 즉시 두척의 지원 선박을 파견한다. 콜럼버스 선단의 선원들은 주민들과 고별하고 동쪽을 향해 항해하다가 8월 13일 싼또도밍고에 도착, 여기서 근 한 달 동안 휴식을 취한다. 콜럼버스는 일부 선원들을 남겨놓고 동생과 아들과 함께 9월 12일 이곳을 떠나 56일간의 항해 끝에 11월 7일 싼루까르항에 귀항했다. 이로써 2년 6개월이 소요된 제4차 대서양 횡단 항해는 마침표를 찍었다.

그러나 얼마 지나지 않아 시종일관 그의 원항(遠航)을 지지해오던 이사벨라 여왕이 그의 귀환 19일 만인 1504년 11월 26일 병환으로 작고하고, 콜럼버스 자신도 이제 더이상 항해에 나설 수 없을 정도로 건강이 악화되었다. 그는 거듭 요청한 끝에 귀환 반년만에 가까스로 페르난도 국왕을 알현하게 된다. 이 자리에서 국왕은 그에게 모든 칭호와 권리를 포기하는 대신, 까스띠야에 있는 자신의 영지를 주겠다는 뜻밖의 제안을 한다. 콜럼버스로서는 청천 하늘에 날벼락을 맞은 셈이다. 그는 이 제안을 거부하면서, 최소한 총독 세습권만이라도 아들 디에고와 그 자손들에게 보장해줄 것을 요청한다. 하지만 국왕은 중앙집권화를 겨우 달성한 왕실로서 이러한 세습권을 용인할 수 없다며, 그의 요청을 일언지하에 거절한다. 알현 후 토사구팽(兎死狗烹)의 신세가 된 콜럼버스는 왕실이 이동할 때마다 좇아가서 자신의 요구를 들어달라고 간청하지만 왕실은 요지부동이다.

실의에 빠진 콜럼버스는 1506년 5월에 이르러 지병인 통풍(通風)이 급격히 악화되었다. 죽음을 예감한 그는 5월 19일 가족들을 모아놓고 자신의 당당한 권리를 천명하면서 재산의 상속과 분배를 매듭짓는다. 끝으로, 평생 응어리로 남아 있던 양심의 가책에서 벗어나기 위해 서자 에르난도의 어머니이면서도 끝내 콜럼버스 부인이 되지 못한 빈천한 농가 출신의 베아뜨리스의 생활을 돌봐줄 것을 에르난도에게 부탁한다. 그리고 별도로 고향과 포르투갈에서 사귀었던 근 10명의 제노바 출신 친구들의 이름을 일일이 호명하며 얼마간의 금전을 증여하라고 기록해놓는다. 드디어 크리스토퍼 콜럼버스는 20일 바야돌리드(Valladolid)에서 아들과 동생, 몇몇 친구들이 지켜보는 가운데 54세를 일기로 그 길고도 험난한 바다의 풍운아로서의 한생을 쓸쓸하게 마감한다.

그래도 살아남아 꿈속에서 몽롱하게나마 그려오던 그 '해협'을 거쳐 언젠가는 중국이나 인도에 가 닿으리라는 희망과 쇠잔해가는 육체의 한계 간에 멀어져가는 간극을 애써 외면하면서, 이 '발견의 만'을 떠나는 콜럼버스의 축 처진 뒷모습이 마냥 파노라마처럼 눈앞에서 어른거리는 가운데 귀로에 올랐다. 약 8km쯤 달리니 왼쪽에 야자수가 듬성듬성 자라고 있는 드넓은 해변 백사장이 나타난다. 이곳이

1655년의 영국연합군에게 쫓겨 스페인인들이 도망간 '도망의 만'.

바로 '도망의 만'이다. 1655년 영국 연합군이 자메이카를 점령하자 스페인인들은 이곳을 통해 도망갔다. 만은 좀 전에 본 '발견의 만'보다 몇배나 더 넓다. 지금은 피서지로 다보록한 야자수 그늘에서 삼삼오오 해수욕을 즐기고 있는 모습이 퍽 한가로웠다. 이 일대는 천연적인 피서지로 큰 호텔도 눈에 띈다. 카리브해 바닷물에 시원스레 발을 담그고 나서 가던 길을 재촉했다. 2시가 넘어서 해변가 마을에 있는 관광식당에 들러 이곳 특식인 생선튀김으로 점심을 때웠다.

아침에 킹스턴을 떠날 때는 '발견의 만'과 '도망의 만'을 대충 훑어보고, 유명한 '자메이카 블루마운틴 커피'의 산지인 블루산맥을 찾아가려고 작정했다. 그런데 여기서부터 가려면 족히 네시간이 걸린다고 한다. 3시가 넘은 시점에서 보다 중요한 다른 일정을 소화하려면 시간적으로 도저히 불가능하다. 아쉽지만 포기하지 않을 수 없다. 그래서 이 식당에서 특별히 블루마운틴 커피를 주문했다. 이윽고 두툼한 자기 잔에 색깔은 여느 커피와 별반 차이가 없으나 향기가 그윽한 녹진녹진한 커피가 식탁에 오른다. 블루마운틴 커피는 단맛과 시큼한 맛, 쓴맛, 세가지 맛을 잘 조화시켜 약간 씁쓸하면서도 시큼달콤한 맛을 냄으로써 마실 때의 쾌감이 이루 말할 수 없다. 이런 세가지 맛을 한마디로 무슨 맛이라고 하는지 필자의 천견으로는 꼭 찍어 말할 수 없어 안타깝다. 이러한 독특한 맛으로 인해 블루마운틴 커피는 세계적인 명성을 구가하고 있으며, 값으로도 세계에서 두번째로 비싼 커피로 알려지고 있다. 미국에서 맥스웰커피 1파운드 값이 3달러일 때, 블루마운틴 커피 값은 무려 그 27배인 80달러에 달한다고 하니 그 위상을 가히 짐작할 수 있다.

일찍부터 자메이카는 커피 생산으로 유명해졌다. 1717년 프랑스 황제 루이 15세는 1674년에 자국 속지가 된 자메이카에 커피 재배를 명한다. 당시 총독이던 니꼴라스 로스(Nicholas Lawes)는 카리브해 동남부에 있는 마르띠니께에서 커피 종자를 들여다가 1728년 3대 블루마운틴 커피 생산지의 하나인 세인트앤드루(St. Andrew) 지역에 재배하기 시작했다. 재배면적과 생산량이 급속히 늘어났을 뿐만 아니라, 종류도 다양화되었다. 오늘날 자메이카 커피라고 하면 주로 블루마운틴 커피(약 6,000km^{2}에 재배)와 고산 커피(High Mountain Coffee), 자메이카 커피(Jamaica Coffee)의 세가지를 말한다. 블루마운틴 커피와 고산 커피는 블루산 재배지의 높낮음에 의해 구분되는데, 보통 해발 666m~1,800m 사이 지역에서 생산하는 것은 블루마운틴 커피라 하고, 그 이하 지역의 것은 그저 고산 커피라고 부른다. 다같이 품질에 따라 No.1과 No.2, No.3, PB의 4등급으로 나뉜다. 자메이카 커피란 블루산맥 이외의 지역에서 생산되는 커피에 대한 총칭이다.

블루마운틴 커피가 뛰어나게 질이 좋은 것은 재배지의 토양과 지질, 기후와 일조량 등 적절한 자연환경 때문이다. 재배지는 비옥한 화산토양을 두텁게 깔고 있는 고산지대로 공기가 맑고 오염이 없으며, 연간 평균기온이 27도 안팎이고 강수량은 1,980mm로 비교적 습하며 자주 안개가 끼고 비가 많이 내린다. 일조량이 보장된다는 점이 특이한데, 해수면에 뜨겁게 내리쬐는 햇빛이 고산지대의 커피나무에 반사되어 충분한 일조량을 얻는다. 이렇게 생산된 커피는 싱그러운 향기를 발산할 뿐만 아니라, 건강 증진에도 특별한 효능이 있다고 한다. 혈액순환 촉진, 혈전(血栓) 예방, 혈관 확장으로 편두통 등 투통 해소, 심혈관 질병 예방, 근육 회복, 이뇨와 신진대사 촉진, 비만 방지, 관상동맥 경화 예방, 교감신경 활성화, 우울증 해소 등 흡사 만병통치약을 연상케 하는 의학적 효능을 지녔다.

자메이카정부는 시종일관하게 이런 기호품의 생산과 소비, 수출에 관여하고 있다. 1900년에 정부는 처음으로 커피의 질 표준화에 관한 시행령을 반포한 이래, 1948년에는 자메이카커피국(CIB)을 설립하고 '자메이카 블루마운틴 커피 산업관리 조례'를 발표해 커피에 대한 전반적 관리 규정을 명문화했다. 특히 대외수출을 엄격하게 통제하고 있다. 현재 자메이카는 연간 약 4만 포대(1포대=60kg, 보통 블루마운틴 커피는 70kg짜리 나무통에 넣어 수출)를 생산하는데, 이는 브라질의 3,000만 포대에 비하면 새발에 피에 불과하다. 그러나 자메이카는 양보다 질을 추구한다. 그래서 얼마나 수출하는가는 밝혀진 바가 없다. 여기서 주목되는 것은, 일본이 수출을 독점하고 있다는 사실이다. 일본은 1970년대 말부터 자메이카의 커피시장에 대대적으로 투자하면서 독

1692년의 대지진으로 인해 수몰된 지하도시 해역의 모습.

점하기 시작했다. 2004년 통계에 의하면, 블루마운틴 커피 No.1(최상품) 수출 가운데 일본이 85%, 미국과 유럽이 각각 5%, 기타 나라들이 5%를 점하고 있다. 최근 중국도 자메이카 커피시장에 파고들고 있다. 아직 한국의 손길은 미치지 못하고 있는 형편이다. 어느날 서울의 어느 까페에서 블루마운틴 커피를 만끽하기를 기대하면서 커피잔을 깨끗이 비웠다.

킹스턴으로 돌아오는 길은 시간이 촉박해서 고도가 좀 낮은 지름길을 택했다. 한시간 만에 킹스턴 외곽의 해저도시 뽀르뜨로열(Port Royal)에 도착했다. 원래 이곳은 영국령 서인도제도의 중요한 상업·무역 도시로, 한때는 500여척의 상선이 폭주(輻輳)하는 카리브해 해상무역의 중심지였다. 17세기 말 이곳은 카리브해에 널려 있는 스페

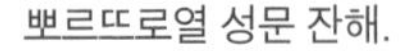

뽀르뜨로열 성문 잔해.

뽀르뜨로열의 옛 지도.

인의 식민지를 공략하고, 카리브해를 왕래하는 상선을 공격·납치하는 해적들의 본거지였다. 영국의 악명 높은 해적 두목 헨리 모건(Henry Morgan)도 한때 이곳을 중심으로 해적활동을 일삼았다. 그러다가 1692년 6월에 일어난 대지진으로 도시의 3분의 2가 수몰되어 숱한 인명 및 재물 피해를 입었다. 1956년 미국 지리학회의 에드윈 링크(Edwin A. Link) 팀이 수몰도시의 현장조사에 착수, 그해에 발굴을 시작했다. 발굴 결과 성채와 가재도구, 유리 그릇, 동제 그릇, 철제 도구, 총, 동전, 도기, 토기 등 수백점의 유물이 인양되었다.

우선 들른 곳은 유일하게 남아 있는 건물로 스페인 왕 찰스 2세의 이름을 딴 뽀르뜨샤를(Port Charls)성채다. 두칸짜리 박물관에는 수몰도시에서 건져낸 유물 일부가 전시되어 있다. 성채에서 500m쯤 떨어진 곳에 붉은 벽돌건물이 하체가 땅속에 박힌 채 비스듬이 누워 있다. 성

뽀르뜨로열 성벽의 잔해.

채와 더불어 남아 있는 유일한 가옥이다. 바깥에는 운동장 3~4배 크기의 매몰지가 아직 공터로 남아 있는데, 군데군데 흰 염분이 지면에 배어 있다. 발굴과 매몰 과정에서 파낸 돌과 흙더미도 바닷가에 흩어져 있으며, 킹스턴항 입항을 기다리는 배 몇척이 바다 위에 떠 있다. 정부는 지금 이곳을 해저관광지로 개발하는 중이다.

킹스턴으로 돌아오는 길은 항만과 공항을 건설하기 위해 쌓은 긴 직선 둑길이다. 저녁은 호텔에서 10분 거리에 있는 중국식당 부려화(富麗華)에서 볶음밥과 두부, 채소국 2인분을 주문했는데, 차려나온 것은 4인분의 광둥식 요리(45달러)다. 큰 식당인데 식사하는 손님은 우리 일행 둘뿐이다. 다들 주문해서는 싸들고 간다. 초저녁인데도 골목은 희미한 등불에 으스스할 정도로 한적하다. 요즘은 경기가 불황 상태라서 밤 문화가 무너져가고 있다고 한다.

이튿날(6월 8일 일요일)은 짧은 자메이카의 체류 일정을 마치고 바하마의 나소로 날아가는 날이다. 아침 8시 반에 호텔을 나서 공항으로 향하는 길에 카리브해산 쌀을 구입하기 위해 슈퍼마켓에 들렀다. 그동안 세계 쌀 문화대 탐방을 위해 아프리카나 아시아의 쌀 생산지에서 견적으로 쓸 쌀을 구입하곤 했다. 그런데 뜻밖에도 카리브해에서는 오로지 도미니카에서만 벼농사를 짓는다는 것이다. 이곳 상점에도 그곳 쌀뿐이다. '동카리브해산'이라는 상표가 붙은 도미니카산 쌀 1kg(한화 1,300원어치)을 구입했다. 자칫 놓칠 뻔했던 일이 성사되어 그나마도 다행스러웠다(이 쌀 일부는 한국문명교류연구소에서 분석용으로 밥을 지어봤고, 나머지는 2015년 10월 고양시의 가와지농업박물관에 기증했다).

공항 대기실에 설치된 대형 스크린에서는 한때 서구세계를 풍미했던 자메이카의 유명한 레게(Reggae)음악이 흘러나왔다. 보컬과 기타 반주가 퍽 흥겹다. 책에서는 읽었지만, 접하기는 처음이다. 문외한으로 흘러나오는 곡이 무슨 곡인지는 알 수 없으나, 레게음악의 창시자 밥 말리(Bob Marley)의 영상이 끼어 나오는 것으로 미루어 레게라고 추측하면서 곁 사람에게 물어보니 그렇다고 한다. 사실 레게는 아프리카 흑인들의 댄스음악에 미국의 재즈 등이 융합되어 만들어진 교류음악이다. 바로 그러하기 때문에 1960~80년대, 말리가 생존해 활동하던 시기에는 유럽을 비롯해 세계적인 음악으로 명성을 날렸으며, 그후 1980년대에 등장한 보컬이나 록 음악에 폭 넓은 영향을 미쳤다고 한다.

이곳 시간으로 오전 11시 21분에 나소로 향발하는 BW 068편(카리브해항공, 좌석 C8)에 탑승했다. 공항에 들어서자 짐을 부치기 전에 짐을 샅샅이 검사하더니, 비행기 안으로까지 마약견이 올라와서 두리

번거리며 무엇인가를 탐색한다. 비행기는 11시 35분에 굉음을 내며 이륙한다. 이윽고 기수를 동북 방향으로 돌리더니, 바다 위에 떠 있는 자메이카 섬이 눈 아래에 모습을 드러낸다. 샘처럼 마를 줄 모르는 생명력을 이어가는 섬나라, 인구가 300만도 채 안 되는, 산으로 뒤덮인 작은 섬, 대부분 주민이 아프리카에서 끌려온 노예들의 후예인 나라… 그런 중층적인 자연 및 인문 환경에서 가장 빠른 '나는 사람들'이 나타나고, 가장 맛깔나는 커피가 생산되며, 인간의 심금을 울리는 레게 음악이 일세를 풍미했었다는 기적 같은 사실들을 새삼스레 뇌리에 깊이 각인하면서 자메이카와 작별했다.

창공을 비상하는 진조(공항청사 내 설치).

65
홍학(紅鶴)의 고향, 바하마

킹스턴 시간으로 오전 11시 35분에 이륙한 비행기는 1시간 13분이 걸려 12시 48분(나소 시간은 1시간 빠름) 바하마의 수도 나소(Nassau)공항에 착륙했다. 한창 점심시간인데도 비행기에서는 식사 서비스는 없이 주스나 커피 한잔 서비스만 있을 뿐이다. 예전 같으면 야속하다고 나무라겠으나, 그것도 시대의 흐름에 따른 시속(時俗)이 아니겠는가 하고 해석해보았다.

하늘에서 내려다본 바하마 땅은 온통 섬들의 군락(群落)으로, 어디가 국경인지 어디에 무엇이 있는지를 통 분간할 수가 없다. 면적이 고작 1만 4,000km²에 불과한 땅을 700개의 섬(유인도는 약 30개)과 2,500개의 산호초 또는 갯벌로 찢어놓았으니, 섬 하나가 큰들 얼마나 크겠는가. 오죽했으면 나라 이름을 스페인어로 '갯벌'이란 뜻의 '바하마'(Bajamar)로 지었겠는가. 대서양의 서안과 카리브해의 북변에 위

공항 청사 내의 특이한 목각품.

치해 서북에서 동남 방향으로 펼쳐진 국토의 길이는 1,220km, 너비는 96km로, 미국의 플로리다주 동쪽에 위치하고 있다. 인구는 약 34만명(2012)인데, 그 가운데 절반 이상인 25만이 수도 나소에 살고 있다. 주민의 85%는 흑인의 후예들이며, 그밖에 백인과 소수 아시아 인종들이 끼어 살고 있다.

비행기가 착륙한 곳은 나소의 서교에 자리한 국제공항이다. 서인도군도의 북단, 뉴프로비던스섬(New Providence Island)의 동북방 대서양에 면해 있는 나소는 이 나라의 수도이자 제1의 항구다. 1670년 영국왕 찰스 2세는 6명의 영국 귀족들에게 바하마군도를 책봉했다. 이들은 주변의 영국 식민주의자들을 끌어들여 성보를 짓고, 이곳을 왕의 이름을 따서 '찰스턴'(Charleston)이라고 불렀다. 이어 1690년에는 영국왕가의 계승자이자 친왕인 나소의 이름으로 개명해, 그 이름이 오늘날까지 이어지고 있다. 1729년에 이르러 도시로 정식 승격되었다.

당시 나소의 대부분 주민은 겉으로는 수로를 안내하는 도선자로

나소와 패러다이스섬을 잇는 해상 다리 모습.

위장한 해적들로, 일단 선박들을 고의로 암초 있는 곳으로 유인해서는 노략질을 일삼았다. 그래서 그들을 '선박 유인자'라고 불렀다. 그들이 바로 훗날 악명 높은 카리브해 해적들의 조상이 되었다. 나소는 수심이 12m나 되는 국제적 양항이다. 이곳은 미국의 남단 도시 마이애미에서 가장 가까이에 있는 서인도군도의 도시로, 그 거리는 290km밖에 안 된다. 그리하여 나소는 서인도군도와 미국 남단 사이의 가교 역할을 해왔다.

공항은 작지만 국제공항이다보니 어지간히 북적거린다. 입국수속대를 빠져나오니 분홍색 홍학(따오기, flamingo) 몇마리가 천장에 매달려 창공을 유유히 비상하는 투조물(透彫物)이 눈에 확 띈다. 벽에도 긴 부리와 다리에 갸름한 날개를 퍼덕이며 무리를 지어 날아가는 홍학

떼가 생생하게 그려져 있다. 그 우아함에 걸음이 저절로 멈춰지고, 탄식이 나온다. 홍학은 바하마의 국조(國鳥)다. 홍학은 황새목 저어새과에 속하는 희귀한 새로, 동서고금 여러 곳 전설 속에서도 가끔 길조로 등장하곤 한다. 지금은 멸종위기 조류로 등록되어 국제보호를 받고 있으며, 사냥이 금지되어 있다. 우리나라에서도 1968년 천연기념물로 지정되어 귀히 여겨지고 있다. 깃 색깔이 옅은 분홍색을 띠고 있어 동양에서는 일명 주로(朱鷺), 또는 화렬조(火烈鳥)라고 부르기도 한다. 보통 몸길이 75cm, 날개 길이 38~44cm, 부리 길이는 16~21cm나 되는 늘씬한 몸매의 새다.

깃 색깔이 그토록 예쁜 연분홍색을 띠게 된 원인에 관해 지금까지는 대체로 먹이를 통해 깃털에 붉은 색소가 축적된 것이라고만 알려져왔다. 그러나 우리나라 과학자들은 바닷물 속에 있는 세균과도 관련이 있다는 탁견을 내놓아 조류학계의 주목을 끌고 있다. 면적이 고작 1만 4,000km²밖에 안 되는 이 작은 섬나라에는 '조류의 왕국'답게 8만여마리의 홍학 말고도 200여종의 조류가 서식하고 있다. 대부분의 새들은 이나과섬(Inagua Island)에 있는 국립공원에서 키우고 있다. 그 가운데는 비취색 깃에 흰 머리를 한 바하마앵무새 같은 여러종의 희귀새가 있다. 무릇 새란 좋은 자연생태계에서만 서식하기 때문에, 이로 미루어서도 이 나라가 얼마나 아름답고 넉넉한 나라인가를 짐작할 수 있다.

공항 서비스센터에서 35달러로 소개받은 택시의 기사는 60대의 흑인 할머니다. 호탕한 성격의 기사는 30여분 달리는 내내 쉴 틈 없이, 입이 마르도록 바하마 자랑을 쏟아낸다. 해마다 500만 이상의 관광객이 찾아오고, 연간 1인당 GNP는 2만 3,000달러로 서반구에서는 미국과 캐나다에 이어 세번째로 높다. 2000년 시드니올림픽부터 2004년 아테네올림픽과 2008년 베이징올림픽에 이르기까지 연속으로 금메달을 포함해 2개 이상의 메달을 획득함으로써 인구 대비 올림픽메달 수(15만명당 1개)가 가장 많은 나라라고 한다. 이 나라의 특기는 자메이카와 마찬가지로 육상이며, 카누에서 강세를 보이고 있다. 해산물을 비롯해 먹거리 이야기도 빠지지 않는다. 심지어 콜럼버스가 제일 먼저 찾은 곳이 다름 아닌 바하마라는 사실도 빠뜨리지 않는다. 경력 20년이 넘는 베테랑 기사다.

어느새 나소와 다리 두개로 연결되어 있는 인근 천당도(天堂島, 패러다이스섬, 원래 이름은 '돼지섬')의 베스트웨스턴호텔(Best Western Hotel)에 도착했다. 호텔은 정말로 패러다이스 같은 화원 속에 묻혀 있는 2층짜리 아기자기한 모텔 식 건물이다. 242호 방에 여장을 풀었다. 갖가지 이름 모를 꽃들이 만발하고, 새들이 지저귀며, 싱그러운 향기가 코를 찌른다. 창문을 열어젖히니 약간 훈훈한 기가 섞인 시원한 바람이 방충망을 뚫고 솔솔 스며든다. 한창 여름인데도 달리는 택시 안은 창문만 열어놓으면 선풍기가 필요 없을 정도로 시원하다.

바다 한복판에 떠 있는 바하마는 해발고도가 63m 미만으로, 대부분이 평지이며 하천도 없지만 바다의 영향으로 온화한 아열대기후에 속한다. 연평균기온은 23.5도다. 제일 더운 8월이라야 기온은 24~32도에 머물며, 가장 춥다고 하는 1~2월 평균기온이 17~25도다. 연평균 강수량은 약 1,000mm다. 수려한 섬 경관에 온화한 기후는 관광객을 끌어들이는 원심력이다. 오후 5시에는 호텔 내의 풀에서 몇몇 투숙객들과 함께 담소를 나누면서 1시간 반 동안 무자맥질과 일광욕을 즐겼다. 어느새 노독이 싹 빠져나갔다.

해산물 전문 식당인 푸프데크에서 저녁을 즐기는 식객들 모습.

저녁에는 다리를 건너 나소 쪽에 있는 유명한 해산물식당 푸프데크(The Poop Deck)에 찾아갔다. 대부분 외국 식객들로, 발 디딜 틈이 없다. 한참 기다려서야 식탁이 차려졌다. 새우와 연어튀김 등 이곳 특식으로 푸짐한 저녁 미식(美食)을 가늠했다. 맛도 맛이거니와 양도 푸짐하다. 거울같이 반들거리는 해수면에 긴 여운을 남기며 떨어지는 낙조와 어선들에서 희미하게 새어나오는 불빛이 조화를 이루면서 황홀한 파노라마를 연출한다. 그것을 감상하는 것만으로도 나소의 유객(遊客)이 된 보람을 느꼈다.

호텔에 돌아오자마자 폭식과 방향(芳香)에 취해 일지를 기록하다가 그만 필을 잡은 채 잠에 곯아떨어지고 말았다. 지저귀는 새소리에 깨어나니 새벽하늘이 희붐해진다. 하늘이 환해질 때까지 잠자리에서 뒤

출입항의 안전과 관세를 관리하던 몬태규성채 외관.

적거리다가 밖으로 나왔다. 온몸이 어찌나 개운한지 금세 날 것만 같다. 호텔 주변을 한바퀴 돌아봤다. 구석진 곳이라서 그런지 거리는 한적하다. 상점 같은 편의시설도 별로 없다. 평온하고 화평한 아침이다. 어제 택시기사가 말한 바와 같이 바하마는 과연 분쟁도 없고 안전도 문제 없는 평화로운 나라일까? 한때는 세계 해적의 소굴이었는데. 답은 오늘부터의 나들이에서 얻어질 것이다.

아침 8시, 호텔에서 토스트와 오믈렛, 우유로 아침식사를 마치고 정각 9시에 호텔 문을 나섰다. 빽빽한 일정이다. 맨 처음으로 찾아간 곳은 항구 어귀에 출입항의 안전과 관세를 관리하기 위해 지은 몬태규성채(Fort Montagu)다. 자그마하지만 단단한 구조물이다. 이유는 알 수 없으나 문은 굳게 잠겨 출입은 금지다. 소형 선박과 어선들이 항구를 드나들며, 먼 앞바다에는 배 몇척이 정박해 입항을 기다리고 있다. 성보의 우측은 만으로 에워싸인 천연수영장이다. 수영장 저만치에서는 쪽배를 탄 강태공들이 무언가를 낚아채는 모습이 보인다.

언덕 위에 있는 특이한 구조의 핀캐슬성채.

이어 발길을 옮긴 곳은 언덕 위에 덩그러니 서 있는 핀캐슬성채(Fort Fincasle)다. 높이 5~6m에 둘레가 수백m는 실히 될 원형 성채다. 구조상 특이점은 한 변이 뾰족하게 튀어나왔다는 것이다. 바로 그곳에 문이 있어 들어갔다. 내부는 개방인데, 영국 식민지시대 때 사용하던 대포를 비롯한 각종 무기들과 성보 시설물들이 그대로 전시되어 있다.

꼭대기에 있는 전망대에 나서니 나소 시내가 한눈에 안겨온다. 특히 항구가 지척에 있다. 항구에는 대형 크루즈선 5~6척이 닻을 내려놓고 있다. 세계에 지구를 순항하는 크루즈선이 약 40척밖에 안 된다는 사실을 감안할 때, 이 한 곳에 그 7~8분의 1이 머물고 있다는 것은 나소항의 무게를 짐작케 한다. 실제로 바하마는 국제해운의 중심지 중 하나로 1976년에 대외선박 등록을 시작한 이래 세계에서 세번

핀캐슬성채를 빠져나오는 '주의 계단' 모습(좌).
분홍색 로열뽀인시아나 나무 꽃과 열매(우).

째 대형선박 등록국으로 급부상했다. 2002년 말에 바하마에 등록된 선박 수는 1,348척에 달했으며, 이듬해 말까지 등록한 외국선박의 총 톤수는 3,400만톤에 이르렀다. 이를테면 해운업의 세계적 강국인 셈이다. 해운업은 금융업이나 관광업, 무역업과 동반 성장한다. 나소 한 곳에 250여개 외국은행이 몰려 있는 것은 결코 우연이 아니다.

핀캐슬성채를 빠져나오는 길은 가관이다. '주(主)의 계단'이라고 하는 약 30m의 절벽에 마련된 급경사 계단을 조심스레 내려온다. 아찔하게 높은 좁디좁은 계곡길이다. 끝머리에 이르자 앞이 탁 트인다. 맞이하는 것은 로열뽀인시아나라고 하는 나무에서 흐드러지게 피어난 짙은 분홍색 꽃 향연이다. 이 나무의 원산지는 아프리카이지만, 여기 카리브해에 옮겨와서는 이렇듯 매혹적인 꽃으로 자생하고 있다. 오기 전 콜럼버스가 대서양 횡단항해의 두번째 기착지인 도미니카 라이사벨라의 공원에서도 만났다. 꽃과 더불어 청순한 열매도 올망졸망 맺는다. 아직 익지 않아 푸른빛을 띠고 있다. 언덕길을 내려오면서 영국 식민지시대의 시청사 앞을 지났다. 청사 대문과 정문 사이에 있는 나지막한 언덕에는 일찍이 제1차 대서양 횡단항해 때 선단을 이끌고 바하마제도에 들른 콜럼버스의 백색 동상이 바다 쪽을 향해 세워졌다. '영원한 바다의 사나이'로 남고 싶은 희망을 반영해서일 것이다.

언덕은 나소의 중심 거리인 항만가(港灣街)로 이어졌다. 원래 이 거리는 노예거래소가 있던 곳인데, 지금은 말끔히 새로 단장해 도시의 중심으로 변모했다. 은행과 상점망이 촘촘하다. 상품 대부분은 면세가격에 거래되므로, 이곳은 '구매물의 천당'이라는 별명도 지니고 있다. 상점마다 외래 제품이 차고 넘친다. 태평양과 대서양을 건너온 일본과 중국, 그리고 한국 제품도 보인다. 더욱이 항만과 나란히 뻗어 있어 여러 나라 크루즈 여행객들이 많이 모여들기 때문에 거리는 어디나 웅성거린다. 항구에는 오전에 핀캐슬성채에서 내려다본 크루즈선들이 나란히 정박해 있다. 거리 중심에는 영국 빅토리아 여왕의 동상(좌상)이 세워져 있다. 거리에는 아직껏 2석 4인승 사륜 유람마차인 써레이(surrey)가 다니는 등 고풍도 서려 있다.

여행에서 마지막에 들르는 곳이라면 늘 잊지 않고 하는 일 한가지가 있다. 지인들에게 건넬 여행선물을 마련하는 일이다. 관행처럼 돼버렸지만, 매번 신경이 쓰이는 일이다. 크거나 작음에는 상관없이 의미나 상징성이 있는 물건이라야 선물로서의 값어치가 있는 법이다.

나소항에 정박중인 크루즈선들.

이 '값어치'는 물건 자체의 내재적 속성과 관련되지만, 드릴 상대의 기호 같은 개별성도 감안되어야 한다. 그래서 때로는 견물생심(見物生心)이라 물건을 접했을 때 받을 상대를 생각하면서 골라잡기도 한다. 오늘이 바로 그러한 경우다. 기념품 상점에 들어가니 '나소'라는 마크가 새겨진 붉은 알루미늄 잔이 눈에 띈다. 순간, 잔을 수집하는 한 지인이 뇌리에 떠올라 얼른 손에 넣었다. 그것 말고도 '깨우침'을 상징하는 자그마한 쇠종 2개도 장만했다. 모두 29달러어치다. 기분 좋게 상점을 나섰다.

해변가 햄버거가게에서 해물 햄버거로 점심을 마치고는 나소에서 가장 큰 성채인 샤를로떼성채(Fort Charlotte)를 찾았다. 차에서 내리자마자 비가 억수로 퍼붓는다. 지금부터는 매일같이 이러한 큰 비가 내린다고 한다. 높은 언덕 위에 자리한 이 성채의 정문에 오르니 바다가 한눈에 안겨온다. 오전에 본 몬태규성채가 항구를 지키는 성채라면,

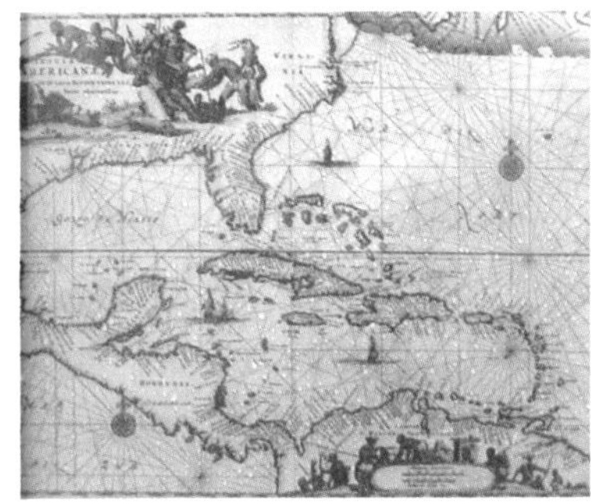

나소에서 가장 큰 성채인 샤를로떼성채 외관(상).
카리브해 고지도(샤를로떼성채 소장, 하).

샤를로떼성채는 넓은 바다를 지키는 성채다. 둘레가 실히 500m는 되어 보이는 원형 구조물로, 주위에는 넓은 해자(垓字)가 둘러 있다. 성채에는 옥외 전시물이 벽을 따라 전시되어 있다. 대포를 비롯한 무기류는 물론, 이곳 역사를 증언하는 사진과 기록물들도 적잖게 걸려 있다. 지하실에 내려가 미로 같은 좁고 낮은 통로를 따라 가니 성채 수비병들의 생활상을 그대로 반영하는 시설물들이 고스란히 전시되어 있다. 깊은 우물과 포도주 제조탱크와 보관창고, 식당과 식기류들이 눈에 띈다. 한시간쯤 내리던 비가 멎자 성채를 빠져나왔다. 비를 몰고 왔던 먹구름은 가뭇없이 사라지고 청천 하늘이 드러난다. 천지가 한결 맑고 상쾌하다.

아틀란티스 수족관

각종 어류.

수몰도시 아틀란티스의 유물.

물고기들과 함께 수영하는 사람들.

일당으로 대절한 택시기사는 다음으로 우리를 아틀란티스수족관으로 안내한다. 세계에서 가장 큰 수족관으로 알려진 이 수족관은 패러다이스섬에 있는 아틀란티스호텔의 지하층에 설치되어 있다. 화려한 대리석으로 만든 높이 3~4m의 수조(水槽)에는 주로 대서양에 서식하는 100여종의 어류가 선을 보이고 있다. 칸막이로 갖가지 어류들을 분류해두었다. 필자가 경험한 일반 수족관과는 다른 점이 두가지가 있는데, 하나는 전설로 내려오는 대서양에 침몰된 도시 아틀란티스를 가상으로 꾸며 각종 수중유물을 실제 물(수조) 속에서 생생하게 보여주는 것이고, 다른 하나는 사람들이 수조 안에서 물고기들과 함께 수영을 체험할 수 있다는 것이다. 수족관을 포함한 호텔은 부지면적이 약 5만 7,000m²나 되는, 이른바 '아틀란티스 수상경관구(水上景觀區)' 내에 자리하고 있다. 이 경관구 내에는 호텔 말고도 보트 탑승장이나 별장, 주택도 섞여 있다. 인근 경관도 대단히 수려하다. 객실만도 2,500개를 갖추고 있는 이 호텔 입구의 '비마군상(飛馬群像)'은 실로 일품의 조각군상이며, 호텔 구조도 서구의 각양각색의 건축양식을 복합적으로 도입해 아기자기하다. 이 호텔의 건축술과 조형술이 높은 평가를 받는 이유를 알 만하다.

늦은 오후 시간에 호텔에 돌아와서는 잠깐 휴식하고, 저녁 사냥에 나섰다. 두루 돌아봐야 어제 저녁에 갔던 해산물식당 '푸프데크'만한 곳은 없다. 다시 찾아가서는 엊저녁 요리와는 다른 요리를 청했다. 역시 명식당의 요리는 메뉴가 바뀌어도 여전히 미식이다. 훈훈한 강바람을 맞으며 걸어서 호텔에 돌아왔다.

일지를 정리하면서, 이 자그마한 섬나라가 어떻게 해서 '작음'을 극복하고 이토록 부유하고 활기를 띤 나라로 변모해왔을까를 곰곰이 생각해봤다. 한마디로 그 요인은 주어진 주·객관적 환경을 소극적·피동적 숙명으로만 받아들이지 않고, 적극적·주동적으로 자신의 운명을 개척해나간 데 있다. 19세기 중엽 내전으로 인해 미국이 해안봉쇄 정책을 실행하자, 미국 남부산 면화에 크게 의존하던 영국 방직업은 큰 타격을 받는다. 이때 바하마는 소형 화물선으로 미국 면화를 밀수입해 영국에 수출함으로써 다량의 재화를 축적할 수 있었다. 1919년 미국은 제14조헌법수정안에 근거해 음주금지법을 반포한다. 이 기회를 이용해 바하마인들은 나소항을 대대적으로 확장해 영국산 위스키를 다량 수입, 미국을 비롯한 인근 지역에 재수출해 부를 축적했다. 이런 경제적 호황은 1934년 미국이 음주금지령을 폐기할 때까지 지속되었다.

바하마는 1964년 영국으로부터 자치 지위를 획득하고, 5년 후에는 식민지 바하마가 영연방 성원국으로 승격한 데 이어 1973년에는 합법국가로 독립했다. 독립한 후에는 지정학적 위치와 부존자원 실정에 걸맞은 국가발전 정책을 추진해왔다. 정책의 중점은 관광업과 금융업 활성화다. 이 두 부문에서 벌어들이는 돈은 국민총생산액의 90%나 차지한다. 관광업은 이 나라 국민경제의 지주산업으로 해마다 500여만 명이 찾아와 연간 수입이 국내총생산액의 50% 이상이나 되는 20여억 달러에 달한다. 이 부문에 직간접적으로 종사하는 인원만도 인구의 7분의 1에 해당하는 약 5만명이나 된다. 크고 작은 호텔 223개(2012년)가 관광객과 노동자 들을 맞이한다. 호텔과 식당 등 서비스업 종사자는 약 1만 1,000명으로 전체 노동력의 10%를 점하며, 그들의 수입은 총생산액의 13%에 달한다. 다음은 금융업인데, 국내 정세의 안정과 미국과의 인접관계, 직접세 면제, 엄격한 은행 보호제, 외환통제의 폐

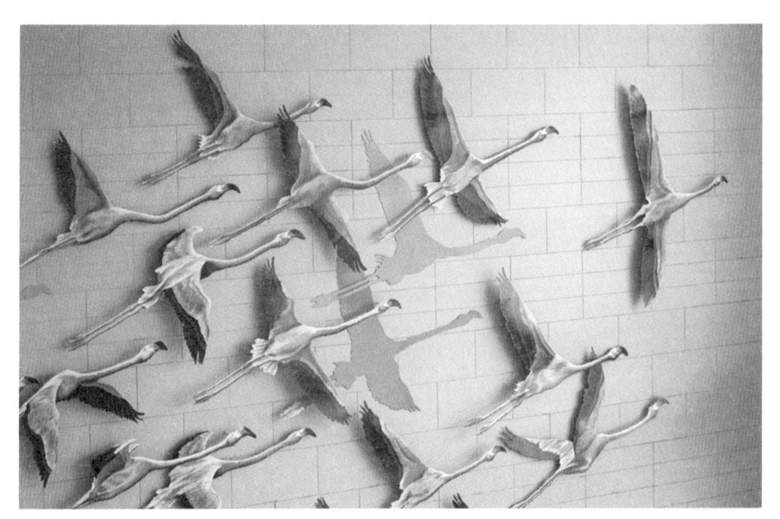

공항 청사 벽에 그린 홍학 떼.

지 등 금융업 성장에 유리한 제반 조건이 갖춰져 있기 때문에 국제금융업의 중심지 중 하나로, 금융업이 호황을 누리고 있다. 2001년 말 현재 38개 나라의 356개 은행이 영업등록을 마쳤고, 100여개의 공동기금과 보험회사, 10만개의 국제무역회사가 상주하고 있다. 바하마 금융기관이 관리하는 자산만도 2,800억달러 이상이다.

이러한 구체적 수치는 바하마 국민의 안정되고 넉넉한 생활형편을 말해준다. 그렇다고 모든 국민이 다 그런 것은 아니다. 낙원 같다는 패러다이스섬의 해변에는 여느 카리브해 나라들에서 볼 수 있는 구차한 달동네가 눈에 띈다. 식당에서는 걸식자들도 맞다들곤 한다. 사회의 근본적인 구조개혁이 없는 한, 불평등이나 빈부 차이는 애당초 사라질 수 없을 것이다. 걱정되는 것은, 저간의 상대적 번영에 도취되고 눈이 가려져, 사회변혁에 대한 열기가 식어가고 있다는 사실이다.

66
해적은 '의적'인가

6월 10일(화), 나소에 온 지 사흘째 되는 날이다. 오전 반나절만 써야 하는 일정이라서 해적박물관과 역사사회박물관 두 곳을 가보기로 했다. 나소는 중세 해양사에서 해적들의 '고향' 내지 '성지'로 악명이 높았던 곳이다. 세계 수백소의 해적기지 가운데 해적 활동의 황금기를 구가하면서 숱한 해적 두목들을 배출한 고장이 바로 나소다. 그렇지만 본래가 은밀성이 생명인데다가 신비성마저 가미되다보니 해적 활동의 실체에 관해서는 제대로 알려진 바가 별로 없다. 유물과 기록은 상당히 제한적이고, 활동에 대한 평가는 편단(偏斷)과 베일, 그리고 혼동 투성이다. 그들의 불법성과 비도덕성, 잔인성을 지적하면서도 '해적사업'이니, '해적민주주의'니, 해적의 '도덕경제'니, '정의의 분배'니, '새로운 종류의 공동체'니 하는 등 마치 의적을 연상케 하는 애매모호한 평가를 내리는 이들도 더러 있다. 해상실크로드라는 청정

나소 해적박물관 외관.

바닷길을 약탈과 살인으로 분탕질해온 그들은 도대체 누구인가? 무시무시한 공포를 불러일으키고 무고한 피해를 가져오는 해적 행위는 과거뿐만 아니라 오늘에도 지속되고 있는 일이라서 일찍부터 이 문제의 바른 이해를 모색해오던 터, 호기가 차려졌다.

나소가 당대 해적들이 '고향'이자 '성지'로 둔갑한 데는 그럴 만한 지리적 여건이 있었다. 전술한 바와 같이, 나소를 중심으로 한 바하마 전역에는 숱한 섬과 산호초, 갯벌이 산재해 있다. 이러한 바다는 해적선과 같은 작은 배들은 자유로이 다닐 수 있으나, 큰 배들은 항행이 불가능하다. 요컨대, 해적선은 대형 선박이나 해군 선박의 추적을 피해 기동적으로 이동할 수 있다. 유인·무인의 많은 섬들은 피신이나 장물 은폐 같은 해적 활동에 유리한 편의를 제공해주기도 한다. 해적들에게는 천혜의 땅이다.

해적박물관은 주홍빛 2층 건물이다. 입구 2층 벽면에 씌어 있는 '나

살림 세간이 다 갖춰진 해적선 내부.

소의 해적들'(Pirates of Nassau)이라는 큼직한 글자가 이곳이 해적박물관임을 알린다. 1층 외벽에는 10여명 해적 두목들의 대형 소묘화가 걸려 있다. 그리고 입문 왼쪽 끝부분은 선물 상점이다. 정각 9시에 문을 연다. 입장권은 1인당 15달러이며, 경로권 따위는 없이 일률가격이다. 주로 17~18세기 나소를 근거지로 삼아 약 200년간 활동하던 해적들의 실상을 그대로 재현하기 위해 만든 박물관이라고 한다. 1~2층이 모두 전시실인데, 크기와 형태가 서로 다른 여러 방들을 어두컴컴한 미로로 연결하다보니 도대체 전시실이 몇개인지 알아낼 수 없다. 당시 해적들의 전투 장면을 재현한답시고 총성과 화약을 터뜨리는 바람에 섬광이 번쩍이고 폭음이 귓전을 멍멍케 한다. 소형 선박 한척을 그대로 옮겨놓고 해적들의 일상을 생생하게 재현하는데, 선상에서 보통 가정집과 꼭 같이 의식주를 해결한다. 가재도구나 시설이 뭍의 집과 진배 없다. 심지어 양과 닭을 키워 젖과 고기, 달걀을 얻기도 한다.

소문에는 해적사회가 민주주의나 도덕경제, 정의분배 같은 '의로움'에 의해 유지되는 사회라고 하지만, 정작 해적들의 일상(박물관에 재현된 일상)을 목격하니 그대로 믿어지지 않는다. 물론 어느 시기, 어느 곳에서, 또 그럴 수밖에 없는 환경에서 그러한 모습이 드러난 적이 있었기로, 그것은 결코 정상이 아니라 비상(非常)이라는 인상을 지울 수가 없다. 일반 해적은 노예나 다름없는 처지다. 강요된 규약이나 통제에 어긋나면 가차 없이 처형된다. 처형은 너무나 잔인하다. 가장 가벼운 형벌이 무인도에 버려지는 것이고, 대개는 바다에 던져지거나 고문으로 죽음을 당한다. 산사람의 등을 칼로 찔러 선혈이 낭자하고 불로 지져 연기가 자욱이 피어오르는, 그 소름끼치는 장면은 지금도 지워지지 않는 악몽으로 가슴을 짓누르고 있다. 예리하기도 하고 둔탁하기도 한 각종 형구들이 한구석에 잔뜩 쌓여 있다. 권총과 화승총, 화포, 만도(彎刀, 굽은 갈고리칼) 같은 끔찍한 살인무기들도 그득하다. 산더미 같던 약탈 보물은 온데간데없다. 아직까지도 일부 장물아비 족속들은 숨겨놓은 보물찾기에 혈안이 되어 있다고 한다.

박물관에는 내로라하는 해적 두목들이 숱하게 등장한다. 그렇지만 그 가운데서도 나소의 해적사에서 황금기로 불리는 18세기 초엽에 이곳에서 활동한 '검은 수염' 에드워드 티치(Edward Teach, 영국인, 1680~1718)가 단연 두각을 나타낸다. 그래서인지 그에 관한 전시물이 특별히 눈길을 끈다. 그가 약탈전을 지휘하는 장면을 그린 소상(塑像)에서 보면, 그는 평생에 한번도 깎아본 적이 없는 더부룩한 검은 수염에 애꾸눈과 한쪽 다리에 부목(副木)을 댄 모습으로, 험상궂고 우악스럽기가 이를 데 없다. 보기만 해도 얄망궂고 겁에 질린다. 그는 몇오리 마끈으로 수염을 묶고 나서는 끈에 불을 붙인다. 그가 화염 속에 휘말릴 때 총포가 마구 화염을 뿜어댄다. 그러면 사람들은 폭발하는 화약통 앞에 서 있는 듯한 공포를 느끼며, 적들은 아연실색해 싸움을 걸기도 전에 기가 죽어 투항하곤 한다고 한다. 전설 같은 무용담이다.

이 풍운아는 젊어서 한때 무장 민간선박의 선원으로 있다가 선장의 수하에서 떠나 자수성가한다. 1715년 그는 40문의 화포로 무장한 기함 '여왕복수(女王復讐)'호를 이끌고 영국왕립해군과 일전을 벌였다. 보통 해적들로는 감히 상상할 수 없는 일이다. 이 '미친 짓'으로 인해 그의 이름이 처음으로 세상에 알려지게 되었다. 이를 계기로 대서양 연안은 왕립해군도 안전을 담보할 수 없는 공포의 분위기에 온통 휩싸이게 되었다. 그러나 이듬해 미국 버지니아주의 갯벌에서 왕립해군에게 포위되어 혈전을 벌인 끝에 진몰하고 만다. 시체에는 탄알 5발이 꽂혀 있고, 20여군데에 칼자국이 있었다고 한다. 영국 해군 선장은 그의 목을 잘라 효수경중(梟首警衆)했다. 여러 해적두목들의 운명도 대체로 이와 비슷했다. 일반 해적들은 해체되거나 포로가 되면 똑똑한 자들은 부족들에게 보내져 지배자로 군림한다. 일부는 사탕수수 농장 같은 데 압송되어 고역을 치른다.

박물관 관람의 마지막 코스는 계단 복도 양 벽에 걸려 있는 유명 해적들의 사진과 '사적' 기록물이다. 그 가운데는 '검은 수염' 에드워드 티치와 바솔로뮤 로버츠(Bartholomew Roberts) 등 거물급 해적들이 포함돼 있으며, '해적 왕' 윌리엄 키드(William Kidd)는 교수당하는 그림이 걸려 있다. 박물관의 내·외벽에 걸린 사진들과 이 복도에 걸린 기록물들에서 세계적으로 악명 높은 10대 해적기지와 10대 해적 거두들의 면면을 알아볼 수 있다. 10대 해적기지로는 ① 아이티 북해안의 또르뚜가(Tortuga)섬, ② 자메이카의 뽀르뜨로열항, ③ 바하마의 나소, ④ 카리브해의 영령 까이만(Cayman)섬, ⑤ 카리브해의 미령 세인트크루아(St.Croix)섬, ⑥ 카리브해의 영령 버진고르다(Virgin Gorda)군도, ⑦ 베네수엘라의 블랑끼야(La Blanquilla)섬, ⑧ 온두라스의 로아딴(Roatan)섬, ⑨ 동카리브해의 세인트키츠(St.Kitts, 영연방 성원국), ⑩ 카리브해의 프랑스령 과데루뻬(Guade Loupe)섬 등이다. 보다시피, 거개의 해적기지는 카리브해에 위치해 있다.

10대 해적기지와 더불어 중세에 가장 유명했던 해적 두목들은 다음과 같다. ① 16세기 영국 빈농 출신의 선장 프랜시스 드레이크 경(Sir Francis Drake). ② 16세기 지중해를 주름잡던 터키 출신의 '붉은 수염' 형제. ③ 18세기 영국 해군 군수관(軍需官)에서 해적 선장으로 변신한 '백면포(白棉布) 제크', 본명은 제크 라컴(Jeck Rackham)인데, 늘 줄무늬 면직 바지를 입고 다닌다고 해 백면포 제크라는 별호를 얻었다. 그는 수하에 두명의 여해적을 거느린 해적 거두로 유명한 인물이다. ④ 17세기 대영제국의 웨일즈(Wales)는 30여년간 카리브해에서 활동했는데, 해적 중 가장 잔인무도해 이름만 들어도 애들이 울음을 그친다는 살인마 왕이다. ⑤ 17세기 영국 스코틀랜드 출신인 윌리엄 키드(William Kidd)는 '해적의 왕'이라는 칭호를 갖고 있는 역사상 가장 유명한 해적으로, 지금까지도 그가 은폐했다는 보물을 찾고 있다. 그는 해적이라는 죄명으로 처형되면서도 자신이 해적임을 끝내 인정하지 않았다. ⑥ 18세기에 활동한 '검은 수염' 에드워드 티치. ⑦ 18세기 식물원 주인의 딸로 태어났으나, 집을 떠나 '백면포 제크'의 해적단에

해적 두목들

에드워드 티치(좌상).
제크 라컴(우상).
카프틴 윌리엄 키드(하).

입단해 활동하다가 체포되어 자메이카 법정에서 수하 전원과 함께 사형에 처해진 여해적 앤 보니(Anne Bonny). ⑧ 18세기 영국 출신으로 수하나 포로들에게 자비를 베풀어 '해적왕자'와 '공해상의 로빈 후드'라는 칭호를 받은 쌀무 벨라미(Salmu Bellamy). ⑨ 19세기 전반 청나라 기생 출신으로 수백척의 해적선단을 거느리고 있다가 1,200문의 화포와 270여척의 선박, 1만 6,000명의 부하를 거느리고 청조에 투항한 정석씨(鄭石氏). ⑩ 18세기 아프리카에서 카리브해와 브라질, 서아프리카까지의 광활한 해상에서 400여척의 해적선을 운영한 바솔로뮤 로버츠 등 10명이 거명된다.

차제에 늘 궁금해오던 해적사를 한번 훑어봤다. 우선, 해적(pirate)의 정의부터 생각해보자. 해적이란, 바다에서 전문적으로 다른 선박을 공격해 재물을 빼앗는 범죄자를 말한다. 관행이나 국내법상으로는 대체로 이렇게 정의되지만, 국제법상으로는 명확한 개념 정립이 없어서 해적들의 법적 지위문제를 놓고 가끔씩 논쟁이 벌어진다. 범죄행위로서의 해적 활동의 특징은, 대부분의 경우 단독이 아니라 집단적으로 이루어진다는 것이다. 이러한 집단적 범행은 인류가 배를 만들어 바다에 띄워놓은 그 시각, 즉 약 3,000년 전부터 시작되었다. 해적이라는 말은 기원전 140년경 그리스 사학자 폴리비우스(Polybius)가 처음으로 사용했으며, 기원후 100년경에 역시 그리스 사학자 플루타르크(Pluitarch)가 해적에 관한 정의를 시도했다. 그에 따르면, 해적이란 불법적으로 선박이나 연해 도시를 공격하는 자들을 말한다.

해적 행위에 관한 첫 기술은 기원전 9~8세기에 활동한 고대 그리스의 맹인 시인 호메로스(Homer)가 쓴, 기원전 12세기 소아시아반도의 트로이아(Troia)성에 대한 그리스인의 원정 이야기 중에 나타난다. 아우구스티누스의 『신국(神國)』에는 해적에 관한 재미있는 이야기 한 토막이 나온다. 어느날 알렉산드로스가 사로잡힌 해적에게 묻기를 "너는 바다에 출몰하면서 도대체 무엇을 하겠다는 거냐?"라고 하자, 해적은 이렇게 대답한다. "세계 각국에 출몰하는 당신과 다를 바가 없소이다. 다만 나는 작은 배를 타니까 해적이라 불리는 것이고, 당신은 막강한 해군을 가지고 있으니 황제라 불릴 뿐이오." 그후 9~11세기에 유럽 연안과 영국 도서에 대한 노르웨이인들의 침략이 발생했는데, 사람들은 이들을 가리켜 '바이킹'(Viking)이라고 불렀다. 후일 바이킹을 북유럽해적이라고 정식으로 이름 붙였다.

15세기에 이르러 중세의 '대항해시대'가 열리면서 해상교역이 급증하자, 이때까지는 순수 민간집단으로서 약탈행위를 감행해온 해적의 사회적 관계는 복잡해진다. 이제부터는 국가라는 권력기관이 나서서 해상무역을 관장해야 하는데, 아직은 그 힘이 부족했다. 그래서 국가 차원에서 해적들에게 적의 선박을 공격하게 함으로써 항해의 안전을 보장함은 물론, 재부의 약탈도 위임하게 된다. 이른바 '약탈면허장'(Letter of Marque)의 발부다. 위임을 받은 해적들은 국가를 대신해 해적행위를 합법적으로 단행한다. 이러한 민간해적들을 사략선업자(私掠船業者, privateer)라고 한다. 그런데 사략선업자들은 국가의 위임계약은 무시한 채, 사리사욕만 채우면서 국가의 공익에는 무관심했다. 그들은 1690~1720년대의 황금시대를 비롯해 해적사상 최대의 번영기를 맞는다.

한편, 재력과 무력이 막강해진 국가는 더이상 해적에 불과한 사략선업자들을 대리로 내세울 필요가 없어지면서 양자 간에는 갈등과 충돌이 발생했으며, 급기야 국가는 무력으로 해적들을 제압하고 해체한다. 그 과정은 자그마치 200~300년(1500~1800년)이라는 긴 세월이 걸렸다. 이것이 중세의 굴절된 해적사의 단면이다. 해적사는 여기서 그치지 않고 오늘도 지속되고 있다. 당장 끝날 것 같지도 않다. 선진문명을 공유하고 공정한 글로벌 해상교역이 실현될 때 해양사의 암적 존재인 해적, 그리고 그들의 역사는 종언을 고하게 될 것이다.

우리는 사략선업자의 전형으로 이곳 나소에도 흔적을 남긴 영국의 유명한 해적 두목 프랜시스 드레이크를 지목할 수 있다. 그는 골든하인드(Golden Hind, 황금 사슴)호를 이끌고 태평양으로 진입, 비무장의 스페인 선박과 항구들을 무자비하게 공격한다. 1579년 3월 1일 해상에서 스페인의 까까푸에고호를 나포하고 재물을 약탈했다. 약탈한 13통의 은화(약 26톤의 은괴에 해당)를 비롯한 금은보화를 배에 옮겨신는 데만도 나흘이나 걸렸다고 하니 그 규모를 가히 짐작할 수 있다. 선박은 돌려주고 선장에게는 선물과 약탈한 물품명세서까지 써주었다. 2년 후에는 여왕으로부터 기사 작위를 받기까지 했다. 5년 후에는 다시 국가로부터 정식허가(약탈면허장)를 받고 카리브해 '개척'에 나섰다.

이와 비슷한 예 하나를 더 들어보자. 이보다 10년 후인 1592년 여름 영국의 존 버로 경이 이끄는 여섯척의 전함이 대서양 아조레스제도 근처에서 우연하게 아시아에서의 일을 마치고 귀국하는 포르투갈의 초대형 카라크선 마드레데데우스(Madre de Deus, '신의 어머니')호를 나포했다. 당시 영국 일반 상선의 세배에 달하는 이 1,600톤급 배에는 금은과 진주·호박·다이아몬드가 가득한 궤들, 캘리코 직물과 사향 같은 고가품들이 배 바닥에 널려 있었고, 배밑 선창에는 425톤의 후추, 45톤의 정향, 35톤의 계피, 25톤의 코치닐, 3톤의 메이스, 3톤의 육두구, 2톤 반의 안식향 등 총 50만 파운드 값어치의 화물이 실려 있었다. 그러나 중간에 이리 뜯기고 저리 뜯기다보니, 런던에 도착한 재화는 겨우 14만파운드어치에 불과했다. 미국 하버드대학의 한 역사학 교수가 말하다시피, 영국은 이렇게 '해상폭력과 도둑질의 소용돌이 속에서' 해적국가로 출발했던 것이다.

노출과 공개를 피해 은밀하게 살고 운신하며 약탈로 삶을 이어가

해적 활동에 관한 각종 기록물들.

는 해적들에겐 분명히 그들 나름의 생존방식이 있을 터, 역사가들은 그 방식에 관해 여러가지 궁금증을 제기하면서 연구를 거듭해왔다. 소설이나 영화, 만화 등 여러 종류의 매체들도 이 흥미있는 주제에 다각적으로 접근해왔다. 그 결과 서로 엇갈린 평가와 판단을 내놓고 있다. 문제는 그들의 불법성이나 잔인성 등 부정적 측면에 관해서는 대저 견해를 같이하고 있으나, 이른바 그들의 민주주의니, 도덕이니, 정의로운 분배니, 신형 공동체니 하는 등 긍정적 측면에 관해서는 객관성을 잃고 과대평가하거나 미화적(美化的) 편단을 내리고 있으며, 심지어 의적(義賊) 운운하는 편향을 범하고 있다는 점이다. 사실 박물관에 남아 있는 유물이나 전시품을 보고서는 해적생활이란 노예생활 그 이하도 그 이상도 아니라는 것을 직감하게 된다. 해적에 관한 오늘의 부당한 서술이나, 남아 있는 몇몇 해적 규약을 근거로 이러한 평가

해적 선장실 모습.

나 편단을 거론하는 데는 무리가 따른다. 물론 개별적인 경우('공해상의 로빈후드'라고 불린 해적선장 쌀무 벨라미의 경우)에는 그럴 수도 있었겠지만, 그것은 어디까지나 특수한 예외이고, 보편현상은 아니었을 것이다. 어디까지나 도적은 도적이고, 어떤 공익적 가치관을 공유하고 결집된 인간집단이 아니기 때문이다.

이러한 미화적 편단을 내리게끔 한 해적선장 바솔로뮤 로버츠 휘하의 선원들이 작성한 해적 규약을 비롯한 몇몇 규약 내용을 종합해 보면 다음과 같다. 노획한 식료품에 대해 동등한 권리를 행사한다, 모든 선원들은 전리품에 대해 공평한 몫을 요구할 수 있다, 동료의 것을 훔치면 코와 귀를 자른다, 돈으로 도박을 해서는 안 된다, 모든 선원들은 즉각 전투에 임할 수 있도록 장비와 단검, 권총을 준비해야 한다, 여성을 유혹해 배에 데려온 자는 사형에 처한다, 전투 중 탈주자는 처형하거나 무인도에 버린다, 근무 중 불구가 된 자는 공공기금에서 800은화를 지급받는다, 선장과 조타수는 전리품 배당 몫의 2배를, 포수장과 갑판장은 1.5배를, 다른 간부 선원들은 1.25배를, 일반 선원들은 1배를 받는다, 악사들은 안식일에만 쉴 수 있다, 선원들 간의 분쟁은 육지에 상륙해서 해결해야 한다, 밤 8시 이후에 술을 마시고 싶다면 불을 켜지 않고 갑판에 앉아서 마셔야 한다, 노획물을 숨긴 자는 무인도에 버리든지 아니면 사형에 처한다, 등이다.

어떻게 보면 상당히 합리적이고도 구체적인 이 조항들을 읽어보면, 해적들의 지향점은 어디까지나 나름대로의 공동체를 유지하기 위한 평등주의와 민주주의이며, 그 가장 큰 특징은 선장을 비롯한 권력자의 권한을 줄이고 권력을 분산시키는 데 있음을 갈파할 수 있다. 이 규약대로라면, 선장은 기능직일 뿐 권력자나 압제자는 아니다. 해적 공동체 구성원들은 누구든 무위도식할 수 없고, 모두 성실하게 일하고 상부상조함으로써 조화로운 공동체를 이루어낸다는 이른바 '도덕경제'(moral economy)를 추구한다. 해적들은 배를 나포한 후에는 그 배의 선장이 선원들을 어떻게 다루었는가를 심문하고, 선원들을 학대한 선장들에게는 가차 없이 복수를 가한다. 그들은 이것을 '정의(正義)의 분배'라고 간주한다.

일부 역사가들의 견해에 의하면, 해적들은 혁명적 이상주의자로, 먼 곳에 가서 그러한 이상주의를 실현하려고 했으며, 일정한 계급의식도 갖고 있었다고 주장한다. 사실 해적사회에서 그들 나름의 제한적인 평등주의나 민주주의, '도덕경제' 같은 이념을 표방하지 않을 수 없었던 것은, 은밀 속에서 생활과 활동을 유지해야 하는 그들 특유의 사회구조 때문이라는 분석은 일리가 있어 보인다. 움직이는 선상

나소 역사사회박물관 외관.

에서의 갈등이나 충돌의 해결책은 육지에서와는 달리 유화적이고 평등적이어야 한다. 선상에서의 복수는 의외로 간단하다. 선장이나 선원들은 공히 이점을 감안해 서로 간의 화해를 바라고 있는 것이다. 이 대목에서 한 해적선장이 "해적이 되는 이유는 비열한 상인들과 잔인한 선장들에게 복수를 하기 위해서다"라고 한 말이 상기된다. 잔인무도하고 거칠기만 하다고 생각되는 해적사회에도 이렇게 내밀한 규범이 작동하고 있다. 그들 역시 인간이니까.

해적박물관 문을 나서니 어쩐지 으스스한 여운이 많이 남아 있는 기분이다. 짧은 시간이나마 난생 처음으로 해적의 활동 현장을 목격하고 살펴봤다. 배운 바가 많지만, 배워야 할 일이 더 많음을 깨달았다. 개관시각인 10시가 가까워오자 발걸음을 다그쳐 얼마 멀지 않은 나소 역사사회박물관을 찾아갔다. 아무런 통고문도 없이 문은 무겁게 잠겨 있다. 30분간 문 앞에서 저제나 이제나 하고 기다렸으나 종무소식이다. 기사가 가까스로 알아보니, 오늘은 휴관이라고 한다. 직원은 무슨 이유도 대지 않고 그저 휴관이라고만 외마디 대답을 했다는 것이다. 허탕을 친 분을 삭이면서 공항으로 향했다.

공항은 피서객들로 북적거린다. 싼살바도르로 향발하는 UP 378편(바하마 항공, 좌석 11D)으로 현지시간 12시 51분에 이륙했다. 기수는 곧바로 동남 방향으로 튼다. 카리브해의 푸른 창파를 헤가르는 선박들이 점점이 내려다보인다. 50인승 경비행기에 40명가량 탔다. 그중 20명은 미국의 모 대학 생물학과 실습생들이다. 싼살바도르에 특이종 생물이 많아 대학에서 이곳에 전문 실습기지를 꾸려놓고 학기마다 학생들이 실습을 온다고 한다. 1시 39분에 공항에 착륙했으니, 48분간 날아온 셈이다.

67
산명수려한 싼살바도르섬

싼살바도르의 공항은 헬리콥터장을 방불케 한다. 공항 부지 면적이 얼마 되지 않는데다가 활주로는 하나뿐이다. 소형비행기나 경비행기만이 이착륙 가능하다. 단층으로 된 공항청사는 수수한 민가 건물이지, 공공기관 같지는 않다. 몇년째 청사 건물 바깥에 임시로 의자 몇개를 놓은 가건물을 대기실로 쓰고 있다. 정기 항로는 매일 한차례 나소를 오가는 항공편뿐이다. 이 구간을 비정기 화물선이 다닌다고 한다.

공항에서 택시로 5분 거리에 있는 샌즈레지던스호텔(The Sands Residence Hotel and Spa Cockburn Town)에 도착했다. 긴 이름의 이 호텔은 해변 모래톱에 지은 2층 목조건물이다. 일행(2명)은 방 두개에 널찍한 응접실이 딸린 1층에 들었다. 인근에 식당이 없어 호텔마다 직접 음식을 해먹을 수 있도록 주방이 갖춰져 있다. 마을 몇군데에 식품점이 있기는 하나 가끔씩 물품이 동날 때가 있으니, 화급한 것은 빨리 식품

싼살바도르공항 청사 모습.

부터 장만하는 일이라고 관리원은 채근한다. 그래서 곧바로 그를 통해 빵·라면·통조림·오이·토마토·양파 등 식품 이틀치를 구입했다. 식품 대부분은 나소에서 수입해오므로 꽤 비싸다.

통조림 햄버거로 대충 점심을 때우고, 오후 3시 반에 섬 관광에 나섰다. 일명 와틀링섬(Watling Island)이라고 하는 이 작은 섬은 바하마군도 동부의 대서양 언저리에 자리하고 있는데, 길이가 21km, 너비가 8km로, 면적은 고작 155km²에 불과하며 인구는 약 1,000명뿐이다. 지세는 평탄하고 소택과 호수가 많으며, 기후는 온화한 편이다. 반나절이면 섬을 일주할 수 있다. 우리가 불원천리 마다하고 굳이 이 작은 섬, 지금은 정말로 보잘 것 없는 태평양 상의 외딴 섬을 신들린 듯 찾아온 이유는 과연 무엇인가? 그것은 콜럼버스의 제1차 대서양 횡단 항해의 상륙지를 현장에서 확인하고, 그 항해의 전말을 밝혀내려는

완만하게 휘어진 약 5km의 롱만 전경.

데 있다. 그 확인과 해명은 대서양을 사이에 둔 유럽과 아메리카의 만남이 남겨놓은 숱한 베일과 수수께끼를 제대로 확인하고 해명하는 작업일 수 있다. 이것은 더이상 방기할 수 없는 이 시대의 요청이고 소명이다. 이러한 소명의식을 망각했거나 소홀했던들, 오늘 이 후미지고 각박한 고도에 찾아올 리 만무했을 것이다.

우리의 관광은 자연스럽게 콜럼버스의 상륙지 탐방으로부터 시작된다. 다행히 호텔에서 택시기사와 가이드를 겸행할 만한 분으로 50대 후반의 데이브(Dave) 씨를 소개해준다. 그는 이곳 출신으로 30여년간 기사와 가이드 일을 하다보니, 그의 표현대로 눈 감고도 다닐 수 있으리만큼 섬의 모든 것에 환하다. 한참 달리니 길 우측에 완만하게 휘어진 긴 만이 나타난다. 길이는 약 5km가 될 법하다. 여기가 바로 콜럼버스가 상륙한 롱베이(Long Bay, 롱만)다. 그가 상륙한 지점이 여기가

콜럼버스의 제1차 대서양 횡단항해의 상륙지점 전경.

아니라 이 섬에서 동남쪽으로 약 105km 떨어져 있는 싸마나암초(暗礁, Samana Cay)라는 주장도 있으나, 그가 남긴 『항해일지』의 기록 내용 등으로 보아 여기 싼살바도르섬이 맞다는 것이 중론이다.

1492년 10월 12일 콜럼버스가 상륙할 때 이곳 이름은 현지 인디오어로 과나하니(Guanahani)였으나, 콜럼버스가 이곳을 '발견'하면서 싼살바도르, 즉 '신성한 구세주'라는 이름으로 바뀌었다. 발견 후 이곳은 약 300년 동안 해적들만 난무하는 무인도로 남아 있었다. 그새 인디오 원주민들과 그들이 전승해오던 전통문화는 거의 자취를 감춰버렸다. 그러다가 18세기 지정학적 요충지로서의 중요성 때문에 해적들이 소탕되고, 영국의 지배하에 들어가게 되었다. 그러자 영국은 아프리카로부터 흑인노예들을 끌어들여 다시 개척하고, 아프리카 흑인문화를

1992년 콜럼버스 항해 500주년에 즈음해 스페인 정부가 기증한 쌍횡목 십자가와 비석.

이식했다. 오늘날 이 섬의 거주민 대부분은 흑인노예의 후예들이다.

활 모양으로 휘어진 롱만 중심부 바닷가에는 콜럼버스의 상륙 표식인 높이 8m가량의 흰 나무십자가가 소박한 목제 전망정을 배경으로 바다를 향해 세워져 있다. 그 곁에는 1992년 콜럼버스 항해 500주년을 맞아 스페인 정부가 기증한 쌍횡목(雙橫木) 십자가가 비석과 함께 서 있다. 거기서 10m쯤 떨어진 곳에는 그즈음 카리브해 일원에 거주하고 있던 일본인들이 세워놓은 높이 1.5m의 흰 비석이 눈에 띈다. 세월의 풍상에 영어와 일본어 비문은 알아볼 수 없을 정도로 마모되었다.

환지구적 해상실크로드의 대서양 연결고리가 생겨난 곳, 그 고리를 통해 유럽과 아메리카의 만남이 이루어진 곳, 그곳의 표식 앞에 선이 순간의 감개무량함이란 이루 다 형언할 수가 없다. 세계가 하나임을, 바닷길이 하나임을 발로 각인하고 눈으로 확인하는 숭엄한 순간이기에. 이 하나만으로도 승위섭험(乘危涉險)으로 아메리카 땅과 대서양을 누비는 보람을 만끽했다. 여기서 백사장을 밟으며 약 100m 걸어가니, 녹이 슨 원형 철제구조물이 나타난다. 이것은 1968년 멕시코올림픽 때 아메리카대륙을 돌던 성화봉송대가 이곳에 하루저녁 체류한 것을 기리기 위해 세운 기념물이다. 외벽에는 '멕시코'라는 영문글자와 함께 올림픽의 상징인 5색 원형마크가 새겨져 있다.

여기서부터는 섬을 한바퀴 도는 주유(周遊)가 시작된다. 한참 달려 도착한 곳은 해적 선장 존 와틀링의 성보(John Watling Castle)다. 길가에서 우측으로 잡목수림이 우거진 언덕 오솔길을 따라 200m쯤 올라가니 정상에 성보 잔해들이 널려 있다. 18세기 섬의 실제적 통치자인 존 와틀링은 여기에 2중 성벽이 달린 성보를 짓고, 수백명의 노예 선원들을 거느리고 근해를 오가는 선박들을 약취해 어마어마한 부를 축적, 호화방탕한 생활을 누렸다고 한다. 주택을 비롯해 성보는 몽땅 돌로 쌓고, 성벽에는 총구를 촘촘히 뚫어놓았다. 도피용 비밀 통로도 파놓았다. 암석 바닥에 석노(石砮, 돌로 만든 살촉)를 세웠던 구멍 자리가 몇 곳에 그대로 남아 있다. 성보에 서니 탁 트인 대서양이 한눈에 안겨온다. 멀리서 여객선인지 화물선인지 통 분간할 수 없는 배 몇척이 유유히 물살을 가르며 항진한다. 아마 그 옛날 해적시대 같았으면 군침이 도는 먹잇감이었을 것이다.

여기까지는 아스팔트 포장길이지만, 이어지는 해변 길은 비포장 모랫길이다. 부드러운 모래로 잘 다져진 모랫길은 아스팔트 포장길 못지않게 폭신한 쿠션감이 느껴진다. 이 바닷길 양옆에는 푸르싱싱

1968년 멕시코 올림픽 때 성화가 체류한 지점에 세워진 철제 기념물 모습.

한 바다포도(sea grafe)나무가 지천에 깔려 있다. 넝쿨나무인데 자그마한 둥근 열매가 탐스럽게 한창 맺히기 시작한다. 제철이 아니어서 익은 열매는 보지 못했지만, 일반 포도처럼 열매를 그대로 먹기도 하고, 잼 등 여러가지 식품을 만든다고도 한다. 여기서 바다포도는 재배작물이 아니라 자연식물이다. 이것만으로도 이 섬의 풍요로움이라 하겠다. 콜럼버스가 이 섬의 풍요로움을 얘기했을 때, 아마 이 바다포도가 한몫 단단히 했을 것이다.

바다포도 넝쿨 속을 빠져나가니 바닷가에 이른다. 그저 바닷가가 아니라 비범한 라군(lagoon)이다. 라군, 즉 석호(潟湖)란 바닷물에 밀리는 모래에 의해 바다의 일부가 외해(外海)와 분리되어 생긴 호수나 늪을 말한다. 그런데 이러한 라군은 신기하게도 바닷물의 성분이나 부유물, 해초에 의해 각이한 색깔을 낸다. 그 색깔은 일조량에 따라 달라지기도 한다. 또한 바람에 의해 물감을 들인 피륙처럼 물결로 일렁이기도 한다. 그 모양새가 실로 장관이다. 이러한 장관은 라군이라고 해서 아무데서나 볼 수 있는 것이 아니다. 세계적으로 몇 안 되는 곳에서만 일어나는데, 이 라군 현상이 이 섬 바닷가에서는 거의 일년 내내 일어난다고 한다. 그것이 관광자원으로 개발되어 일부러 구경하러 오는 호사객들이 많다. 이곳의 특징은, 흐린 날씨에도 맑은 날씨와 마찬가지로 그 현상이 선명하다는 것이라고 택시기사는 힘주어 말한다. 신비한 자연현상은 인간에게 기묘한 영감을 불어넣어주는 법이다.

우리의 주유는 바닷가 둘레길을 따라 이어진다. 도착한 곳은 등대다. 이 섬에서 가장 높은 언덕 위에 설치된, 밑변 지름이 약 10m, 높이는 45m쯤 되는 우람한 등대다. 125년 전(1887)에 지어진 이 등대는 지금도 여전히 제 본연의 기능을 차질 없이 수행하고 있다. 안에 80개의 철제계단이 설치되어 꼭대기까지 오르내리는데, 공교롭게도 이 시각에 정전이 되어 올라가볼 수 없었다. 안내원이 좀 기다려보라고 하지만, 시간 여유가 없어 그만 떠나고 말았다. 야밤삼경 그 등대에서 반짝거리는 불꽃은 멀리 호텔 방까지 비춰주고 있다.

약 두시간이 걸리는 섬 둘레길 포장에 당국이 각별한 관심을 돌리고 있다는 점을 곳곳에서 발견했다. 아직은 재정이 넉넉지 않아 길 전체를 아스팔트로 포장하지 못하고, 띄엄띄엄 구간별로 자갈 포장이나 모래 포장을 뒤섞어 하고 있다. 이런 길 위에는 빠짐없이 밀가루처럼 희고 부드러운 모래를 덧뿌려 차의 진동을 최소화하고 있다. 세심한 배려에 깊은 감명을 받았다. 기사와 안내원, 해설원을 비롯해 섬 관광에서 만나는 사람마다 그렇게 천진난만하고 친절할 수가 없었다. 혹자는 관광이 시작된 지 오래지 않아 그런 것이라는 변을 달지만, 꼭 그런 것만은 아닌 성싶다. 원래부터가 천성이 그러하니까.

대서양의 불덩어리 같던 여름 해가 열기를 누그러뜨리며 서서히 지평선 너머로 기울어져갈 무렵, 섬 인구의 8할이 모여사는 읍으로 돌아왔다. 읍에서 찾고자 한 곳은 박물관이다. 안내서에 의하면 읍내에 박물관이 있는데, 여기에 콜럼버스 1차 항해에 관한 사료가 많이 소장되어 있다고 한다. 그래서 한시간 반 여유를 두고 찾아갔다. 그렇게 자신만만해 하던 기사 데이브 씨도 정작 찾아간다고 하니 얼굴빛이 흐려지며 되레 우리에게 주소를 물어본다. 최근 수년간 박물관을 찾아오는 손님이 없어 현장에 가본 일이 없으며, 폐허가 된 박물관 자리에 새롭게 주택이 들어섰기 때문이라고 한다. 부근에 차를 세워놓고 두리번거리는데, 마침 나이 지긋한 어르신 한분이 지나가기에 찾아온 사연을 말했더니, 박물관 자리라고 하면서 약 50m 밖에 있는 건물을 가리킨다.

찾아가니 관광사무소를 운영하는 30대 중반의 젊은이가 관광객인 줄로 알고 반갑게 맞이한다. 찾아온 사연을 말했더니, 다음과 같은 박물관의 비운을 가슴 아프게 회고한다. 원래 이 집 자리에 있던 자그마한 박물관에는 콜럼버스의 1차 여행에 관한 유물과 기록들이 적잖게 소장되어 있었는데, 2004년 사상 유례 없는 대형 허리케인이 발생해 이 지역을 폐허로 만들었다. 통상적으로 허리케인이 남쪽에서 발생하면 북쪽은 무사했는데, 그때의 것만은 동서남북 가리지 않고 바하바제도 700개 섬을 몽땅 휩쓸어버렸다. 이 싼살바도르섬이 두번째로 큰 피해를 입었는데, 건물의 84%가 파괴되고, 3개월 반 동안 전기와 수도가 단절되었다. 근 10년이 지난 지금도 계속 복구 작업을 진행하고 있으며, 박물관 재건은 아직 엄두도 못 내고 있다. 소장품들이 다 소실되었으니, 앞으로 박물관 재건은 거의 불가능한 것 같다고 실망을 내비친다. 가슴을 저미는 안타까운 얘기다.

박물관에서 무얼 건져보려던 기대는 물거품이 되고 말았다. 돌아오는 길에 슈퍼에서 구입한 쌀로 저녁밥을 지어 먹었다. 굳이 쌀밥을 지은 것은 며칠만이라 입맛이 당긴다는 데서이기도 하지만, 그보다 더 중요하게는 이곳 쌀을 점검해보고픈 욕망에서였다. 상표에는 수입 쌀이라고만 밝혔지, 어디서 수입한 것인지는 명기하지 않았다. 나소를 비롯해 바하마제도에서는 벼가 재배되지 않는다고 한다. 아마 카리브해 지역에서 유일한 벼 재배지인 도미니카산 쌀로 짐작된다. 놀라운 것은 풀기가 있어 자파니카에 속하는 우리네 쌀과 비슷하다는 점이다. 하기야 도미니카 벼 재배도 콜럼버스의 대서양 항해 개척을 계기로 도입되었다고 하니, 세계적 벼 문화대의 연장선상에서 그 역사를 소급해볼 수 있을 것이다. 필자가 다니는 곳곳마다에서 벼농사나 쌀에 관해 특별한 관심을 돌리는 이유는 우리나라가 벼농사의 시조일 개연성이 크기 때문이다. 따라서 벼 전파를 통한 세계와의 문명적 유대관계를 탐색해보려는 것이다. 이 탐색작업이 앞으로 얼마나 오래 걸릴지는 장담할 수 없으나, 그 작업은 간단없이 이어질 것이다.

대서양의 훈훈한 저녁 바닷바람이 나무집 귀틀 사이로 솔솔 스며든다. 솨솨 일렁이는 파도 소리가 마냥 잠을 재촉하는 자장가로 들려온다. 밀려드는 잠을 쫓아내며 이 섬의 오늘과 대조되는 어제의 모습이 궁금해 라스 까사스(Las Casas) 신부가 콜럼버스의 『항해일지』(*Libro de la Primera Navigació*)를 엮어낸 책 『콜럼버스 항해록』(박광순 옮김, 범우사 2000)을 펼쳤다. 이 『항해일지』는 이 섬에서 시발된 콜럼버스의 제1차 대서양 횡단항해의 날짜별 기록이다. 4차 항해 가운데서 유일하게 남아 있는 기록이다. 이 책은 1492년 10월 12일 상륙한 첫날과 다음날(13일), 이 섬의 이모저모에 관한 콜럼버스의 기록을 다음과 같이 전하고 있다.

싼살바도르에 상륙하는 콜럼버스를 그린 그림. 존 반델린 작.

“상륙해보니, 나무들이 짙푸르고 물도 풍부하며 다양한 종류의 과일이 있었습니다. (…) 그후 섬사람들은 앵무새와 무명실 타래, 투창 및 다른 많은 것을 갖고 우리가 있는 보트까지 헤엄쳐와서는, 우리가 주는 다른 것, 즉 예를 들어 작은 유리구슬이나 방울 같은 것과 교환했습니다. (…) 제가 볼 때 그들은 어느 면에서나 대단히 가난한 것 같았습니다. 그들은 하나같이 어머니가 낳을 때처럼 벌거벗은 채 돌아다녔고, 어린 소녀 한명밖에 보지 못했지만 그것은 여자들도 마찬가지였습니다. 또 제가 본 사람들은 젊은이들뿐이고, 30세 이상 되는 남자는 한명도 보지 못했습니다. 그들은 하나같이 용모와 자태가 아주 아름다웠습니다. 몸매도 훌륭하고, 얼굴도 잘생겼습니다. 머리칼은 거의 말의 꼬리털처럼 거슬거슬하고 짧았습니다. 그들은 머리칼을 눈

싼살바도르의 유적

해적 선장 존 와틀링의 2중벽 성보.

1887년에 지은 높이 45m의 등대.

썹 위까지 늘어뜨리는 한편, 약간만 뒤로 길게 기르고 절대 자르지 않았습니다. 개중에 검게 칠한 사람도 있지만, 그들의 피부색은 카나리아제도의 주민들처럼 검지도 희지도 않았습니다. (…) 그들은 무기를 지니고 있지 않았고, 또 그것이 어떤 것인지도 몰랐습니다. 제가 그들에 칼을 보여주자, 아무것도 모르는 그들이 칼날 쪽을 잡아 손을 베였기 때문입니다. 철기(鐵器)도 전혀 없었습니다. 그들의 투창은 쇠로 된 부분이 없고 그냥 창 자루에 지나지 않았지만, 개중에는 그 끝에 물고기의 이빨이나 다른 것들이 붙어 있는 것도 있었습니다. 그들은 한결같이 키가 크고 자세도 곧았습니다." (10월 12일, 금요일)

이튿날 일지에서는 이런 내용을 전하고 있다.

"날이 밝아지자 많은 사람들이 해변으로 몰려왔는데, 앞에서 언급했듯이 그들은 하나같이 젊고 키가 큰데다가 아주 잘생겼습니다. 머리칼은 곱슬거리지 않고 말총처럼 거슬거슬했으며, 지금까지 본 어떤 인종보다 얼굴이 넓고 머리가 컸습니다. 또한 눈이 매우 아름답고 작지도 않았습니다. 또 피부도 검지 않고 카나리아제도 사람들과 비슷했습니다. (…) 그들은 한결같이 다리가 매우 곧고 배도 나오지 않아, 자태가 무척 아름다웠습니다. (…) 이 섬은 상당히 크고 아주 평탄합니다. 나무들은 짙푸르고, 물도 풍부하며, 섬 한가운데에 매우 큰 호수가 있었습니다. 산은 전혀 없고, 섬 전체가 녹색으로 둘러싸여 있어 바라보기만 해도 즐겁습니다. 원주민들은 무척 유순했습니다. 그래서 우리가 갖고 있는 것을 손에 넣고 싶은 생각이 간절해도, 뭔가 주지 않으면 어떤 것도 받지 못하리라 생각하고, 아무것도 갖고 있지 않을 때에는 받을 수 있는 것을 손에 넣자마자 곧 물속에 뛰어들어 헤엄쳐 갔습니다. (…) 목화가 이 섬에서 자라긴 하지만, 시간이 부족해 확인하지 못했기 때문에 단언할 수는 없습니다. 또한 이 섬에는 그들이 코에 매달고 있는 황금이 산출되기도 하지만, 저는 이곳에서 지체하지 않고, 어쨌든 시팡구섬을 발견할 수 있는지 어떤지 알아보기 위해 떠나고 싶었습니다." (10월 13일, 토요일)

500여년이라는 시간적 간극을 두고 시간여행을 하다보면, 이렇게 상황은 변하게 마련이다. 그 변화가 바로 역사의 진화다.

책을 손에 쥔 채로 잠에 곯아떨어졌다. 이튿날(6월 11일) 새벽, 잠을 깨니 시침은 4시 반을 가리킨다. 시간을 놓칠세라 소스라쳐 밖으로 나갔다. 파도 소리만 들릴 뿐, 새벽의 짙은 적막이 어둠속에서 고요히 흐르고 있다. 저 멀리 지평선 위에서 형체는 드러내지 않은 채 반딧불 같은 불빛만 두세 곳에서 깜박거리고, 가까이에서는 어선들이 똑딱거리며 귀항한다. 몇몇 어부 가족들이 만선(滿船)의 귀항을 서성거리며 기다리고 있다. 바닷가 벤치에 걸터앉아 물끄러미 바다를 바라보는

여러 색깔의 물감을 풀어놓은 듯한 라군 현상.

순간, 문득 500여년 전 바로 이 새벽, 이 바닷가에서 펼쳐졌던 역사적 사건의 한 단면이 뇌리에 떠오른다. 1492년 10월 12일 새벽, 이 시각에 콜럼버스는 여기 과나하니섬 롱만에 닻을 내렸다. 그런가 하면 그해 8월 3일 콜럼버스 선단이 스페인의 빨로스항을 떠난 시각도 바로 일출 1시간 전이었다. 분명 새벽은 그에게 여명과 행운, 미래를 안겨준 길시(吉時)였다. 수백수천의 이 길시를 넘나들며 콜럼버스는 네차례의 대서양 횡단항해를 성공리에 마쳤던 것이다.

일찌감치 아침식사를 마치고 황금빛 햇살이 거울같이 매끈한 수면에 반사되기 시작하자 수영복 차림으로 바다에 뛰어들었다. 지구의 대척점에서 판판 딴 물을 마시며 육성된 몸을 카리브해 물속에 담그는 체험을 하고픈 데서였다. 아침 이른 시간인데도 수온은 소름이 돋지 않을 정도이고, 염기도 여느 대양과 비슷하다. 유유창천(悠悠蒼天)을 떠받들고 있는 쪽빛 바다는 맑고 깨끗하다. 시쳇말로 '청정해역'이다. 얼마나 청정한지, 잠수하면 45m 거리까지 환히 보인다고 한다. 원래 이 섬은 해저산맥의 돌출부로, 지상에 노출된 부분은 해발이 100m를 넘지 않지만, 해저는 약 4,500m의 깊이라고 한다. 대서양의 평균수심 3,300m에 비해 깊다. 대서양에서 가장 깊은 곳은 푸에르토리코해구(海溝)로 수심이 8,380m나 된다. 한시간 동안 유유히 무자맥질하며 오래간만에 망중한(忙中閑)의 여유를 즐겼다. 몸이 한결 개운하고 가볍다.

호텔에 돌아와 주섬주섬 떠날 차비를 마치고 스파게티로 점심을 해결하고는 공항을 향했다. 탑승수속은 건물 안에서 하나, 대기는 햇빛 막이도 제대로 되지 않은 바깥 임시건물에서 해야만 한다. 오후 14시 14분에 UP 379편(좌석 3A)으로 15시 5분에 나소로 돌아왔다. 비행시간은 51분이다. 나소로부터의 향발지는 런던인데, 출발까지는 7시간이나 남아 있어 이틀 전 문을 닫아 들르지 못한 나소 역사사회박물관에 다시 찾아갔다. 무슨 영문인지 여전히 문이 잠겨 있어 또 허탕치고 발길을 되돌릴 수밖에 없었다. 공항의 구석 자리에서 그간의 카리브해 탐방 일정을 반추하면서 메모노트를 보충했다. 여행 중이라면 언제 어디서나 일각이 천금이다. 일분일초도 허송하지 않고 무언가 본다든가, 듣는다든가, 쓰는 데 활용하는 것은 모름지기 체화된 불문율이다.

나소 시간 22시 45분, 일행을 태운 영국항공 BA 252편(좌석 02B)은 활주로를 이륙해 장장 8시간 17분 만에, 런던시간으로 다음날 아침 6시 42분(나소와는 5시간 차)에 런던공항에 안착했다. 오래간만에 이용해보는 영국항공이다. 59년 전(1955) 난생 처음으로 타본 비행기가 바로 홍콩에서 파키스탄의 카라치까지 가는 영국항공회사(BOAC, British Overseas Airways Corporation) 소속이었는데, 선물을 비롯해 기내 서비스가 이만저만이 아니었다. 지나간 구습(舊習)을 마냥 잣대처럼 비교 상기하는 짓이야말로 버려야 할 습성일 터인데, 일종의 관성이라고나 할까 유사한 경우에 맞닥뜨리면 부지불식간에 화제로 불쑥 떠오르곤 할 때가 있다. 이 영국항공회사 소속 항공기의 기내 서비스가 바로 그러한 경우다. 저녁이나 아침 식사의 질이 그때의 BOAC와는 비교할 수 없으리만큼 부실함은 물론, 잠이 든 승객은 아예 건너뛰고 식사를 제공한다. 한마디로, 기내 서비스가 엉망이다. 말로는 정상운항기라고는 하지만, 실은 변칙적인 반(半)저가항공인 셈이다. 이 시대의 비극은 문명의 진화가 인성(人性)의 퇴화를 불러와도 치지도외(置之度外)하는 것이다. 문명과 인성은 쌍쌍진화(雙雙進化)해야 한다.

이번 우리의 문명탐험 대상지는 카리브해에 이어 인도네시아다. 그래서 원래는 인천에서 출발해 워싱턴을 경유, 나소에 이르는 동반구 항로였으나, 앞에서도 언급하다시피 출발 직전 미국 측의 막무가내 식 워싱턴 환승 불허로 인해 이렇게 숱한 경비와 시간을 낭비하면서 첩경을 버리고 머나먼 서반구 우회항로를 택하지 않을 수 없었다. 그래서 우리 앞에는 아직 런던에서 프랑크푸르트와 인천을 경유해 자카르타에 이르러야 하는 긴 여정이 남아 있다. 이것은 인성의 퇴화와 함께 공도(公道)의 유린이라는, 이 시대가 치지도외하는 또 하나의 비극이다.

68
콜럼버스의 첫 대서양 횡단항해

콜럼버스의 첫 대서양 횡단항해와 그를 통한 아메리카의 '발견'은 실제적으로 이 싼살바도르섬 상륙으로부터 시작된다. 그러나 그 구상과 준비는 오래 전부터 축적되어왔다. 앞글에서는 필자의 역방 순서에 따라 2차와 3차, 4차의 항해 과정을 현장에서 확인해봤다. 남은 것은 1차인데, 그 현장이 바로 여기 싼살바도르섬이다. 어제 섬을 일주하면서, 그리고 새벽녘 바닷가 벤치에서 눈앞에 펼쳐진 대서양의 망망대해를 유심히 바라보면서 콜럼버스를 멀게는 그의 한평생을, 가깝게는 그의 네차례 항해, 특히 이곳을 기점으로 한 첫 항해에 줌을 맞춰 나름대로 조명해봤다.

이탈리아 제노바의 평범한 직조공 집안에서 태어난 콜럼버스는 유년기에 아버지 가업을 이어 직조공으로 일하다가 바다에 흥미를 느끼고는 선원생활을 하기도 했다. 그러는 동안 그는 정규교육을 받지 못한 대신 독학에 열중했다. 그것을 자랑하듯, 그는 국왕에게 보낸 편지에서 자신이 성경과 더불어 천체학과 자연과학, 역사, 지리, 신학 등에 정통하다고 자만한다. 그러다가 1476년 우연히 전투 중 파선 사고를 당해 가까스로 헤엄쳐 포르투갈 해안에 상륙한다. 이때부터 당시 유럽 해상 팽창의 전위였던 포르투갈에서 약 10년간 원양항해에 관해 배우고 익히면서 미래에 대서양을 통해 인도까지 항해할 원대한 '인도사업'의 꿈을 키우고 준비에 착수한다. 그 일환으로 아이슬란드까지 항해하고, 항해 왕자 엔리께가 개척한 서아프리카 해안 루트를 따라 남하했으며, 설탕교역에도 종사했다.

이즈음 콜럼버스는 포르투갈의 해외 식민사업을 주도하고 왕실과 교분이 있는 가문의 펠리빠 모니스(Felipa Moniz)와 결혼한다. 이를 계기로 해양사업과 관련된 많은 정보를 입수할 수 있었을 뿐만 아니라, 신분상승의 발판도 마련하게 되었다. 펠리빠는 1498년 장남 디에고를 낳고 5년 뒤에 사망했다. 이러한 상황에서 콜럼버스는 포르투갈 국왕 주앙 2세에게 아시아로의 항해에 관한 '인도사업' 계획을 제안했다. 그러나 왕의 위임을 받은 특별위원회는 아시아까지의 항해 거리가 짧고, 금이 많이 산출된다는 시팡구의 존재가 의심스럽다는 이유로 콜럼버스의 계획을 기각했다. 이에 실망한 콜럼버스는 1485년 중반에 다섯살이 된 아들 디에고를 데리고 리스본을 떠나 바닷길로 스페인 빨로스항에 도착한다.

스페인에 와서 처음에는 항해지도와 책 판매업으로 생계를 유지하면서, 자신의 '인도사업' 꿈을 실현하려고 각방으로 노력한다. 그는 꼬르도바에서 지인의 소개로 당시 스페인의 공동국왕인 페르난도 왕과 이사벨 여왕을 알현해 자신의 사업계획을 상주(上奏)한다. 그후 체류 7년간 두번이나 두 왕에게 사업계획을 제출하지만, 왕명에 의해 조직된 자문위원회와 딸라베라(Talavera)위원회는 실현 불가능한 계획이라고 일축한다. 그러나 두 왕은 당시 포르투갈과 해양패권을 둘러싸고 경쟁이 벌어지고 있는 상황을 감안해 콜럼버스를 영영 버리지 않았고 일정한 미련을 갖고 있었다. 실의에 빠진 콜럼버스는 프랑스로 갈 계획으로 꼬르도바를 향한다. 콜럼버스의 사업은 비용은 얼마 안 들지만, 일단 성공하기만 하면 엄청난 이익을 챙길 수 있다는 회계담당관의 제의에 설득된 이사벨 여왕은 수비병을 급파해 인근의 삐노스(Pinos) 다리를 막 건너려던 콜럼버스를 불러세워 데려오게 한다. 여왕의 은총으로 꺼져가던 희망의 불씨가 되살아나게 된 순간이다. 재정이 고갈된 상태에서 여왕은 보석을 저당잡혀서라도 후원하려 애썼다고 한다.

이에 왕과 콜럼버스 양측은 싼따페에서 1492년 4월 17일 사업계획을 공식 문서화한 이른바 '싼따페 각서'를 기안하고, 같은 달 30일에는 이 각서를 보완한 '그라나다 각서'를 정식 채택했다. 각서는 쌍방 간의 일종 계약이기도 하다. 각서에서는 콜럼버스가 해야 할 일을 대양에서 '섬들과 본토'를 찾는 것이라고 규정했다. 그에게 다음과 같은 특권들이 부여되었다. '발견한 땅에서 일어나는 모든 문제에 대한 재판권을 행사할 수 있는 대양제독에 봉해지고, 발견한 땅의 총독(Gobernador)과 부왕(Virrey) 직도 부여된다. 또한 발견한 지역에서 국왕이 획득하는 금과 보석 및 기타 산물의 10분의 1을 차지할 권리를 가지고, 교역을 위한 선박 출항비용은 국왕이 제공하되 콜럼버스는 8분의 1까지 투자할 수 있으며, 그 비율만큼의 수익을 추가로 누리게 된다.'

이러한 각서로 콜럼버스는 평생 그토록 바라던 신분상승을 이루어

페르난도 왕과 이사벨 여왕을 알현하는 콜럼버스를 그린 그림. 엠마누엘 로이체 작.

귀족의 지위를 얻고 자신을 '돈'(don, 영어의 Sir)이라 부를 수 있게 되었다. 그러나 이 각서에 따르면, 그는 발견한 땅의 소유자는 아니며, 소유자는 국왕이다. 이 각서에 사람이나 땅에 대한 정복과 지배와 종교 전도에 관한 언급은 없으며, 아시아라는 말도 등장하지 않는다는 점이 주목된다. 그것은 아마 원래의 의도가 정복이나 전도가 아닌 교역에 있었으며, 아시아에 가려는 것이 아니라 신대륙을 발견하는 것이 목표였기 때문이라는 해석이 가능하다.

이제 콜럼버스는 국왕의 직접적인 후원하에 대서양 항해 준비에 박차를 가한다. 국왕은 콜럼버스에게 인도에 가서 칸을 만나면 제시할 신임장과 심지어 아랍어 통역까지 마련해주었다. 그리고 기본사업비로 200만 마라베디(maravédi, 스페인의 옛 구리동전)가 책정되었는데, 그중 114만 마라베디는 국왕이 출자하고, 나머지는 빨로스시가 부담했다. 콜럼버스 자신도 한 노예상인으로부터 50만 마라베디라는 거액을 차입해 일대 모험일 법한 항해사업에 투자한다. 선박과 선원을 구하는 등 본격적인 항해 준비는 빨로스항에서 진행되었다. 당시 모든 항구는 대귀족들이 장악하고 있었으나, 빨로스항만은 국왕이 절반을 소유하고 있어, 그 후원하에 준비하는 것이 유리했으며, 또한 이곳은 어업 중심지로서 유능한 선원들을 구할 수 있었다.

준비의 일환으로 시민들을 설득하는 작업에 나섰다. 콜럼버스는 빨로스시의 싼호르헤(San Jorge)성당에 가서 시민들과의 회합을 가졌다. 회합에서 시의 서기가 콜럼버스의 항해를 후원한다는 왕의 선언문을 대독하고, 시 당국이 항해에 협조하겠노라고 약속했다. 다른 이웃 도시 모게르(Moguer)에서도 유사한 회합이 있었다. 그리고 모게르에서 싼따끌라라(Santa Clara, 일명 니냐)호와 삔따(Pinta)호 두척의 까라벨선과 후일 선단의 기함으로 쓰인 나오선 싼따마리아(Santa María)호를 구했다. 여기서 특기할 것은 선주들이 선장이 되어 항해에 직접 동참했다는 점이다.

선박은 구했지만 선원을 구하는 데는 의외의 난관이 버티고 있었다. 지구가 평평하기 때문에 먼바다로 나가면 폭포 아래로 떨어져 죽는다는 속설을 믿고 있는 선원들이 원양항해에 겁을 먹고 응하지 않았던 것이다. 지구 구형설이 나온 지 1,000년이 넘었음에도 아직 이렇게 평면설(平面說)이 먼 바다로 진출하려는 이들의 발목을 잡고 있었다. 선원 모집이 여의치 않자 울면서 겨자 먹기로 죄수들, 특히 사형

'신대륙' 발견 400주년을 기념해 싼따끌라라호와 삔따호를 새겨 발행한 1893년의 미국 우표.

수들을 선원으로 모집했다는 일설도 있다. 물론 설득의 방법도 동원되었다. 선원 모집을 책임진 마르띤 알론소 삔손(Martin Alonso Pinzón)은 선원들을 모집하면서 이런 말을 했다고 한다. "친구들, 가난 속에서 헤매지 말고 우리와 함께 여행이나 떠나세. 신의 도움으로 땅을 발견할 걸세. 소문에 의하면 지붕이 금으로 덮인 곳이 있다네. 그러면 우리는 모두 부자가 되어 돌아올 걸세."

매우 유혹적인 선동이다. '지붕이 금으로 덮인 곳'이라는 말은 마르꼬 뽈로가 『동방견문록』에서 한 말이다. 지붕이 금으로 덮인 곳, 어디일까? 마르꼬 뽈로나 이 말의 연구자들은 그곳이 중국의 동쪽에 있는 '시팡구'라고 하면서, 이 시팡구가 일본에 비견된다는 가설을 내놓고 있다. 그렇지만 역대로 '지붕을 금으로 덮을' 정도로 일본에 금이 흔한 적은 없었다. 오히려 중세 아랍문헌을 보면, 금으로 개나 원숭이의 목걸이나 쇠사슬을 만들고 금제 식기를 쓰는 나라는 신라라고 기술되어 있다. 한때 일본학계는 아랍문헌의 이러한 기술은 신라에 관한 것이 아니라 일본에 관한 것이라는 억지 주장을 해왔다. 필자는 그 유설(謬說)에 대해 학문적 통박을 가한 바 있다. 콜럼버스의 『항해일지』를 보면, 여러 군데에서 유사한 기술이 나온다. 황금이 풍부하게 생산된다고 하는 시팡구의 실체에 관해서는 아직 명확한 결론이 없다. 앞으로 심층적인 연구가 요망된다.

그동안 끈질긴 연구에 의해 3척으로 무어진 선단의 규모와 구성원들이 일부가 밝혀졌다. 배의 크기는 기함인 싼따마리아호가 약 100토넬라다(1tonelada=1.42m³)에 무게 100톤이고, 삔따호와 니냐호는 각각 75와 60토넬라다에 무게는 50톤과 40톤쯤 된다. 싼따마리아호의 제원은 길이 16~25m에 폭 6.5~8.5m로, 테니스코트만 하다. 선원 구성을 보면, 기함에는 콜럼버스와 선장을 비롯해 항해사 8명, 선원 11명, 보조원 10명, 사환 1명, 아랍어 등 몇개 언어의 통역사, 그밖에 의사 3명 등 총 88명이 승선했다. 삔따호와 니냐호에는 선장을 포함해 각각 18명이 승선했다. 이렇게 선단의 총 승선 인원은 120여명이었다.

선원들의 봉급은 당시의 일반적 수준으로, 선장과 도선사는 월 2,000마라베디, 일반 선원은 1,000마라베디였다. 선원들의 봉급 총액은 25만 마라베디로, 전체 사업비 200만 마라베디의 약 8분의 1에 달했다. 출발시 후원 사업비가 200만 마라베디였지만, 실제로는 더 많은 비용이 소요되었을 것이다. 그러한 추가 비용은 현지 조달로 충당되었을 것이다.

만반의 준비를 갖춘 콜럼버스 선단은 드디어 1492년 8월 3일 숱한 시민들의 열렬한 환송 속에 스페인의 서남해안에 자리한 빨로스항에서 대서양을 향해 닻을 올린다. 환송자들은 장도에서의 무사귀환을 기원하면서도 '암흑의 바다'로 떠나는 그들의 앞날을 걱정했다. 이것이 콜럼버스 선단의 12년(1492~1504)에 걸친 네차례 대서양 횡단항해 중 장장 224일(1492.8.3~1493.3.15)이 걸린 첫 항해다. 이 제1차 항해에 관해서는 다행히 콜럼버스가 직접 써놓은 『항해일지』가 있어 날짜별로 항해 상황을 소상히 알 수 있다. 이 일지의 원본은 소실되어 전해지지 않고 있으나, 라스 까사스 신부의 필사본이 남아 있다. 나머지 세차례에 관한 기록은 남기지 않았다.

기록에 의하면, 선단은 우선 8월 12일 아프리카 서북 해상의 카나리아제도 내 라고메라섬에 있는 싼세바스띠아항에 입항한다. 첫 기착지인 여기서 선박에 대한 최종 점검을 마치고 9월 6일 떠난다. 이튿날부터는 모든 도서가 시야에서 사라지고 사위는 망망대해뿐이다. 콜럼버스는 잠을 설쳐가면서 하루의 대부분 시간을 갑판 위에서 망원경을 들고 주위를 살핀다. 파도와 날아가는 새, 헤엄치는 물고기, 해초를 비롯한 부유물들을 일일이 관찰하고는 일지에 상세히 기록한다. 9월 14일 카나리아제도에서 200리그(league, 1리그=약 3마일) 떨어진 해상에서 선원들은 나침반이 바로 북극성을 가리키지 않고 편향되어 있기 때문에 이러다가는 항진 방향을 잃을 수 있다고 우려하면서 소동을 피우기 시작한다. 이에 콜럼버스는 임기응변으로 북극성은 하늘에서 자주 위치를 옮기기 때문에 그렇게 된다고 해명하면서 선원들을 설득하려고 한다. 그러나 일부 선원들은 여전히 불안감과 불만에 싸여 폭동의 기미까지 드러낸다. 그렇지만 콜럼버스는 의연하게 그들을 향해 "만일 그대들이 여왕이 준 임무를 포기하고 스페인으로 돌아간다면 최악의 형벌을 받게 될 것이다"라고 준엄하게 엄포를 놓으면서 소요자들을 진정시킨다.

10월 4일은 가장 많이 항해한 날로, 항해 거리가 무려 321km를 초과했다. 육지에 점점 가까워온다는 징조가 하나씩 나타나기 시작한다. 새들이 무리 지어 서남쪽으로 날아가고 있지 않은가! 일찍이 포르투갈 항해가들은 새들이 날아가는 방향으로 가기만 하면 육지가 나타난다는 사실을 경험으로 알고 있었다. 콜럼버스는 그들의 경험을 거울로 삼아 정서(正西)쪽이 아니라 서남쪽으로 조타를 틀었다. 며칠 후인 10월 10일은 그들이 대양에서 보내는 서른번째 날이다. 그러나 안타깝게도 아직 아무것도 나타나지 않는다. 초조해진 선원들은 갑판에 모여 그들의 제독에게 곧바로 귀항해야 한다는 최후통첩을 보낸다. 이제 더이상 다독거리거나 경고한다고 해서 들을 리 만무하다는 것을 깨달은 콜럼버스는 선원들과 담판을 열고 3일만 더 따라오라고 하면서 3일 내에 육지를 발견하지 못하면 모험을 포기하고 스페인으로 돌아가겠노라고 약속한다. 그의 3일 약속은 공허한 약속이 아니라, 주변에서 일어나는 현상에 대한 냉철한 판단과 믿음에서 내린 결론이었다. 해저에서 진흙이 건져올려지고, 하늘에선 해안을 멀리 떠나지 않는 육지 새를 비롯해 많은 새떼가 날아다니며, 물위에는 나뭇가지와 나뭇조각, 화초가 떠다니며, 낙조 때의 구름 색깔이 근해의 구름 색깔을 나타내는 등 이 모든 현상은 이제 육지가 얼마 멀지 않았음을 시사했다.

10월 11일(목요일) 심야, 콜럼버스는 3척의 배가 한데 모여 항진하되, 해안에 부딪치지 않도록 닻을 내릴 것을 명한다. 모든 사람들이 갑판에 나와 무언가를 학수고대한다. 자정을 두시간 앞둔 무렵, 갑판에 서 있던 콜럼버스는 저 멀리서 반짝이는 불빛을 발견한다. 그는 곁에 있는 국왕의 시종 뻬드로 구띠에레스에게 보라고 하고, 뻬드로는 또 선단의 회계감사관(황금과 보석, 향료 등 기록관)인 로드리고 싼체스 데 쎄고비아에게 보라고 한다. 세 사람 모두는 분명히 그 불빛을 봤다. 자정이 지나서 "육지! 육지!" 하는 목 멘 소리가 앞에서 항진하던 뻰따호에서 연거푸 터져나온다. 콜럼버스는 일지에서 이 감격스러운 순간의 광경을 이렇게 구체적으로 기술하고 있다.

"계속 서남쪽으로 침로를 잡고 전진했는데, 바다가 거칠어지더니 이번 항해 중 덮쳐든 것을 다 합쳐도 모자랄 정도로 파도가 수없이 뱃전을 덮쳤다. 바다제비가 보이고, 푸른 애기부들(연못가나 습지에서 사는 여러해살이 풀)이 배 옆으로 지나갔다. 까라벨선 뻰따호의 승무원들이 사탕수수 줄기와 막대기를 발견하고, 또 철기(鐵器)로 세공한 것으로 보이는 작은 막대기와 사탕수수 줄기 조각, 육지에서 자라는 식물과 작은 판자를 주워 올렸다. 까라벨선 니냐호의 선원들도 가까운 곳에 육지가 있다는 것을 암시해주는 다른 증거들과 조개삿갓 같은 것들이 붙어 있는 작은 막대기를 발견했다. 이러한 증거들이 보이자, 모두들 안도의 한숨을 내쉬며 생기를 되찾았다. (…) 까라벨선 뻰따호가 속도가 빨라 제독이 탄 배에 앞서 달리고 있기 때문에 이 배의 선원들이 육지를 발견하고 제독으로부터 지시를 받았던 신호를 보냈다. 이 육지를 최초로 발견한 사람은 로드리고 데 뜨리아나라는 선원이다."

원래 빨로스를 떠나기 전 두 국왕은 맨 먼저 대륙을 발견하는 자에게는 연금으로 1만 마라베디와 비단으로 만든 양복저고리를 하사하기로 약속했다. 그런데 왕들은 로드리고가 아니라 처음 불빛을 발견한 콜럼버스를 첫 육지 발견자로 간주하고 그에게 연금을 하사했다. 단, 비단 저고리 문제는 더이상 언급이 없어 유야무야되고 말았다.

날이 밝자 사람들은 모든 의혹과 위구심을 털어버렸다. 선상에서 북쪽으로 2리그 지점에 자그마한 섬이 보이는데, 삼림이 울창하고 여러 관개수로가 땅을 적시고 있다. 마냥 드넓은 바다 속의 오아시스로 보였다. 이것이 선단이 바다에서 70여일간 표류하다가 발견한 첫번

콜럼버스의 제1차 대서양 횡단항해도.

째 섬이다. 콜럼버스는 하나님께 감사하다는 뜻으로 이 섬을 싼살바도르, 즉 '구세주의 섬'이라고 명명하고, 아시아의 인도군도 주민들에 대한 유럽인들의 호칭을 본받아 이 섬 주민을 인디오라고 불렀다. 콜럼버스가 주민들에게 어디에서 황금이 나느냐고 물었더니, 그들은 남방을 가리키며 거기에는 부유한 국왕이 살고 있는데, 그는 금제 식기를 사용한다고 답했다. 그래서 콜럼버스는 남방행을 결정하고, 7명의 인디오를 배로 데리고 와서 통역사로 키우기 위해 스페인어를 배우도록 했다.

10월 14일, 선단은 싼살바도르를 떠나 선상의 인디오들이 가리키는 대로 서남 방향으로 전진한다. 바하마제도의 수많은 작은 섬들을 지났는데, 그 경관은 이루 다 형용할 수 없으리만큼 빼어났다. 10월

28일, 선단은 쿠바섬의 북쪽 해안에 이르러 여러 섬들을 발견했다. 콜럼버스는 발견한 섬들에 이름을 붙일 때 순서를 지켰다고 한다. 첫번째 섬에는 싼살바도르(구세주), 두번째 섬에는 싼따마리아데라꼰셉시온(수태의 성모)이라는 이름을 붙여 하느님의 은총에 대한 감사를 표시했다. 세번째 섬에는 국왕의 이름인 페르디난도를, 네번째 섬에는 이사벨라 여왕의 이름을, 다섯번째 섬에는 후안 왕자의 이름을 붙였다. 그는 일지에서 "아무도 이 섬처럼 아름다운 곳은 보지 못했을 것"이라고 말하면서, "이 섬은 훌륭한 항만이나 깊은 강들로 가득 차 있다"라고 회고한다.

쿠바로 가는 도중에 카누를 타고 가는 인디오를 만나 쿠바에 관한 정보를 수집한다. 인디오의 말에 의하면, 쿠바에는 금광과 진주 산지가 있으며, 대칸의 배들이 이곳에 오고, 이곳에서 대칸이 사는 본토로 가려면 열흘만 항해하면 된다고 한다. 그래서 콜럼버스는 칸의 궁정으로 갈 수 있는 수로를 찾아나섰다. 그는 이 지역이 대륙의 일부라고 믿고, 그가 발붙이고 있는 곳이 아시아 극동지역인 중국 해안의 자이툰(현 취안저우泉州)과 킨사이(현 항저우杭州) 근처라고 판단한다. 그는 이것을 확인하기 위해 통역을 포함한 두명의 특사와 두명의 현지 인디오들을 내륙에 보내 6일간 탐사하도록 한다. 그러나 별 소득이 없었다. 그러는 사이에 그는 이곳에서 멀리 떨어진 곳에 외눈박이 견두인(犬頭人, 개 머리에 사람 몸을 가진 식인종 괴물)이 있다는 말을 주민들로부터 듣는다. 이처럼 콜럼버스의 대 아시아관은 황금이 넘쳐나고 화려한 궁정이 있으며, 개명과 견두인 같은 야만이 혼재하는 이중구조관이었다. 여기서 선원들은 쿠바 인디오로부터 흡연을 배웠다.

선단은 쿠바의 북쪽 해안에서 서항(西航)했지만 주민들의 밀집지역은 발견하지 못했다. 그래서 뱃머리를 동쪽으로 돌려서 항진하는데, 11월 21일 갑자기 큰 바람이 일어났다. 바람 속에서 마르띤 알론소 삔손이 이끄는 삔따호가 사라져버렸다. 콜럼버스가 시종 신임하던 삔손의 이탈은 실로 뜻밖의 일이었다. 모진 고민 속에 기함과 니냐호는 계속 동진해 12월 6일 쿠바의 동변에 있는 큰 섬 에스빠뇰라(지금의 아이티섬)의 서단에 자리한 싼니꼴라스만에 도착했다. 이튿날 북쪽 해안방면으로 이동해 싼꼬마스항에 얼마간 정박했다. 이어 에스빠뇰라섬 해안을 따라 동항하던 12월 24일 밤에 기함이 그만 해안에서 좌초해 파손되었다. 기함에 탔던 선원들은 할 수 없이 니냐호에 합승해 항진을 계속했다. 그러고는 파선 재료를 보태 나비다드(Navidad, 스페인어로 '크리스마스'라는 뜻)항에 요새를 구축했다. 포수와 선원 39명을 요새 수위병으로 남겨놓고 1493년 1월 4일 귀항길에 올랐다. 헤어지기 전에 그들은 모여서 롬바드 포를 쏘는 모의전투를 하며 무력을 과시했다.

이제 5개월 남짓한 긴 대장정을 마무리할 때가 다가왔다. 콜럼버스는 떠날 때 두 국왕 앞에서 다진 서약과 그라나다 각서 등에서 밝힌 의무와 욕망이 나름대로의 실효를 거두었다고 판단했다. 게다가 장기간의 간고한 항해로 인해 선박이 수명을 다해가고, 선원들의 노독은 한계점에 다다라 위험한 지경에 이르렀다. 여기까지만으로도 개선(凱旋)이라고 자위한 콜럼버스는 드디어 귀항을 작심한다. 귀항 선원들은 니냐호를 타고 나비다드 요새와 작별한다. 그런데 1월 6일 선단이 에스빠뇰라섬 동단에 이르렀을 때, 실종 한달 반만에 삔따호가 홀연이 나타나 좇아왔다. 선장은 폭풍우로 인해 이탈할 수밖에 없었다고 변명하지만, 인디오 통역이 전말을 실토한다. 그에 따르면 선장은 쿠바 모처에 금광이 있다는 소문을 듣고 황금욕에 사로잡혀 선단을 이탈했던 것이다. 콜럼버스는 귀항의 안전과 선단 내 화합을 위해 분노를 삼키고 처벌하지는 않았다.

귀항 길도 결코 쉽지는 않았다. 식량으로 장만한 고구마는 요긴하게 쓰이기는 했지만 부족했다. 돌고래와 상어를 잡아먹기도 했다. 식량부족보다 더 어려운 문제는 항로를 제대로 잡지 못해 허둥지둥한 점이다. 처음에는 스페인 방향으로 항진했으나 역풍을 만나 숱한 고생을 하다가, 북쪽으로 방향을 틀자 다행히 순풍을 만나 순항했다. 대서양 전체의 풍향체제를 파악하지 못한데다가, 편동풍체제는 알고 있지만 편서풍체제에는 문외한이었다. 항로에 관해서는 두 배의 도선사끼리도 의견이 엇갈려 혼란이 일어났다. 그러자 선원들은 공포에 떨기 시작했다. 콜럼버스는 신의 가호 속에 이러한 혼란을 막고 선원들의 사기를 북돋기 위해 밀랍초를 바치는 등 종교적 봉헌을 약속하는 제비뽑기까지 했다. 항해 중에 숱한 폭풍우를 만나 구사일생으로 살아나기도 하고, 어느 섬에 도착했을 때는 포르투갈의 독점권을 위반했다는 이유로 주민들에게 생포당할 뻔하기도 했다.

선단의 삔따호와 니냐호는 변화무쌍한 겨울 광풍에 첫 한달 동안은 거의 표류상태에 있었다. 설상가상으로 2월 12일 심야에는 폭풍을 만나 두 배가 서로 갈라지게 되었다. 콜럼버스가 승선한 니냐호는 2월 15일 포르투갈령 싼따마리아섬을 거쳐 3월 4일 새벽에 리스본에 도착했다. 여기서 열흘간 머문 후 3월 15일 수많은 사람들의 열렬한 영접 속에 떠났던 빨로스항에 마침내 귀항했다. 이어 삔따호도 이 항에 모습을 드러냈다. 이로써 장장 224일 동안의 멀고도 긴 제1차 대서양 횡단항해는 성공리에 막을 내렸다.

콜럼버스는 스페인에서 처음 방문했던 후안 뻬레스 신부와 함께

라라비다수도원에서 약 2주일을 보내고 쎄비야에 가 얼마동안 머물렀다. 그러다가 두 왕의 부름을 받고 4월 중순 바르셀로나에 가서 왕들을 진현했다. 두 왕은 5~6주간 궁정에서 그를 극진하게 대접하면서 새로 발견한 땅의 식민 계획을 검토하도록 했다.

69
희세의 풍운아(風雲兒), 콜럼버스

사실 저간에 희세의 풍운아 콜럼버스라는 한 역사적 인물에 관해 그토록 많은 조명과 연구가 거듭되어왔지만, 역설적으로 갈수록 난맥상만 더해지고 있는 데 대해 위구심을 떨쳐버릴 수가 없는 것이 필자의 솔직한 심경이다. 지고의 위인에서 최악의 악당으로 그 평가의 진폭이 천양지차다. 원인 진단부터가 각인각설이고 애매모호하다보니 그럴 수밖에 없다. 비견이지만, 그 원인은 크게 두가지로 보인다. 하나는, 자의대로 속세와 내세의 경계를 허물고 허무하게 뒤섞어놓은 데서 일어나는 편단과 불가지신비성(不可知神秘性, 알 수 없는 신비성)의 폐단이다. 항해 과정에서 일어나는 태풍이나 파도 같은 자연이변의 발생이나 그 극복 요인을 무조건 전능한 초인간적 힘으로 강변하는 것이 그 대표적 일례다. 만일 모든 자연현상이나 인간의 행위가 '전능한 초인간적 힘'에 의해 결정된다면 인간은 그러한 힘 앞에 무능한 존재, 순종만이 강요되는 존재로 전락할 수밖에 없다.

다른 하나의 원인은, 탐욕을 추구하는 데서 오는 정반(正反)의 도치와 왜곡으로 인한 반정(反正)의 무시다. 식민화의 탐욕을 합리화하기 위해 불의가 정의로 둔갑하고, 억압이 자유로 치장되며, 약탈이 축재(蓄財)로 미화하는 등 정과 반, 옳음과 그름을 완전히 뒤바꿔놓음으로써 사실이 호도되고 왜곡된 실타래로 얽힐 수밖에 없으며, 각인각설이 나오게 마련이다. 콜럼버스의 인물평가에서 뒤치락엎치락하는 것이 그 대표적 실례다. 물론 이러한 주관적 요인 말고도 평가대상이 사실(史實)이니만치, 사료의 불비 같은 객관적 요인도 작용하겠지만 그것은 어디까지나 부차적 요인일 것이다.

콜럼버스, 콜럼버스 하고 동서 어디서나 회자인구(膾炙人口)되지만, 우리는 그에 관해 얼마나 제대로 알고 있는가? 우리는 그의 기본 이력 몇가지도 아직 채 모르고 있는 형편이다. 사사건건 구구한 논란 속에 제대로 알고 있다고 장담할 수 있는 내용은 아직 매우 제한적이다. 논쟁과 탐구는 아직 진행형이다.

우선, 콜럼버스의 출신부터가 문제다. 그가 어느 나라 사람인가에 관해서 설왕설래 여러 설이 있다. 콜럼버스는 3차 항해(1498.5.30)를 시작하기 두달여 전인 2월 22일 맏아들 디에고를 상속자로 인정하는 유서를 썼는데, 여기에 본인은 “제노바에서 태어났지만, 이곳 까스띠야에서 스페인 왕과 여왕에게 봉사한다”라고 써놓았다. 그런데 이 유서가 원본이 아닌 사본이라서, 그가 이탈리아 출신이라는 결정적 증거로 인정받지 못한다. 그래서 그의 출신국에 관해 영국, 프랑스, 스페인, 까딸루냐, 포르투갈, 그리스, 코르시카, 심지어 스칸디나비아라는 등 추측이 무성했다. 그러다가 1892년 제노바에서 롤리스(Cesare de Lolis)가 그에 관한 사료집을 출간하면서 이탈리아 제노바 출신이라는 것을 문헌으로 밝힌 이래 지금까지는 그것으로 일단 낙착이 된 상태다.

그의 출신과 관련해 유대인이라는 설도 한때 유행했다. 제시된 근거는 그의 항해가 동족인 유대인이 살 땅을 찾기 위함이고, 구약성서 중 예루살렘과 관련된 사항에 정통하며, 많은 유대인 지식인들과 교우(交友)했다는 등이다. 그러나 그가 십자군원정을 주장하고, 가톨릭 교회의 팽창을 옹호했다는 사실이 밝혀지면서 유대인설은 근거를 잃었다. 그밖에 그가 이탈리아어로 글을 쓴 적이 없다든가 하는 이유로 그의 이탈리아 출신설을 부정하는 이견(異見)도 있었으나, 부적절한 편견으로 판명되었다.

다음으로, 콜럼버스의 이름은 하나로 굳어진 것이 없고 각국각색이다. 각 언어권에서는 나름대로 번안해 서로 달리 쓰고 있다. 고향 제노바에서는 끄리스또포로 꼴롬보(Cristoforo Colombo), 스페인에서는 끄리스또발 꼴론(Cristobal Colon), 포르투갈에서는 끄리스뚜바우 꼴룸보(Cristóvão Colombo), 프랑스에서는 끄리스또프 꼴롱(Christophe Colom), 영어로는 크리스토퍼 콜럼버스(Christopher Colombus)로 각각 다르게 쓰고 있다. 이름에서 크리스토퍼는 예수를 업고 강을 건너간 성인으로, 교통과 운송, 항해의 수호성인 역할을 한다. 콜럼버스는 바다 건너 이교도들에게 기독교를 전파하는 것이 자신의 운명이라 믿고, 이 성인의 이름을 따왔다고 한다.

그 다음으로, 콜럼버스의 생년월일도 확실치 않다. 그의 출생 당시는 생일을 기념하는 관행이 없었기 때문에 그의 생년월일에 관해 명확한 기억이나 기록이 없다. 일반적으로 그는 1451년 여름이나 초가을에 출생한 것으로 알려지고 있으며, 출생일은 크리스토퍼 성인의

스페인 쎄비야 까데드랄히랄다성당으로 콜럼버스 석관을 운구하는 장면.

까데드랄히랄다성당에 안치된 콜럼버스 석관 모습.

이름을 따서 쓴 사실에서 유추해, 이 성인의 날인 7월 25일로 보고 있으나 이 역시 추측일 뿐 확실한 것은 아니다. 당시는 사망 후 모여서 미사를 드려야 했기 때문에 생일보다 기일을 더 중시했다. 왕이나 귀족, 부호 등 소수 상층들만 생일을 기억하거나 기념했다.

이와 더불어 콜럼버스의 유해가 어디에 있는가도 수수께끼를 양산했다. 일단은 그가 1506년 5월 20일 쓸쓸하게 사망해 스페인 바야돌리드의 한 성당에 묻혔으나 7년 후 아들 디에고 미망인의 요청에 따라 시신이 스페인 쎄비야 인근의 싼따마리아데라스꾸에바스성당으로 이장되었다는 것이 통설이다. 그러다가 20여년이 지난 1537년 이 미망인의 재요청과 국왕의 허락에 따라 카리브해 도미니카의 싼또도밍고로 이장되었다. 그런데 이장은 여기서 멈추지 않는다. 1795년에 체결된 바젤 조약에 따라 싼또도밍고가 스페인의 손에서 프랑스 식민지로 넘어가게 되자 1년도 채 안 돼 시신을 성당 제단에서 꺼내 쿠바의 아바나로 다시 이장했다는 것이다. 그러다 한 세기가 지나서 미국-스페인 전쟁의 결과로 쿠바가 독립하자 거의 400년만인 1899년 유해는 돌고 돌다가 다시 쎄비야로 귀환된다. 쎄비야의 까데드랄히랄다성당 1층에는 4명의 무사가 화려하게 장식한 관을 메고 성당에 들어서는 대형 조형물(1902년 건조)이 설치되어 있다.

그런데 근 4세기 동안이나 줄곧 사실로 믿어오던 이 통설을 일순간에 날려보내는 돌연사가 발생했다. 1877년 싼또도밍고의 한 성당에서 일하던 사람이 납으로 만들어진 상자 하나를 발견한다. 안에는 13개의 큰 뼈와 28개의 작은 뼈가 들어 있고, 겉에는 '저명한 위인 끄리스또발 꼴론'이란 글자가 씌어 있다. 도미니카는 이것이 콜럼버스의 진짜 유골이라고 주장하면서 1992년에는 거대한 기념관을 지어 유해를 그곳에 안치했다. 이때부터 유골의 진가(眞假)를 가리는 시비가 일어나기 시작한다. 이 문제를 풀기 위해 2003년 미국을 포함한 각국의 전문가들로 구성된 검증단이 쎄비야 성당에 안치된 유해에 대한 DNA 검사를 실시했다. 결과 유해의 손상이 심해 아무것도 식별할 수 없다는 실망스러운 결론이 내려졌다. 이로써 콜럼버스의 유해 시비는 오리무중에 빠졌다. 새로운 '발견'이 없는 한 어쩌면 시비는 영원히 계속될 것이다.

끝으로, 콜럼버스의 모습 문제다. 도대체 어떻게 생겼는지? 수없이 떠돌아다니는 초상화는 모두가 생전에 그린 것이 아니라, 사후에 화가들이 그린 상상화라서 참 모습이라고 말할 수 없다. 1892~93년 미국 시카고에서 열린 '콜럼버스세계박람회'(World Columbian Exposition)에서는 행사의 하나로 그때까지 나온 그의 초상화를 모두 수집했는데, 무려 71가지에 달했다고 한다. 그려진 모습은 제각각이다. 편년으로 보아, 19세기 말에 발견된 화가 로렌스 로또(Lorenzo Lotto)가 그린 초상화가 가장 이른 것이기는 하다. 그렇지만 화가 알레호 페르난데스(Alejo Fernández)가 1531~36년에 쎄비야의 무역관(Casa de Contratación) 교회의 제단화「항해인들의 마리아」에 그려넣은 초상화가 이에 못지않게 이른데다가, 실제 모습에 가까운 것으로 평판이 나 있다.

초상화 말고도 그의 외모와 성격을 전해주는 몇편의 기록이 있어 주목된다. 일례로 라스 까사스 신부는 저서『항해일지』에서 다음과 같이 묘사하고 있다.

"그는 보통사람들보다 키가 크다. 그의 얼굴은 길고 위엄이 있으며, 매부리코에 푸른 눈을 가졌다. 안색은 희지만 붉은 부분들이 있었다. 머리카락과 수염은 젊었을 때에는 밝은 빛이었지만 힘든 일과 고

콜럼버스의 주요 상
(초상화, 판화, 조각상 등)

통을 겪으며 곧 하얗게 되었다. 그는 잘생겼고 활기찼다. 말도 잘하고 유려했으며, 대화할 때 말이 잘 통했다. 그는 위엄있고 신중했으며, 낯선 이들에게 상냥했고, 가족과 친족들에게 친절하고 예의 발랐다. 그의 다정한 매너와 다른 사람에 대한 감성은 만나는 사람들이 모두 그를 좋아하게 만들었다." (주경철 저, 『크리스토퍼 콜럼버스, 종말론적 신비주의자』, pp. 37~46를 참고함.)

이 묘사대로라면 콜럼버스는 외모와 성격에서 거의 나무랄 데가 없는, 완벽에 가까운 인물이다. 그러나 그의 내면세계와 희세의 풍운아로서 저지른 일련의 행태로 보아, 결코 그러한 평가를 곧이곧대로 수긍하기는 어렵다. 지고의 위인에서 최악의 악당이라는 극대극(極對極)적 평가와 더불어 그의 자업자득적(自業自得的) 초라한 말로가 그러한 전거를 제공해주고 있으며, 다른 시각으로부터 재고를 유발시키고 있다.

콜럼버스에 대한 시각은 시대에 따라, 사람에 따라 달라져왔다. 19세기 사람들은 대체로 그를 영웅시했다. 정체 상태에서 허덕이는 유럽세계를 탈출해 새로운 세계를 지향한 진취적인 사람, 진부한 전통과 억압적 권위에 반기를 들고 새로운 아이디어를 수용한 사람, 당대 학자들의 수준을 뛰어넘어 르네상스의 과학정신을 계승한 지성, 한마디로, 선진과 진보의 상징 및 아이콘으로 평가했다. 이러한 평가는 그에 대한 기념활동으로 이어졌다. 미국 뉴욕 태머니협회(Tammany Hall)는 콜럼버스의 미대륙 '발견' 300주년인 1792년에 처음으로 기념활동을 전개했다. 그러다가 '발견' 400주년이 되는 1892년에는 시카고에서 콜럼버스세계박람회를 열어 기념활동을 세계적 규모로 확대했다. 그 후 미국의 대다수 주에서도 이를 본받아 거리 행진 같은 기념활동을 펼쳤다. 캐나다의 일부 주들과 이탈리아, 그리고 적잖은 라틴아메리카 나라들이 해마다 기념활동을 거르지 않고 있다.

이러한 기념활동을 절정으로 이끈 것은 1982년 11월 제37차 유엔총회에서 스페인과 이탈리아, 도미니카 등 34개 나라가 연명으로 '콜럼버스의 미국 발견 500주년 경축'에 관한 결의초안을 제출한 일이다. 초안은 어처구니없게도 콜럼버스에 의한 아메리카대륙의 '발견'은 후세에 대해 다음과 같은 기여를 해왔다고 찬사를 아끼지 않고 있다. 그 기여란, ① 역사상 처음으로 지구가 구형이라는 것을 증명한 것, ② 인류를 새로운 시대로 진입하게 함으로써 과학기술과 경제, 사회 방면에서 거대한 진보를 이룬 것, ③ 신·구세계 간에 접촉이 시작되어 지구상의 각이한 문명사회와 민족들이 '유엔헌장'이 강조하는 보편적 이상을 실현케 하고 상호이해를 증진시킨 것, ④ 신·구 두 세계로 하여금 인간, 문화, 경제, 사회, 동식물 품종 등 제분야에서 호혜적이며 유익한 교류를 진행하게 한 것, ⑤ 신·구 대륙이 만남으로써 새로운 종족, 즉 유럽인과 인디오의 혼혈인이 산생하게 되었으며, 워싱턴이나 제퍼슨 같은 위대한 인물이 배출된 것 등이라고 한다. 그러나 많은 나라 대표들이 반대의견을 표명했다. 서방 진영의 아일랜드 대표를 비롯해 많은 나라, 특히 참혹한 서구 식민통치를 받아본 나라 대표들은 한결같이 부결표를 던졌다. 결국 초안은 유산되고 말았다.

이를 계기로 라틴아메리카 국민들은 이른바 기념활동을 견결히 반대하고 나섰다. 1987년 10월 7~12일 콜롬비아 수도 보고따에서 거행된 라틴아메리카 농민 및 토착민 조직회의, 1990년 8월 과테말라 끼또회의 등 일련의 국제회의에서 성명이나 결의를 채택해 기념활동을 반대했다. 특히 1991년 7월 22일~8월 2일에 19개 원주민조직들이 유엔 제네바사무처 만국궁(萬國宮)에서 원주민문제사업회의를 개최해 유명한 '1991유엔원주민문제 제네바회의결의문'을 채택했다. 결의문은 서방국가 특히 스페인이 획책하는 기념활동은 아메리카 원주민의 존엄에 대한 모욕이라고 통박했다.

이러한 분위기 속에서 콜럼버스가 처음 아메리카대륙에 도착한 10월 12일(싼살바도르 상륙일)을 기념하는 모습도 각양각색이다. 미국에서는 일반적으로 '콜럼버스데이'라고 하지만, 지역에 따라 사우스다코타주는 이날을 '아메리카원주민의 날'(Native Americans' Day)이라고 하는가 하면, 하와이주는 폴리네시아인이 하와이를 처음 발견한 날이라는 뜻으로 '발견자의 날'(Discoveres' Day)이라고 한다. 이에 비해 베네수엘라와 콜롬비아, 아르헨티나, 멕시코, 칠레 등은 유럽인과 아메리카인이 처음 만난 것을 기념하는 의미에서 '인종의 날'(Dia de la Raza)이라고 부른다.

이와 같이 콜럼버스에 대한 인물 평가는 계기마다 숱하게 시도되었지만, 평가자의 시각과 관점에 따라 각인각설로 이러저러한 편단을 극복하지 못한 채, 아직껏 유사 정설로의 접근마저 난망(難望) 상태다. 그렇다고 희세의 풍운아의 위상이나 공과에 대한 평가를 언제까지나 미룰 수는 없는 터, 실사구시한 연구를 통해 불편부당한 단안(斷案)을 내놓아야 할 것이다. 필자는 이러한 뜻에서 차제에 비견이나마 그 얼거리를 간략하게 개진해보려고 한다. 요체는 편단이 아닌, 긍정과 부정을 아우르는 균형 잡힌 정평(正評)이다. 여기서의 긍정과 부정을 가늠하는 잣대는 역사와 시대의 흐름에 순행(順行)하는가 역행(逆行)하는가이며, 여기서의 균형은 몇 대 몇이라는 단순한 계량적 대비가 아니라, 여러면을 종합적으로 고려하는 포괄성을 뜻한다.

콜럼버스는 중세라는 특정 시대의 산물이다. 개인의 삶이나 활동은 시대상에서 자유로울 수가 없다. 시대의 변화와 흐름에 수동적으로 순응만 하는가, 아니면 능동적으로 대처하는가에 따라 평가에서의 긍정과 부정이 가늠된다. 그는 기독교의 정신문화가 풍미하고 있던 중세 유럽에서 신비적인 기독교 지리관을 능동적으로 탈피해 숙원인 대서양 횡단항해를 실현하려고 시도했다. 그 과정은 보수적인 전통 지리관에서 새로운 르네상스 식 지리관으로 전환하려는 몸부림이었다. 당시의 지리는 한마디로 기독교적 세계관의 반영으로, 하나님의 뜻이 구현된 터전이고, 성경 속의 사건들이 일어난 현장이다. 이것을 가시화한 것이 이른바 마파문디(Mapa Mundi)라고 하는 중세의 TO형 지도(TO map, 일명 바퀴형 지도Wheel map)다. 방위는 위가 동쪽이고 아래가 서쪽, 오른쪽이 남쪽, 왼쪽이 북쪽이다. 중앙에는 지구의 배꼽이며 기독교세계의 중심이라고 하는 예루살렘이 자리하고 있다. 지중해가 T자 모양으로 인간이 거주하는 아시아와 아프리카, 유럽의 3대륙을 갈라놓는다. 낙원은 동쪽인 윗부분의 어디엔가 있다.

보다시피, 이런 지도는 종교적 정신함양에는 의미가 있을지 모르나 항해에서는 전혀 쓸모가 없다. 한편, 당시에도 지형과 거리, 항구, 섬, 조류, 바람 등을 정확하게 기록한 르네상스 식 지도, 이른바 뽀르똘라노해도(Portolano chart)라는 것이 있었다. 콜럼버스는 항해시에는 이 두가지 지도를 지참하고 이용했다고 한다. 실제로 마파문디가 항해에 얼마나 유용했는지는 미상이며 의문이다.

콜럼버스는 항해를 준비하면서 시중에 떠도는 정보뿐 아니라, 새롭게 발전하는 과학 지식도 적극 받아들였다. 그는 의사이자 사업가이며 동시에 지도학과 수학에도 조예가 깊었던 당대 피렌체의 대표적 지식인인 빠올로 또스까넬리(Paolo Toscanelli)로부터 서쪽으로 8,000km 가면 킨사이(Quinsay, 중국 항저우)에 도착하며, 그 전에 시팡구을 만나게 된다는 것과 아시아와 유럽 사이의 거리는 짧다는 것을 알아냈다. 그밖에 콜럼버스는 중세 유럽의 지리학에 완전히 혁신적인 방법론을 제시한 프톨레마이오스의 『지리학』(1406년경 라틴어로 번역)을 1차 항해에서 돌아온 후 구입해 연구한 것으로 알려지고 있다. 이러한 선진 지리학을 수용하고 활용하는 과정을 통해 서반구에 대척지(對蹠地)가 존재하고, 열대 바다의 항해도 가능하며 그 너머에 아담의 자손들이 사는 대륙이 있다는 것 등 지구관에서의 변화를 가져왔다.

다음으로, 중세 해양 항로를 개척한 콜럼버스의 탁월한 능력과 역사적 기여에 대해 응분의 평가를 해야 할 것이다. 물론 중세 해양 항로의 개척자로 콜럼버스를 내세우는 것은 부적절한 유럽중심주의적 발상이다. 왜냐하면 그보다 근 90년 전에 중국 명나라의 정화(鄭和)가 콜럼버스의 선단보다 훨씬 큰 규모의 대선단을 이끌고 일곱차례나 '하서양(下西洋)'했기 때문이다. 단, 정화는 비록 규모나 거리에서는 비할 바 못되지만, 선행자들이 이미 개척해놓은 해로를 따라 항해했다. 그렇지만 콜럼버스는 대서양을 횡단하는 전대미문의 험준한 새 항로를 개척했다는 데 각별한 의미가 부여된다. 그는 1차의 『항해일지』를 비롯해 관련 서한 등을 통해 구체적 항로라든가 지명(주로 도서 지명), 거리 등을 밝혀놓고 있다. 특히 그가 개척한 유럽과 아메리카 간의 대서양 항로는 해상실크로드의 환지구로 서단(西段)으로, 해상실크로드의 전개에 중요한 기여를 했다.

대서양 횡단항해가 가져온 지리관의 변화라든가, 항해사에 대한 기여는 콜럼버스의 탁월한 탐험가로서의 기질과 갈라놓고 생각할 수 없다. 그의 이러한 기질은 탐험의 성공을 위한 지식 습득을 중시한 것이나, 선단을 이끌고 험난한 항해를 하는 과정에서 발휘한 리더십에서 여실히 나타난다. 그는 제노바의 빈천한 직조공 가문에서 태어나 어린 시절부터 직조공과 선원 등 여러가지 직업에 종사하다보니 정규교육을 거의 받지 못했다. 그의 학력은 초등학교 정도이고, 중등이나 고등 교육과정은 제대로 이수하지 못했다. 콜럼버스 자신은 "나는 모든 것을 경험을 통해 배웠다"고 토로한 바 있다. 그가 꿈꾸는 항해위업을 달성하고 입신양명(立身揚名)으로 신분상승을 실현하려면 해양 지식의 습득은 물론 정신적 자질을 갖춰야 했는데, 그러자면 학습과 연구가 필수라는 것을 그는 일찍이 깨닫고 놀라울 정도로 많은 서적을 꼼꼼히 독파했다. 그는 국왕에게 보낸 편지에서 자신은 성경과 천체학, 자연과학, 역사, 지리, 신학 등에 정통하다고 서슴없이 밝히기도 했다. 성실한 독학에다가 '영적 이해력' 없이는 도달할 수 없는 경지다.

콜럼버스는 평생 1만 5,000권의 장서를 가지고 있었는데, 대부분 소실되고 그중 2,000권만 현재 쎄비야대성당의 '콜럼버스 장서'로 남아 있다. 그의 독서 목록에는 심지어 이슬람 경전 『꾸란』을 비롯해 여러권의 아랍어 서적까지 포함되어 있다. 그는 책을 읽으며 반드시 상세한 주를 달아놓았다. 그가 정독한 대표적 서적으로는 뻬에르 다이의 『이마고 문디(세계의 형상)』(주 898개), 삐꼴로미니의 『히스토리아』(1권에만 주 861개), 마르꼬 뽈로의 『동방견문록』(주 366개), 폴리니우스의 『박물지』(주 24개), 플루타르코스의 『전기(傳記)』(주 437개) 등이 있다. 그는 이렇게 많은 책을 읽으면서 '인도사업'을 비롯한 해양활동에 관한 탐험가로서의 사고체계를 형성하고 전망을 설계했던 것이다.

탐험가로서의 콜럼버스의 탁월한 기질과 지혜는 네차례의 대서양 횡단항해 과정에서 잘 드러났다. 『항해일지』가 보여주다시피, 그는 선단의 제독으로 하루에 최소한의 잠만 자면서 늘 갑판에 나와 앉아 항행을 지켜보며 지휘에 임했다. 그리고 발생하는 상황에 따라 임기응변의 조치를 능수능란하게 취했다. 파손된 선박은 제때 수리하고, 수리에 자신이 없을 경우는 기함이라도 대담하게 포기하고, 경험과 천문지식에 의해 폭풍이나 격랑의 징조를 예단해 사전에 안전조치를 취하거나 방비책을 강구함으로써 항해와 생명의 안전을 보장하려 했다. 또한 날아다니는 새떼나 노을 빛깔, 흘러가는 부유물이나 해초를 보고 육지에 어느정도 근접했는지를 판단하곤 했다. 선단 내에서 일어나는 반란이나 불만에 적절한 강·온책으로 대처하는 지략도 보였다.

콜럼버스는 황금 획득과 신대륙 발견, 식민지 개척, 기독교 전파, 궁극적으로는 인도 도착이라는 야심찬 주관적 과녁을 내걸고 자신이 나름대로 능동적으로 터득한 지리 지식에 의거해 탐험가로서의 기질을 발휘하면서 대서양의 해로를 개척했다. 물론 그가 내건 과녁 가운데서 어느 것 하나도 뜻대로 맞힌 것은 없이 흐지부지되었고, 오히려 중세사에 지울 수 없는 깊은 상흔(傷痕)만 남겨놓고 말았다. 그리하여 그의 삶과 활동을 놓고 일각에서는 부정적인 혹평을 서슴지 않는다. 그러한 혹평은 다음과 같은 사실에 근거하고 있다.

첫째로, 그는 아메리카 식민화의 길을 터놓았다. 미국원주민민족해방운동의 지도자 블루스(Bluce)는 콜럼버스의 '공적'을 전면 부인하면서 다음과 같이 절규하고 있다.

콜럼버스가 신대륙을 발견했다고 말하는 것은 우리 아메리카원주민에 대한 최대의 모욕이다. 콜럼버스가 아메리카에 왔을 때, 우리의 선조들은 이 땅에서 이미 천만년을 살아왔다. 그러하건대 어떻게 그가 이 대륙을 발견했다고 말할 수 있는가? 그는 후에 온 방문객에 불과하다. 그런데 이 방문객이 되레 주인 행세를 하면서 백인 강도 무리들을 불러들여 우리의 동포들을 살육하고, 우리의 토지를 약탈하며, 우리의 문화를 소멸함으로써 우리는 자신의 땅에서 멸종위기에 처한 희유(稀有)의 민족이 되고 말았다. 그러므로 콜럼버스가 상징하는 것은 무슨 대발견이니 대항해니 대탐험이니 하는 따위가 아니라, 한편의 대침략과 대고역, 대도살의 피눈물 역사다. 그런데 유감스럽게도 지난날의 역사는 이러한 백인종 강도들에 의해 자의로 풀이되고, 그들에 의해 시비가 전도되었다. 사람들은 아무런 성찰도 없이 맹목적으로 콜럼버스의 신대륙 발견 같은 감언(甘言)을 함부로 내뱉고 있다.

이와 같이 블루스는 콜럼버스의 소위 신대륙 '발견'이라는 허상을 폭로하면서, 그가 불러들인 서구 식민주의자들이 자행한 잔인무도한 신민통치 행태를 신랄하게 규탄하며, 오도된 역사 해석에 대한 준엄한 성찰을 촉구하고 있다.

콜럼버스는 제2차 항해 중이던 1493년 카리브해의 도미니카 북부 해안에 첫 식민도시 라이사벨라를 건설한 후 두 국왕의 공식 위임을 받아 자신뿐 아니라 동생까지도 발견 지역의 식민총독으로 행세하게 하면서 행정은 물론 교역이나 노예 매매, 황금 채굴 같은 이권을 독점했다. 그가 터놓은 바닷길을 타고 스페인을 비롯한 서구 식민정복자들은 라틴아메리카 땅에 침입해 무력으로 잉카나 마야, 아스떼끄 제국을 강점하고 잔혹한 식민통치를 실시했다. 정치 탄압과 군사독재, 경제

수탈, 문화 파괴, 종교 강요, 9,000만 인디오의 학살 등 이루 헤아릴 수 없는 만행을 저질렀다. 200여년간의 이러한 만행이나 악폐를 '은혜'나 '자선'으로 미화하는 것은 역사에 대한 용서 못할 범죄 행위다.

둘째로, 콜럼버스로 인해 아메리카 역사의 발전궤도가 뒤틀려버렸다. 전술한 바와 같이, 그로 인해 아메리카 식민화의 길이 트여 아메리카인들이 숱한 고난을 겪게 되었다는 사실에 대해서는 이해가 가고 감히 부정하지도 못할 것이다. 그러나 그로 인해 아메리카 역사의 발전궤도가 상도(常道)에서 어긋났다고 하면, 선뜻 그 의미를 짐작하기 어려울 수 있다. 솔직히 말해 필자도 아메리카 현장에 몸을 담그기 전 이러한 '괴현상'을 짐작은 했지만, 이 정도로 심각할 줄은 미처 예상 못했다. 아이러니한 것은 아메리카 현장에서, 아메리카인들마저도 아직은 그 '뒤틀림'을 마냥 '정상(正常)'으로 공연시(公然視)하고 있다는 안타까운 사실이다.

과문인지는 몰라도 필자가 들른 대소 박물관 모두는 좁게는 일국의 역사, 넓게는 범아메리카대륙의 역사발전 과정을 크게는 콜럼버스의 도래를 기준으로 전후 2단계로 구분하고 있다. 어떤 곳에서는 아예 '전콜럼버스시대미술관'이라는 문패를 공공연히 달아놓고 있다. 2층짜리 박물관인 경우 들어가보면, 대체로 1층은 고대부터 콜럼버스가 도래하기 이전 시기까지 나름대로의 정상적인 역사발전 과정을 실증하는 유물을 전시해놓고 있지만, 2층에 올라가면 이 '1층시대 유물'과는 판판 다른, 계승관계가 전혀 없는 식민지 개척이나 기독교 전도 관련 성당·성화와 같은 식민시대의 유물(간혹 독립운동 관련 유물 몇점)이 선보이고 있다. 일견해 역사의 인위적 단절임을 갈파하게 된다.

콜럼버스가 열어놓은 바닷길로 물밀듯이 들이닥친 서구 식민세력에 의해 역사발전의 정상궤도(인류 출현→구석기→신석기→고전기→문명기, 기원전 1만 5000년~15세기 말)를 따라 발전해오던 아메리카대륙은 갑작스레 그 궤도가 막혀버리는 경험을 했다. 15세기 서구 식민세력이 등장할 때만 해도 석기문화와 도자기문화 및 황금문화(황금 등)를 비롯해 발달한 고전 전통문명을 향유하고 있던 아메리카 사회는 결코 서구를 포함한 기타 지역으로부터 '구제'를 받아야 할 정도로 뒤떨어진 사회가 아니었다. 서구 식민주의자들은 공연히 자신들의 침략과 식민화를 미화하고 은폐하며 합리화하기 위해 이른바 아메리카나 인디오의 '후진성'을 운운했다. 그들은 '후진성'이란 연막을 쳐놓고 아메리카 역사발전의 궤도를 자의로 뒤틀어놓고는 그것을 바로 편답시고 각종 식민화 정책을 강행함으로써 아메리카의 역사왜곡은 물론, 후진과 낙후, 멸족 위기까지를 초래했던 것이다.

모진 고역과 탄압, 역질(疫疾) 등으로 평화로이 살아가던 인디오들을 마구 학살하고는 '인구공동(人口空洞)'을 메운다는 구실 하에 식민주의자들은 서구 백인들과 아프리카 흑인들을 다량으로 끌어들였다. 식민화가 시작된 1500년대부터 100년도 채 안 되는 사이에 인디오의 인구수는 8,000만에서 그 10분의 1인 800만으로 급감했다. 원주민 대부분은 문명세계에서 쫓겨나 산간오지에서 명줄을 간신히 이어갔다. 작금 라틴아메리카 16개국의 통계에 의하면, 백인과 그 혼혈이 전체 인구의 82%를 차지하며, 원주민 인디오는 겨우 14%를 점하고 있다. 오늘의 라틴아메리카는 인디오들의 대륙이라기보다 유럽 백인들의 영역이라고 해도 무방할 지경이다. 그리하여 오늘은 사정이 좀 다르지만, 적어도 20세기 이전의 라틴아메리카 나라들은 비록 명목상 독립국가였으나 백인-혼혈인의 지배하에 서구의 종주국에 예속되어 있는 '분조(分朝)'에 불과했으며 진정한 이 땅의 주인인 원주민들이 권력을 행사하는 나라들은 아니었다. 그 결과 가난과 불평등, 부패의 이른바 라틴아메리카 3대 병폐는 오늘날까지도 극복되지 못한 채, 악순환을 계속하고 있다.

셋째로, 콜럼버스는 빗나간 광신론적 종말론자다. 여기서 '빗나간'이라고 쓴 것은, 지리적 발견 같은 속세의 현실적 과제를 저승에서나 통할 법한 허황된 비현실적 종말론의 과녁으로 잘못 잡았다는 뜻이다. 콜럼버스의 종말론을 비롯한 신관(神觀)은 그의 평생에 걸친 신학연구를 집대성한 『예언서』(*Libro de las profecías*)에 잘 드러나 있다. 이 책에서 그는 자신의 종말론적 환상에 대한 예언들을 국왕에게 알리면서 국왕의 후원을 요청한다. 그는 자신의 지리적 발견을 인류에 대한 신의 구제로 포장하면서 새로 발견된 땅의 주민을 비롯한 모든 인류를 기독교로 개종시키고 십자군으로 기독교의 적을 격퇴해야 한다고 주장한다.

그는 자신의 독서능력을 신이 그에게 부여한 '영적 이해력'으로 해석하면서, 동서남북의 방위가 완전히 다르고 지구의 중심에 예루살렘이 위치한다는 등 기독교적 종교관이 반영된 평면지도 마파문디를 금과옥조처럼 항해시에 들고 다녔다. 과연 이런 지도를 항해에 실제로 사용했는지부터가 의문이거니와 단언컨대 만일 도입했다면 제대로의 항해가 이루어지기는 만무했을 것이다. 그는 프란치스꼬회 엄수파의 신자로서 자신을 신에게 선택된 사자(使者, messenger)로, 신의 도구로 인식하면서 신이 자신에게 '새 하늘과 새 땅'을 보여준 이상, 그곳에 가서 전도와 식민화를 수행하는 것은 신에 의해 예정된 운명이라고 확신하고 있었다. 따라서 그가 '인도사업'을 구상하고 항해를 통해 신대륙을 '발견'하게 된 것은 신에 의해 이미 예정된 일이며, 신으로부터의 은총이다. 그는 '인도사업'이 단순한 세속적 사업이 아니라 예언의 실현 사업이라고 믿었다.

콜럼버스가 『예언서』에서 고백하고자 한 최종적인 '세계의 비밀'은 다름 아닌 종말이다. 여기서의 요체는 앞으로 역사가 언제 종말을 고할 것인가 하는 문제다. 사실 지난 시기 심심찮게 종교계에서 이러저러한 종말론이 튀어나와 세인의 마음을 흉흉케 했던 해프닝을 역사는 기억하고 있다. 콜럼버스를 포함한 종말론자들은 역사의 지속시간에 관한 나름대로의 아리송한 계산법에 의해 '종말시간'을 산출한다. 일부에서는 성경에 등장하는 예언자들의 기록으로 연대를 계산한 다음, 이를 더 추산해 종말의 시간을 어림셈한다. 일찍이 아우구스티누스가 그러했고, 뉴턴도 그런 식이었다. 『예언서』에 따르면, 세계의 창조부터 예수의 강림까지 5,343년 318일 지나갔으며, 여기에 천문학과 성경 및 역사기록의 일치성을 감안해 1,501년을 더하면, 지금까지 인류는 종말이 오기까지 총 6,845년 동안을 기다렸다. 그런데 이 세상의 최종 수명은 7,000년이므로, 이제 임종까지 남은 시간은 155년에 불과하다. 정확하게는 서력 1656년이 종말의 해라는 것이다. 콜럼버스는 국왕에게 이제 종말까지는 155년밖에 남아 있지 않다고 아뢴다.

콜럼버스의 종말론이 추구하는 주요 타겟의 하나는 이슬람세력이 언제 몰락하며, 그들의 말세는 언제인가 하는 것이다. 13세기 말까지 약 200년 동안 지속된 여덟차례의 십자군전쟁은 결말 없이 기독교세력과 이슬람세력 간의 갈등만 격화시켰다. 이런 상황에서 기독교 측이 종말론으로 이슬람의 몰락을 재량하는 것은 어찌 보면 있을 수 있는 일이다. 문제는 그 역시 허상일 수밖에 없다는 사실이다. 콜럼버스는 '무함마드의 법'(이슬람)은 693년 이상 버티지 못할 것이고, '무함마드의 법 다음에는 아무것도 오지 않고 오직 적그리스도만이 올 것이며, 종당에 이슬람세력은 타타르나 기독교도들에 의해 멸망하게 될 것'이라고 예언한다. 친연(親緣) 종교인 이슬람교에 대한 이런 배타적 종말론은 이미 그 허망함이 드러난 지 오래다.

콜럼버스는 항해를 통한 '인도계획'의 수행 과정에서 일확천금의 세속적 욕망을 '인류 구원'이라는 성업(聖業)으로 교묘하게 포장한다. 그는 "금을 소유한 자는 이 세상에서 그가 원하는 일을 다 할 수 있을 뿐 아니라, 영혼을 낙원에 보낼 수도 있다"며 세속적인 일과 성스러운 일을 하나로 보고 있다. 자신의 부 축적 및 입신양명을 위한 금 획득과 '영혼을 낙원으로 보내는 인류 구원'을 위한 금 획득은 결국 일맥상통으로 불가분의 관계에 있다는 것이다. 이것은 세속과 꼭 마찬가지로 영혼도 물질의 개입이 있어야 낙원으로 가고 구제를 받을 수 있다는 자가당착적 사이비 교리인 것이다.

닫는글

라틴아메리카의 정체성

해상실크로드의 라틴아메리카 연장과 그에 따른 서구의 식민지화 경영은 라틴아메리카의 정체성에 획기적인 변화를 몰고 왔다. 바닷길을 통해 다양한 인종과 문화가 이식됨으로써 고대의 찬란한 문화는 짓밟히고 역사는 맥이 끊겨 사회는 기형적 파행으로 치달았다. 그 속에서 정체성은 걷잡을 수 없는 혼미만을 거듭했다. 이렇게 장장 500년이라는 세월이 흘렀다. 그것도 모자라 아직도 파행은 진행형이다. 그나마 다행스러운 것은 이번 답사에서 감지했지만, 그리고 만시지탄이 없지는 않지만, 지금까지 고사(枯死) 지경에 처했던 전통적 정체성을 복원하려는 노력이 꿈틀거리고 있다는 점이다.

이러한 전통적 정체성과 더불어 장기간의 식민지화 경략으로 인해 뿌리내린 혼성적(混成的) 정체성도 무시할 수 없는 것이 라틴아메리카의 현실이다. 원주민 인디오들이 가꿔놓은 터전에서 형성된 메스띠소의 정체성이 바로 그 일례다. 사실 이 두 정체성은 서로가 맞볼 수 없는 '야누스의 두 얼굴'이 아니라, 부득이하게 성형(成形)된 한 얼굴의 앞뒷면이다. 여기에 더해 수백년간 주인 행세를 해온 백인 권력자들은 또 그들대로의 정체성을 운운하니, 라틴아메리카의 정체성이야말로 난맥상일 수밖에 없다.

그렇다면 그 실상은 과연 어떠할까? 필자가 답사 내내 고심하던 문제다. 아니, 필을 잡은 이 시각까지도 고민은 꼬리를 문다. 그럼에도 이 문제는 라틴아메리카를 바르게 이해하는 데서 핵심이자 기조이기 때문에 라틴아메리카 답사의 총결산으로 나름대로의 천명(闡明)이 있어야 할 것이다. 결론부터 말하면, 라틴아메리카는 복잡다단한 역사 발전 과정에서 형성된 다양성과 일체성을 동시에 갈무리하고 있는 중층적(重層的) 복합사회라는 것이다. 이제 그 구체적 표현들을 살펴보기로 하자.

우선, 다양성은 다음과 같은 곳에서 포착된다.

1) 명칭의 다양성이다. 지금까지 알려진 바에 의하면 라틴아메리카를 일컫는 명칭에는 40여가지가 있다. 고대 그리스 천문학자들은 서반구의 존재는 알고 있었으나, 그 지칭은 못 박지 못했다. 로마시대의 지리학자 프톨레마이오스에 이르러서야 비로소 처음으로 '인디아 오리엔탈리스 이 카티가로'(인도 동부와 카티가로Kattigaro)라는 길쭉한 명칭이 부여되었다. 그즈음 원주민은 스스로를 '쑤아니아'(Suania)라고 불렀다. 이 이름은 콜럼버스의 일대기가 나올 때까지 오랫동안 유행되었으며, 기타 몇가지 인디오 명칭도 함께 쓰였다. 잉카에서는 '네 방위의 땅'이란 뜻의 '따완띠쑤유'(Tawanti Suyu)가 공용되었다. 서방 식민화가 되지 않았더라면 '쑤아니아'나 '따완띠쑤유'가 그대로 라틴아

메리카의 명칭으로 굳어졌을 것이다.

15세기에 이 땅을 처음 찾은 서구 식민주의자들은 자기들의 구미에 맞게 '신세계'니 '성스러운 땅'이니 '은혜로운 땅'이니 하는 등 엉뚱한 이름을 붙여왔다. 이탈리아 출신의 아메리고 베스푸치는 세번(1499~1504)이나 중남미 일원을 탐험한 끝에, 이곳이 유럽인들에게는 미지의 신세계라는 견해를 발표한다. 이때부터 이 미지의 세계를 그의 이름을 따 '아메리카'라고 부르기 시작했다. 독일의 발제뮐러는 1507년에 만든 세계지도에 유럽과 아시아 사이에 길쭉한 육지를 하나 그려넣고는 그 지명을 '아메리카'라고 명기했다. 라틴아메리카의 '발견자' 콜럼버스가 무시된 이 명칭을 스페인이 받아들일 리 만무했다. 그래서 명목상 국왕 까를로스 2세의 이름을 따 '오르베까를리노'라고 부르고자 했으나 외부의 냉대로 인해 무산되고 말았다.

19세기에 들어와 라틴아메리카를 둘러싼 서구열강들 간의 각축전 양상은 고스란히 그 명명에 반영되었다. 그래서 나온 것이 히스패닉아메리카니, 이베로아메리카니, 인도아메리카니, 라틴아메리카니 하는 여러가지 생뚱맞은 이름이다. 그러나 어느 것 하나 구색이 맞는 것이 없어 왈가왈부 입씨름만이 오늘날까지 이어지고 있는 판국이다. 히스패닉아메리카는 스페인 중심의 아메리카를 시사하니, 전 영토의 절반가량을 차지한 브라질의 종주국 포르투갈이 수용할 리 만무하다. 이베로아메리카는 이베리아반도의 스페인과 포르투갈을 두루 망라한다는 데서 히스패닉아메리카보다는 포괄성이 있지만, 영어나 프랑스어를 사용하는 나라들에게는 마냥 배타적으로 비쳐 거부당한다. 인도아메리카는 원주민 인디오를 배려한 개념이기는 하지만, 절대다수를 점하고 있는 백인이나 메스띠소 같은 비인디오 인종들은 소외를 우려해 볼멘소리를 하고 있다.

이베리아반도와 프랑스를 아우르는 라틴아메리카라는 말은 비록 은연중 관용어로 되어버렸지만, 따지고 보면 여기에도 영어나 네덜란드어를 공용어로 하는 일부 나라들에게는 불만의 여지가 있을 뿐 아니라, 다분히 정복자적 배타성이 묻어 있다. 이렇게 보면 어느 것 하나 골고루 취할 만한 명칭은 없는 셈이다. 급기야 유엔은 궁여지책으로 '라틴아메리카와 카리브 유역국가'라는 애매모호한 긴 합성어를 고안해냈다. 다들 울며 겨자 먹기로 받드는 척하지만, 속내는 구태의연하다. 생뚱맞게도 일부에서는 라틴아메리카가 이 합성어의 줄인 말이라고 견강부회를 서슴지 않고 있다.

2) 지리적 다양성이다. 라틴아메리카의 지리적 다양성은 정체성의 다양화에 상당한 영향을 끼치고 있다. 광대한 영토는 원천적으로 지리적 다양성을 잉태하게 마련이다. 북위 33도에서 남위 54도(위도 21도), 서경 34도에서 118도(경도 84도) 사이에 위치한 라틴아메리카는 북단에서 남단까지의 길이는 약 1만 3,000km이고, 동서 너비는 약 5,000km나 된다. 총면적은 세계 육지면적의 5분의 1(유럽 면적의 3배)을 점한다. 이 드넓은 땅은 저지와 고지, 초원과 사막, 하천과 산맥, 밀림과 정글 등 지구가 면하고 있는 자연환경 모두를 품고 있다.

필자는 남단 우수아이아에서 북단 카리브해까지 6~7월 두달 동안 종횡무진 여행하면서 춘하추동 사철을 다 만끽했다. 세계에서 수량이 가장 많은 아마존강이 있는가 하면, 사하라사막보다 더 메마른 아따까마사막(칠레 북부)이 있다. 이러한 다양한 지리적 환경 속에서 다종다양한 식물이 서식한다. 지구 면적의 0.02%밖에 안 되는 에콰도르(적도)에 세계 식물종의 10%가 서식하며, 페루는 지구상에 존재하는

103가지 생태계 중 무려 84개나 보유하고 있다.

3) 인종적 다양성이다. 라틴아메리카의 다양성을 가장 극명하게 보여주는 것이 바로 인종이다. 여러 인종을 순혈종과 혼혈종의 2대군으로 대별할 수 있는데, 순혈종은 원주민(인디오)과 백인, 그리고 도래한 흑인이다. 혼혈종은 백인과 원주민 혼혈의 메스띠소와 백인과 흑인의 혼혈인 물라또로 나뉜다. 인종을 구별하는 데도 라틴아메리카에서 태어난 백인은 끄리오요라고 부르며, 정복되지 않은 원주민은 따로 아라우까노라고 한다. 그런가 하면 중미에서는 라티노라고 혼혈을 지칭하기도 한다. 물론 세계 어느 곳에도 혼혈은 다 있지만, 라틴아메리카만큼 혼혈도가 높은 곳은 없다. 인구 1,000만 이상의 10개 나라의 통계를 보면, 혼혈인 비율은 약 79%(메소띠소 45, 물라또 34%)에 달하며, 백인은 약 28%, 흑인은 7.8%, 그리고 원주민은 약 26%에 이른다. 이 원주민인 인디오는 대체로 아메리카대륙의 북방에서 남방으로 이동했기 때문에 지역에 따라 출현 시기가 다르다. 알래스카는 3만년, 캘리포니아는 2만 7,000년, 멕시코는 3만 1,000~2만 2,000년, 베네수엘라와 페루는 1만 4,000년, 빠따고니아는 1만 2,000년 전 인디오가 출현했을 것으로 추산한다.

이렇게 라틴아메리카에서 혼혈 비중이 높은 것에는 역사적 연원이 있다. 같은 아메리카대륙인 북미(미국이나 캐나다)의 경우는 주로 앵글로색슨 청교도들이 종교적 탄압을 피해 가족별로 이민을 와 정착했기 때문에 원주민이나 타인종과의 혼혈이 흔치 않았다. 그러나 라틴아메리카의 경우는 주로 젊은층 남자들이 침략전 참전이나 약탈적 무역에 종사하는 계기로 이곳에 왔다가 정착했기 때문에 그들과 동행한 동족 여성은 극히 적었을 터, 부득이하게 현지 원주민이나 타 인종과 결혼하지 않을 수 없었다. 게다가 식민주의자들의 무자비한 원주민 말살정책으로 인해 원주민은 수적으로 급감했다. 식민 초기 100년간(1500~1600) 인디오 인구는 10분의 1(8,000만→800만)로 격감했으며, 오늘날은 3,000만밖에 되지 않는다. 결국 혼혈종이 급증하면서 다수를 차지하게 되었다.

이렇게 인종이 다양한, 특히 혼혈종이 우세를 점하고 있는 사회에 민족학 일반에서 논하는 민족이나 민족주의라는 개념이 적용될 수 있을까 하는 의문이 생겨났다. 라틴아메리카 역사에서 간혹 '혼혈민족' 같은 용어가 눈에 띄기는 하지만, 그에 관한 학문적 개진이 별로 없어 수수께끼로만 남아 있다. 다른 세계에서 다반사로 거론되고 있는 '민족독립'이나 '민족해방' 같은 근현대의 민족적 사회변혁운동이 여기 라틴아메리카에서는 거의 찾아볼 수 없는 소이연(所以然)이 바로 여기에 있다.

4) 국력의 천차만별이다. 전체 인구 약 4억 7,000만의 국가별 분포를 보면, 1억 6,000여만의 브라질에서 10만도 못 되는 카리브해의 작은 도시국가들에 이르기까지 33개 나라들의 규모는 실로 다양하다. 영내 총생산의 규모에서도 브라질과 멕시코, 아르헨티나 3개 나라가 전체 총생산의 70% 이상을, 베네수엘라와 콜롬비아, 칠레, 페루 4개 나라는 약 20%를 차지하며, 그밖의 26개 나라는 10%에도 미치지 못한다. 이에 따라 국가별 1인 소득에서도 현격한 차이를 보이고 있다. 1만달러에 육박하는 아르헨티나와 브라질, 우루과이 같은 나라가 있는가 하면, 500달러 미만의 아이티나 니카라과 같은 나라도 있다.

5) 문화의 다양성이다. 문화의 다양성은 언어의 다양성에서 잘 표현된다. 지금 통용되고 있는 언어를 보면, 식민역사의 후과로 18개국

은 스페인어를, 나머지 나라들은 포루투갈어와 프랑스어, 영어, 네덜란드어, 이탈리아어를 각각 사용하고 있다. 흥미로운 것은 스페인어의 경우 스페인 본토어와 어휘나 문법에서 차이가 있을 뿐만 아니라, 지역적 특성에 따라 발음의 차이도 보인다는 점이다. 예컨대 고지대에서는 모음을, 저지대에서는 자음을 '먹어버리는' 특성이 있다. 그리고 스페인어를 비롯해 전래한 서양어들은 토착어의 영향을 적잖게 받았다. 멕시코의 스페인어에는 토착어 나우아뜰어 어휘가, 페루의 경우는 께추아어 어휘가 섞여 있다. 그리고 이러한 외래 공용어와 더불어 아직까지 사용되는 여러 토착어들이 언어의 다양성을 더욱 풍부하게 한다.

1492년 콜럼버스가 카리브해에 상륙했을 때만 해도 토착어가 남미에만 100개, 중미와 북미를 합치면 200여개, 그리고 없어진 언어까지 합하면 약 300개 언어가 존재했었다는 학자들의 통계가 있다. 이 언어들을 ① 나우아뜰어(멕시코), ② 께추아어(안데스와 칠레 남부), ③ 아라우까노어(칠레 대부분), ④ 구아라니어(아르헨티나와 우루과이, 파라과이), ⑤ 아라우아꼬어(카리브해와 대서양 연안) 등 5개 군으로 나뉜다. 토착어와 더불어 문자도 잉카에서는 매듭문자를, 마야에서는 상형문자를 사용해 상이함을 보여주었다. 식민시대에는 이러한 토착어가 거의 멸종되다시피 했으나, 독립 후 원주민들의 정체성 문제가 제기되면서 일부 나라들에서는 원주민들의 토착어를 복원해 공용어로 쓰고 있다. 예컨대, 멕시코는 나우아뜰어를 포함해 63개의 토착어를 공식어로 인정하고 있다.

문화적 다양성은 각국 간의 문맹률 차이에서도 나타나고 있다. 아르헨티나 같은 상층 국가에서의 비율은 10% 미만이지만, 과테말라 등 하층 국가들에서는 40%를 웃돈다. 문맹률의 차이는 국가 간의 문화적 다양성을 반영한다.

비록 이와 같은 다양성으로 인해 라틴아메리카의 정체성을 한마디로 규정하기에는 무리가 따르지만, 반면에 라틴아메리카만이 지니고 있는 공유성(共有性)과 일체성(一體性)은 그 정체성을 규제하는 충분 요인으로 기능하고 있다. 33개 라틴아메리카 나라들이 공유하는 근대적 정체성은 역사와 문화, 생활과 자연환경 등 제반 분야에서 다양성을 아우르며 공통적으로 나타난다. 그 일체성은 다음과 같은 몇가지에서 찾아볼 수 있다.

1) 역사적 경험이 유사하다. 여기서 처음으로 제기되는 것은 원주민 인디오의 역사시대 구분 문제다. 지금까지 많은 논란이 거듭되어 오지만, 아직 학계가 공감하는 정설은 도출되지 못하고 있는 형편이다. 여러 설 가운데서, 그나마도 무게가 실리고 있는 일설을 소개하면 다음과 같다. 즉 인류 시원기(1만 5,000년 전)→구석기(기원전 1만 5000~7000년)→신석기(기원전 7000~2000년, 농경·옥수수·도자기)→전고전기(前古典期, Preclásioo, 기원전 2000~0년, 종교, 마야문명)→고전기(0~900년, Clásioo, 마야문명)→후고전기(Posclásioo, 900~1492년, 잉카문명)로 구분하는 것이다.

콜럼버스의 이른바 신대륙 '발견'을 계기로 공통적인 인디오문명을 향유해오던 라틴아메리카는 모두가 약 300년 동안 스페인과 포르투갈을 비롯한 서구의 식민지배를 받은 데 이어 쿠바를 제외한 여느 나라들은 거개가 1810년에서 1825년 사이에 '분가' '분조'에 불과한 독립을 이뤘다. 독립 후 오늘에 이르는 약 200년간의 역사 과정도 흡사한 공생공영의 전개 과정이다.

2) 언어적 집중성이다. 세계인구의 약 8%를 차지하는 4억 7,000만 라틴아메리카인들 가운데 아이티(프랑스어)와 자메이카, 벨리즈, 카리브해 도시국가(영어), 수리남(네덜란드어)을 제외한 95% 이상의 사람들은 스페인어(18개국)와 포르투갈어(1개국)를 사용한다. 게다가 이 두 언어는 친족어로서 소통에 큰 문제가 없다. 언어소통은 문화소통의 징표다.

3) 정치적으로 대통령중심제와 의회주의, 정당제 등 현대적 정치체제를 채택하고 있다. 세계의 여타 지역에서 부분적으로나마 왕권제나 입헌군주제, 의원내각제 같은 각이한 체제에 의존하고 있는 상황에 비하면, 의외로 정치적 단일성이 두드러진 면모를 보여주고 있다.

4) 사회적·경제적으로 규모나 정도에서 얼마간의 격차가 있기는 하지만, 기본적으로 식민지 지배구조의 종속성을 탈피하지 못하고 있으며, 빈부격차와 사회 불평등, 부패로 상징되는 이른바 남미병에 너나없이 감염되어 신음하고 있는 형국이다. 한편 '종속론' 이론을 제시해 식민 종속에서의 탈피를 시도하고 있다.

5) 종교적 단일성이다. '가톨릭의 대륙'이라 할 만치 라틴아메리카는 인구의 70% 이상이 가톨릭을 신봉하고 있다. 그 가운데서도 브라질(74%), 멕시코(88%), 페루(81%), 베네수엘라(87%) 등 주요 국가들에서의 비중이 상당히 높은 편이다. 종교적 단일성은 왕왕 사회적 통합에 유용된다.

6) 통합운동의 전개다. 이와 같이 라틴아메리카는 세계의 어느 지역 단위보다도 공통분모(일체성)가 다분한 지역임에 틀림이 없다. 바로 이 점에 착안해 일찍부터 하나로의 통합운동이 시도되었다. 19세기 초엽 여러 나라의 독립운동을 이끈 '해방의 아버지' 씨몬 볼리바르는 비록

항구적인 성공에는 이르지 못했지만, 많은 호응 속에 라틴아메리카의 단일(통합)국가를 건설하기 위한 몇차례의 실험을 단행했다. 그 대표적인 예로 1822년 베네수엘라와 에콰도르, 콜롬비아 3국으로 그란콜롬비아공화국을 창건하고, 이어 1826년 파나마시티에서 처음으로 '아메리카회의'를 개최한 것을 들 수 있다. 오늘도 정치적·경제적 통합이나 단일화를 위한 영내의 움직임이 이따금 일고 있다.

이와 같이 라틴아메리카는 일체성을 지니면서도 다양성을 동시에 내재하고 있는 중층적(重層的) 복합사회이며, 그것이 바로 라틴아메리카 고유의 정체성이다. 이러한 일체성과 다양성이 유기적인 조화를 이룰 때 라틴아메리카의 명실상부한 정체성은 확보될 것이며, 또한 이러한 정체성이 굳건히 확보될 때 라틴아메리카는 인류문명의 보고답게 무궁한 번영을 누리게 될 것이다.

참고문헌

• 사전류

정수일 『실크로드 사전』, 창비 2013.

關雄二·青山和夫 『アメリカ大陸古代文明事典』, 岩波書店 2005.

大貫良夫 외 5명 『ラテンアメリカを知る事典』, 平凡社 2013.

Richard F. Townsend 『アステカ文明』(*The Azteca*), 武井摩利 역, 創元社 2004.

• 연구서

김우택 외 『라틴아메리카의 역사와 문화』, 소화 2003.

니콜라 밀러 『라틴아메리카의 근대를 말하다』, 서울대 라틴아메리카연구소, 그린비 2009.

로버트 N. 그윈 『변화하는 라틴아메리카』, 박구병 역, 창비 2012.

멕시코대학원 COLMEX 『멕시코의 역사』, 김창민 역, 그린비 2003.

백종국 『멕시코혁명사』, 한길사 2000.

보리스 파우스트 『브라질의 역사』, 최해성 역, 그린비 2012.

브라이언 W. 블루엣, 올린 M. 블루엣 『라틴아메리카와 카리브해: 주제별 분석과 지역적 접근』, 김희순 외 역, 까치 2014.

에르난 코르테스 『코르테스의 멕시코제국 정복기』, 김원중 역, 나남 2009.

우덕룡 외 『라틴아메리카』, 송산 2000.

월터 D. 미뇰로 『라틴아메리카, 만들어진 대륙』, 김은중 역, 그린비 2010.

윤상환 『아메리카인디언 투쟁사』, 메두라인 2003.

이성형 『라틴아메리카의 역사와 사상』, 까치글방 1999.

______『신자유주의의 빛과 그림자』, 한길사 1999.

이준영 『멕시코, 인종과 문화의 용광로』, 푸른역사 2013.

임상래 외 『라틴아메리카의 어제와 오늘』, 이담북스 2011.

장 코르미에 『체 게바라 평전』, 김미선 역, 실천문학사 2005.

전규태 『마야문명의 신비』, 서문당 1980.

정경원 외 『라틴아메리카 문화의 이해』, 학문사 2000.
정지성 『잉카문명의 신비』, 한백 2001.
주경철 『크리스토퍼 콜럼버스, 종말론적 신비주의자』, 서울대학교출판문화원 2013.
체 게바라 『체 게바라 자서전』, 박지민 역, 황매 2007.
최명호 『신화에서 역사로, 라틴아메리카』, 이른아침 2010.
최영수 『라틴아메리카 식민사』, 대학교과서 1995.
카를로스 푸엔테스 『라틴아메리카의 역사』, 서성철 역, 까치 1997.
헨드릭 빌렘 반 룬 『시몬 볼리바르』, 조재선 역, 서해문집 2006.
張家唐 『拉丁美洲簡史』, 人民出版社 2009.

• 여행기
손문상·박세일 『뜨거운 여행』, 텍스트 2010.
손호철 『마추픽추 정상에서 라틴아메리카를 보다』, 이매진 2007.
알베르 카뮈 『여행일기』, 김화영 역, 책세상 2005.
우석균 『바람의 노래 혁명의 노래』, 해나무 2005.
윤명순 『라틴아메리카 여행기』, 솔과학 2012.
이미숙·이원호 『남미가 확 보인다』, 학민사 2001.
이성형 『배를 타고 아바나를 떠날 때』, 창작과비평사 2001.
체 게바라 『체 게바라의 모터사이클 다이어리』, 홍민표 역, 황매 2004.
최재성 외 『라틴아메리카를 찾아서』, 민음사 2004.
크리스토퍼 콜럼버스 『콜럼버스 항해록』, 이종훈 역, 서해문집 2007.

• 작품
에두아르도 갈레아노 『불의 기억 1~3』, 박병규 역, 따님 2005.
유재현 『느린 희망』, 그린비 2006.
임수진 『커피밭 사람들』, 그린비 2011.
파블로 네루다 『추억』, 윤인웅 역, 녹두 1994.
______ 『100편의 사랑 소네트』, 정현종 역, 문학동네 2004.
______ 『충만한 힘』, 정현종 역, 문학동네 2007.

• 도록
국립중앙박물관 『태양의 아들』, 2009.
______ 『마야 2012 멕시코』, 2012.
______ 『마야 2012 과테말라』, 2012.
정수일 『실크로드·해로편』(한글·영어), 창비 2014.
Diego Rivera, *Los Murales del Palacio Nacional*, Sanluis 1997.

문명의 보고
라틴 아메리카를 가다 2

초판 1쇄 발행/2016년 10월 7일
초판 2쇄 발행/2016년 11월 29일

지은이/정수일
펴낸이/강일우
책임편집/김정희 박대우
조판/정운정
펴낸곳/(주)창비
등록/1986년 8월 5일 제85호
주소/10881 경기도 파주시 회동길 184
전화/031-955-3333
팩시밀리/영업 031-955-3399 편집 031-955-3400
홈페이지/www.changbi.com
전자우편/human@changbi.com

ISBN 978-89-364-8279-4 03900
ISBN 978-89-364-7961-9 (세트)

* 책값은 뒤표지에 표시되어 있습니다.